W0305079

Michael Theobald

Römerbrief

Kapitel 12–16

Verlag Katholisches Bibelwerk GmbH, Stuttgart

Die Deutsche Bibliothek – CIP-Einheitsaufnahme

Stuttgarter Kleiner Kommentar. –
Stuttgart: Verl. Kath. Bibelwerk.
Abt. teilw. hrsg. von Gabriele Miller und Alfons Musterle
Neues Testament / hrsg. von Paul-Gerhard Müller.
NE: Müller, Paul-Gerhard [Hrsg.]; Miller, Gabriele [Hrsg.]
[N.F.], 6. Theobald, Michael: Römerbrief.
2. Kapitel 12–16. – 1993

Theobald, Michael:
Römerbrief / Michael Theobald. –
Stuttgart: Verl. Kath. Bibelwerk.
(Stuttgarter Kleiner Kommentar: Neues Testament; [N.F.], 6)
2. Kapitel 12–16. – 1993
ISBN 3-460-15362-8

Für
Franz Mußner

ISBN 3-460-15362-8

Druck: Wilhelm Röck, Weinsberg

Inhaltsverzeichnis

EXKURSE DES 2. BANDES:

Vorwort

Alles andere als ein Anhängsel an die theologisch gewichtigen Kapitel 1-11 sind Röm 12-16 in einem gewissen Sinn sogar die Nagelprobe auf das bislang vom Apostel Gesagte. Denn jetzt, da Paulus auf die konkrete Situation der Christen in Rom zu sprechen kommt, zeigen sich die Lebenskontexte, in denen sich ihr Glaube auch »ethisch« zu bewähren hatte. Dabei besteht die Aktualität der sittlichen Orientierung, die Paulus seinen Adressaten hier zuteil werden läßt, für uns heute nicht zuletzt darin, daß er den Christen eine von ihrem Gewissen geführte und von ihrem Glauben erhellte eigenständige ethische Kompetenz als Merkmal ihrer Geisterfülltheit zuspricht, die ihnen keine apostolische Autorität (auch kein Papst und kein Bischof!) nehmen kann.

Hinzu kommen wichtige ekklesiologische Einsichten dieser Kapitel voll ökumenischer Brisanz, die zu einer Auseinandersetzung mit Oscar Cullmanns unlängst vorgelegtem Konzept von der »Einheit durch Vielfalt« (Tübingen 1986/[2]1990) geradezu herausfordern. Auch wenn durch die Annahme dieser Herausforderung dem Leser zuweilen längere Ausführungen zu den biblischen Grundlagen dieses Konzepts (in den Abschnitten unter Buchstabe C) nicht erspart werden konnten, so hoffe ich dennoch, daß dies dem Ganzen nicht abträglich ist, vielmehr zu verstärkter ökumenischer Besinnung anregt. Im übrigen besteht der Reiz der kommentierten paulinischen Texte in der Anschaulichkeit und Farbe der in ihnen behandelten Probleme: Eine Gemeinde ist in der Banalität des Alltags auf der Suche nach ihrer Einheit! Das mahnt auch uns dazu, schwierige »ekklesiologische« Fragen immer wieder zu »erden«.

Nach Abschluß des 2. Teilbandes möchte ich allen danken, die zum glücklichen Abschluß dieser Auslegung beigetragen haben: meiner Sekretärin Frau Liselotte Steinhilber und Herrn stud. theol. Sotiris Kiokpasoglou für die zuverlässige Erstellung der druckfertigen Disketten, meinem Assistenten Herrn Dipl. theol. Michael Hartmann für die sorgfältige Durchsicht des Manuskripts sowie allen Mitarbeiterinnen und Mitarbeitern am Lehrstuhl für mancherlei Hilfen. Der Auslegung wünsche ich, daß durch sie möglichst viele Leser und Leserinnen zu einer sie in ihrem Glauben stärkenden Lektüre des Römerbriefs selbst geführt werden.

Tübingen, im Mai 1993 Michael Theobald

Hinführung

Nicht nur der Römerbrief ist in zwei Teile geteilt, einen mehr theoretischen, lehrhaften Teil, welcher der Glaubensunterweisung der Adressaten dient (Röm 1,16-11,36), und einen ethisch-paränetischen Teil, welcher ihrer sittlichen Orientierung dient (12,1-15,13); auch andere Briefe des Neuen Testaments weisen eine solche Zweiteilung auf, so etwa der Galaterbrief (1,6-5,12/5,13-6,10), der Kolosserbrief (1,3-2,23/3,1-4,6) und der Epheserbrief (1,3-3,21/4,1-6,20). Beim 1.Thessalonicherbrief erwachsen die sittlichen Weisungen seines zweiten Teils (4,1-5,24) ebenfalls auf dem Boden seines grundlegenden ersten Teils (1,2-3,13). Doch bietet dieser im Vergleich zu den eben genannten Beispielen keine lehrhafte Glaubensunterweisung, sondern eine Erinnerung an die Anfänge der Gemeinde (1,2ff), was unter einem bestimmten Blickwinkel aber keinen entscheidenden Unterschied bedeutet: Paulus erinnert nämlich seine Adressaten im 1.Thessalonicherbrief deshalb an die Anfänge ihres Glaubens, weil er möchte, daß sie darin *Gottes erwählendes Handeln* an ihnen wahrnehmen, um es voller Dankbarkeit in ihrem Gedächtnis festhalten. Paulus erzählt nicht einfach, was seine Adressaten ohnehin von ihrer ersten Begegnung mit ihm noch wissen, sondern *deutet*, was an ihnen und mit ihnen damals geschah: *Durch Gottes Gnade* hat sich ihr Leben radikal zum Guten hin verändert; Glaube, Liebe und Hoffnung (1 Thess 1,3; vgl. 3,6; 5,8) sind in ihr Dasein getreten. Für Paulus ist solche deutende Rückerinnerung aus dem Grunde so wichtig, weil er weiß, daß der Weg in die Zukunft - die »Heiligung« des Lebens in der Erwartung der Wiederkunft Christi (1 Thess 4,3; 5,23) - nur auf dem Boden *schon erfahrener Gnade* gelingen kann, eben auf dem Boden der Erkenntnis, vom Gott der Liebe zum Heil erwählt worden zu sein (1 Thess 1,4).

Ganz ähnlich verhält es sich mit dem Zueinander der beiden Teile des Römerbriefs, nur spielt sich hier alles auf einem höheren, lehrhaft-begrifflichen Niveau ab: *Jegliche ethische Unterweisung gründet nach ihm in der vorgängigen Lehre von der Rechtfertigung der Sünder: Alle Motivation zum Gut-Sein fließt aus dem Glauben, von Gott als Sünder gerechtfertigt worden zu sein*, oder umgekehrt formuliert: *Der Glaube wird in der Liebe wirksam* (Gal 5,6). Das aber heißt: Die jetzt mit Kap. 12 einsetzenden ethischen Weisungen versteht nur derjenige richtig, der sie auf dem Boden der vorangegangenen Kapitel vernimmt; losgelöst von ihnen müßten sie wie Gesetze oder Imperative wirken, die *von außen* her die Hörer mit einem sehr hohen ethischen Anspruch konfrontieren, ohne daß klar wäre: Der Mensch vermag diesem Anspruch auch zu genügen, er verwickelt sich im Bemühen um die Verwirklichung des Guten nicht im Selbstwiderspruch und muß, wenn er versagt, nicht an sich selbst verzweifeln (vgl. Röm 7,24). Grund für solche Zuversicht aber kann nur der Glaube an die *innere* Erneuerung des Menschen durch den ihm verliehenen Geist Gottes in Jesus Christus sein (vgl. Röm 8), der ihm die Kraft gibt, als von Gott Gerechtfertigter auch seinem Willen gemäß zu leben. Wie eng beides zusammengehört - die innere Erneuerung des Menschen durch seine Rechtfertigung im Glauben und sein »Lebenswandel« Gottes Willen gemäß -, das hatte Paulus bereits in Röm 6,1-8,17 dargestellt mit der Absicht, dem Mißverständnis den Boden zu entziehen, seine Lehre von der Rechtfertigung des Sünders allein durch den Glauben an Jesus Christus würde alles ethische Bemühen um die Heiligung des Alltags - den tiefsten Impuls der Tora! - in seiner Ernsthaftigkeit in Frage stellen. Wenn Gott sowieso die Sünder gerechtspricht, warum strengen sich dann die Gerechten noch an, gemäß der Tora zu leben? Kaum verbergen kann sich hinter einem solchen Einwand, der Paulus zu schaffen machte, die bittere Eifersucht von »Frommen« auf so manche »Taugenichtse«, denen man im Namen Jesu Gottes Versöhnung predigte, obwohl sie aufgrund ihres Lebenswandels zu solch hehrem Wort überhaupt keinen Anlaß boten. Wir müssen die Antwort, die Paulus auf diesen Einwand in 6,1-8,17, aber auch in 9-11 gegeben hat, hier nicht noch einmal entfalten. Es genügt darauf hinzuweisen, daß nach seiner Überzeugung jener Einwand von einer falschen Voraussetzung ausging: Die Rechtfertigung des *Sünders* meint nicht die Rechtfertigung der *Sünde*; Gott, der Heilige, hat für das

Übermaß des Bösen in der Welt nur *Zorn* übrig (1,18-3,20). Wenn er den Sünder in Jesus Christus gerechtspricht, ihn in seiner Liebe nicht mehr als Sünder behandelt, ihm vielmehr seine Versöhnung gewährt, die neues Leben eröffnet, dann ist darin die *wirkliche Veränderung* dieses Menschen *vom Sünder zum Gerechten* miteingeschlossen. Natürlich vollzieht sich solche Veränderung nicht »automatisch«. Aus dem »Gerechtfertigten« wird kein über jede Versuchung erhabener »Heiliger«, der blutleer und blaß als Bewohner eines fremden Sterns erscheinen müßte. Das wäre ein seltsames perfektionistisches Mißverständnis der paulinischen Botschaft. Genausowenig aber hat Paulus als Glaubenden einen Menschen vor Augen, der zeit seines Lebens mit dem Bewußtsein herumläuft, Sünder zu sein, und am Guten, das er auch zustande bringt, sich nicht freuen kann. Ganz im Gegenteil: Paulus glaubt, daß die Getauften definitiv der Sünde *gestorben* sind, d.h.: Ihnen ist eine *neue* Existenz geschenkt, welche frei ist von den Zwängen des Bösen, die sie im Glauben an Gottes versöhnende Liebe zu ihnen auch immer wieder neu von sich abschütteln können. Es ist eine Existenz, die ganz aus der Barmherzigkeit Gottes lebt, geprägt von Demut, jeder Selbstüberhebung abhold, bestimmt vom Wissen darum, was Gott für jeden einzelnen Menschen getan hat - und darin befreit zu einem wirklichen Gut-Sein gegenüber dem »Nächsten« (Röm 13,8-10). Die Selbstverständlichkeit, mit der Paulus in den Kapiteln 12,1-15,13 Weisungen für ein solches Leben gemäß dem Evangelium erteilt, ist Ausdruck für seinen Glauben an Gottes wirkmächtigen Geist, der den Menschen auch dazu befähigt, ohne Verkrampfung, in aller Freiheit und Gelassenheit angesichts des eigenen wie des fremden Versagens, das sich nie ausmerzen läßt, ganz einfach *gut zu sein* - aus Gottes Barmherzigkeit heraus.

Im Anschluß an seine ethischen Weisungen (12,1-15,13) kommt Paulus sodann auf seine eigenen Zukunftspläne zu sprechen (15,14-33). Daran fügt er Empfehlungen und Grüße an die Christen in Rom an (16,1-23). So menschlich er den Brief begonnen hat (1,8-15), so menschlich schließt er ihn auch ab: Es ist der humane Geist antiker Briefschriftstellerei, den Paulus sich hier ganz zu eigen gemacht hat. Spätere Schreiber haben dann dem Brief mit dem »Lobpreis Gottes« (16,25-27) noch einen solennen, liturgischen Abschluß gegeben.

II. Die Praxis des Evangeliums:

Weisungen für ein christliches Leben in der Gemeinde (12,1- 15,13)

Paulus wäre nicht Paulus, hätte er in seiner ethischen Unterweisung sofort konkrete Ratschläge parat. Paulus ist wohl Realist, aber kein Pragmatiker. Bevor er Handlungsorientierung in concreto bietet, geht es ihm um prinzipielle Einsicht in die Gestaltung christlichen Lebens aus dem Geist des Evangeliums. Nicht momentane Bewältigung von Problemen oder Krisen, sondern *Vermittlung von Lebensperspektiven über den Tag hinaus* - das ist sein Anliegen. So versteht man es auch, wenn er zunächst - in einem umfangreichen ersten Abschnitt - *»grundsätzliche Weisungen«* (vom Glauben zur Liebe) anbietet (*12,1-13,14*). Schon das zeigt, daß er es seinen Adressaten durchaus zutraut, in Kenntnis dessen, was das Evangelium grundsätzlich von ihnen verlangt, selbst zu entscheiden, worauf es in ihrem Leben ankommt. Gerade weil er seine *»konkreten Weisungen« (14,1-15,13)* erst an nachgeordneter, zweiter Stelle bringt, setzt er diese auch weniger dem Verdacht aus, er habe mit ihrer Hilfe in die Gemeinde »hineinregieren« wollen, anstatt ihr Orientierung zu bieten. Daß er letzteres beabsichtigt, gerät nicht dadurch ins Zwielicht, daß er in Kap. 14f Position bezieht, und zwar - wie wir noch sehen werden - sehr deutlich. Das Gewicht, das er den vorangeschickten »grundsätzlichen Weisungen« gibt, bestätigt im übrigen den Eindruck, den sein Brief von Anfang an macht: Es ist ein *Evangeliumsbrief*, eine *»Rechenschaft über den Glauben«*, die zuletzt auch die ethischen Konsequenzen mitbedenkt, die aus diesem Glauben als umfassender Lebensform folgen. So wenig die Intention des Briefs sich folglich in der Aufarbeitung des in Kap. 14f thematisierten Konflikts in Rom erschöpft (vgl. Bd. 1, S. 25f), so gewiß steht doch andererseits fest, daß die »grundsätzlichen Weisungen« der Kap. 12f nicht abstrakt und abgehoben von der kirchlichen Wirklichkeit der Zeit ergehen; manches scheint Paulus schon im Vorblick auf Kap. 14f formuliert zu haben (vgl. 12,13a.b.14.16; 13,6f).

1. Grundsätzliche Weisungen: Vom Glauben zur Liebe (12,1-13,14)

Die grundsätzlichen Weisungen, die Paulus in 12,1-13,14 erteilt, folgen einem wohldurchdachten Bauplan: Die ersten beiden Verse von Kap. 12 bieten so etwas wie ein knappes *»Grundsatzprogramm«* für ein Leben gemäß dem Evangelium, an das sich in 12,3-8 eine *»ekklesiale« Weisung* zur Besonnenheit als kirchlicher Kardinaltugend anschließt. Damit verdeutlicht Paulus, daß Ethos im Geist Jesu zunächst einmal Gemeinschaftsethos ist; die Glaubenden als vereinzelte Individuen stellen ein Abstraktum dar, das den Glauben selbst zu einer religiösen »Privatsache« zu deformieren droht, die niemanden etwas angeht und niemandem »wehtut« mit der Folge, daß Glauben irrelevant wird. Glauben als ethisch relevanter Lebensvollzug ist aber für Paulus etwas, was Gemeinschaft konstituiert und sich darin »verleiblicht«. Deshalb hat dann auch der an dritter Stelle stehende *»Katalog von ethischen und religiösen Verhaltensregeln«* (12,9-21) nur Christen in der Mehrzahl zu seinen Ansprechpartnern; allein die abschließende Regel V.21 (»Laß dich vom Bösen nicht besiegen, sondern besiege das Böse mit dem Guten!«) spricht in Anknüpfung an das weisheitliche Mahnwort Spr 25,21f (= Röm 12,20) den einzelnen an: Er hat für jenes Ethos der Liebe persönlich einzustehen. Was im »Katalog der ethischen und religiösen Verhaltensregeln« (12,9-21) *ausgefaltet* und dann noch in 13,1-7 im Blick auf die Außenbezüge der Gemeinde als zusätzliche *»Mahnung zu politischem Wohlverhalten«* punktuell vertieft wurde, erfährt in 13,8-10 schließlich sein Gegengewicht: Hier *bündelt* und *konzentriert* Paulus die Vielzahl seiner Weisungen in dem *einen* Prinzip der *Liebe* als der *Erfüllung des Gesetzes*. Mit der *abschließenden Zuspitzung* seiner bisherigen ethischen Unterweisung in 13,11-14 rundet er das Ganze dadurch ab, daß er jetzt das Wissen um die Stunde, die geschlagen hat, in Entsprechung zur Eröffnung in 12,1f (»Paßt euch nicht dieser *Weltzeit* an ...«) zur Motivation des rechten Handelns einsetzt: Wer darum weiß, daß die Zeit drängt, der nimmt alle Kräfte zusammen und handelt.

a) Programmatische Eröffnung: Ein erneuertes Denken (12,1–2)

A. Die beiden ersten Verse des Kapitels bieten eine Art »*Grundsatzprogramm*« für ein Leben gemäß dem Evangelium. In einer dicht und nachdrücklich formulierten Mahnung an die Christen zu Rom sagt ihnen Paulus, worauf es seiner Meinung nach bei der ethischen Gestaltung ihres Alltags aus dem Glauben grundlegend ankommt. Alle nachfolgenden, zu einem beträchtlichen Teil aus dem ethischen Fundus frühchristlicher Tradition geschöpften Einzelweisungen und Lebensregeln will er im Licht dieser seiner voranstehenden programmatischen Mahnung verstanden wissen. Sie enthält über ihre inhaltliche Seite hinaus auch eine Reihe von *formalen* Kennzeichen, die für den Vollzug von ethischer Unterweisung im Verständnis des Paulus aufschlußreich sind. Auf sie ist im folgenden besonders achtzugeben, weil daraus manches Wegweisende für die kirchliche Moralverkündigung heute zu lernen ist.

In den beiden Sätzen der Eröffnung findet der Leser ein vertrautes Themenpaar wieder: »*Gottesdienst*« (V.1) und »*Gutes tun*« (V.2). Den ersten Pol dieser Spannungseinheit hat Paulus freilich, wie unten im einzelnen zu zeigen sein wird, charakteristisch verfremdet. - Auch unter anthropologischem Gesichtspunkt bilden die beiden ersten Verse eine Polarität: Zuerst ist von der Darbringung der »*Leiber*« die Rede (die EÜ übersetzt blaß: bringt »euch selbst« dar!), dann von der Erneuerung des »*Denkens*« (V.2). Eine Erneuerung des »*Denkens*« unter Umgehung der »*Leiblichkeit*« des Menschen (dazu unten!) wäre für Paulus ein Unding.

B. Christen, deren persönliche Bekanntschaft man noch nicht gemacht hat und deren Probleme man nur vom Hörensagen kennt, ethische Weisungen zu erteilen, stellt gewiß ein Risiko dar, um das Paulus offenkundig wußte (vgl. auch zu 15,14-16). Obwohl er sich dazu aufgrund seiner apostolischen Autorität befugt und genötigt sah (12,3/15,15f), bleibt doch entscheidend, *wie* er diese seine Autorität begriffen hat (vgl. v. a. zu 12,3.6). Man wird nicht fehlgehen in der Annahme, daß sein Selbstverständnis als Apostel Jesu Christi ganz wesentlich von seinem Verständnis des Evangeliums abhing, also von seiner Rechtfertigungs- und Gnadenlehre. Dem entspricht bereits die Beobachtung, daß er sich gleich zu Beginn seiner programmatischen Mahnung auf »*Gottes Erbarmen*« beruft, *kraft dessen* er die römischen Christen mahnt. Die EÜ (»angesichts des Erbarmens Gottes ermahne ich euch«) verwässert den

Text, weil sie die Angabe von Grund und Ursache der ethischen Unterweisung (wörtlich: »*durch* Gottes Erbarmen mahne ich euch«) nicht wirklich wiedergibt. Strenggenommen bedeutet die mit Bedacht gewählte Wendung (vgl. auch 15,30; 1Kor 1,10; 2Kor 10,1): »Der Apostel ist nur der Mund dieses Erbarmens, so sehr sein Mund das Erbarmen zu beschwören scheint... Primäres Subjekt der apostolischen Ermahnung sind die Erbarmungen Gottes« (H.Schlier). Nimmt also der Apostel sich selbst hinter diesem primären Subjekt seiner Mahnung zurück, dann gibt er damit seinen Adressaten, die er bewußt als seine »Brüder« anspricht, auch zu verstehen, daß sie beide - der Bote des Evangeliums und seine Hörer - auf ein- und demselben Grund stehen: der *barmherzigen Zuwendung Gottes.* Von daher kann es dann »zwischen Apostel und Gemeinde letztlich kein Herrschaftsverhältnis mehr geben, das eine prinzipielle Verschiedenheit markieren würde« (J.Blank, Zum Begriff des Opfers nach Röm 12,1-2, in: H.Pompey/J.Hepp/E.Nielenbrink [Hg.], Funktion und Struktur christlicher Gemeinde [FS H.Fleckenstein], Würzburg 1971, 35-51, 38). Sind Apostel und Gemeinde von *derselben* Barmherzigkeit Gottes getragen, dann besitzt die apostolische Mahnung ihre Verbindlichkeit für die Gemeinde auch »nicht in sich selbst«, sondern »gewinnt diese vielmehr aus der gemeinsamen Verwiesenheit auf den gnadenhaften Grund, von dem Apostel und Gemeinde gleichermaßen herkommen« (J.Blank, ebd. 38f).

Daß Motivation und Verbindlichkeit der Mahnungen in Gottes Barmherzigkeit gründen, versteht Paulus sehr konkret: Nicht Gottes barmherziges Wesen in einem allgemein-abstrakten Sinn, sondern seine barmherzige Zuwendung zu den Menschen in *Jesus von Nazaret* ist es, die die Verpflichtung für die Glaubenden mitbringt, gottgemäß zu leben. Dabei ist der Sachverhalt entsprechend den Ausführungen von Röm 1-8 noch genauer zu fassen. Was heißt »Verpflichtung«? Wer oder was »verpflichtet«? Ist es lediglich Gottes Wille, wie er in seinen Geboten, vornehmlich denen der Tora (vgl. 2,18), aber auch in der Stimme des Gewissens (vgl. 2,14f) zu vernehmen ist? Wollte man das behaupten, hätte man die Pointe der Wendung »*durch* Gottes Erbarmen mahne ich euch« nicht recht begriffen. Denn daß dieses Erbarmen dem Menschen in seiner Befreiung aus den versklavenden Zwängen der Sünde einen neuen Lebenswandel *ermöglicht*, genau darin besteht seine verpflichtende Kraft. Das Erbarmen Gottes befiehlt nicht, entmutigt nicht durch Forderungen, von denen ich nicht weiß, ob ich sie überhaupt erfüllen kann (vgl. Röm 7), sondern es umfängt mich mit einer Atmosphäre der Liebe, man könnte nach Röm 8 auch sagen: mit Gottes Geist, in dem ich nicht anders kann, als gleichfalls zu lieben. Dabei wäre es im Sinne des Paulus zu kurz gegriffen, das in Jesus von Nazaret, seinem Sühnetod, manifest gewordene Erbarmen Gottes lediglich auf die Vergebung *geschehener* Sünden einzugrenzen. Wer befreit mich denn dann von der Angst, nicht wieder zu versagen? So ist die Formulierung »Befreiung von der versklavenden Macht der Sünde« (vgl. nur 6,18) mit Bedacht gewählt: Gottes Erbarmen in Jesus von Nazaret versetzt mich in einen neuen *Lebensraum*, der mich getrost auch in die *Zukunft* blikken läßt, ohne daß daraus ein »Automatismus« des Heils entstünde. Mein persönlicher Einsatz bleibt gefragt; aber jetzt eignet diesem nicht mehr der Charakter einer anstrengenden, mir selbst abgerungenen Leistung, denn ich kann nun wirklich im Erbarmen Gottes, das er mir in Jesus von Nazaret zugesprochen hat, Stand und Gelassenheit finden.

Daß mit der Motivation und Begründung der ethischen Weisungen durch das Erbarmen Gottes implizit auch wieder die Frage nach dem Verhältnis von Gesetz und Evangelium gestellt ist, dürfte klar sein. Nicht ohne Grund kommt deshalb Paulus gegen Ende seiner »grundsätzlichen Weisungen« in 13,8-10 noch einmal auf das Gesetz zu sprechen, diesmal mit dem Tenor, daß es die Liebe ist, die das Gesetz nach seiner eigentlichen und tiefsten Intention zur Erfüllung bringt. Besteht demnach *inhaltlich* ein wie auch immer zu bestimmender Bezug zwischen den Geboten der Tora und den paulinischen Weisungen, so ist doch nach 12,1 zunächst dies eine entscheidend: Ihre verpflichtende Kraft beziehen die ethischen Weisungen des Apostels nicht aus der Autorität der Tora als der Gestaltwerdung des Willens Gottes (2,18/20) als solcher, sondern aus der in Christus manifest gewordenen Barmherzigkeit Gottes, die ihrerseits noch einmal alle Gebote und Weisungen der Tora übersteigt und umfängt. Was das bedeutet, wird die Auslegung der Kapitel 12ff im einzelnen zeigen müssen.

Wozu ermuntert nun Paulus die römischen Christen? Was legt er ihnen vor allem ans Herz? Zweierlei: *Zunächst* sollen sie ihre »Leiber als lebendige, heilige, Gott wohlgefällige Opfergabe darbringen«, und er fügt mit einem Ausrufezeichen hinzu: »(das sei) euer vernünftiger Gottesdienst!« Mit diesem letzten Stichwort greift er ein zeitgenössisches Motiv gebildeter religiöser Kreise auf, die, überzeugt vom geistig-unsichtbaren, über alles Irdisch-Materielle erhabenen Wesen der Gottheit, sich vom blutigen Opferdienst in den Tempeln distanzierten und dafür ihre Gebete als den »vernünftigen«, d.h. Gottes Wesen entsprechenden Gottesdienst ausgaben. So dachten auch jüdische Philosophen, z.B. Philo von Alexandrien, der erklärte:

»An Opfern, mein Lieber, hat Gott keine Freude ... Ihm gehört ja alles, und da er alles besitzt, bedarf er nichts; er erfreut sich nur an frommer Gesinnung und an Männern, die einen frommen Lebenswandel führen: von ihnen nimmt er Opferkuchen und Gerste und die schlichtesten Gaben wie sehr wertvolle gern entgegen, lieber noch als die kostbarsten; und wenn sie auch sonst nichts bringen und nur sich bringen als die vollendete Erfüllung der Gebote der Tugend, bringen sie *das beste Opfer* dar, *wenn sie mit Gesängen und dankbaren Huldigungen Gott als ihren Wohltäter und Retter ehren* ...« (Spec.leg. I, 271f).

Und der römische Philosoph Seneca (nach verbreiteter Annahme 4-65 n.Chr.) erklärt:

»Nicht in Opfern, und seien es die reichsten und glänzten sie vor Gold, besteht die Verehrung der Götter, sondern in der frommen und rechten Gesinnung der Verehrenden (pia et recta voluntate venerantium)« (De beneficiis I, 6,3).

In Röm 12,1 besitzt das Motiv vom »vernünftigen Gottesdienst« seine Pointe darin, daß Paulus mit ihm gerade nicht auf eine sich über das Irdisch-Materielle erhebende Vergeistigung der Gottesbeziehung abzielt, sondern die »Vernünftigkeit« und Wahrheit des geforderten Gottesdienstes in der *Ganzhingabe* der Glaubenden an Gott festmacht, genauer: in der »Darbringung ihrer *Leiber*« (vgl. schon 6,12f.19).

Daß darin auch ein neues Verhältnis zum Kult mit seinen der Profanität entnommenen heiligen Zeiten und heiligen Orten mitgesetzt ist, darf man annehmen (Näheres unter C. 2): Christlicher »Gottesdienst« vollzieht sich »im Alltag der Welt« (E.Käsemann). Dabei soll die kultische Metaphorik (heiliges, gottwohlgefälliges Opfer) in ihrer Anwendung auf das Leben zum Ausdruck bringen, daß Gott *nichts* vorzuenthalten ist, ihm vielmehr *alles* geheiligt, d.h. ihm als dem Herrn der Schöpfung übereignet und anvertraut werden soll. »Leib« meint im Zusammenhang damit die dem Menschen eigene Existenzweise im Mit- und Füreinander der Geschöpfe, »Darbringung der Leiber« also die Heiligung der sozialen Bezüge, in denen jeder einzelne von uns lebt (vgl. auch Bd.1, S.184).

Daß eine solche *Ganzhingabe* im »Gottesdienst« der Welt für die Glaubenden eine nie abgeschlossene Aufgabe ist, die bei einer steten Erneuerung ihrer Vernunft, ihres Denkens ansetzen muß, - das ist *das zweite Anliegen*, das Paulus in diesen Versen vorbringt. Weil es sich dabei aber um einen kritischen Prozeß der Unterscheidung handelt, formuliert er gleichzeitig *negativ* und *positiv*:

»Paßt euch *nicht* dieser Weltzeit an, *sondern* laßt euch umwandeln durch die Erneuerung des Denkens ...«.

Oder wie E. Käsemann treffend übersetzt hat:

»Laßt euch nicht diesem Weltgefüge gleichschalten,
euch vielmehr in erneuertem Denken ändern ...«.

Mit Jesu Kreuz und Auferstehung ist eine *neue Zeit* angebrochen, das Ende der Zeit ist nahe gekommen (vgl. dann genauer 13,11-14). Mit Christi Wiederkunft zum Gericht (14,10-12) bricht es dann endgültig herein. Christliche Existenz wird von solcher Erwartung in Atem gehalten (13,11-14). Wie kann sich der Glaubende da noch dieser »Weltzeit« anheimgeben, die nur ihre eigenen Gesetze kennt und in ihrer illusionären Selbstherrlichkeit von dem kommenden Ende aller Geschichte nichts wissen will? Keineswegs geht es Paulus in 12,1 um eine Weltflucht, eine mit Askese einhergehende Abkehr von dieser Welt; zeigt doch die Aufnahme der ethischen Schlagworte »das Gute« und »das Vollkommene« (V.2), mit denen zeitgenössische heidnische Philosophen - also typische Repräsentanten »dieser Welt« - ihre humanistischen Ideale propagierten, daß er durchaus um die Ambivalenz der Schöpfungswirklichkeit wußte und sie für die Vermittlung des Evangeliums zu verwenden verstand: »*Alles* prüft, das Gute behaltet« (1Thess 5,21)! Wovor Paulus warnt, ist die »*Anpassung*« an den selbstherrlichen, gottvergessenen Weltgeist, wobei er ganz auf der Linie der jüdischen Apokalyptik (vgl. Bd.1, S.60f) angesichts der immer noch ihr Unwesen treibenden Macht des Bösen in »dieser Welt« von einem skeptischen Realismus geprägt ist. Daß er dennoch diese Welt nicht einfach dualistisch abwertet, bestätigt der Fortgang der Mahnung, nach der es nicht um die Verleugnung der menschlichen Vernunft, sondern um ihre *Erneuerung*, ihre

Neuorientierung im Glauben geht. Als Geschöpf Gottes darf der Mensch die ihm geschenkten Kräfte nicht mißachten. *Glaube und Vernunft sind keine sich ausschließenden Gegensätze.* Das sahen wir schon anläßlich der Deutung von 1,20 und 7,23, wo die Vernunft des Menschen als der anthropologische »Ort« erschien, an dem Gottes Wirklichkeit in ihrer den Menschen verpflichtenden und beanspruchenden Macht aufleuchtet. Freilich kann Paulus diese Möglichkeit beim Menschen, wie er alltäglich in »dieser Welt« vorkommt und dahinlebt, nur als eine verschüttete und verfallene Möglichkeit wahrnehmen und spricht demgemäß in 1,28 von einem »verworfenen Denken« bzw. in 7,23 von einem durch das Gesetz der Sünde in Gefangenschaft geratenen, also zur Wirkungslosigkeit verdammten Denken. Deshalb ruft er auch hier in 12,2 zu dessen tiefgreifender *Erneuerung* im Glauben auf. Weil es dabei aber nicht um bessere Logik und höhere Stringenz des Denkens geht, sondern um die Neuorientierung der Vernunft im Horizont des Glaubens an den Schöpfer, der sich in Jesus Christus der Welt geoffenbart hat, formuliert Paulus: »*Laßt euch* umwandeln durch die Erneuerung der Vernunft.« Dabei versteht er nach Ausweis des Fortgangs der Mahnung unter »Vernunft« (im Griechischen in 12,2 derselbe Begriff wie in 1,28; 7,23!) die weltbezogene, praktische »Vernunft«, von der sich der Mensch in seinem Handeln bestimmen lassen soll. Begreift er sich im Licht des Glaubens an das Erbarmen Gottes in Jesus Christus, dann mag ihn seine »Vernunft« auch zum Urteil darüber zu befähigen, was jeweils »Wille Gottes« ist. Freilich reflektiert Paulus hier sowenig wie andernorts in seinen Briefen darüber, wie sich praktische Vernunft und »Wille Gottes« zueinander verhalten. Philosophisch ist er nicht ambitioniert. Sein Interesse zielt in eine andere Richtung. Ablesen kann man dieses an der abschließenden Wendung seiner Mahnung:

> »laßt euch umwandeln durch die Erneuerung der Vernunft,
> *so daß ihr zu prüfen vermögt,*
> was der Wille Gottes ist:
> das Gute und Wohlgefällige und Vollkommene«.

Darum also geht es: *Sie selbst* möchten immer mehr dazu befähigt werden, im Glauben jeweils zu entscheiden, was Gott in dieser oder jener Situation von ihnen will, *sie selbst* möchten in der Lage sein, das sie unbedingt Verpflichtende zu erkennen. Der Hinweis auf die Vernunft hat demnach die Funktion, die *Eigenständigkeit der Adressaten in ihrem ethischen Urteilsvermögen* zu unterstreichen. Freilich geht es dabei nicht um Autonomie in einem absoluten Sinne, denn dreierlei dürfen wir nicht vergessen:

Erstens handelt es sich nach 12,1f um die im Glauben *erneuerte* Vernunft, also im Resultat um ein Denken, das im »Gehorsam des Glaubens« (1,5) seine Selbstherrlichkeit aufgegeben und im Hören auf Gottes Wort seine eigenen Grenzen erkannt hat (vgl. auch 2Kor 10,3-5).

Auch wenn das an unserer Stelle nicht ausdrücklich vermerkt wird, so steht doch *zweitens* auf dem Hintergrund der gesamten paulinischen Theologie fest, daß für Paulus jene Befähigung der Christen, im Glauben eigenständig prüfen zu können, was jeweils »Wille Gottes« für sie ist, in ihrer *Geistbegabung* gründet. Das entspricht zutiefst biblischer Hoffnung auf die jetzt in Christus angebrochenen letzten Zeiten:

»Ich schenke euch ein neues Herz
und lege *einen neuen Geist* in euch.
Ich nehme das Herz von Stein aus eurer Brust
und gebe euch ein Herz von Fleisch.
Ich lege *meinen Geist* in euch
und bewirke, daß ihr meinen Gesetzen folgt
und auf meine Gebote achtet
und sie erfüllt« (Ez 36,26f).

»Denn das wird der Bund sein,
den ich nach diesen Tagen mit dem Haus Israel schließe.
- Spruch des Herrn:
Ich lege mein Gesetz in sie hinein
und schreibe es auf ihr Herz.
Ich werde ihr Gott sein,
und sie werden mein Volk sein.
Keiner wird mehr den anderen belehren,
man wird nicht zueinander sagen:
Erkennt den Herrn!,
sondern sie alle, klein und groß,
werden mich erkennen - Spruch des Herrn« (Jer 31,33f).

Eine offensichtliche Spur haben diese Texte in den paulinischen Weisungen von 1Thess 4 hinterlassen. Dort, in V.8, betont Paulus vor den Thessalonichern, daß sie eigentlich nicht ihm als dem Mahnenden, sondern Gott gegenüber als demjenigen Verantwortung besäßen, »*der ihnen seinen heiligen Geist gibt*«. Und dann fügt er ganz im Sinne von Jeremia und Ezechiel hinzu: »Über die Bruderliebe brauche ich euch nicht zu schreiben; *ihr seid schon von Gott belehrt*, einander zu lieben« (1Thess 4,9; vgl. Jes 54,13). Die gleiche Überzeugung, daß seine Adressaten vom Geist Gottes belehrt seien, das Rechte für ihr Leben zu erkennen und zu tun, dürfen wir auch in Röm 12,2 voraussetzen, zumal dasselbe Motiv im Rückblick auf die ethischen Weisungen in 15,14 noch einmal begegnet: »Überzeugt bin ich auch selbst von euch, meine Brüder, daß auch ihr voll Gutsein seid - *erfüllt von aller Erkenntnis* - einander auch zum Rechten zu weisen vermögt« (Übers. F.Stier).

Wichtig für die Deutung von 12,2 ist *drittens* der für Paulus selbstverständliche Gesichtspunkt, daß die Befähigung des geistbegabten Christen, Gottes Willen für sich wahrzunehmen, eingebettet ist in den kommunikativen Austausch der Gemeindemitglieder untereinander (er redet seine Adressaten durchweg in der Mehrzahl an! Vgl. Phil 1,9-11). Deshalb wird man auch jede Form von Individualismus von unserem Text fernhalten müssen. Die gemeinte Erkenntnis des Willens Gottes (in der an Paulus sich anlehnenden Sprache des ignatianischen Exerzitienbüchleins: »die Unterscheidung der Geister«) ist Frucht eines wie auch immer zu gestaltenden *dialogischen Prozesses*, in dem der einzelne gerade in der Begegnung mit den anderen und ihren Ansichten auf seinen eigenen Weg geführt wird (vgl. auch zu 12,3-8). - Diese drei Gesichtspunkte wird man mit in Betracht ziehen müssen, wenn man im Blick auf Röm 12,2 von der »Eigenständigkeit der Adressaten in ihrem ethischen Urteilsvermögen« spricht.

Zwei Fragen, auf die wir oben bereits gestoßen sind, wollen wir zum Schluß noch einmal eigens aufgreifen. Es handelt sich 1) um *die Rolle des Apostels* im Prozeß der ethischen Urteilsbildung in der Gemeinde sowie 2) um die Frage nach dem *Gesetz im Rahmen der ethischen Unterweisung*.

1) Daß Paulus in Röm 12,1-15,13 seinen Adressaten mit großem Respekt begegnet (vgl. seinen eigenen Rückblick auf diesen Abschnitt in

15,14f), ist nicht einfach als taktische Maßnahme des Missionsstrategen abzutun, der die ihm noch unbekannten römischen Christen für seine Pläne zu gewinnen sucht. Er selbst läßt keinen Zweifel daran, daß die von ihm geforderte, immer wieder in Angriff zu nehmende »Erneuerung des Denkens« sich am Evangelium zu orientieren hat, so wie er es als Apostel Christi versteht. Dieses Evangelium ist aber nicht intellektualistisch auf Glaubensinhalte zu reduzieren, sondern verlangt als Antwort der Glaubenden ihr *Bekenntnis*, für das sie im Angesicht von Tod und Auferweckung Jesu mit ihrem eigenen Leben einzustehen haben (vgl. zu 6,1-23). So gesehen gehören auch die ethischen Weisungen Röm 12,1ff, die dem neuen Leben der Glaubenden Gestalt und Orientierung verleihen wollen, mit in die apostolische Verkündigung des Evangeliums hinein. Doch sind sie, wie bereits 12,2 programmatisch zeigt, nicht das Resultat einer Einbahn-Unterweisung; was Paulus mit ihnen im einzelnen sagt, ist zum großen Teil exemplarisch gemeint und soll seine Hörer zu eigenem Nachdenken anregen. Aufgrund ihrer Einsichten mögen sie dann selbständig entscheiden (vgl. auch 1Kor 10,15). Dem entspricht die Beobachtung, daß Paulus in 12,1-15,13 keineswegs eine systematisch-erschöpfende Darstellung dessen bieten will, was Christen tun und lassen sollen. Er nimmt zwar seine Adressaten in die Pflicht, doch so, daß er sie dabei gleichzeitig in die *Freiheit ihrer eigenen Verantwortung vor Gott* entläßt.

2) Nimmt man 12,1f beim Wort, kann man das Ethos der Christen nicht mehr als Erfüllung von Gesetzesvorschriften beschreiben. Ihr Leben ist ganzheitliche Antwort auf Gottes Barmherzigkeit in Jesus Christus, wobei die konkrete Situation, in der sie nach dem »Willen Gottes« für sich fragen, einen eigenen, unableitbaren Stellenwert besitzt: »Gottes Wille« ist kein allgemeingültiges, zeitenthobenes Gesetz, sondern ruft und nimmt in die Pflicht jeweils zu einer bestimmten Stunde. Der damit gegebene, in der Freiheit der Gotteskinder gründende geschichtliche und situationsbezogene Charakter paulinischer Ethik schließt dann freilich nicht aus, daß diese sich inhaltlich-material auch aus den ethischen Traditionen der Tora speist, und zwar in beträchtlichem Umfang (Näheres zu 12,9-21). Doch werden diese Traditionen vom Grundgedanken der »Liebe« her im Licht der Barmherzigkeit Gottes in Jesus von Nazaret neuinterpretiert (dazu im Anschluß unter Buchstabe C in Punkt 1c sowie unten zu 13,8-10).

C. Die »programmatische Eröffnung« der grundsätzlichen ethischen Weisungen Röm 12,1f ist ohne Zweifel ein dichter, inhaltsreicher Text. Er birgt eine Menge von Anfragen an uns, die sich in den beiden folgenden Problemen bündeln lassen: Wie hat ethische Unterweisung in der Kirche heute auszusehen, wenn sie biblisch orientiert sein will? Und: Wie verhalten sich »Gottesdienst« und »Weltdienst« zueinander? Insbesondere der erste Problemkreis läßt sich hier natürlich nur in Umrissen ansprechen, doch bieten uns die »grundsätzlichen Weisungen« von 12,1-13,14 insgesamt die Gelegenheit dazu, ihn ein wenig in den Blick zu bekommen. Auch wenn unser Paulustext dazu nur einen Ausschnitt von Aspekten bereithält, so gibt er uns dennoch wichtige Orientierungsmarken für den Umgang mit dieser heute so brennenden Problematik an die Hand.

1) Paulus spricht vom »Willen Gottes« (12,2; vgl. auch 1,10; 2,18; 15,32; 1Kor 1,1; 2Kor 1,1; 8,5; Gal 1,4; 1Thess 4,3; 5,18). Was meint er damit? Wie erkennt man ihn? Was ist »Wille Gottes« für mich, für die Kirche und für die Menschen insgesamt? Was bedeutet es, daß »Gottes Willen« zu erkennen und ihn zu tun eine innere Distanz »zu dieser Welt(zeit)« voraussetzt (V.2), ein Nicht-Angepaßtsein an sie erfordert, einen (im Sinne von Röm 6 von der Taufe her geprägten) Nonkonformismus?

Paulus umschreibt die Rede vom »Willen Gottes« mit Hilfe dreier Appositionen: Ihr sollt prüfen können, »was Wille Gottes ist: *das Gute und Wohlgefällige und Vollkommene*« (V.2). Was ist das Gute, das (Gott) Wohlgefällige und Vollkommene? »Die Vorsicht, mit der Paulus den Willen Gottes bestimmt, fällt in diesem Zusammenhang auf« (O. Michel).

Insofern die Kirche sich in der apostolischen Überlieferung stehend begreift, wird sie sich auch vom Wesen und Selbstverständnis ethischer Unterweisung normieren lassen, so wie der Apostel Paulus es in seinen Briefen zu erkennen gibt. Sein Verhältnis zu seinen Adressaten setzt dann Maßstäbe dafür, wie das kirchliche »Amt« auch heute sein Verhältnis zu den »Gemeinden« gerade auf dem Feld ethischer Unterweisung zu gestalten hat. Was folgt aus dem paulinischen Vorbild für das Selbstverständnis kirchlicher Verkündigung in ethischer Hinsicht? Wo fließen für die Kirche die Quellen ihrer ethischen Einsichten und wie hat sie ihren Dienst am Evangelium dementsprechend zu begreifen? M. E. lassen sich die folgenden bibeltheologischen Einsichten von Röm 12,1f her in die gegenwärtige Diskussion einbringen:

a) Als ein erstes wichtiges Element des Textes wird die von Paulus nicht nur in 12,2 statuierte »Eigenständigkeit der Adressaten in ihrem ethischen Urteilsvermögen« auf ihre theologischen und kirchlichen Konsequenzen hin zu bedenken sein (vgl. auch unten S. 202f). Was bedeutet es, daß der Apostel es seinen Adressaten zum Ziel ihrer steten Glaubenserneuerung setzt, selbst prüfen und entscheiden zu lernen, was Gottes Wille für sie ist? Ein grobes Mißverständnis dieser Aussage läßt sich nach dem bislang Ausgeführten sofort ausschließen: Natürlich geht damit nicht das, was höchste Verbindlichkeit für sich beanspruchen darf - Gottes Wille - in die Entscheidungsbefugnis derer über, denen es beliebt zu wählen, was für sie gilt. Im Gegenteil: Paulus weiß darum, daß Gottes Wille seine höchste Verbindlichkeit gerade dann erweist, wenn ein einzelner oder eine Gruppe in einer ganz bestimmten Situation etwas als zu Tuendes wahrnimmt, das ihm oder ihr kein anderer abnehmen kann. Das Urteil über die Richtigkeit eines nach reiflicher Überlegung zu verantwortenden Weges bringt, gerade weil es im Blick auf seine drängende Umsetzung konkret ausfallen muß, eine letzte Entschiedenheit und Verbindlichkeit mit sich. Sittliche Prinzipien und Normen, Weisungen und Ratschläge sind die eine Seite, ihre Realisierung in einer bestimmten Situation die andere. Der Einzelfall, in dem entschieden werden muß, was zu tun ist, wiegt dann oft schwerer, als es sich seine Beurteilung von außen nach Maßgabe eines Allgemeinen vorstellen kann. Das ethisch Richtige im Einzelfall ist mehr als nur das Resultat der Anwendung eines immer und überall Gültigen. Mit anderen Worten: »Was Gottes Wille jeweils von uns fordert, läßt sich nicht ein für alle Male festlegen, weil es nur in konkreter Entscheidung gegenüber einer gegebenen Situation erkannt und getan werden kann« (E. Käsemann).

Daraus folgt u.a.: Ethische Unterweisung in der Kirche darf ihren Adressaten nie etwas aufoktroyieren, darf ihnen nie »Moral verordnen« wollen, sondern hat vielmehr ihr vornehmstes Ziel darin zu sehen, daß die Christen in ihrer Glaubens- und Gewissensbildung in immer höherem Maße zu einem selbständigen ethischen Urteilsvermögen im Licht des Evangeliums befähigt werden. Für das Verständnis ethischer Weisungen bedeutet das, daß es sich bei ihnen nicht um Gesetze, sondern nur um sachhaltige Orientierungshilfen bei der eigenständigen ethischen Bewältigung der Wirklichkeit handeln kann.

b) Mit der Erkenntnis, daß jegliche ethische Unterweisung im

Gewissen des einzelnen ihre unaufhebbare Grenze, bzw. positiv gewendet: die subjektive Instanz der konkreten Bewahrheitung des verbindlich Guten für den je einzelnen besitzt, ist die ganze Tiefe dessen, was man den Respekt des »Lehramts« vor dem sittlichen Urteilsvermögen der vom Geist Gottes geführten Gläubigen nennen könnte, aber noch nicht ausgeschöpft. Dieser schließt nämlich auch den Respekt vor dem je und je ethisch schon Gelebten mit ein, was auf seiten des »Lehramts« voraussetzt, daß das Gute eigentlich viel weniger *»gelehrt«*, als vielmehr in den jeweiligen Kultur- und Lebenszusammenhängen als zu Tuendes *»aufgedeckt«* werden will, wozu es des partnerschaftlichen Miteinanders aller Beteiligten bedarf. Das meint alles andere als die Absegnung der Kraft des Faktischen, die Stützung einer Ideologie der Statistik nach dem Motto: »Weil es alle so tun, muß es deshalb auch schon ethisch richtig sein«; vielmehr geht es um die grundlegende Einsicht, daß - zumal in Umbruchs- und Krisenzeiten wie den unsrigen, in denen ungeahnte Herausforderungen auf die Menschen zukommen (Überbevölkerung der Erde, Zerstörung der Schöpfung, ungerechte Weltwirtschaftsordnung, gesellschaftliche und wissenschaftlich-technologische Umwälzungen, emanzipatorische Bewegungen aller Art usw.) - die ethischen »Antworten« auf dieserart Herausforderungen nicht einfach parat liegen, sondern im Dialog der unterschiedlichsten gesellschaftlichen Kräfte miteinander geduldig erprobt und entwickelt werden wollen. Nur *in* einem solchen Diskurs, nicht *außerhalb* seiner, kann sich der spezifisch christliche Beitrag zur Linderung der ethischen Not der Gegenwart bewähren. Ermutigt wird man als Christ und Theologe zu einem solchen Wagnis, so meinen zu Recht nicht wenige, durch Paulus selbst, der entgegen manch anderslautenden Vorurteilen über ihn durchaus der *praktischen Vernunft* des Menschen ihr begrenztes Eigengewicht zugestanden hat. E.Käsemann beschreibt den Sachverhalt im Blick auf Röm 12,1f zutreffend so:

> Paulus spricht in 12,2 »in der Redeweise der Popularphilosophie vom Guten, Gottgefälligen, Volkommenen, um damit *das Verbindliche im weitesten Sinne* zu beschreiben ... Der Apostel erkennt wieder wie in 1,19f; 2,14ff an, daß es *für jedermann* Richtlinien und letzte Inhalte der Verantwortlichkeit gibt und der Christ solche Humanität respektiert, bestätigt und nach Möglichkeit zu erfüllen sucht, weil er in der Welt

und für sie lebt und das Phänomen der Ethik deshalb nicht mißachten kann. Vernunft ist ihm gegeben, um ihre Forderungen zu vernehmen, ihre Verbindlichkeit zu beurteilen. Der Glaube schaltet, wie aufs deutlichste 1Kor 14 hervorhebt, solche Vernunft nicht aus« (Hervorhebung von mir).

Und der Tübinger Moraltheologe A.Auer stellt im Anschluß an exegetische Untersuchungen zur paulinischen Ethik in seinem theologiegeschichtlich bedeutenden Werk von 1971 »Autonome Moral und christlicher Glaube« (Düsseldorf [2]1989) fest:

»Paulus entwirft nicht aus seinem Glauben an das Christusmysterium heraus eine neue, spezifisch christliche Materialethik. Vielmehr übernimmt er so gut wie durchweg *die anerkannten und bewährten Verhaltensweisungen* seiner Zeit. Seine Leistung besteht darin, daß er *die von ihm vorgefundene humane Sittlichkeit* in den durch das Heilsgeschehen begründeten Sinnzusammenhang hineinstellt [dazu vgl. im Anschluß Punkt c] ... Wie aber schon Paulus nicht darauf verzichten konnte, in einem der biblischen Offenbarung *vorwegseienden Ethos* Möglichkeiten der Konkretisierung der Grundstrukturen der christlichen Existenz aufzuweisen, so wird auch die Moraltheologie *die den einzelnen Wirklichkeiten des menschlichen Daseins immanenten Werte und Ordnungskonstanten* aufweisen müssen, damit eine sinnvolle Integrierung im christlichen Leben und ein ›geisterfüllter Gottesdienst‹ (Röm 12,1) möglich werden« (121f; Hervorhebungen von mir).

Im Wissen darum, daß die Heilige Schrift auf soundso viele ethische Fragen, die uns heute bedrängen, keine Antworten bereithält, plädiert er für die Zuständigkeit der *Vernunft* bei der Erkenntnis des Sittlichen; dies aber keineswegs, wie es scheinen möchte, nur der hermeneutischen Not gehorchend, die aus dem biblischen Schweigen zu vielen unserer heutigen Probleme folgt, sondern in der Überzeugung, die das neuzeitliche Freiheitsbewußtsein ganz ernst nimmt, daß nämlich »nur die Vernunft das Gute als letzte Verbindlichkeit menschlicher Freiheit erkennen (kann); nur sie erkennt auch, was in konkreten Entscheidungssituationen das sittlich Richtige ist« (211). Vorausgesetzt dabei ist, »daß es eine der Wirklichkeit innewohnende Wahrheit oder Vernünftigkeit gibt und daß diese Wahrheit bzw. Vernünftigkeit wenigstens so weit erkennbar, aussagbar und mitteilbar ist, wie es für menschliches Handeln unverzichtbar ist ... . Sittliche Erkenntnis wird ermöglicht, insofern die Erkenntnisse der Human- und Sozialwissenschaften über die Bedingungen menschlichen Handelns und die Einsichten der philosophischen Anthropologie über den Sinn des Menschseins zusammengesehen und die dabei sichtbar werdenden menschlichen Notwendigkeiten und Dringlichkeiten geglückten Menschseins in die Sprache der sittlichen

Verbindlichkeit übersetzt werden. Das heißt: Die Ethik ist auf die ständige Kooperation mit den empirischen Wissenschaften und den philosophischen Deutungen des menschlichen Daseinssinnes verwiesen« (212).

Was Röm 12,1f betrifft, so sei noch einmal folgendes herausgehoben: Was Gottes Wille ist, das hat Paulus dort - so sahen wir - mit Hilfe der popularphilosophischen Rede vom Guten, Gottgefälligen und Vollkommenen erläutert. So vage diese Erläuterung auch klingen mag, der Vorgang der Erläuterung selbst ist schon bedeutsam genug. Paulus knüpft nämlich mit ihm an einem wie auch immer gearteten Vorwissen seiner Adressaten über das, was »gut« genannt zu werden verdient, an und signalisiert damit: Was wirklich *aus sich selbst heraus* gut ist und was die Menschen dementsprechend als etwas Gutes zu erkennen vermögen, das ist dann auch das, worauf Gottes Willen sich richtet. Andernorts hat er das so formuliert: »Vor allem, Brüder: Was immer wahrhaft, edel, recht, was lauter, liebenswert, ansprechend ist, alles was Tugend heißt und lobenswert ist, darauf seid bedacht!« (Phil 4,8) So könnte man also festhalten: Im Sinne des Paulus gilt etwas als gut, weil es *in sich selbst* gut ist; es hat im allgemeinen nicht allein deshalb als gut zu gelten, weil es als Gottes Wille (mit welchen Gründen, wenn nicht vernünftigen?) nur *behauptet* wird. Gottes Wille ist keine irrationale Macht; Gott hat den Menschen vielmehr die »Vernunft« geschenkt, damit sie zu prüfen in der Lage sind, was das Gute, das Gottgefällige und Vollkommene ist. Das ist die eine Seite.

c) Nun tritt aber schon in Röm 12,1f, der programmatischen Eröffnung der paulinischen Weisungen, ein anderer entscheidender Gesichtspunkt hinzu. Nicht umsonst haben wir diese Verse überschrieben mit: »Ein erneuertes Denken«. Denn es kann ja schlechterdings nicht übersehen werden, daß Paulus hier in seinem kritischen Realismus zunächst einmal an seine Adressaten das Ansinnen richtet, sie möchten sich dieser Welt nicht »*gleichschalten*«, vielmehr in einem erneuerten Denken »*verändern*« lassen. Im Grunde genommen knüpft er damit an ihr Taufbewußtsein an, das im frühen Christentum allenthalben von der Erfahrung einer wirklichen Zäsur geprägt war: der Zäsur zwischen einem Dasein, wie man es durchschnittlich führte, und einem bekehrten und erneuerten Leben, dem durch das Evangelium von der Barmherzigkeit Gottes in Jesus Christus ein völlig *neuer Sinnhorizont* erschlossen worden ist (vgl. zu Röm 6). In diesem neuen Sinnhorizont aber hat sich nach Überzeugung des Paulus nun auch das »Denken« der Christen stets von neuem zu wandeln. Eingebettet in den Glauben an den Gott Jesu Christi, darf es sich von einer letzten Bezogenheit auf sich selbst, dem Eingeschlossen-Sein in die Immanenz dieser Welt, befreit erfahren, geöffnet für die Transzendenz Gottes. Gleichzeitig und ineins damit - und das ist entscheidend - wird es sich von dem bestimmen lassen müssen, was zutiefst der »Intention« Gottes (= seinem Willen) mit dieser Welt entspricht. Paulus führt das in unseren Versen nicht eigens aus, doch gibt er mit dem so bezeichnenden Stichwort »kraft *Gottes Erbarmen* mahne ich euch« zu erkennen, wie er die »Intention« Gottes mit dieser Welt sieht: Es ist entsprechend seiner Darstellung im ersten Hauptteil des Briefes Gottes Erbarmen mit den Menschen, *seine Liebe* (vgl. 5,5.8; 8,31f.38), mit der er im Tod Jesu bis zum Äußersten gegangen ist, um den Menschen das Heil zukommen zu lassen: die Befreiung von der knechtenden Macht der Sünde und die Gabe eines erfüllten personalen Lebens, die durch den Tod nicht zerstört werden kann.

Wenn Paulus in 13,8-10 gegen Ende seiner grundsätzlichen ethischen Weisungen - in Entsprechung zu seiner Sicht der »Intention« Gottes mit der Welt - die *Liebe als die Erfüllung des Gesetzes* deklariert, dann wird an dieser Bestimmung deutlich - das sei schon im Vorgriff auf die späteren Texte gesagt -, in welcher Weise der neue Sinnhorizont des Glaubens die autonome praktische Vernunft der Christen prägt: Der Glaube an *Gottes Liebe*, die in Jesus von Nazaret als »Feindesliebe« das Äußerste gewagt hat (vgl. 5,6-8; dazu Bd. 1, S.147f), »dynamisiert« jetzt auch das Gute, das den Christen im Licht ihrer praktischen Vernunft zu tun jeweils aufgegeben ist; eine Beruhigung bei der Erfüllung des Gesetzesbuchstabens gibt es für sie nicht. So treibt sie der Glaube an Gottes Liebe über jedes sittliche Mittelmaß hinaus zu immer noch besseren Realisierungen des Guten an auf der Suche nach dem optimal Menschlichen (vgl. zu 13,8a). »Gottes Wille« drängt stets auf das Äußerste!

Damit wird dann aber auch ersichtlich, warum »Gottes Wille«

- unbeschadet des unter Punkt a) Ausgeführten - nicht einfach identisch ist mit dem, »was Menschen gut und schön finden und vor ihrem Gewissen rechtfertigen können« (E. Käsemann). Die Liebe, die an Gottes Liebe in Jesus von Nazaret Maß nimmt (vgl. zu 15,1-3), stellt einen höchst kritischen Maßstab dar, der landläufige, »weltkonforme« (12,2) ethische Denk- und Handlungsmuster auch durchbrechen kann. So wird man mit E. Käsemann sagen müssen: »Christliches Urteil in einer bestimmten Situation schließt den ›großen Sprung‹ (K.Barth) und einen radikalen Nonkonformismus (Schlier) als Möglichkeit und Gebot der Stunde nie aus.« Nur ist dann wiederum mit E.Käsemann hinzuzufügen: Auch in diesen Fällen gilt der Anspruch, »daß Christen im Blick auf den neuen Äon [= die schon im Anbruch befindliche, zukünftige Weltzeit Gottes] *der Vernunft besser Rechnung zu tragen vermögen*, als die Welt es im allgemeinen tut. Paradoxerweise erfolgt das gerade auch dort, wo sie, göttlichem Willen entsprechend, sich den Trends dieser Welt widersetzen und *das dieser scheinbar Unvernünftige* tun, wie Gott selber es in der Sendung des Sohnes ans Kreuz getan hat« (Hervorhebung von mir).

2) Wie verhalten sich »Gottesdienst« und »Weltdienst« zueinander? So lautete im Anschluß an Röm 12,1 unsere zweite Frage. Hier sei zunächst hervorgehoben, daß der Transfer kultischer Terminologie auf profanes Geschehen, wie er in 12,1 zu beobachten ist (»ein heiliges Opfer darbringen«, »Gottesdienst«), im Römerbrief nicht isoliert dasteht; der gleiche Vorgang läßt sich auch im Bereich der Christologie (3,25f; 8,3) wie in der Artikulation des paulinischen Selbstverständnisses als Apostel (15,16) beobachten. Erinnern wir uns an das, was Paulus in 3,25f mit Hilfe einer alten Glaubensformel zum Ausdruck gebracht hat: Was am Versöhnungstag Israels alljährlich in der Verborgenheit des Allerheiligsten des Tempels *kultisch* sich vollzog, das ist jetzt in der *profanen* Öffentlichkeit auf Golgota im Tod Jesu ein für allemal erfüllt worden. Eine ähnliche Argumentation liegt auch 8,3 zugrunde: Mögen im Tempel zu Jerusalem unzählige »Sündopfer« dargebracht worden sein -, Jesu Tod ist das eigentliche und letztgültige »Sündopfer«, durch welches die Macht der Sünde wirklich gebrochen wurde (vgl. Bd. 1, S.222). Wenn Gott zu den Menschen spricht, dann bedient er sich der Zeichen. Das war auch so, als er ihnen sei-

ne endgültige Versöhnung gewährte: In einem Zeichen seiner Liebe besiegelte er sie; aber dabei sprach er durch kein kultisches Zeichen, sondern ein *Mensch* war sein Zeichen: Jesus von Nazaret (vgl. Bd. 1, S. 117)! Von nun an sind alle Schranken zwischen profaner Wirklichkeit und kultischer Heiligkeit für immer durchbrochen. Gott greift nach seiner Schöpfung. Der wahre »Gottesdienst« vollzieht sich im Alltag der Welt (12,1). Die Verkündigung des Evangeliums vor den Heiden ist der »priesterliche« Dienst, der dem Apostel in seiner Berufung auferlegt wurde (15,16). Was bedeutet das für das Verständnis des christlichen Gottesdienstes?

Im Gottesdienst wird Gottes Evangelium laut, verschafft sich bei den versammelten und gesammelten Menschen Gehör: Die Gemeinde schart sich um den Tisch des Wortes. Der erhöhte Christus wird im eucharistischen Mahl Gegenwart. Aber in diesem verdichtet sich nur, was für die in der Welt befindliche Gemeinde *als Leib Christi* insgesamt gilt: Sie ist die leibhaftige Weise seiner heilvollen Gegenwart *unter den Menschen und für die Menschen* (vgl. den Exkurs: »*Ein* Leib in Christus«). Das aber bedeutet: Der Gottesdienst rüstet zur Sendung in diese Welt. Er ist nicht das kultische Refugium, in das man sich auf der Flucht aus der Gottesferne dieser Welt zurückziehen müßte, um Gottes Heiligkeit zu begegnen. Die Bewegung verläuft anders: Weil Gott mit dem Evangelium Jesu Christi nach seiner Schöpfung greift - nach Juden und Heiden, nach *allen* Menschen -, deshalb geschieht Begegnung mit Gott auch überall dort, wo sein Wort gehört, im Glauben angenommen und im Dienst der Liebe fruchtbar gemacht wird. Alles, was am Tisch des Wortes geschieht, will dem dienen.

b) Besonnenheit als kirchliche Kardinaltugend (12,3-8)

Bezeichnenderweise beginnt Paulus seine Einzelmahnungen mit einer »ekklesialen« Weisung: Christliches Ethos ist zunächst einmal *Gemeinschaftsethos*. Dabei wird man einen konkreten Hintergrund der scheinbar situationslosen Verse wohl in Rechnung zu stellen haben: In einzelne Hausgemeinden über die Hauptstadt zerstreut (vgl. zu Röm 16), sind die römischen Christen organisatorisch wie ihrem Selbstverständnis nach noch auf dem Weg, die *eine* Kirche von Rom zu werden. So soll ihnen die Rede von dem

»*einen* Leib in Christus« (V.5) helfen, die rechte theologische Perspektive für diesen schwierigen Prozeß zu gewinnen.

A. Der *Aufbau* der Verse ist durchsichtig: Vorweg steht die Mahnung zur »Besonnenheit« (V.3). Begründet wird sie durch das Gleichnis von dem einen Leib und seinen vielen Gliedern, wobei V.4 die Bildhälfte und V.5 die Sachhälfte bietet. Der zweite Teil des Textes (V.6-8) enthält die konkrete Anwendung: *Sieben* verschiedene »Charismen« belegen die Vielfalt der Aufgaben, Dienste und Funktionen in der Gemeinde. Wahrscheinlich sind sie unter dem Gesichtspunkt zusammengestellt, daß sie alle, je auf ihre Weise, *unmittelbar* der Erbauung der Gemeinde dienen (vgl. unten).

In *1Kor 12,12ff* hatte Paulus schon einmal das Gleichnis vom Leib und seinen Gliedern (in einer ausführlicheren Fassung und mit anderen Akzenten) geboten; auch dort folgte auf das Gleichnis ein Charismenkatalog, und zwar in 12,28 (vgl. schon 12,4-11). Gemeinsam ist diesem Katalog und unserem Text die Trias der drei wichtigsten frühchristlichen Funktionen: »Apostel, Propheten, Lehrer« (1Kor 12,28; vgl. Röm 12,3.6f). Die ausdrückliche Rangfolge von 1Kor 12,28 (»*zuerst* Apostel, *zweitens* Propheten, *drittens* Lehrer«) taucht in Röm 12,6.7 aber nicht auf. Außerdem erscheint das erste Glied, nämlich das des Apostels, gesondert vom Katalog V.6-8 sowie transformiert in eine Selbstaussage des Paulus an der Spitze unserer Verse in 12,3: »*Kraft der Gnade, die mir verliehen wurde*, sage ich einem jeden von euch ...« (vgl. 1,5; 15,15; 1Kor 3,10; Gal 2,9). Demnach schreibt Paulus der ihm persönlich noch unbekannten Gemeinde in seiner Eigenschaft als Apostel (vgl. zu 1,1-7), in der er eine »*gesamtkirchliche*« Verantwortung wahrnimmt (und zwar als »Apostel der *Heiden*«: 11,13; 15,15f). Das zeichnet seinen Dienst aus und unterscheidet ihn gleichzeitig von dem der gemeindeorientierten »Propheten« und »Lehrer«, die zumindest im Bereich der paulinischen Mission als *ortsansässig* zu denken sind (vgl. 1Kor 12-14; Apg 13,1; anders z.B. Mt 10,41: Wanderpropheten). Deshalb begegnen diese auch in dem Katalog Röm 12,6-8, der Züge einer Gemeindeordnung trägt.

Ein zweiter Vergleichspunkt mit 1Kor 12,28 (12,7-11) betrifft die Beobachtung, daß die für die Korinther so wichtige Gabe der ekstatischen Zungenrede (1Kor 12,10.28; 13,1.8; 14,2 u.ö.), aber auch z.B. Wunder- und Heilkräfte in unserem Katalog nicht begegnen. Entweder waren sie den römischen Christen unbekannt (Paulus besaß doch sehr wahrscheinlich Informationen über diese), oder aber es ging ihm in seinem Katalog V.8-9 lediglich darum, die wirklich wichtigen, für die Erbauung einer Gemeinde unerläßlichen Dienste zu nennen. Möglicherweise ist mit beidem zu rechnen.

B. Für das Recht, seinen Adressaten kirchliche und ethische Orientierung geben zu dürfen, beruft Paulus sich also auf sein Apostelamt. Die Art und Weise, wie er das tut, verdient Beachtung. So sieht er seine Aufgabe in ein- und derselben »Gnade« Gottes wurzeln, die seiner Überzeugung nach auch die Funktionen und Ämter in der Gemeinde trägt (vgl. auch Eph 4,7ff). Deshalb kann er sich zu Beginn der zweiten Hälfte unseres Textes in V.6 unter Verwendung der nämlichen Formel, die er in V.3 auf sein eigenes Apostolat bezieht, mit den übrigen Verantwortlichen und um das Wohl der Gemeinde Besorgten (in Rom und andernorts) zusammenschließen: »So haben *wir* unterschiedliche Gaben, *je nach der uns verliehenen Gnade.*« Ein Gegenüber von kirchlichem »Amt« und freiem »Charisma« wäre für ihn ein Unding. Was die verschiedenen Dienste, Funktionen und Ämter miteinander eint, ist im Gegenteil ihr »charismatischer«, d.h. gnadenhafter Grundzug, oder anders formuliert: die Überzeugung, daß durch die Träger der Charismen, Männer wie Frauen, *derselbe gnädige Gott* zum geistlich-sozialen Wohl der Gemeinde am Werk ist. In ihren Diensten konkretisiert und verleiblicht sich Gottes »Erbarmen« durch Jesus von Nazaret (12,1).

Was jedermann und allen gemeinsam nottut - »ich sage es einem *jeden* unter euch« -, das ist die »Besonnenheit«. Paulus mahnt zu ihr in einem nur schwer wiederzugebenden Wortspiel:

»Nicht hoch hinaus zu *sinnen* -
höher als er darf zu *sinnen* -
sondern auf *Besonnenheit* zu sinnen:
jeder nach dem Maß an Glauben,
das Gott ihm zugemessen« (Übers. F.Stier).

Was versteht Paulus unter »Besonnenheit«? Für die Gebildeten unter seinen hellenistisch-römischen Hörern dürfte sie einen besonderen Klang besessen haben, gehörte sie doch traditionellerweise zu den vier Kardinaltugenden griechischer Ethik (vgl. Aristoteles, Nikomachische Ethik 1117b [13]: Besonnenheit, Gerechtigkeit, Tapferkeit, Klugheit). Auch jüdisch-hellenistische Schriftsteller wußten um ihren außerordentlichen Rang und empfahlen sie ihren Hörern (vgl. Weish 8,7: »*Besonnenheit* und *Klugheit* lehrt sie [die Weisheit] auf gründliche Weise, auch *Gerechtigkeit* und *Tapferkeit*. Nichts ist den Menschen nützlicher im Leben als diese Dinge«; 4Makk 2,23: »Wer danach [nach dem Gesetz Gottes] lebt, wird König sein über ein Königreich, das besteht aus *Besonnenheit* und *Gerechtigkeit* und Güte [hier anstelle der Klugheit] und *Tapferkeit*«; vgl. auch Philo, Legum Allegoriae I, 63 u. ö., sowie Josephus, Contra Apionem 2, 170). Wenn die »Besonnenheit« in Griechenland seit alters her und schon vorphilosophisch als vernünftiges Verhalten den Mitmenschen gegenüber galt und als solches der Hybris entgegengesetzt wurde (Platon, Staat III 399b), dann steht Paulus mit seinem Verständnis von Besonnenheit Röm 12,3, nämlich *das rechte Maß zu halten und die gesetzten Grenzen nicht zu überschreiten*, genau in dieser klassischen Tradition. Für den Stellenwert seiner Mahnung beachtlich ist zudem die Beobachtung, daß es bei der »Besonnenheit« nach griechischem Verständnis immer auch um eine *Grundhaltung* geht, auf deren Boden die übrigen konkreten Verhaltensweisen erst erwachsen können und in der sie verwurzelt bleiben. Ähnliches wird hier auch Paulus denken, wenn er die Mahnung zur Besonnenheit an die Spitze seiner Weisungen postiert hat. Ausdrücklich wirkt diese Mahnung im paulinischen Kontext noch in 12,16 nach («Seid eines *Sinnes* miteinander: Habt nicht die hohen Dinge im *Sinn*, sondern laßt euch von den niedrigen einnehmen«) und vielleicht auch in 15,5 (»untereinander *dasselbe zu sinnen* gemäß Christus Jesus ...«). Daß Paulus die Besonnenheit in 12,3ff ausdrücklich auf das *kirchliche Zusammenleben* bezieht, hat bereits bei Platon eine Analogie, der in ihr (neben der »Gerechtigkeit«) eine »politische Tugend« (Prot 322e/323a; Phaid 82b; Resp 500d) erkannte, auf deren Fundament die Ordnung der Polis ruht. Auch die Kirche als »Stadt Gottes« lebt von der »Besonnenheit« eines jeden ihrer Glieder. Dabei bemessen sich die Grenzen, die diese »besonnen« wahrzunehmen haben, an »dem Maß an Glauben, das Gott einem jeden einzelnen zugemessen hat«. Unbeschadet der bekenntnismäßigen Einheit im Glauben (vgl. zu V.6) weiß Paulus um biographisch bedingte individuelle, aber auch gruppenspezifische Unterschiede in der Glaubensauffassung und kann so auch vom »Wachsen« im Glauben (2Kor 10,15; vgl. auch 1Thess 3,10) oder von »Starken« und «Schwachen im Glauben« sprechen (14,1ff). In unserem Vers scheint er an den besonderen Ort jedes einzelnen im Ganzen der

Gemeinde zu denken, der ihnen im Glauben zufällt und den sie auch im Glauben auszufüllen haben. Konkret sind wohl vor allem die Dienste, Funktionen und Ämter gemeint (V.6-8), deren perspektivische Standortbegrenztheit »Besonnenheit« im kirchlichen Miteinander verlangt.

Das begründet dann Paulus in V.4f geschickt mit dem Gleichnis von dem einen Leib und seinen vielen Gliedern, das der Antike geläufig war und dort mit Vorliebe politisch verwendet wurde. In dem folgenden Beispiel des Seneca (De ira, 2,31,7) wird es über den nationalen Rahmen hinaus sogar kosmopolitisch auf die ganze Menschheit bezogen:

»Todsünde ist es, dem Vaterland zu schaden:
also auch dem Bürger,
denn er ist ein Teil des Vaterlandes
(unverletzlich sind die Teile, wenn das Ganze verehrungswürdig ist),
also auch dem Menschen,
denn er ist dir in einer größeren Stadt [dem Kosmos] Mitbürger.
Was, wenn schaden wollten die Hände den Füßen, den Händen die Augen?
Wie alle Glieder untereinander eines Sinnes sind,
weil einzeln unversehrt zu bleiben in des Ganzen Interesse ist,
so schonen die Menschen jeden einzelnen,
weil sie zur Gemeinschaft geboren sind,
unversehrt aber die Gemeinschaft nur durch die Obhut und Hingabe ihrer Teile sein kann.«

Ein Organismus mit vielen aufeinander bezogenen Gliedern ist aber auch die Kirche, die Stadt Gottes. Freilich ist sie das nur »*in Christus*« (V.5), was besagt: In ihm, der für sie alle gestorben ist, wurde die geschwisterliche Gemeinschaft der Glaubenden grundgelegt, nur in ihm hat sie Bestand. In seiner bleibenden Heilsliebe, die in sich alle umschließt, ist zudem die Kirche sich selbst, ihrer armseligen realen Gestalt, immer schon voraus.

Damit verbindet sich die Überzeugung des Paulus vom Primat des Leibes vor den Gliedern, des Ganzen vor seinen einzelnen Teilen: Christliche Gemeinde bildet sich nicht durch den freien Entschluß von Individuen und hängt auch nicht von der steten Erneuerung dieses ihres Entschlusses ab; vielmehr ist sie »*in Christus*« als dem vorweg eingeräumten Lebensraum der Liebe schon vorgegeben. Das entlastet kirchliches Handeln, schenkt Gelassenheit und bewirkt, daß Gottes Gnade auch für die Gemeinschaft der Glaubenden als ganze erfahrbar wird.

»*Ein* Leib in Christus«: Die Gemeinde als der gegenwärtige Christus

Der Leib-Christi-Gedanke ist das Herzstück der paulinischen Lehre von der Kirche. Deshalb wollen wir ihn im folgenden noch ein wenig vertiefen. Einige Präzisierungen zum Verständnis von Röm 12,4f sollen dabei den Ausgangspunkt bilden:

1) Zum einen ist es wichtig, daß Paulus hier nicht *abstrakt* von *der* Kirche spricht, sondern von *uns*, die »wir ein Leib sind in Christus« (V.5). Dabei denkt er gewiß an die Christen Roms, wird aber auch die korinthische Gemeinde im Blick haben, in der er sich gerade aufhält. Jedenfalls bezieht er V.4f *nicht* auf eine wie auch immer zu konzipierende *Gesamtkirche*, die er aus einzelnen »Glied«-Kirchen organisch zusammengefügt sähe; solches Verständnis kommt hier schon aus dem Grund nicht in Frage, weil er das Gleichnis unmittelbar auf den Umgang der einzelnen Christen untereinander bezieht, den diese jeweils vor Ort zu pflegen haben: »so sind wir, die Vielen, *ein* Leib in Christus; doch als einzelne untereinander sind wir Glieder« (V.5).

2) Hinzu kommt noch folgende Überlegung, die zu einer weiteren Präzisierung Anlaß gibt. Paulus sagt nicht: »Wie wir an dem einen Leib viele Glieder haben, nicht alle Glieder aber denselben Dienst leisten« (so die Bildhälfte des Gleichnisses in V.4), so bilden wir auch zusammen als Kirche einen Leib-Organismus und sind untereinander Glieder. Die »Sachhälfte« des Gleichnisses von V.5 lautet anders: »...., so sind wir, die Vielen, *ein Leib in Christus*; doch als einzelne untereinander sind wir Glieder«. Hilfreich scheint es, diese nicht ganz einfach nachzuvollziehende Aussage von alternativen Verstehensmöglichkeiten abzugrenzen. So denkt Paulus hier *nicht* in einem *hierarchischen Dreistufenmodell*, das sich folgendermaßen veranschaulichen läßt:

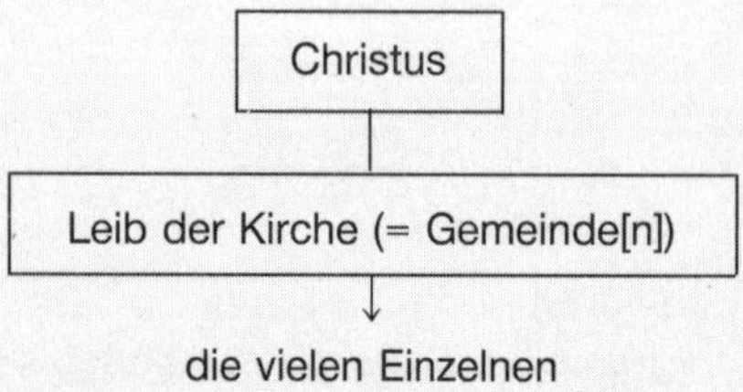

Passend ist das folgende Modell, das man *christologisches Partizipationsmodell* nennen könnte; vom Dreistufenmodell unterscheidet es sich in verschiedener Hinsicht:

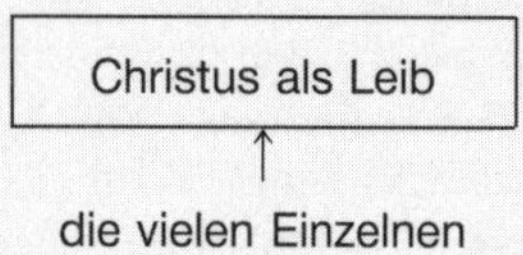

Nach diesem Modell finden die Glaubenden die sie miteinander verbindende Wirklichkeit ihrer Einheit in Christus selbst vor; Leib, und das heißt organische Ganzheit, in der die einzelnen sich im Glauben als aufeinander bezogene Glieder zu begreifen lernen, sind sie *allein in Christus.* Das will sagen: Paulus sieht die Einheit der Gemeinde nicht durch eine sichtbare Größe «Kirche« konstituiert, die er als eine selbständige Wirklichkeit (und diese auch noch als Institution gedacht) *zwischen* dem lebendigen und erhöhten Christus einerseits und den einzelnen getauften Christen andererseits ansiedeln würde; vielmehr denkt er den *auferweckten Christus selbst als die alle miteinander verbindende Wirklichkeit*, so daß man sagen muß: Der auferweckte Christus *ist* die Einheit der Gemeinde, er begründet sie in seiner Person.

Für ein solches Denken ist freilich der Glaube an den *gegenwärtigen* Christus fundamental: Der auferweckte und zu Gott erhöhte Christus ist nicht abwesend und fern, er lebt als *gegenwärtiger* in der Versammlung (= Ekklesia) seiner Gläubigen weiter, ja man kann sagen: Deren Leib-Sein *ist* die Weise der Gegenwart des erhöhten Christus bei den Seinen auf Erden.

D. Bonhoeffer hat das, wenn auch wieder etwas anders akzentuiert, einmal so ausgedrückt: »Der Leib Jesu Christi ist die von ihm angenommene Menschheit selbst. Der Leib Christi ist seine Gemeinde. *Jesus Christus ist Er selbst und seine Gemeinde zugleich* (1Kor 12,12). Jesus Christus lebt seit Pfingsten auf Erden in der Gestalt seines Leibes, der Gemeinde. Hier ist sein Leib, der gekreuzigte und auferstandene, hier ist die angenommene Menschheit« (Nachfolge [1937], München [11]1976, 212; Hervorhebung von mir). Und weiter: »Der Raum Jesu Christi in der Welt nach seinem Hingang wird durch seinen Leib, die Kirche, eingenommen. *Die Kirche ist der gegenwärtige Christus selbst* (Hervorhebung von mir). Damit gewinnen wir einen sehr vergessenen Gedanken über die Kirche zurück. Wir sind gewohnt von der Kirche als von einer Institution zu denken. Es soll aber von der Kirche gedacht werden als von einer leibhaften *Person*, freilich einer ganz einzigartigen Person« (ebd. S. 212).

Jedes theologische Modell setzt eine spezifische Glaubens*erfahrung* voraus. Im Fall von Röm 12,4f setzt die Rede von dem »einen Leib *in* Christus« eine sehr dichte Erfahrung des in seiner Gemeinde gegenwärtigen Christus voraus. Wenn sich im nicht von Paulus stammenden *Epheserbrief* das metaphorische Modell von Röm 12,4f (1Kor 12,12-27) deutlich verschiebt, dann hängt das mit einer entsprechend modifizierten Glaubenserfahrung zusammen: Nicht so sehr, daß Christus bei seiner Gemeinde *auf Erden* weilt, als vielmehr die Überzeugung, daß die Glaubenden zu ihm in die Himmel versetzt sind, prägt die Glaubenssprache dieses Briefes (vgl. Eph 2,5-7). Dahinter steht die Erfahrung, daß Christus der kosmische Herr ist, der »alles in allem« durch seine Kirche auf Erden durchdringt, die jetzt als die eine Universalkirche gedacht wird. Dementsprechend wird von dem »*Haupt*« (= Christus) und dem ihm zugehörigen »*Leib*« (= die Kirche) je gesondert gesprochen (Eph 1,22f; 5,23; vgl. auch Kol 1,18), »was der stärkeren Unterscheidung zwischen göttlicher und kosmischer Wirklichkeit in diesen Briefen [= Eph und Kol] entspricht, einer Unterscheidung, die weitgehend an die Stelle der zeitlichen Spannung von Gegenwart und Zukunft [bei Paulus] getreten ist« (F.Hahn, Einheit der Kirche und Kirchengemeinschaft in neutestamentlicher Sicht, in: ders./K.Kertelge/R.Schnackenburg, Einheit der Kirche. Grundlegung im Neuen Testament [QD 84], Freiburg-Basel-Wien 1979, 47). Die Kirche auf Erden als »Leib« Christi hat danach jetzt eine Christus dem »Haupt« gegenüber »selbständige Aufgabe« (Hahn, ebd.) inne: Sie vollzieht Christi Heilswillen auf Erden, indem sie die Menschen, Juden und Heiden, in ihrer Mitte *eint* und die Mauern zwischen ihnen einreißt. Doch darf man auch nach dem Epheserbrief solche »Selbständigkeit« der Kirche als Leib Christi nicht überziehen. Auch nach diesem Brief bleibt sie ganz ihrem »Haupt« Christus unterstellt (vgl. Eph 5,24) und kann jedenfalls keinen Selbststand, von ihm abgesehen, für sich reklamieren (vgl. das Schema zum »Welt- und Kirchenbild des Epheserbriefes« in: R.Hoppe, Epheserbrief/Kolosserbrief [SKK.NT 10], Stuttgart 1987, 25). Alles, was die Kirche ist, das ist sie auch nach dem Epheserbrief nur durch und in Christus (Eph 3,20-22; 5,25-27).

Kommen wir zurück zu Paulus! Ein Vergleich mit dem Modell des Epheserbriefs kann helfen, seine eigene Vorstellung von einem anderen Blickwinkel aus noch einmal zu profilieren: Was im deuteropaulinischen Gefangenschaftsbrief, den ein hohes ekklesiologisches Selbstbewußtsein auszeichnet, in die kosmische Weite von himmlischem »Haupt« (= Christus) und »Leib« auf Erden (= Universalkirche) ausgespannt wurde, das ist bei Paulus in einer einzigartigen Erfahrungsdichte und Konzentration noch beieinander: In Rom, in Korinth und wo auch immer Christen sich im Namen des Evangeliums um den Tisch des Wortes versammeln (vgl. unten Punkt 4), da ist der *eine, ungeteilte* Christus ganz und *leibhaftig* - in Gestalt der sich jeweils versammelnden Gemeinde - gegenwärtig. Allerdings - und auch darauf wollen wir genau achten - formuliert Paulus in Röm 12,5 eigentlich umgekehrt: Er spricht nicht vom Christus »in uns«, sondern sagt: »wir, die Vielen, sind ein Leib *in Christus*«. Seine Gegenwart im Geist ist also der Raum, in dem die Gläubigen sich bewegen, aufhalten und leben.

3) Aus dem bislang Ausgeführten dürfen wir schließen: Die Einheit der Gemeinde ist ihr *vorgegeben*; sie ist Glaubensgegenstand, aber nicht in dem Sinne, daß man bangen müßte, sie sei als Frucht »ökumenischer« Anstrengung erst noch zu realisieren. Das gilt auch, aber nach Paulus muß zuallererst gesehen werden, daß die Einheit der Gemeinde als die Einheit des Leibes Christi, der er *selbst* ist, *in ihm* als eine Wirklichkeit seiner eigenen, alle mit sich und untereinander versöhnenden *Heilsliebe bereits gegeben und geschenkt ist*. Paulus selbst hat das andernorts einmal so ausgedrückt: »*Die Liebe Christi hält uns zusammen*, da dies unser Richtmaß ist: *Einer* ist für *alle* gestorben, also sind *alle* gestorben« (2Kor 5,14, Übersetzung nach F.Stier). So gesehen ist die Einheit des Leibes Christi Heilsgut; *unsichtbar*, aber doch wirklich, wird sie vom Glauben ergriffen. Sichtbar, und das heißt greifbar, wird sie in dem Maße, in dem die einzelnen Glaubenden sich auch untereinander als Glieder eines einzigen Leibes zu sehen lernen und demgemäß auch handeln. Also ist die Einheit des Leibes Christi Gabe *und* Aufgabe zugleich, unsichtbares Heilsgut *und* greifbare Lebensrealität in der Gemeinde, welch letztere in der gegenseitigen Anerkennung der «Glieder« am »Leib« Christi mit ihren unterschiedlichen Diensten besteht. Als Aufgabe ist die Einheit des Leibes Christi dann lediglich die Umsetzung der Einheit als Gabe: Weil Christus alle angenommen und miteinander versöhnt hat, müssen sich notwendigerweise jetzt auch alle Glaubenden als in der Solidarität der Liebe Christi stehend begreifen (vgl. zu 15,7). Die gegenseitige Anerkennung als »Glieder« an ein- und demselben »Leib« Christi ist lediglich die Ratifizierung und Bewahrheitung der vorgegebenen Einheit Christi selbst. Die sichtbare Realisierung der Einheit aber geht, wie wir gleich noch genauer sehen werden, nur über die *Anerkennung der Vielfalt* der »Glieder«: »Einheit

in Vielfalt« lautet also die ekklesiologische Grundformel. Das schon deshalb, weil die Wirklichkeit der Gemeinde selbst, die ja eine Versammlung von höchst unterschiedlichen Menschen mit sehr verschiedenen Biographien darstellt, notwendigerweise *vielgestaltig* sein muß. Doch über der Aufgabe, Einheit durch Anerkennung von Vielfalt in der greifbaren Realität von Gemeinde und Kirche herstellen zu wollen, darf man nie vergessen, daß dies nur deshalb ein Unternehmen mit Aussicht auf Erfolg ist, weil aller Vielfalt *voraus* der *eine* Christus als leibhaft in seiner Gemeinde gegenwärtig geglaubt werden darf. Das allein sollte schon genügen, so manche ökumenischen Verkrampfungen zu lösen!

4) Einem Element unseres Textes Röm 12,4f, das für die paulinische Vorstellung von der Gemeinde als dem leibhaft gegenwärtigen Christus wesentlich ist, haben wir bislang noch keine Aufmerksamkeit geschenkt. Es handelt sich um die auffällige Rede von «den Vielen«:

«Denn wie wir an dem einen Leib viele Glieder haben,
nicht alle Glieder aber denselben Dienst leisten,
so sind wir, *die Vielen*, ein Leib in Christus;
doch als einzelne untereinander sind wir Glieder« (V.4f).

Warum spricht Paulus hier so pointiert von uns als »den Vielen«? Daß er damit die Ortsgemeinden als besonders groß bezeichnen möchte, ist ausgeschlossen; die Christen waren in den Städten, in denen sie lebten, nur eine verschwindende Minorität. Schon eher dürfte Paulus mit diesem Wort in Entsprechung zur Bildhälfte des Gleichnisses in V.4 («*viele* Glieder«) die Vielgestaltigkeit der Gemeinde bezeichnen: »wir, *die Vielen*, sind *ein* Leib in Christus«. »Die *Vielen*« und »*ein* Leib« bilden demgemäß den sinnstiftenden Gegensatz der Aussage. Doch scheint damit noch nicht alles gesagt: Die Rede von »den Vielen« hat eucharistischen Klang; sie erinnert nicht nur an die markinische Abendmahlsüberlieferung Mk 14,24 («das ist mein Blut, das Blut des Bundes, das *für viele* vergossen wird«), sondern auch an 1Kor 10,17, wo Paulus ein Lehrstück aus der eucharistischen Katechese seiner hellenistischen Gemeinden (mit leichten Modifikationen in *V.16* enthalten!) im Blick auf sein ekklesiologisches Anliegen kommentiert hat:

(«Ist der Becher des Segens,
über den wir den Segen sprechen,
nicht Teilhabe am Blut Christi?
Ist das Brot,
das wir brechen,
nicht Teilhabe am *Leib Christi*? [V.16])
Weil da *ein* Brot ist,
sind wir *ein Leib*, *die Vielen*;
denn wir alle haben Teil an dem *einen* Brot« (V.17).

Die Abfolge dieser beiden Verse, 1Kor 10,16 und 17, ist höchst aufschlußreich: Nach dem katechetischen Lehrstück V.16 vermittelt die eucharistische Feier - das gemeinschaftliche Essen des Brotes und das Trinken aus dem einen Kelch - die personale Gemeinschaft mit dem gekreuzigten und auferweckten Christus durch Teilhabe an seinem Leib und Blut. Bezeichnet in V.16 also der «Leib Christi« *ihn selbst* als den Gekreuzigten und Auferweckten, der unter den eucharistischen Zeichen von Brot (und Wein) in seiner Gemeinde gegenwärtig ist, so verschiebt der paulinische Kommentar von V.17 die Bedeutung von »Leib« dadurch, daß er den Begriff statt auf Christus jetzt auf die *Gemeinde* bezieht: »Weil da *ein* Brot ist, sind wir *ein* Leib, die Vielen ...«. Sehr wahrscheinlich hat man in Korinth um des äußeren Zeichengehalts willen tatsächlich nur ein einziges Brot beim Herrenmahl verwendet; darauf deutet jedenfalls die zweimalige Betonung des »einen Brotes« in V.17 hin. Die Rede von diesem »*einen* Brot« (wie ähnlich auch von dem *einen* Becher) ist somit der Dreh- und Angelpunkt zwischen der eucharistischen Aussage von V.16 und der ekklesiologischen von V.17a: Alle essen von diesem *einen* Brot und bilden deshalb auch den *einen* Leib; aber sie sind, um mit den Worten des Römerbriefs zu sprechen, »*ein* Leib« nur »*in Christus*« (Röm 12,5). Warum? Weil sie im Essen des eucharistischen Brotes (1Kor 10,17b) persönliche Gemeinschaft mit dem lebendigen Christus durch Teilhabe an seinem Leib erhalten haben und diese gemeinsame Teilhabe an Christus sie auch selbst zu *einem* Leib werden läßt. Somit kann man sagen: Die Gemeinde selbst ist die *leibhaftige* Gegenwart Christi auf Erden; ihr *Leib-Sein*, symbolisiert durch ihr gemeinsames Mahl - das Essen des *einen* Brotes und das Trinken aus dem *einen* Kelch - ist die Weise der Gegenwart des auferweckten Christus in ihr. Oder noch einmal mit D. Bonhoeffer formuliert: »Jesus Christus ist Er selbst und seine Gemeinde zugleich« (vgl. oben S. 37). Das aber gilt nach Überzeugung des Paulus deshalb, weil dieser Christus in der eucharistischen Feier als der Gekreuzigte und Auferweckte unter den Zeichen von Brot und Wein *leibhaftig* gegewärtig ist; die eucharistische Gedächtnisfeier, in der sich die Gemeinde ganz nach ihrem Christus ausstreckt, in der sie ihrer Hoffnung auf den zum Gericht und zur Vollendung Wiederkommenden Ausdruck verleiht, ist die höchste Verdichtung dessen, was für den Leib der Gemeinde insgesamt gilt: nämlich Ort seiner Gegenwart in dieser Welt zu sein als der leibhaftige Vorgeschmack zukünftiger Herrlichkeit!

Die Bedeutung von 1Kor 10,16f für das Verständnis von Röm 12,4f (1Kor 12,12f) besteht demnach darin, daß dieser Text die eucharistische Tiefendimension der paulinischen Vorstellung von der Gemeinde als Leib Christi aufzudecken hilft. Zwischen dem »Leib Christi«, der für uns am Kreuz in den Tod gegeben wurde (vgl. 7,4: dazu Bd.1, S.197), seiner Vergegenwärtigung im eucharistischen Gedenken und seiner leibhaftigen Gestaltwerdung in der Gemeinde, dem »*einen* Leib in Christus«, bestehen nach Auffassung des Paulus enge Beziehungen. Wenn er diese in Röm 12,5 mit dem Stichwort der »Vielen«, für die Jesus gestorben ist, nur unterschwellig anklingen läßt, dann hängt das wohl damit zusammen, daß er zu einer ekklesiologischen Entfaltung des Sinngehalts der eucharistischen Feier im Blick auf seine Adressaten in Rom keinen konkreten Anlaß gesehen hat.

Rief Paulus in 12,3 dazu auf, die Grenzen des eigenen kirchlichen Standorts in Besonnenheit zu wahren, so formuliert er diese eher *negativ* gehaltene Mahnung («strebt nicht nach Höherem, als euch zukommt ...«) in der zweiten Hälfte seiner »ekklesialen« Weisung jetzt *positiv*: Jeder möge den Dienst, der ihm obliegt, auch ausfüllen, möge die Chancen, die er bietet, wahrnehmen. Das sagt Paulus in seiner Reihung V.6-8 ganz nüchtern:

«So haben wir unterschiedliche Gaben,
je nach der uns verliehenen Gnade:

Sei es Prophetenrede - dann in Entsprechung zum Glauben;
oder der *Dienst* - dann in der Weise des *Dienstes;*
oder der *Lehrende* - dann in der Weise der *Lehre;*
oder der *Ermutiger* - dann in der Weise der *Ermutigung.*

Der (Almosen) Verteilende handle in Einfalt [= unparteiisch];
der Vorstehende mit Eifer,
der Erbarmende mit frohem Sinn« (nach F.Stier).

Nur im ersten Glied der Vierergruppe (Prophetenrede) entsprechen sich die beiden Aussagehälften nicht, und das wohl deshalb, weil Paulus sich bei der Prophetengabe genötigt sah, ausdrücklich ein einschränkendes Kriterium zu nennen. Von der spontanen, geistgewirkten Rede in der Gemeindeversammlung, als welche sich die «Prophetie« in den paulinischen Gemeinden verstand, verlangte er, daß die von ihr gebotenen »Offenbarungen« göttlicher »Geheimnisse« (vgl. 1Kor 13,2; 14,26.29f) mit dem grundlegenden Glaubensbekenntnis (vgl. 6,17) in Übereinstimmung stehen müßten. Er selbst schätzte die »Prophetie« mit ihrem unmittelbar in eine bestimmte Situation hineintreffenden Wort Gottes (vgl. 1Thess 5,20; 1Kor 14,5.19.24f), wußte aber auch um die Gefahren ihres Wildwuchses. »Prophetie« sollte nicht beliebig sein, sondern mußte ihre Glaubwürdigkeit dadurch erweisen, daß sie dem Sinn des Evangeliums nicht zuwiderlief, ihm vielmehr entsprach. Eben erst in 11,25-27/28-32 hatte das Paulus bei einer eigenen »Prophetie« demonstriert - an der Kundgabe des »Geheimnisses« von der Errettung ganz Israels -, als er diese in V.28-32 als in Übereinstimmung mit der Intention des Evangeliums stehend entfaltet hat.

Einer präzisen Bestimmung der sieben Charismen, die wünschenswert wäre, stehen Schwierigkeiten im Wege; wir wissen einfach zu wenig von den Verhältnissen in den frühen Gemeinden und sind deshalb geneigt (vgl. den Übersetzungsvorschlag der EÜ), einen Teil der aufgeführten Charismen-Bezeichnungen (insbesondere die der abschließenden Dreier-Gruppe) in der Übersetzung eher vage und allgemein wiederzugeben. Doch legen zwei Beobachtungen es nahe, die Liste präzis auf spezifische Dienste und Funktionen hin zu deuten, was sprachlich durchaus möglich ist (W. Schmithals): 1) Sittliche Lebensregeln bringt Paulus erst ab 12,9; insofern empfiehlt es sich nicht, schon in V.8b solche allgemeinen Regeln erkennen zu wollen (so aber die EÜ: »Wer gibt, der gebe ohne Nebenabsicht; wer für andere zu sorgen hat, setze sich für sie ein; wer Barmherzigkeit übt, der tue es freudig«). - 2) Die sorgfältige formale Gestaltung der Liste ist der Annahme nicht günstig, hier sei Ungleichartiges mehr zufällig aneinandergereiht worden. Formal kann man eine Vierer-Gruppe und eine Dreier-Gruppe ausmachen: Die Vierer-Gruppe wird bestimmt durch die Entsprechungen der jeweiligen Satzglieder (abgesehen von der Prophetie), in der Dreier-Gruppe werden jeweils spezifische Einstellungen genannt, in denen die Funktionen oder Dienste zu verrichten sind.

Folgende Deutung der Charismen läßt sich mit guten Gründen vertreten:

Gemeinde*versammlung*	Prophetie Dienst (an den Tischen) Lehre Ermahnung
Gemeinde*organisation*	Almosenverteilung Leitung (Vorsteher) Krankenfürsorge etc.

In der ersten Gruppe geht es um Charismen, die alle in irgendeiner Weise mit der Gestaltung und Durchführung der Gemeindeversammlung (1Kor 14,23.26ff) bzw. des Gemeindegottesdienstes zu tun haben. Bei »Prophetie« und »Lehre« ist das offenkundig. Äußerte sich die »Prophetengabe« in der Weise spontaner, geisterfüllter Rede (1Kor 14,29ff), so war die »Lehre« der Auslegung der Heiligen Schrift (= des Alten Testaments) sowie der Entfaltung des genuin christlichen Glaubensgutes gewidmet (vgl. auch 6,17 sowie unten S. 251 zu 16,17). Beides geschah aber nach Auskunft von 1Kor 14,26 in der Gemeindeversammlung. Bestand diese in ihrem Kern aus dem »Herrenmahl« (1Kor 11,20), dann kann man den

»Dienst« (Diakonia), von dem an zweiter Stelle die Rede ist, auf die »Verantwortung für die sonntägliche Feier des Herrenmahls« (W.Schmithals) beziehen (vgl. Apg 6,1f: »Dienst an den Tischen«)(vgl. aber auch noch unten zu 16,1). Die der »Lehre« verschwisterte »Ermahnung« (vgl. 1Thess 2,3.12; 1Kor 14,3; Hebr 13,22) bezeichnet wohl eine besondere Weise des »Dienstes am Wort«, die sich durch ihren die Hörer erbauenden, mahnenden oder tröstenden Grundzug von der »Lehre« unterschieden haben dürfte.

Die zweite Gruppe von Charismen scheint mehr die Organisation der Gemeinde zu betreffen. Das gilt gewiß von der »Gemeindeleitung« (1Thess 5,12), die wohl solchen Gemeindemitgliedern oblag, die dafür eine besondere Befähigung besaßen. Wahrscheinlich wuchsen in diese Rolle insbesondere Familienväter hinein, die den Christen vor Ort nicht nur ihr eigenes geräumiges Haus als wöchentlichen Versammlungsort zur Verfügung stellen konnten (vgl. Röm 16,23), sondern vor allem bereits (als patres familiae) eine sozial anerkannte Autorität besaßen, die sie für koordinierende Aufgaben in der Gemeinde geradezu prädestinierte (vgl. auch unten S. 245, 247). Daß diese ihren Dienst »mit Eifer« verrichten, ist das Anliegen des Apostels. Flankiert wird das Charisma der »Gemeindeleitung« von zwei sozial-karitativen Diensten: dem des »Verwalters der Armenkasse« (Schmithals), der ohne Nebenabsicht bzw. unparteiisch geben soll, und »dem, der Barmherzigkeit übt«. Mit diesem Dienst des »Samaritaners« könnten Krankenpflege, Fürsorge für Gefangene, Hilfe für Hinterbliebene, aber auch andere soziale Dienste gemeint sein. Wer auf ihrem Gebiet tätig ist, soll seine Pflicht mit frohem Sinn verrichten. Treffender kann man die Anforderung an diese Dienste nicht formulieren: Wer auf die Hilfe anderer angewiesen ist, wird nichts mehr schätzen als die fröhliche Miene dessen, der ihm bereitwillig und ungeteilt beisteht: Daraus kann er Zuversicht und Hoffnung schöpfen.

Es ist beachtlich, daß für diese Liste, die ja doch der Spiegel einer Gemeindeordnung ist, die sozialen Funktionen und Dienstleistungen genauso wichtig sind wie etwa der Dienst der Gemeindevorsteher. Als ganze ist sie ein beredter Ausdruck dafür, wie reich, konkret und wirklichkeitsnah »Gottes Gnade« von Paulus gedacht wird: Er verflüchtigt sie nicht zu einer theologischen Idee, sondern leitet dazu an, sie im selbstlosen Dienst der einzelnen für das Ganze in ihrer wirklichkeitsverändernden Kraft wahrzunehmen.

C. Zwei Themenbereiche unseres Textes, die seinen beiden Abschnitten V.3-5 und V.6-8 entsprechen, sollen in der abschließenden theologischen Reflexion noch einmal aufgegriffen werden. *Zum ersten*: Was bedeutet es für uns heute, daß Paulus die konkrete Ortskirche als den einen und ungeteilten Leib Christi zu denken aufgibt (V.4f) (vgl. unter 1a)? Wie verhalten sich Vielfalt und Einheit in seinem Konzept zueinander (vgl. 1b)? Läßt sich das paulinische Gleichnis vom Leib und seinen Glieder, das Paulus auf die Ortskirche bezogen hat, auch auf die universale christliche Kirche, die erhoffte »Una Sancta« und ihre einzelnen (Glied-)Kirchen übertragen, so daß sich das Gleichnis über den Text hinaus, aber durchaus noch auf seiner Linie, heute als ökumenisches Modell fruchtbar machen läßt (vgl. 1c)? Sodann *zweitens*: Welche Impulse für eine Ämtertheologie bietet uns die Charismentafel der V.6-8?

1) Die Absicht des Paulus in 12,3-8 zielt, wie wir gesehen haben, dahin, seinen Adressaten in Rom ein übergreifendes kirchliches Bewußtsein zu vermitteln und sie dazu anzuleiten, über der Pluralität ihrer Hausgemeinden mit ihren unterschiedlichen christlichen Lebensstilen (vgl. das Nähere zu Kap. 14f) das *Ganze des Leibes Christi* in ihrer Stadt in den Blick zu bekommen. An dieses sein Anliegen lassen sich die folgenden Überlegungen anknüpfen:

(a) Was andernorts der paulinische Begriff der »Kirche« (=ekklesia) zu erkennen gibt, das bestätigt unser Text mit seiner Vorstellung von der Gemeinde als dem leibhaft gegenwärtigen Christus auf seine Weise (vgl. den Exkurs oben). Paulus bezieht »Ekklesia Gottes« durchweg auf die »Kirche« oder »Gemeindeversammlung« vor Ort. Überall, wo Christen sich um den (eucharistischen) Tisch des Wortes im Zeichen des Evangeliums versammeln - sei es in Gruppen, Hausgemeinden (vgl. unten zu 16,5) oder Versammlungen ganzer Ortsgemeinden (vgl. unten zu 16,23) -, da ist nach seinem Verständnis »Kirche Gottes« im Vollsinn gegenwärtig. So grüßt z.B. Paulus in den entsprechenden Brieferöffnungen die «Kirche Gottes, die in Korinth ist« (1Kor 1,2; 2Kor 1,2), »die Kirchen Galatiens« (Gal 1,2) oder die »Kirche der Thessalonicher in Gott dem Vater und Herrn Jesus Christus« (1Thess 1,1). Daß Paulus über diesen für ihn signifikanten Sprachgebrauch hinaus irgendwo auch von der »Ekklesia Gottes« als der »Gesamtkirche« spricht, das scheint höchst fraglich und wird heute von der Forschung zumeist verneint (nur 1Kor 12,28 käme für einen solchen Gebrauch in Frage). So sind auch moderne Unterscheidungen wie Kirche (= Gesamtkirche) und Gemeinde (= Einzelgemeinde) auf Paulus nicht anwendbar (vgl. J.Hainz, Ekklesia. Strukturen paulinischer Gemeinde-Theologie und Gemeinde-Ordnung [BU 9], Regensburg 1972, 237). Die oftmalige Wiedergabe von «Ekklesia« bei Paulus mit »Gemeinde« durch die EÜ verwischt diesen Tatbestand, insofern sie beim Leser noch Spielraum läßt für die Vorstellung einer diese einzelnen Gemeinden vor Ort zusammenfassenden »Gesamt-Ekklesia«, die bei Paulus aber nicht nachweisbar ist; erst in den beiden nicht von ihm stammenden deuteropaulinischen Schreiben an die Kolosser (1,18.24) und Epheser (1,22; 3,10.21; 5,23.24.25.27.29.32) findet sich dieser universale Sprachgebrauch. An diesen Stellen heißt es dann auch in der EÜ überall »Kirche«, nur in Kol 4,15.16, wo es sich offensichtlich um lokale Kirchen/Gemeinden handelt (die Hausgemeinde der Nympha und die Kirche von Laodizea), da übersetzt sie «Ekklesia« mit Gemeinde. Eine Wiedergabe des authentisch paulinischen Sprachgebrauchs, die dem vollen Eigengewicht des Begriffs beim Apostel gerecht werden wollte, müßte aber in den meisten Fällen zum Wort »Kirche« greifen. Freilich ist auch dieses Wort nicht ganz glücklich, weil es den in »Ekklesia Gottes« von seiner biblischen Herkunft her (vgl. Dtn 23,2-8; Neh 13,1-3) enthaltenen Gedanken, daß »Kirche Gottes« sich jeweils als »Versammlung JHWHs (bzw. Gottes)« realisiert, nicht zum Klingen bringt; »Ekklesia Gottes« meint aber Gottes *Heilsversammlung*, in der das Gottesvolk der Endzeit zusammentritt (vgl. auch Bd. 1, S.311f.312f). Trotzdem bringt die Übersetzung von »Ekklesia Gottes« mit »Kirche« Gottes (vgl. Röm 16,4.16.23) besser als seine gewöhnliche Wiedergabe mit »Gemeinde« (so die EÜ) die innere Selbständigkeit und wesensmäßige »Vollständigkeit« der jeweils angesprochenen *Ortskirche* zum Ausdruck, auf die hier abgehoben werden soll: Mag die Versammlung der Christen um den Tisch des Wortes in einer bestimmten Stadt noch so klein und unscheinbar sein, sie besitzt dennoch die volle Würde einer «Kirche Gottes«.

Dem entspricht nun genau Röm 12,4f, nur mit dem Unterschied, daß Paulus hier Einheit und Würde der Ortskirche *im Blick auf Christus* durchdacht hat: *Die Ortskirche ist die leibhaftige Gestalt des in ihr ganz und ungeteilt gegenwärtigen Christus.* Die Wiederentdeckung dieser genuin paulinischen Vorstellung von »Kirche« in unserem Jahrhundert hat neben anderen Quellen, zu denen vor allem die ökumenische Bewegung zu rechnen ist, auch das Zweite Vatikanische Konzil beeinflußt, das in der Kirchenkonstitution (*Lumen Gentium* Nr.23), dem Dekret über die Missionstätigkeit der Kirche (*Ad Gentes* Nr.20) wie im Dekret über die Hirtenaufgabe der Bischöfe in der Kirche (*Christus Dominus* Nr.11) von der eigenständigen Würde der Orts- oder Teilkirchen im Unterschied zur Gesamtkirche oder universalen Kirche spricht. Das kam im römisch-katholischen Bereich durchaus einer »kopernikanischen« Wende gleich: der Wende von einem zentralistisch-uniformistischen Kirchenbild und Kirchenverständnis hin zu einem Verständnis von Kirche als *Communio ecclesiarum* (Gemeinschaft von Ortskirchen). Dabei ließen sich die Konzilsväter von der Idee leiten, daß die eine Kirche wesentlich in den Ortskirchen und durch die Ortskirchen lebt und handelt. »In ihnen (s.c. den Teilkirchen) und aus ihnen besteht die eine und einzige katholische Kirche« (Lumen Gentium 23). Die Teilkirche ist es, »in der die eine, heilige, katholische und apostolische Kirche Christi wahrhaft wirkt und gegenwärtig wird« (*Christus Dominus* 11).

Nun ist der in diesen Texten benutzte Begriff der »Teilkirche« (ecclesia particularis) keineswegs eindeutig und scheint auch biblisch gesehen höchst fragwürdig zu sein. Sollte mit ihm gemeint sein, daß Kirche in den »Teilkirchen« nur *teilweise* verwirklicht ist, dann entspräche der Begriff keinesfalls der paulinischen Vorstellung von der Ortskirche als der leibhaftigen Gestalt des ganz und ungeteilt in ihr gegenwärtigen Christus. Sind aber, wie der unmittelbare Kontext der betreffenden Konzilsaussagen nahelegt, mit diesem Begriff Kirchen im Vollsinn des Wortes gemeint, deren innere Verwiesenheit auf *die übrigen Ortskirchen* durch die Qualifizierung »Teil«-(Kirche) bezeichnet werden soll, dann ergeben sich durchaus Verstehensbrücken zwischen der paulinischen Vorstellung von »Kirche« und der Ekklesiologie des Zweiten Vaticanums. Betreffen heute so entscheidende Vorgänge wie die Inkulturation des christlichen Glaubens oder der interreligiöse Dialog vornehmlich die *ortskirchliche* Ebene samt ihren verschiedenen Abstufungen (Bistümer, regionale und kontinentale Bischofskonferenzen), dann legt es sich nahe, daß auch die Ortskirchen strukturell-organisatorisch, spirituell und theologisch ihre eigenen, selbständigen Konturen zu entwickeln haben. Eine Stärkung der Ortskirchen gegenüber römisch-zentralistischen Tendenzen kann deshalb nur auf der Linie einer biblisch-paulinisch inspirierten Ekklesiologie liegen.

(b) Kommen wir zurück zum paulinischen Gleichnis vom Leib und seinen Gliedern und seiner Anwendung auf die konkrete Ortskirche. Wie sieht Paulus *Vielfalt und Einheit* in seinem Gleichnis miteinander vermittelt? Wie konzipiert er den Gedanken der Einheit? Man gewinnt den Eindruck, er tue das in einer sehr originellen Weise. Denn für ihn ist die Gesamt-Gemeinde *weder ein Kollektiv noch eine Ansammlung von Individuen.* Die Kategorie des «*Einzelnen*« spielt für ihn eine gewichtige Rolle (neben 12,3 vgl. besonders 1Kor 7,17). Er benutzt sie in einem streng theologischen Sinn, das heißt im Glauben daran, daß *Gott* es ist, der jedem einzelnen seinen unverwechselbaren Ort im Ganzen zuteilt. Unbeschadet seiner anthropologischen Überzeugung (die wir voraussetzen dürfen), daß der Beitrag des einzelnen zum Ganzen von seinen individuellen Begabungen und Fähigkeiten abhängt, bedeutet diese theo-logische Sicht, daß der Ort eines jeden einzelnen immer nur im Blick auf den Leib Christi insgesamt bestimmt werden darf, jede egoistische Selbstprofilierung auf Kosten der anderen also auszuschließen ist.

Umgekehrt aber - und das ist genauso wichtig! - ist die Gesamtgemeinde zum Respekt vor jedem *einzelnen* und seiner persönlichen Biographie angehalten, eben weil für sie Gott einsteht, der «jedem einzelnen (sein) Maß des Glaubens zugeteilt hat« (12,3). Solcher Respekt vor dem Weg des einzelnen wie vor dessen ganz persönlich verantworteten Entscheidungen (vgl. auch unten zu 14,1ff) schafft den Freiraum, den der Glaube zu seiner Entfaltung in der Gemeinde braucht, der aber auch für das im Geist Gottes geäußerte Wort der »Prophetie« lebensnotwendig ist.

Die Antwort auf die Frage, wie Paulus Vielfalt und Einheit in seinem Verständnis der Ortskirche als Leib Christi vermittelt sieht, kann also nur lauten: *Die Vielfalt ist konstitutiv für die Einheit*; diese meint nicht die Aufhebung der Unterschiede, die Nivellierung der individuellen Profile, die Vereinheitlichung der verschiedenen Lebensstile. Nicht »Einheit trotz Vielfalt«, sondern »*Einheit in Vielfalt*« lautet die sachgemäße Formel. Dabei kann man auch sagen: Die Einheit setzt die Vielfalt aus sich heraus, sie gibt sie frei. Das deshalb, weil es nach Überzeugung des Paulus nicht menschliche Anstrengungen und menschliche Maßnahmen sind, welche die Einheit herbeizwingen, sondern Gott selbst, welcher »der Eine« ist (3,30) und die Einheit in seinem Christus schenkt, indem er »jedem einzelnen (sein) Maß des Glaubens zuteilt« (12,3). Der entsprechende Satz im 1.Korintherbrief lautet: »Das alles bewirkt *ein und derselbe* Geist, der *jedem für sich* zuteilt, wie er will« (12,11). Also ist es Gott selbst, der durch das zuteilende Wirken seines Geistes die Vielfalt in seiner Kirche freisetzt, eine Vielfalt, welche in der gegenseitigen Anerkennung der Glaubenden als Glieder an ein- und demselben Leib die als Geschenk in Christus *vorgegebene* Einheit dann auch als aufgegebenen Auftrag im Alltag der Kirche verwirklicht.

(c) Die letzte Frage im Anschluß an das paulinische Gleichnis vom Leib und seinen Gliedern lautet: Paulus hat es auf die Ortskirche bezogen. Kann man es auch auf die *christliche Gesamtkirche* übertragen, um deren Einheit noch gerungen wird, so daß es sich heute als ökumenisches Modell lesen läßt? Oscar Cullmann, der große evangelische Bibeltheologe und Ökumeniker, hat das kürzlich in einer viel beachteten Schrift gemeint (Einheit durch Vielfalt. Grundlegung und Beitrag zur Diskussion über die Möglichkeiten ihrer Verwirklichung, Tübingen 1986, verändert und um ein Kapitel über die Reaktionen stark vermehrte Auflage ^{2}1990). Auch wenn die von ihm angesprochenen Probleme der Ökumene hier natürlich nicht eingehend diskutiert werden können, so sollen doch wenigstens die biblischen bzw. paulinischen Grundlagen seiner Konzeption, die u.a. unser Kapitel Röm 12 betreffen, angesprochen werden (vgl. auch unten zu 14,1-15,13 und 15,25ff jeweils unter Punkt C).

Vorweg einige Hinweise zum Verständnis der »Una sancta«, so wie O.Cullmann sie als das Ziel allen ökumenischen Bemühens begreift: »Einheit in der Vielheit« lautet für ihn die Forderung des

Ökumenismus, »wobei Vielheit nicht nur quantitativ, sondern auch qualitativ im Sinne von Verschiedenheit zu verstehen ist. Aber die Vielheit kann ihrerseits simplifiziert werden im Sinne einer zusammenhanglosen Pluralität, die zu Zersplitterung und Spaltung führt. Daher muß Vielheit präzisiert werden als 'Vielheit in der Einheit'. Beide Begriffe: Einheit und Vielheit müssen ganz ernst genommen werden« (1.Aufl., S.15f). In der 2. Aufl. (im folgenden durchweg zitiert) spricht O.Cullmann dann statt von »Vielheit« immer von »Vielfalt«, weil dieser Begriff dem Moment der qualitativen Verschiedenheit in der Einheit besser gerecht werde.

Man versteht die Brisanz der Formel O.Cullmanns von der »Einheit in der Vielfalt« erst dann, wenn man sieht, daß sie gegen illusionistische, romantische, verharmlosende oder auch einseitig vereinnahmende Vorstellungen von einer zukünftigen »Einheit« der Kirche gerichtet ist, die auf Gleichschaltung, integristische Uniformität oder Fusionierung der einzelnen Konfessionen hinauslaufen. So erwartet »das sogenannte Kirchenvolk der verschiedenen Konfessionen ... eher eine völlige Gleichschaltung aller Kirchen ..., oft im Zusammenhang mit einer Indifferenz oder sogar Verachtung für Glaubensfragen. Andererseits stimmen zwar manche Vertreter des Ökumenismus einer Einheit in der Vielfalt zu, betrachten sie aber als einen vorübergehenden Zustand, der in einer ferneren Zukunft einem Aufgehen in einer Fusion weichen müsse. Andere sind zur Anerkennung einer endgültigen Vielfalt in den meisten Bereichen zwar bereit, dehnen sie aber nicht - oder nur in beschränktem Maße - auf die konfessionellen Strukturen aus« (S.22).

Für O.Cullmann liegen in solchen utopischen Vorstellungen von «Einheit« nicht zu unterschätzende Gefahren: »Die heute so oft festzustellende und für die Sache so nachteilige *ökumenische Ungeduld* - es gehe nicht schnell genug voran - erwächst aus der falschen Zielsetzung. Diese muß notgedrungen zu Mißerfolgen und deshalb zu Enttäuschungen führen« (ebd. S. 24). »Auch wenn heute nicht ganz ohne Berechtigung so viel von Stagnation und Regression des Ökumenismus die Rede ist, so ist daran - zwar nicht ausschließlich, aber doch zum großen Teil - die auf einer falschen Auffassung von Ökumenismus beruhende utopische Hoffnung schuld, die nur lähmende Entmutigung erzeugen kann« (ebd. S. 24f).

Demgegenüber vertritt O.Cullmann das folgende Konzept: »Was ich als nicht vorläufiges, sondern endgültiges Ziel aller Einheitsbemühungen befürworte, ist ein Zusammenschluß aller christlichen Kirchen, von denen jede ihre wertvollen Elemente, einschließlich ihrer Struktur, behalten soll«. Hat er diesen Zusammenschluß früher »Föderation (als Gegensatz zu Fusion)« genannt, obwohl «das Wort vom profanen Gebrauch her nicht adäquat ist«, so meint er jetzt: »Am besten werden wir uns wohl mit dem allerdings weniger präzisen Ausdruck 'Kirchengemeinschaft' begnügen«. Er hat den »Vorzug, den Begriff 'communio' zu berücksichtigen, auf dessen ökumenische Wichtigkeit« immer wieder abgehoben wird (S. 25). In unserem Zusammenhang begegnet der Begriff der communio bzw. das griechische Äquivalent »koinonia« (= Gemeinschaft) mit großer ekklesiologischer und ökumenischer Relevanz in Röm 15,26f, worauf unten näher einzugehen ist.

Präzisierend fügt O.Cullmann hinzu, daß seine »eminent positive(n) Bewertung der konfessionellen Verschiedenheit keineswegs die hohe Bedeutung gemeinsamer ökumenischer Gottesdienste und gemeinsamer Texte über theologisch wichtige Fragen wie Kirche, Taufe, Abendmahl, Amt unterschätzen will. Sie sollen im Gegenteil weiter ausgebaut werden, allerdings nur bis zu dem Punkt, wo die charismatischen Eigenheiten der verschiedenen Kirchen drohen, verwischt oder unterdrückt zu werden«. Denn es gibt konfessionelle Eigenheiten, »die in ihrer Verschiedenheit nicht Hindernis für die Einheit, sondern Bereicherung bedeuten. Es soll nicht heißen: Einheit trotz Diversität, sondern Einheit in der Diversität, ja sogar Einheit *durch* Diversität« (ebd. S. 26).

Kommen wir nun zu O.Cullmanns Anwendung des paulinischen Gleichnisses vom Leib und seinen Gliedern auf die zeitgenössische Ökumenismus-Problematik. Ausdrücklicher Bezugstext für ihn ist 1Kor 12,4-31 (vgl. oben S. 31), aber auch den Paralleltext Röm 12,4ff zieht er heran (S.155):

»Es gehört zum Wesen des Heiligen Geistes, daß er Einheit schafft (Pfingsten). Ohne den Heiligen Geist ist kein Ökumenismus möglich. Nun stellen wir aber fest, daß da, wo er am Werke ist, ebenfalls seinem Wesen nach, diversifizierende Vielfalt in dieser Einheit entsteht. Es gilt hier, den langen Abschnitt 1Kor 12,4-31 zu überdenken. Hier zeigt Paulus deutlich, daß der Heilige Geist nicht nur trotz der Vielfalt, sondern gerade eben durch sie Einheit erzeugt. Der Apostel gebraucht das Bild unseres Leibes. Die vom Heiligen Geist ins Leben gerufene Kirche ist ein

Organismus, in dem wie im menschlichen Körper ein jedes Glied gerade aufgrund seiner besonderen Struktur und Funktion zur Entstehung eines einheitlichen Gebildes beiträgt. Dadurch, daß der Fuß nicht die gleiche Funktion ausübt wie die Hand, und umgekehrt, wird nach Paulus eine organische Einheit geschaffen. Der Heilige Geist wirkt seiner Natur gemäß *diversifizierend*. Und doch kommt es nicht zur Zersplitterung, denn ein jedes Glied folgt dem auf Einheit gerichteten Ziel; so auch die Glieder der Gemeinde. In der Vielfalt besteht der Reichtum der Fülle des Heiligen Geistes. Wer diesen Reichtum nicht respektiert und Uniformität will, sündigt gegen den Heiligen Geist. Auch die Uniformität ist Sünde gegen den Heiligen Geist« (ebd. S. 27f).

Obwohl Paulus in 1Kor 12 und Röm 12 »nur *individuelle* Glieder der Gemeinde, nicht Kirchen im Auge« hat, sei »die Anwendung [der Texte] auf letztere ... sicher im Sinne des Apostels. Denn wenn wir die Gesamtheit seiner Briefe in Betracht ziehen, stellen wir fest, daß er auch jeder der verschiedenen *Kirchen* eine besondere Mission zuschreibt ...«. So spricht er »von der 'Kirche, die in Korinth ist' (1Kor 1,2). Damit ist freilich gesagt, daß in Korinth dieselbe eine Kirche gegenwärtig ist: also Einheit; aber doch zugleich eben diejenige Kirche, die sich an diesem besonderen Orte befindet, die im Zusammenhang mit dieser Situation und den mit ihr gegebenen Problemen ihren besonderen charismatischen Auftrag erhalten hat. Das gleiche gilt von Thessalonich, Galatien, Philippi, Ephesus usw.: Also Vielfalt. In jeder Einzelkirche, und gerade in ihrer Besonderheit, ist die eine Kirche, der Leib Christi, vorhanden. Das ist das Große am Wirken des Heiligen Geistes« (ebd. S. 28f).

Brechen wir an dieser Stelle die Darstellung der Konzeption von O.Cullmann ab. Röm 14,1-15,13, aber auch die ökumenischen Reisepläne des Paulus im Blick auf Jerusalem, wie er sie in 16,25-29 darlegt, geben Gelegenheit, weitere Aspekte beizubringen. Hier geht es nur um die mögliche ökumenische Relevanz des paulinischen Gleichnisses vom Leib und seinen Gliedern, also seiner Leib-Christi-Vorstellung. Dabei begnügen wir uns mit den folgenden Überlegungen, die eher die Gestalt von »Anmerkungen« besitzen und andernorts ausgeführt werden müssen.

(1) Eine Applikation der bei Paulus auf die jeweilige Ortskirche bezogenen Leib-Christi-Vorstellung auf eine wie auch immer zu bestimmende *Gesamtkirche* scheint legitim. Wirkungsgeschichtlich von größter Bedeutung ist dabei gewiß die Feststellung, daß bereits die Autoren des Kolosser- und Epheserbriefes - beides Theologen in der Tradition des Paulus! - diesen Schritt unter eng-

ster Anlehnung an ihren großen Lehrer getan haben: »Er [Christus] ist das Haupt des Leibes, der Leib aber ist die Kirche« (Kol 1,18; vgl. 1,24; 2,19; Eph 1,23; 2,16; 4,4.15f; 5,23.29f). Als jüngstes Zeugnis für eine solche Applikation oder Anwendung, die, zumal in der katholischen Tradition dieses Jahrhunderts, großes Gewicht besitzt (vgl. bes. die Enzyklika Papst Pius XII. »Mystici corporis« [Kirche als mystischer Leib Christi] vom 29. Juni 1943), darf das 2. Vatikanische Konzil genannt werden, das mehrfach, z.B. in der dogmatischen Konstitution über die Kirche »Lumen Gentium« (Nr. 7), die paulinischen Aussagen zur Leib-Christi-Vorstellung im Licht der »deuteropaulinischen« Schreiben Kolosser- und Epheserbrief rezipiert und gleichzeitig auf die »eine, heilige, katholische [allgemeine] und apostolische Kirche« (Lumen Gentium 8) übertragen hat. Von daher ist der analoge Vorgang der Applikation der paulinischen Vorstellung auf die noch anzustrebende, vor uns liegende »Una sancta« oder versöhnte Gemeinschaft aller christlichen Kirchen theologisch durchaus legitim.

(2) Das Besondere der Konzeption von O.Cullmann ist damit aber noch nicht bedacht. Während Paulus in seinem Gleichnis vom Leib Christi »nur *individuelle* Glieder der Gemeinde, nicht Kirchen im Auge« hat (S.28) und auch z.B. das 2. Vatikanische Konzil im Zusammenhang der paulinischen Texte nur von den einzelnen »Gläubigen« spricht, überträgt Cullmann, wie gesagt, die paulinische Rede von den je einzelnen Gliedern am Leib Christi mit ihren spezifischen, nur von ihnen wahrzunehmenden Aufgaben im Dienst am Ganzen (Fuß, Auge ...) auf die unterschiedlichen christlichen *Kirchen*. Auch sie haben ihr je eigenes geschichtlich gewachsenes »Charisma«, das sie unter den Anforderungen eines bestimmten kulturellen Lebensraumes mit je eigenen kirchlichen Strukturen, besonderen Traditionen in der Gestaltung des Gottesdienstes sowie eigenen theologischen Akzenten in Verkündigung, Seelsorge und Diakonie wahrzunehmen haben. Wollen sie dem Ganzen, dem Evangelium Christi, dienen, dann können sie nicht einfach die Wege anderer Kirchen kopieren, sondern haben das ihnen vom Geist Gottes je spezifisch zugedachte »Charisma« mit Leben zu erfüllen, wohl wissend, daß es auch kirchliche »Deformationen« geben kann und jede Kirche, auch als ganze, sich stets unter dem Anspruch der »Metanoia«, der Umkehr, zu begreifen hat,

der sie immer wieder zum Geist des Ursprungs zurückrufen will (ecclesia semper reformanda).

Natürlich ist solche »Übertragung« der neutestamentlichen Texte nicht als exegetische *Auslegung* zu begreifen und zu kritisieren, sondern als *kreatives* Weiterdenken des Paulus zu würdigen, das auf die völlig anderen kirchlichen Bedingungen Rücksicht nimmt, wie sie heute im Vergleich zu den Anfangszeiten der Kirche herrschen; und das unter der richtigen Voraussetzung, daß man Texte der Heiligen Schrift nicht einfach nur nachzusprechen, sondern unter dem Anruf des Geistes, unter Wahrnehmung der »Zeichen der Zeit« und im Dialog mit allen Betroffenen in ihrem *Anspruch an das jeweilige Heute* wahrzunehmen hat. Dann aber gibt es viele Gründe, die für die Sicht von O.Cullmann sprechen. Unter biblischem Gesichtspunkt kommen unten in der Auslegung von Röm 14,1-15,13 und vor allem von 15,25-29 paulinische Aspekte zur Sprache, welche die These O.Cullmanns stützen können. Hier sei nur auf den Epheserbrief hingewiesen als ein Schreiben, in dem die paulinische Vorstellung zum erstenmal in konsistenter Weise und auch grundsätzlicher als in dem etwas älteren Kolosserbrief in einen gesamtkirchlichen Verständnishorizont eingestellt wurde. Interessant für unsere Frage nach der Übertragbarkeit von ursprünglich individuell gemeinten Aussagen im paulinischen Bildfeld auf kollektive Größen (Kirchen/Gemeinden) ist dabei der Text Eph 4,7-16.

Zunächst fällt auf, daß das konkrete Bildfeld des Paulus mit den «Gliedern« des Leibes (Röm 12,4; 1Kor 12,12ff), dem Fuß, der Hand, dem Ohr und dem Auge (1Kor 12,15ff), vom Kolosser- und Epheserbrief nicht rezipiert worden ist; dafür sprechen diese Schreiben vom »Leib« und seinem »Haupt« (vgl. oben S. 37f). Neu ist daneben ein weiterer Zug im Bildfeld, nämlich die Rede von besonders qualifizierten, für den Körperbau gleichsam tragenden Gliedmaßen: Vom Haupt her »wird der ganze Leib durch *Gelenke* und *Bänder* versorgt und zusammengehalten und wächst durch Gottes Wirken« (Kol 2,19); »er, Christus, ist das Haupt. Durch ihn wird der ganze Leib zusammengefügt und gefestigt in jedem einzelnen *Gelenk*. Jedes trägt mit der Kraft, die ihm zugemessen ist. So wächst der Leib und wird in Liebe aufgebaut« (Eph 4,15f). Paulus machte keinen Unterschied zwischen den einzelnen Gliedern; gerade den für gewöhnlich als weniger edel angesehenen soll man mit besonderem Anstand begegnen, meinte er im Blick auf die schwächsten Gemeindemitglieder in 1Kor 12,23. Demgegenüber ist das Bildfeld im Epheserbrief verschoben, und zwar im Blick auf besondere Ämter und Dienste in der Gesamtkirche, für die sie gleichsam *Gelenkfunktion* ausüben. Dabei nennt der Autor des Epheserbriefs in dem so wichtigen Abschnitt 4,7-16 für die Gründungsphase der Kirche, die bereits hinter ihm liegt, die »Apostel« und christlichen »Propheten« - also (in seinem Verständnis) die Repräsentanten von »Amt« und »Charisma« -, und für seine eigene Gegenwart »Evangelisten« (= Missionare?), »Hirten« (= Gemeindeleiter) und »Lehrer« (= besondere Katecheten) (4,11!). Gerade weil diese Liste *repräsentativen* Charakter besitzt und auch nur solche «Dienste« benennt, die für das Leben der einzelnen Gemeinden/Kirchen wie für deren Zusammenhalt *konstitutiv* sind (man sieht das daran, was in dieser Liste im Vergleich etwa zu Röm 12,6-8/1Kor 12,28 alles fehlt!), darf man annehmen, daß diese »Dienste« hier gleichsam auch die Vielzahl der Gemeinden vertreten, aus welcher der ganze Leib besteht. Jedenfalls *tendiert* die aus Röm 12,3 abgeleitete Rede von »jedem einzelnen unter uns«, dem die Gnade Gottes zugemessen wird, in Eph 4,7 dahin, daß jetzt nicht mehr nur *Individuen* als solche, sondern *Repräsentanten von Kirchen/Gemeinden* in den Blick kommen. Deshalb ist es auch mehr als nur eine stilistische Feinheit, wenn der Abschnitt Eph 4,7-16 nicht nur von einem Hinweis auf »jeden einzelnen« von uns, dem Gottes Gnade geschenkt wird, *eröffnet*, sondern durch eine entsprechende Wendung auch *geschlossen* wird - jetzt aber auf die Gelenke im Leib Christi bezogen, von denen »jedes einzelne« das Ganze trägt »mit der Kraft, die ihm zugemessen ist« (4,16).

Worin besteht die Bedeutung dieser Beobachtungen für unsere übergeordnete Frage? Sie zeigen, daß die Übertragung dessen, was Paulus von den je einzelnen Individuen aussagt, auf Gemeinden und Kirchen entsprechend dem Modell von O.Cullmann durchaus Anhaltspunkte wirkungsgeschichtlicher Art besitzt. Die Autoren des Kolosser- und Epheserbriefes jedenfalls dachten die paulinische Lehre von der Kirche kreativ weiter; sie sprachen sie nicht nur nach, sondern bezogen sie auf ihre eigene geschichtliche Situation, wozu auch wir heute herausgefordert sind.

(3) Freilich ist die Übertragung der paulinischen Konzeption auf die ökumenische Problemkonstellation von heute durch O.Cullmann von einer gewissen *Asymmetrie* geprägt: Wohl sieht er in den *Gliedern* des einen Leibes Christi die Pluralität der aufeinander verwiesenen und sich mit ihren unterschiedlichen Charismen auch ergänzenden Kirchen und Konfessionen vorgebildet; ande-

rerseits verwahrt er sich aber dagegen, auch das Bild vom Leib Christi - was ja nur konsequent wäre - entsprechend auf den Organismus der Gliedkirchen als *ganzen* zu übertragen. Im Blick auf das *Ganze* der »Una sancta« spricht er lediglich von einer »Föderation« der in sich autonomen christlichen Konfessionen oder besser von ihrer »Gemeinschaft« (S. 25), nicht aber vom »Leib Christi« als einem jene Gliedkirchen noch einmal in sich vereinigenden Ganzen. Man könnte auch sagen: Hier ist O.Cullmann den wirkungsgeschichtlichen Schritt von Paulus hin zum Kolosser- und Epheserbrief nicht mitgegangen; in Treue zur paulinischen Ekklesiologie vertritt er die Auffassung, nach der »jede Einzelkirche nicht als Teil eines Ganzen, sondern als die konkrete Wirklichkeit der einen Kirche verstanden wird« (S. 149), oder anders gesagt: »daß es die *ganze* Kirche ist, die in jeder Einzelkirche verkörpert ist« (S. 157). Das aber bedeutet nach ihm, daß jede einzelne Kirche von dem Bewußtsein beseelt zu sein hat, »daß auch jede der Schwesterkirchen diesen Leib Christi darstellt«. Und O.Cullmann fügt hinzu: »trotz ihrer menschlich sündigen Schwächen« (S. 149).

Warum ist O.Cullmann so zurückhaltend gegenüber einer Loslösung der Leib-Christi-Konzeption von der Ortskirche bzw. von den einzelnen Konfessionskirchen? Es ist nicht nur die Treue zum authentischen Paulus, die ihn daran hindert, es ist nach seinem eigenen Bekunden seine hochgradige Sensibilität für Würde und Subjekt-Sein der Einzelkirche, gepaart mit der Ablehnung der «universalen Kirchenstruktur« «der römisch-katholischen Ekklesiologie«, worin sowohl »Zielsetzung« als auch »Fundierung« seines Projekts besteht (S. 157f). Eine hierarchische Struktur, welche entsprechend dem römisch-katholischen Verständnis die Gesamtkirche von oben nach unten durchgliedert und den einzelnen (Teil-)Kirchen die Legitimation ihres Daseins nur in der Weise ihrer Eingliederung in dieses hierarchische Ganze sichert, wäre nach seiner Überzeugung nicht das Modell, wie man sich die zukünftige »Una sancta« der geeinten Christenheit vorstellen dürfe. Es entspräche nicht biblischem Geist.

Nun scheint die Frage, welche »Superstruktur« die »Gemeinschaft autonomer Kirchen« denn haben sollte, damit sie Bestand hat und nicht gleich wieder in die Vielzahl einander ablehnend gegenüberstehender und sich selbst absolut setzender Konfessionen zerfällt, zweitrangig zu sein gegenüber der hier zunächst aufgegebenen Frage, ob denn jene »Gemeinschaft« der miteinander versöhnten Vielfalt von »Kirchen« nicht doch - entgegen O.Cullmanns Vorstellung - gleichfalls *kirchlichen Charakter* besitzen müsse, also gleichfalls - jetzt auf einer höheren Ebene - »*Leib Christi*« abbildet. O.Cullmann zieht das in Zweifel, spricht von jener gesuchten »Gemeinschaft« nicht als einer »Kirche« und stuft die lockere, konziliare »Superstruktur«, die jener »Gemeinschaft« Rückgrad geben soll, als nicht dem »Bereich eines göttlichen Rechts« zugehörig ein. Das aus dem Grund, weil nach ihm eben die Ortskirchen bzw. die einzelnen Konfessionen jeweils für sich selbst bereits die volle kirchliche Wirklichkeit darstellen.

Doch erheben sich angesichts dieser restriktiven »Anwendung« des paulinischen Leib-Christi-Gedankens Fragen. Zunächst einmal gesteht O.Cullmann (S.93) selbst zu, daß »die Grenzen« zwischen seinem eigenen ökumenischen Modell und dem anderen, das sich an einer geeinten, aber »Teilkirchen« umfassenden Kirche orientiert, »zum Teil fließend« sind, und zwar dann, wenn den sogenannten »Teilkirchen« «eine verhältnismäßig große Autonomie zuerkannt wird« (wie das H.Fries und K.Rahner in ihrem Buch: Einigung der Kirchen - reale Möglichkeit, Freiburg 1983 [erweitert 1985], gefordert haben). Dann aber stellt sich die Frage, warum nicht auch die Gemeinschaft jener autonomen »Teilkirchen« selbst im Vollsinn des biblischen Begriffs von »Gemeinschaft« (= koinonia) *Kirche* sein soll. Stellt eine «bloße(n) Superstruktur zur Verbindung getrennter Kirchen« nicht einen »Verzicht auf den Gedanken einer wirklichen Einheit« im Sinne der Koinonia dar (so die briefliche Anfrage von W.Pannenberg an O.Cullmann, ebd. S.202)?

Unter biblischem Gesichtspunkt wird man darauf hinweisen müssen, daß ja auch Paulus selbst - unbeschadet seiner Überzeugung von der »Autonomie« der von ihm gegründeten Kirchen - sich um deren *Gemeinschaft* mit der Jerusalemer Kirche gemüht hat, wohl wissend, daß die Einheit der Kirchen für den Erfolg des Evangeliums fundamental ist (vgl. des näheren unten zu 15,25ff). Obwohl er - wie wir oben gesehen haben (S. 46f) - nicht terminologisch von der »(Gesamt-)kirche« gesprochen hat, gab es für ihn dennoch unverzichtbare Momente auch struktureller Konsequenz, welche die einzelnen »Kirchen« miteinander verbanden. Da war zunächst das *eine* Evangelium bzw. das Bekenntnis zu Jesus Christus, den Gott von den Toten auferweckt hatte, das alle Kirchen miteinander einte. Da war aber auch der »Apostolat« des Paulus, seine Berufung zum »Apostel der *Heiden*« (11,13), die ihm eine übergreifende Autorität, nach eigenem Bekunden sogar gegenüber den ihm fremden Christen Roms, verlieh (1,5f; 15,15f; vgl. auch unten zu 16,16); diese stand ganz in Dienst der Verkündigung des Auferweckten, war also Ausdruck der Macht des Evangeliums selbst. Da war schließlich der *Konsens der Apostel* insgesamt, der darin bestand, daß *alle* im Zeugnis des Auferweckten übereinstimmten: «sei es also ich, sei es jene [die übrigen Apostel] - so verkünden wir und so seid ihr zum Glauben gekommen« (1Kor 15,11). Und so hatten sie sich auch »den Handschlag der *Gemeinschaft*« gegeben, Jakobus, Kephas, Johannes sowie Paulus und Barnabas - heißt es zum Ergebnis des sogenannten »Apostelkonzils« in Gal 2,9, womit die *gesamtkirchliche* Aufgabenverteilung bezüglich der Mission an Heiden und Juden besiegelt wurde.

Und ein letztes bedarf (noch einmal) der Erwähnung: Kolosser- und Epheserbrief haben auch gesamtkirchlich vom »Leib Christi« gesprochen, was im Buch von O.Cullmann gar nicht erwähnt bzw. gewürdigt wird. Freilich lautet im Blick auf diese wirkungsgeschichtlich bedeutsame Weiterung der Metaphorik die entscheidende Frage, mit der man auch seinem spezifischen Anliegen gerecht werden kann: Darf man Paulus vom universalen Standpunkt des Epheserbriefs so interpretieren, daß die Einsicht des Apostels in die unaufhebbare Würde der einzelnen Orts-Kirche zugunsten der Wertschätzung der Gesamtkirche »aufgehoben« wird, oder muß man nicht umgekehrt den Standpunkt beim authentischen Paulus suchen, um sich dann aber für die universale Perspektive der beiden Deuteropaulinen offenzuhalten? Das zweite scheint mir das theologisch Angemessenere zu sein.

(4) So lautet unsere *These*: Jede Ortskirche, jede einzelne Kirche ist »Leib Christi« (vgl. den Exkurs oben), aber auch die ökumenische »Gemeinschaft« der vielen in sich stehenden Kirchen, auf deren Suche wir noch sind, bildet den »Leib Christi« ab, besitzt ekklesiologische Würde. Welchen Reichtum an Aspekten diese These impliziert, soll hier nur noch angedeutet werden. Zum einen gilt:

Die Gliedkirchen haben ihre Bestimmung, »Leib Christi« zu sein, nicht als eine von der Gesamtkirche *geliehene* Wirklichkeit, sie tragen sie vielmehr als eine ihnen *ursprüngliche* Gegebenheit in sich, weil es ja der eine und selbe Christus ist, der ungeteilt und ganz jeweils in ihnen Wirklichkeit ist. Andererseits ist aber auch die Gemeinschaft der in hohem Grade autonom zu denkenden Gliedkirchen, also die »Una sancta«, nicht lediglich die Summe aus diesen, sondern trägt ebenfalls die Bestimmung, »Leib Christi« zu sein, als eine *ursprüngliche* Gegebenheit in sich, da es derselbe Christus ist, der ungeteilt und ganz auch in ihr als »Kirchen-Gemeinschaft« lebt und wirkt. Das aber hat ein Neben- und Ineinander von Gliedkirchen und Gesamtkirche zur Folge, das nur von ungeteiltem Respekt voreinander und Verzicht auf Machtausübung der einen Kirche jeweils über die Nachbarkirche gekennzeichnet sein kann. Was die einzelnen Kirchen für sich selbst zu regeln haben, das sollen und müssen sie auch in eigener Regie und in Verantwortung vor dem in ihnen gegenwärtigen Christus regeln. Gesamtkirchlich ist nur das regelungsbedürftig, was die »Kirchen-Gemeinschaft« als ganze betrifft. Das bedeutet, daß die gesamtkirchlichen Autoritäten - wie auch immer sie strukturiert und im einzelnen gestaltet sein werden - von einer *Zurücknahme* ihrer selbst, d.h. vom Prinzip der Subsidiarität geleitet sein müssen: Alles, was die Belange der Gliedkirchen betrifft, sollten diese auch selbst entscheiden; die Funktion der gesamtkirchlichen Autoritäten bestünde nur darin, das Gespräch und den Austausch der einzelnen Gliedkirchen untereinander, also die »Koinonia« zwischen ihnen zu fördern. Dabei ist dann zu keiner Zeit aus dem Blick zu verlieren, was oben im Exkurs über »Leib Christi« über den eigentlichen *Grund* der Einheit der Kirche gesagt wurde: Dieser Grund ist keine bestimmte Institution oder Struktur, sondern Christus selbst; dieser *ist* die alle miteinander verbindende Wirklichkeit. Dieses wahrmachen heißt, die paulinische Lehre von der Rechtfertigung *allein aus Gnade* auch auf die »Lehre« von der Kirche übertragen. Das entlastet alle, die gesamtkirchliche Autorität besitzen und Verantwortung für den ökumenischen Prozeß tragen.

Bedenkenswert ist in diesem Zusammenhang auch, wie Paulus, der ja doch als »Apostel der Heiden« eine »gesamtkirchliche« Verantwortung besitzt, diese im Blick auf die nicht von ihm gegründete römische »Kirche« in Röm 12-16 zum Zuge bringt. Wie wir bereits gesehen haben (vgl. 12,1f.3ff), tut er das im Geist des Respekts vor seinen Adressaten. Er formuliert zwar die Weisungen des Evangeliums in aller Deutlichkeit, doch weiß er darum, daß es die Adressaten sind, die in letzter Instanz zu prüfen und zu entscheiden haben, was für sie der verbindliche Wille Gottes ist. Diese von der Zurücknahme seiner selbst geprägte Weise, in der Paulus die ihm verliehene apostolische Vollmacht ausübt, besitzt ohne Zweifel Vorbildcharakter für die Handhabung von Autorität in der Kirche zu allen Zeiten.

(5) Zu den »Zeichen der Zeit« heute gehört, daß jede christliche Kirche sich in den ökumenischen Geist *einzuüben* hat. Die römisch-katholische Kirche entspricht dem, wenn sie auf den vom Zweiten Vatikanischen Konzil eröffneten Bahnen über das Verhältnis von Gesamtkirche und Ortskirchen in ihrer eigenen Mitte weiter nachdenkt und es positiv zu gestalten sucht (vgl. oben S. 48f). *Nur in dem Maße* es ihr gelingt, dieses Verhältnis in Richtung auf eine größere geistige und strukturelle Autonomie ihrer Ortskirchen hin zu verändern, wird sie auch im hinreichenden Maße ökumene-fähig, ja arbeitet sie mit an einem Modell, das dann Vorbild-Charakter für die erstrebte »Una sancta« haben kann. Dabei besitzt sie eine besondere ökumenische Verantwortung insofern, als sie im Petrusamt unter bestimmten, hier nicht zu diskutierenden Bedingungen, die alle auf eine Zurücknahme der petrinischen Autorität auf den ihr spezifischen *Dienst an der Einheit* zulaufen, durchaus ein Modell besitzt, das der ersehnten universalen »Kirchengemeinschaft« das strukturelle Rückgrad verleihen könnte. Jedenfalls geben das manche bedeutende Ökumeniker aus anderen christlichen Konfessionen in jüngster Zeit zu bedenken (vgl. bei O.Cullmann, S.90ff). »Ökumene« als Rückkehr in den Schoß einer unveränderten römisch-katholischen Kirche verdiente diesen Namen jedenfalls nicht. »Es gibt keinen echten Ökumenismus ohne innere Bekehrung«, heißt es lapidar im Dekret über den Ökumenismus des Zweiten Vatikanischen Konzils (Nr.7).

2) Kommen wir zu unserem zweiten Problemkreis, der aber nur kurz abgehandelt werden kann: Welche Impulse für eine Ämtertheologie bietet die *Charismentafel* der V.6-8?

Zunächst wird man noch einmal in Erinnerung rufen, daß nach

Paulus alle Funktionen, Dienste und Ämter in der Gemeinde, aber auch sein eigenes »gesamtkirchliches« Amt, das er als »Apostel der Heiden« inne hatte, »charismatischen« Grundcharakter besitzen. Eine Entgegensetzung von »Amt« und »Charisma«, wie sie in späteren Zeiten der Kirche immer wieder behauptet wurde, wäre für ihn nicht nachvollziehbar gewesen. Daß nach seiner Überzeugung alle besonderen Aufgaben und Dienste in und an der Kirche *Gaben* des heiligen Geistes sind, bedeutete für ihn, daß es auch letztlich dieser Geist Gottes ist, der in seiner Freiheit über Verteilung, Gestaltung und Verständnis dieser Gaben zu befinden hat.

Bei den Charismen der Liste zwischen spontanen, freien Geistesäußerungen, zeitweilig ausgeübten und dauerhaften Funktionen bzw. Ämtern zu unterscheiden, bleibt schwierig. So diskutiert man z.B. darüber, ob man ein regelrechtes »Prophetenamt« für die paulinische Gemeindeordnung annehmen dürfe oder es sich bei dem Charisma der »Prophetenrede« nicht doch eher um eine Gabe handle, im Geist Gottes zur rechten Zeit das rechte Wort zu finden. Am weitesten sind wahrscheinlich die Funktionen der »Lehre« und der Gemeindeleitung entwickelt, so daß man bei ihnen schon ansatzweise von »Ämtern«, d.h. auf Kontinuität und Weitergabe angelegten Diensten der Gemeinde sprechen kann. Aber vieles ist noch im Fluß und eine feste Kirchen- und Ämterordnung noch lange nicht in Sicht.

Nun wird man das aber nicht am Maßstab späterer voll ausgebauter Kirchenverfassungen als Mangel oder kirchliche Unterentwicklung abqualifizieren dürfen, sondern wird im Gegenteil in den einfachen und bescheidenen Anfängen der Kirche die bleibend gültigen Maßstäbe für alle späteren Zeiten finden wollen. Dann aber sagt uns der Text zweierlei:

Die Ausgestaltung der Dienste, Funktionen und Ämter hat selbstverständlich im Blick auf die Situation der jeweiligen Gemeinde/Kirche, ihre Bedürfnisse und Nöte zu erfolgen. Dabei geht es, wie der hohe Stellenwert der sozialen Dienste und Ämter verrät, wesentlich auch um das leibliche Wohl der Gemeinde/Kirche. Daß zweitens die Dienste, Funktionen und Ämter im Fluß und alles andere als erstarrt erscheinen, wird positiv als Anzeichen für das Wirken des lebendigen Gottesgeistes und Ausweis ihres *charismatischen* Grundwesens zu deuten sein.

Ganz analog sind auch wir heute Zeugen einer *Weiterentwicklung des kirchlichen Amtes*, wenn wir erleben, wie seit dem Zweiten Vatikanischen Konzil in unserem Land z.B. verheiratete Christen, Männer und Frauen, hauptamtlich Mitverantwortung in der Gemeindeleitung übernehmen und verstärkt die offizielle Verkündigung mitgestalten, der ständige Diakonat erneuert wurde und zudem viele Christen »ehrenamtlich«, z.B. in Pfarrgemeinderäten, aktiv die Seelsorge mittragen. Angesichts des wachsenden Priestermangels hoffen zudem viele darauf, daß bald auch verheiratete Christen, Männer und Frauen, ordiniert werden und der Eucharistie vorstehen können (vgl. des näheren unter C. 1 im Anschluß an 16,1-23). Wie dem auch sei: Die Vielfalt neu aufgebrochener Charismen, die doch wohl schwerer wiegt als der oft beklagte Priestermangel, ist ein unschätzbarer Reichtum und ein Zeichen für die Gegenwart des Gottesgeistes in unserer Kirche, vor dem niemand aus Angst vor Veränderung die Augen verschließen sollte.

Eine tiefgreifendere *Weiterentwicklung des kirchlichen Amtes* wird auch dann vonnöten sein, wenn die christlichen Kirchen im Geist der Ökumene wirklich zu einer gegenseitigen Anerkennung finden wollen. Dann nämlich wird man durchaus auch mit einer Vielfalt unterschiedlicher kirchlicher Strukturen zu rechnen haben. Doch obliegt es zuerst und zuletzt dem Geist Gottes, verhärtete Strukturen aufzubrechen und den Kirchen ihren Weg zur «Una sancta« zu weisen.

c) Ausfaltungen. Ein Katalog von ethischen und religiösen Verhaltensregeln (12,9-21)

A. Auch wenn die Spruchfolge 12,9-21 ohne strenge Logik ein Glied an das andere reiht, so gibt sie dennoch eine gewisse *Ordnung* zu erkennen. Zunächst fällt auf, daß die Leitmotivik von «Gut« und »Böse« (vgl. bereits 12,2; dann auch 13,3f.10; 14,16) am Anfang, in der Mitte und am Ende unseres Textes erscheint:

V.9b: »Verabscheut das *Böse*,
haltet fest am *Guten*.«
V.17: »Vergeltet niemand *Böses* mit *Bösem*.
Seid auf *Gutes* bedacht vor allen Menschen.«
V.21: »Laß dich vom *Bösen* nicht besiegen,
sondern besiege das *Böse* mit dem *Guten*.«

V.17 und V.21 bilden einen *Rahmen* um die Spruchgruppe, die der Beziehung der Gemeinde zu ihrer nichtchristlichen und ihr feindlich gesonnenen Umgebung gewidmet ist (V.17–21). Demgegenüber bietet die erste Hälfte des Textes, die Verse 9-13.16, Regeln für den Umgang der Christen *untereinander*: Nächstenliebe in Gestalt »brüderlicher« (12,10) bzw. geschwisterlicher Liebe sowie Feindesliebe als Richtschnur für das Verhältnis zu den nicht zur Gemeinde gehörigen Menschen sind demnach die beiden Brennpunkte, aus denen der Text seine innere Ordnung empfängt. Nicht ohne Grund steht das Wort von der »ungeheuchelten Liebe« V.9a, das die Brücke zu 13,8-10 bildet, an der Spitze aller Verhaltensregeln, die damit als Entfaltung und Konkretisierungen dieser Liebe erscheinen.

V.14 (»Segnet eure Verfolger; segnet sie, verflucht sie nicht«) stört die angedeutete Zweiteilung unseres Textes (9-16/17-21); der Vers kommt zu früh, weil er die Thematik der VV.17-21 schon vorwegnimmt. Warum das so ist, darüber lassen sich nur Vermutungen anstellen. Vielleicht hängt es damit zusammen, daß Paulus im ersten Teil unseres Textes überlieferungsgebunden, im zweiten dagegen frei formuliert hat. So nehmen manche Forscher mit guten Gründen an, daß er dem ersten Teil einen vorgeprägten *Katalog* von ethischen und religiösen Maximen zugrundegelegt hat, über dessen genauere Abgrenzung man freilich keine Einmütigkeit erzielt hat (O.Michel, W. Schmithals u.a.). Möglicherweise entsprach der Umfang des Katalogs in etwa den Versen *12,9b-13.15*. Folgende Beobachtungen lassen sich zugunsten dieser Hypothese ins Feld führen:

1) Der vorliegende Text besitzt *zwei* »Überschriften«, V.9a («die Liebe sei ungeheuchelt«) und V.9b («Verabscheut das Böse, haltet fest am Guten«). Stammt das Programmwort der Liebe von Paulus, so bildet der allgemeine Satz V.9b das ursprüngliche Leitwort des vorgegebenen Katalogs.

2) Die VV.9b-13.15 bestehen aus formal gleichgebauten, jeweils paarweise angeordneten Gliedern (vgl. die Auslegung), die inhaltlich locker aneinandergereiht sind. Solch lockere Fügung ist für derartige Kataloge kennzeichnend (vgl. z.B. Tob 4,3-18; K.-W.Niebuhr, Gesetz und Paränese. Katechismusartige Weisungsreihen in der frühjüdischen Literatur [WUNT 2/28], Tübingen 1987) und hebt zudem die erste Hälfte des Textes charakteristisch von seiner zweiten (VV.17-21) ab: Diese ist thematisch einheitlicher und wirkt geschlossener. Der Katalog selbst erscheint abgerundet, wenn er gegen Ende, in V.13, wieder zur Perspektive seines Anfangs, V.10, zurücklenkt (vgl. die Auslegung). - V.16 hat Paulus in jedem Fall als Abschluß der ersten Texthälfte selbst formuliert, denn dieser Vers (mit ihm vgl. 11,18.20b.25; 12,3; 14,1 etc.) zielt unmittelbar in die Situation der römischen Adressaten, die ja nichts nötiger hatten als die Mahnung, «eines Sinnes« zu sein (vgl. zu Röm 14f).

V.14 gehörte ursprünglich wohl nicht in den vorgegebenen Katalog, da dieser nur das innere Leben der Gemeinden im Blick hatte. Auch formal hebt sich der Vers mit der präzisierenden Verdoppelung seiner Mahnung («segnet«/«segnet und flucht nicht«) von den Regel-Paaren der Umgebung ab. Wahrscheinlich hat Paulus ihn hierher gestellt, um so den zweiten Teil seiner Mahnungen schon vorzubereiten.

Der Text insgesamt findet seinen Abschluß in zwei Zitaten aus der Heiligen Schrift (V.19b.20), der einzigen Autorität, die Paulus hier für seine Weisungen ausdrücklich in Anspruch nimmt. Das ist bezeichnend, denn die Inhalte der Weisungen sind größtenteils biblisch-jüdisch geprägt. Abgesehen von der etwas blassen (anders 14,18!) und textlich umstrittenen (vgl. unten!) Mahnung: »dient dem Herrn [=Jesus]« (11c), enthalten sie nirgends einen *expliziten* christlichen Bezug. Daß ihre Auswahl, Zusammenstellung und Akzentuierung dennoch jesuanischen Geist verraten, wird die Auslegung im einzelnen zeigen.

B. Wie im 1.Korintherbrief (vgl. Kap.13 im Anschluß an Kap.12), so läßt Paulus auch hier unmittelbar auf seine »ekklesiale Weisung« seine Mahnung zur Liebe folgen. Sie ist das Fundament für ein kirchliches Zusammenwirken aller charismatischen Dienste im Leib Christi und sollte deshalb »ohne Heuchelei« (2Kor 6,6; 1Petr 1,22), d.h. in selbstverständlichem Einklang von Wort und Tat erwiesen werden. »Brüderliche Liebe« heißt sie im Katalog V.10 und ist dort gepaart mit »gegenseitiger Achtung« (also kein Pathos der Verbrüderung!), weil alle Christen - wie Paulus schon in 8,16f.29 ausgeführt hat - bereits untereinander »Brüder« *sind*, die Kirche von ihrem Wesen her also *eine geschwisterliche Kirche* ist (V.10a wörtlich: »Seid innig in der Bruderliebe«). Das darf nicht zu einem frommen, folgenlosen Schlagwort verkommen, sondern meint (übrigens ganz im Geiste Jesu) eine *herrschaftsfreie* Kirche: »Ihr wißt, daß die als Herrscher der Völker Geltenden über sie herrschen und daß ihre Großen Gewalt über sie üben. Bei euch aber soll es nicht so sein! ..« (Mk 10,42f; vgl. auch 9,35 etc.).

»Seid nicht lässig im Eifer für die Sache«, fährt Paulus fort, «lodert im Geist« (V.11a.b). So berichtet Lukas über Apollo von Alexandria, er habe »gepredigt mit der Glut des Geistes« (Apg 18,25), und nach Offb 3,15f ist Lauheit (weder kalt noch heiß zu sein) Grund genug, verworfen zu werden. Jugendlichen Elan, begeisterten Aufbruch in die Zukunft also sollte man fördern, kirchlicher

Routine und Bürokratie aber mißtrauen. »Wo nichts brennt, gibt es auch kein Licht« (E.Käsemann).

»Dient dem Herrn. Seid fröhlich in der Hoffnung« (V.11c.12a). Abweichend von der Mehrheit der Manuskripte (an welche die EÜ sich hält) bieten einige wenige Handschriften im ersten Glied dieses Regelpaars die interessante Alternative: »Der Zeit (kairō statt kyriō im Griechischen) dient«. Welche dieser beiden Lesarten die ursprünglichere ist, läßt sich nur schwer entscheiden.

Die weniger gut bezeugte Fassung könnte einer bei griechischen und lateinischen Autoren geläufigen Redewendung (Cicero: tempori servire) entsprechen mit der Bedeutung: »Opportunist sein«, »dem Zeitgeist huldigen«. Das Wissen um diese Redewendung, das z.B. Origenes und Hieronymus besaßen, war vielleicht der Grund dafür, daß man jene anstößig erscheinende Fassung (vielleicht auch veranlaßt durch die lautliche Nähe beider Wörter) in das etwas blasse »dem Herrn dienen« umgewandelt hat (der umgekehrte Vorgang ist unter denselben Voraussetzungen nur schwer vorstellbar). Ursprünglich (und das heißt in jenem frühchristlichen, stark *jüdisch* geprägten Katalog) muß die Wendung aber keineswegs negativen Sinn besessen haben. Manche Ausleger erinnern z.B. an den Spruch des babylonischen Talmud: »Wer sich der Zeit entgegenstemmt, den drängt sie hinweg, und wer ihr nachgibt, der bemeistert sie« (Ber 64a).

Nun bietet aber unser Spruch in der Nachbarschaft der eschatologischen Maxime zur Hoffnung (V.12a) keine allezeit gültige Weisheit (»Wer zu spät kommt, den bestraft das Leben«), sondern wird die im Schatten der heraufziehenden Vollendung stehende, neu qualifizierte Zeit vor Augen haben (vgl. 13,11). Dem in ihr enthaltenen, einmaligen Anruf zu genügen, ein eschatologisches Zeitbewußtsein zu erlangen, das wäre dann das Anliegen unseres Spruches gewesen (vgl. auch Kol 4,5; Eph 5,16).

Wollte man sich für die andere Fassung entscheiden, dann könnte man argumentieren, durch die Aufforderung » dem *Herrn* zu dienen« sollte ein Gegengewicht gegen ein falsches, unrealistisches Verständnis der vorangegangenen *Geist*-Maxime geschaffen werden: Bei aller Begeisterung läuft es zuletzt doch immer darauf hinaus, ob man dem gekreuzigten Herrn auch *dient* und ihm treu bleibt (dazu vgl. 14,17f). Weil aber unser Spruch zusammen mit der nachfolgenden Hoffnungs-Maxime ein Paar bildet, wohingegen »lodern im Geist« zu »seid nicht lässig im Eifer für die Sache« gehört, sei hier eine Lanze für die zu Unrecht als opportunistischer Slogan verkannte und deshalb zumeist verdrängte Lesart gebrochen.

Den theologischen Kommentar des Paulus zum zweiten Glied unseres Regelpaares »Seid fröhlich in der Hoffnung« besitzen wir in 5,1ff (siehe Bd.1, S.150-152). Man kann sich der Zukunft auch unter Leidensdruck stellen, gleichsam mit verbissenem Gesicht und zu allem entschlossen seinen Weg nach »Utopia« bahnen. Manche »Philosophie der Hoffnung« hat in unserem Jahrhundert eine derartige, den Menschen aber zuletzt doch überfordernde Einstellung zur Zukunft erzeugt. Demgegenüber lebt die Hoffnung im Zeichen Jesu Christi aus der »Freude«. Es ist die Freude darüber, daß das Entscheidende in ihm schon geschehen ist (vgl. 5,1f.5ff; außerdem Phil 3,1; 4,4; 1Thess 5,16). Diese Freude wirkt Gelassenheit trotz allem Negativen der Geschichte, das die zuversichtlich erhoffte Vollendung der Zeit massiv in Frage stellt. Es ist keine triumphierende, sondern eine verhaltene Freude, verhalten deshalb, weil sie um die Drangsale dieser Zeit weiß, die zu verdrängen sie sich weigert. So heißt es im nächsten Regelpaar:

»In der Bedrängnis seid geduldig, im Gebet beharrlich« (V.12b.c). Beides gehört schon nach jüdischem Erfahrungswissen unbedingt zusammen: die Geduld in der Bedrängnis (vgl. 5,3f; 8,25) und die Beharrlichkeit im Gebet. Das Gebet, das auch nach jüdischem Verständnis den Tag begleitet und die Zeit heiligt, meint ein zutiefst menschliches Tun voll innerer Anspannung: Gott selbst unablässig zu bestürmen um Gerechtigkeit und Überwindung aller Not (vgl. Bd.1, S.251-253). Ein solches eschatologisch gespanntes Gebet äußert sich aber nicht nur in gelegentlichen Worten, zu bestimmten Gebetszeiten, sondern ist gemäß der Intention Jesu unablässiges Gebet (vgl. Lk 18,1-8), «Gebet im Herzen«, »die ständige innere Zwiesprache mit Gott« (H.Schlier).

Mit dem nächsten Regelpaar wendet der Verhaltenskatalog sich wieder der Perspektive seines Anfangs (V.10) zu, der geschwisterlichen Liebe der Christen untereinander: »An den Bedürfnissen der Heiligen nehmt Anteil, gewährt eifrig Gastfreundschaft« (V.13a.b). Jetzt geht es nicht mehr nur um die Beziehungen, die innerhalb einer einzelnen Gemeinde bestehen, sondern um die Solidarität der zahlreichen christlichen Gemeinden untereinander. Angesichts des starken Wachstums der frühen Kirche in immer größere geographische Räume hinein war der Zusammenhalt unter den schon bestehenden Gemeinden und Kirchen um der Sicherung des erreichten Missionsstandes willen von hoher Bedeutung, zumal eine organisatorische »Vernetzung« der einzelnen Ortskirchen und Zentren wie Jerusalem, Antiochien, Korinth oder Ephesus noch nicht in Sicht war. Kirche erfuhr man »vor Ort«, d.h. in der Gemeinde der eigenen Stadt, und wenn man von »Kirche« (= Ekklesia) sprach, dann dachte man auch lange Zeit nur an die jeweilige Ortsgemeinde bzw. die in ihr befindlichen »Hausgemeinden« (vgl. ausführlich unter C. 1 im Anschluß an 12,3-8). Die Koinonia (= Gemeinschaft) aller Christen in ökumenischem Maßstab dagegen erfuhr man nur zu besonderen Zeiten, dann aber konkret, wenn nämlich Missionare auf der Durchreise zu Besuch erschienen (vgl. Apg 15,36; 1Thess 3,1f) oder z.B. Händler christlichen Bekenntnisses auf ihren Handelsreisen Unterkunft bei ihren Mitchristen suchten und von ihrer Heimatkirche erzählten, wie man in ihr den Glauben an den gemeinsamen Herrn Jesus Christus lebte. Denn daß der *eine* Glaube in den verschiedenen Winkeln des Römischen Reiches sich auch jeweils *eigenständig* entwickelte, war selbstverständlich und machte seinen Reichtum aus. Die Koinonia erfuhr man aber nicht nur in gegenseitigem Austausch von Nachrichten und Erfahrungen, etwa in Form von Briefen (vgl. etwa Apg 15,22-29), man sah sich überdies zu gegenseitiger tatkräftiger Hilfe verpflichtet (vgl. Apg 11,27-30; Gal 2,10 u.ö.). An unserer Stelle denkt Paulus möglicherweise besonders an die Solidarität der Heidenchristen mit Jerusalem, worauf die vielleicht von ihm selbst in den vorgegebenen Katalog eingefügte Bezeichnung »die Heiligen« als Name der Jerusalemer Christen (vgl. 15,25; 2Kor 8,4; 9,1) hindeuten könnte. Die »Gastfreundschaft«, die zu üben er dann in V.13 an zweiter Stelle auffordert, war der Antike insgesamt heilig. Juden zählten sie zu den großen Liebeswerken neben Krankenbesuch, Totenbestattung und Tröstung der Traurigen. Im babylonischen Talmud liest man: »Die Gastfreundschaft ist größer als die Begrüßung der Schekhina [= der Herabkunft Gottes im Tempel]« (Schab 127a). Auch christliche Autoren empfehlen sie immer wieder (1Petr 4,9; Hebr 13,2; 1Tim 3,2; Tit 1,8). Man begreift das, wenn man bedenkt, daß die Menschen in der Antike zwar sehr reisefreudig waren, es ihnen an guten Unterkunftsmöglichkeiten aber allenthalben gefehlt hat.

»*Gastfreundschaft*« zwischen einzelnen Kirchen in ökumenischem Geist, Erfahrungsaustausch im Glauben untereinander, tatkräftiger Einsatz füreinander, wenn andere Kirchen in Not geraten: Weit weg scheint der Text mit seinem historischen Profil von unserer heutigen zerklüfteten kirchlichen Landschaft nicht zu sein. Sind auch wir nicht auf der Suche nach einer gesamtkirchlichen Perspektive, einer wahrhaft ökumenischen Katholizität, auf der Suche nach der *einen* Kirche, die in sich Raum gibt und läßt für eine Pluralität verschiedener Glaubenswege, kirchlicher Mentalitäten und Traditionen entsprechend dem kulturellen Boden, in dem sich der *eine* Glaube Jesu Christi jeweils zu inkulturieren hat? Wie dem auch sei (vgl. bereits oben unter C. 1 im Anschluß an 12,3-8 bzw. unten zu 14f), die Mahnung zur gegenseitigen »Gastfreundschaft« gibt uns zu denken. Natürlich umfaßte »Gastfreundschaft« in der frühen Kirche neben all dem Guten, das man dem Gast zu allen Zeiten angedeihen läßt, auch die »eucharistische« Gemeinschaft, die Einladung zur gemeinsamen Feier des »Herrenmahls«. Daß auch wir in diesem letzten und tiefsten Sinne untereinander »Gastfreundschaft« zu üben haben, ist eine nach wie vor von uns und unseren Kirchen nicht eingelöste Forderung des Evangeliums. Das schmerzt.

Freilich gibt es hier auch hoffnungsvolle Zeichen, die man sehen muß, sowohl auf dem Gebiet der gemeinsamen theologischen Durchdringung des »Abendmahls« als auch auf praktischem Feld. So ist das lutherisch-katholische Gespräch über das »Abendmahl« schon weit gediehen, wovon das 1978 fertiggestellte Dokument »Das Herrenmahl« Zeugnis ablegt; auch das sog. Lima-Papier (1982), eine »Konvergenzerklärung« über »Taufe, Eucharistie und Amt«, an der Theologen vieler Kirchen mitgearbeitet haben, stellt einen Meilenstein der Ökumene dar (vgl. die solide wie gründliche Einführung in die Probleme von P.Neuner, Kleines Handbuch der Ökumene, Düsseldorf ^{2}1987). Die Würzburger Synode (1971-1975) hat in der Frage der Interkommunion keine allgemeinverbindlichen Regeln aufgestellt, aber unter Wahrung des gegenseitigen Zusammenhangs von Eucharistie und Kirchengemeinschaft im Blick auf Ausnahmeregelungen pastorale, den Gewissensentscheid des einzelnen einbeziehende Erwägungen angestellt (Beschluß Gottesdienst 5.4.2 und 5.5). Bischof Elchinger hat für seine Diözese Straßburg Weisungen erlassen, nach denen unter bestimmten Voraussetzungen eine »eucharistische Gastfreundschaft« vor allem bei konfessionsverschiedenen Ehepaaren möglich ist (vgl. R.Mumm [Hg.], Eucharistische Gastfreundschaft. Ökumenische Dokumente, Kassel 1974, S.109-131; vgl. auch L.A.Elchinger, Zeugnis einer Wegstrecke, in: K.Froehlich, Ökumene. Möglichkeiten und Grenzen heute [zum 80. Geb. von O.Cullmann], Tübingen 1982, S.72-76).

Auch die Stimme von O.Cullmann hat hier wieder Gewicht: »Eine Warnung vor gewissen Interkommunionsveranstaltungen möchte ich nicht verschweigen. Ich habe solche erlebt, die durchaus nicht den Forderungen entsprachen, die für eine ausnahmsweise zugelassene Interkommunion erhoben werden. Sie beruhten in keiner Weise auf einer auch nur partiellen Glaubensgemeinschaft, sondern - im Zuge der bekannten Orthopraxis - auf einer gemeinsamen Indifferenz gegenüber Glaubensfragen: Die Hauptsache sei, daß man gemeinsam feiere. Auf die Bedeutung des Abendmahls kommt es in solchen Fällen überhaupt nicht mehr an. Im Hinblick auf diese Gefahr sollten alle 'schwärmerischen' gemeinsamen Abendmahlsfeiern auch von Protestanten vermieden und gemieden werden. Eine solche Gemeinschaft ist schlimmer als jede Trennung. Da handelt es sich um eine abzulehnende Einheit 'um jeden Preis', um den Preis des Sinnes des Herrenmahls. Wenn teilweise mit Recht gesagt wird, kirchliche Gemeinschaft werde durch Abendmahlsgemeinschaft nicht nur dargestellt, sondern gefördert, so gilt es, dabei Vorsicht walten zu lassen, damit nicht der Weg zur Gemeinschaft ein Irrweg werde« (Einheit durch Vielfalt, S.72f; vgl. auch S.192-194).

Nun darf man diese sehr ernst zu nehmende Warnung von O.Cullmann aber nicht zum Anlaß nehmen, wieder verstärkt auf Abgrenzung zu setzen und die Ergebnisse der Konvergenzbemühungen der Theologen zu relativieren. Vielmehr sollte man bedenken, was im Hintergrund dieser Warnung bei O.Cullmann auch steht: den Sinn dafür, daß es in der Verwirklichung des eucharistischen Stifterwillens Christi durchaus auch legitime Unterschiede in der Praxis und im Verständnis des einen »Herrenmahls« geben darf. So »halte ich trotz aller erfreulichen von Theologen erarbeiteten Annäherung in der Lehre vom Abendmahl daran fest, daß in der Praxis die lutherische, die reformierte, die anglikanische Mahlfeier, die katholische und die orthodoxe Messe auf sehr verschiedene Weise die von Christus eingesetzte Stiftung verwirklichen«. »In jeder dieser Feiern (sollten wir) einen *besonderen* Aspekt des *gleichen* neutestamentlichen Geschehens zu entdecken suchen, auch wenn uns andere Bestandteile nicht mit dem Willen des Stifters vereinbar scheinen« (S. 193).

Wenn Christen »Gastfreundschaft« gewähren und annehmen, dann darf das also keineswegs zu einer schwärmerischen Indifferenz gegenüber dem »Geheimnis des Glaubens« in der eucharistischen Feier führen, sondern sollte vielmehr die gegenseitige Kenntnis der Praxis und des Verständnisses dieses »Geheimnisses« untereinander fördern und damit Einblick in die Fülle der Eucharistie gewähren. Auch hier also meldet sich die Frage von O.Cullmann zu Wort, ob wirklich Uniformität das Ziel aller ökumenischen Bemühungen sein muß und sein darf. Fest steht: Gemeinsames Gotteslob führt die Christen im Gedächtnis an ihren einen Herrn Jesus Christus, der sich »für uns alle« dahingegeben hat (8,32), in gegenseitiger Wertschätzung zusammen.

Doch hat die »Liebe« (V.9a) an den Grenzen der christlichen Gemeinden nicht Halt zu machen. Wenn deshalb Paulus in V.14 seine Adressaten dazu ermutigt, ihre Verfolger zu segnen, nicht aber ihnen zu fluchen, dann mag er zu dieser pointierten Weisung, die er im Vorblick auf V.17-21 in den ihm vorgegebenen Katalog eingeschoben hat, auch durch die gewiß prekäre Lage der Christen in der heidnischen Metropole Rom veranlaßt worden sein. Da diese in der Sicht der Römer Anhänger eines ausländischen orientalischen Kultes waren, unterlagen sie gewiß zunehmend heidnischen Verdächtigungen und Anfeindungen, zumal sie, von den jüdischen Synagogen getrennt, sich nicht mehr des öffentlichen Rechtsschutzes erfreuen konnten, der diesen seit den Tagen Julius Cäsars vom römischen Gesetzgeber gewährt worden war. In dieser Situation sollte der Geist der Jesusüberlieferung sich wieder bewähren, denn aus ihr stammt offenkundig die Anweisung zur Segnung der Feinde (vgl. Lk 6,28), ohne daß Paulus die Autorität Jesu ausdrücklich für seine Mahnung bemüht. Verwirklicht in Jesu Leben selbst, der seinen Gegnern am Kreuz nicht fluchte, sondern für sie betete (Lk 23,34; vgl. auch 1Petr 2,23), ist sein Wort zum Ferment der christlichen Überlieferung geworden und hat sie je und je neu befruchtet (vgl. neben Mt 5,44-48; Lk 6,27-30; 9,52-56 auch 1Kor 4,12; 1Petr 3,9). Jetzt aber soll es den Adressaten helfen, trotz aller Anfeindungen von außen nicht zu verbittern und statt auf die böse Welt zu fluchen, sie dem Segen Gottes anheimzustellen.

Solche Offenheit, die von sich selbst und den eigenen Verletzungen abzusehen vermag, kommt in großartiger Weise auch im letzten Doppel-Paar zum Ausdruck: »Freut euch mit denen, die sich freuen, weint mit denen, die weinen« (V.15). Mögen diese Mahnungen, die den vorgegebenen Katalog einmal beschlossen haben, ursprünglich nur Gemeindemitglieder im Auge gehabt haben (vgl. auch 1Kor 12,26; Phil 2,17f), im Anschluß an den eingeschobenen V.14 scheinen sie solche Grenzen nicht mehr zu kennen: Solidarität mit Mitmenschen, die leiden, und neidlose Freude mit denen, die sich am Guten und Schönen der Schöpfung freuen können, überschreiten jeden Gruppenegoismus. Dabei wird biblisch-jüdisches Ethos lebendig: »Entzieh dich nicht den Weinenden, vielmehr trauere mit den Trauernden« (Sir 7,34). »Und nicht sei der Mensch vergnügt unter den Weinenden, und nicht weine er unter den Vergnügten« (Dereck Erez 6). Der Affekte und Emotionen braucht sich der Christ nicht zu schämen, ganz im Unterschied zum kynisch-stoischen Weisen, der sie als Gefahr für seine auf vornehme Distanz zur Welt bedachten Vernunft beargwöhnt und sie deshalb zu ignorieren sucht.

Gebietet es den Christen die Liebe zu ihren Mitmenschen, in Freud und Leid mit der Welt solidarisch zu sein, so sollten sie dabei aber die »Einheit ihres Denkens« nicht verlieren, ihre Identität als Christen nicht preisgeben. Wenn Paulus deshalb den ersten Teil seiner Mahnungen mit der Bitte: »Seid eines Sinnes!« (V.16a) nachdrücklich abschließt, dann steht ihm wahrscheinlich die schwierige Lage der zerstreut in einzelnen Hausgemeinden lebenden Adressaten Roms vor Augen. Um als verschwindend kleine Minorität in einer Weltstadt überleben zu können, bedurften sie nun wirklich der »Einheit des Denkens«. Ganz jesuanischen Geist atmet wieder der Nachsatz, der den Weg benennt, auf dem solche Einheit zu erreichen ist: »Habt nicht die hohen Dinge im Sinn, sondern laßt euch von den niedrigen einnehmen. Haltet euch nicht selber für verständig« (V.16b.c). »Sich von dem Niedrigen einnehmen lassen« heißt für die Christen Roms: Nicht die »Starken« unter ihnen sollten die Maßstäbe des kirchlichen Handelns bestimmen, sondern die «Schwachen« (Kap.14f). Sich an den Kleinen und Letzten orientieren (vgl. Mk 9,33-37; 10,13-16), sich der Sorgen und Nöte der einfachen Gemeindemitglieder annehmen setzt freilich voraus, »nicht bei sich selbst klug zu sein« (Spr 3,7), oder anders gesagt: setzt die ehrliche Überzeugung voraus, daß man von jedermann lernen kann.

Solche Zurücknahme seiner selbst - kein Zeichen der Schwäche, sondern der Stärke! - bestimmt auch den Geist der folgenden Regeln V.17-21, die den Umgang mit den »Außenstehenden« betreffen. Wenn Paulus diesen Absatz mit den Mahnungen einrahmt, »vergeltet niemandem Böses mit Bösem« (V.17a) und »laß dich vom Bösen nicht besiegen ...« (V.21a), dann sieht er das Verhältnis seiner Adressaten zu ihrer Umwelt wie schon in V.14 eher in einem gespannten Zustand. Um so wichtiger ist es für sie, daß sie das »Böse«, das sie erfahren, nicht mit gleicher Münze heimzahlen, sich nicht durch Aggressionen von außen zum Bösen provozieren lassen. Wieder wirkt Jesu Geist nach, der so pointiert den Verzicht auf Vergeltung gefordert (Lk 6,27.29; Mt 5,39-42) und damit die besten Traditionen der jüdischen Weisheit aufgegriffen und weitergeführt hat: »Sag nicht: Ich will das Böse vergelten. Vertrau auf den Herrn, er wird dir helfen« (Spr 20,22).

In welcher Breite diese Geisteshaltung in die frühchristliche Gemeindeunterweisung eingeströmt ist, mag man außer an Röm 12,17a auch an 1Petr 3,9 (»Vergeltet nicht Böses mit Bösem«) und 1Thess 5,15 ersehen (»Seht zu, daß keiner dem anderen Böses mit Bösem vergilt, sondern bemüht euch immer füreinander und für alle um das Gute!«).

Nun bedeutet der Verzicht auf Vergeltung aber alles andere als ein passives Geschehen- oder Laufenlassen der Dinge. Wie sollen die Christen in gespannter oder sogar aggressiver Atmosphäre reagieren? Zunächst sollten sie darüber wachen, daß ihr eigenes Tun und Lassen transparent vor aller Welt ist und nicht Anlaß gibt zu allen möglichen Verdächtigungen dunkler Machenschaften. Das will Paulus sagen, wenn er wiederum in Anknüpfung an einen jüdischen Weisheitsspruch (Spr 3,4 in der Fassung der Septuaginta) formuliert: »Seid auf das Gute bedacht *vor (den Augen* von) allen Menschen« (V.17b). Damit meint er nicht, wie die EÜ fälschlich wiedergibt, »seid *allen Menschen gegenüber* auf Gutes bedacht«, sondern: Verstecken macht mißtrauisch, ein vorbildliches Leben in der Öffentlichkeit (= vor aller Augen) aber schafft auf Dauer Vertrauen (W. Schmithals). Das hat er auch selbst beherzigt in der sensiblen Angelegenheit der Geldsammlung für Jerusalem (vgl. 2Kor 8,16-22).

Realismus verrät auch die Einleitung zur nächsten Mahnung: »*Wenn möglich - soweit es auf euch ankommt* - lebt in Frieden mit allen Menschen« (V.18). Bezeichnenderweise ist die Mahnung selbst sehr weit verbreitet und stieß schon damals auf breite Akzeptanz: «Bemühe dich um Frieden mit allen Menschen«, heißt es bei Epiktet (Diss. IV, 5,24), und Hebr 12,14 liest man: »den Frieden verfolgt mit allen«. Doch trotz aller Lippenbekenntnisse der Menschen ist es eben nicht immer möglich, den Frieden mit jedermann zu bewahren, was man wissen sollte, um nicht in Verbitterung und Resignation zu enden. Auf keinen Fall aber dürfen sich die Christen das Recht, das andere ihnen genommen haben, eigenmächtig zurückholen (V.19a) und damit den Teufelskreis von Gewalt und Gegengewalt nur weiterdrehen. »*Geliebte*« setzt Paulus zu dieser seiner nachdrücklichen, V.17a dem Sinn nach noch einmal aufgreifenden Mahnung hinzu (nur hier erscheint eine Anrede seiner Adressaten mitten im Text!) und gibt damit zu verstehen, woher ihnen die Kraft zuwächst, auf die Durchsetzung des eigenen Rechts zu verzichten: von Gott her, in dessen *Liebe* sie stehen und dem sie ihre Sache anheimstellen dürfen: »Gebt Raum dem Zorngericht Gottes, denn es steht geschrieben: 'Mein ist es, Recht zu schaffen, ich werde vergelten' (Dtn 32,35), spricht der Herr« (V.19b) (nach F.Stier). Ohne das *Gericht* Gottes wird sich das *Recht* auf dieser Erde nicht wirklich durchsetzen können. Mit der jüdisch-christlichen Überlieferung zu bekennen, daß Gott selbst am Ende dieser Geschichte umfassend Gerechtigkeit schaffen wird, entlastet von aller eigenmächtigen Gewalt. Und doch führt auch dieses befreiende Bekenntnis nicht dazu, von einer scheinbar gesicherten Warte aus die Welt gleichgültig ihrem vorprogrammierten Untergang im Zorngericht Gottes zu überlassen. Der Rekurs auf den richtenden Gott entspringt nicht ohnmächtigen Ressentiments und ist nicht der Ausdruck sublimierter Rachegefühle. Dagegen spricht eindeutig die Wahl des zweiten Zitats, diesmal aus dem Buch der Sprüche (25,21f). Hatte Paulus mit dem ersten Zitat aus dem Deuteronomium das Privileg *Gottes* eingeschärft, so sieht er im zweiten den *Menschen* konfrontiert mit dem, was er zu tun hat - trotz seiner scheinbaren Ohnmacht angesichts des übermächtigen Bösen: »Wenn dein Feind hungert, gib ihm zu essen, wenn er dürstet, gib ihm zu trinken; denn tust du das, so häufst du ihm feurige Kohlen auf seinen Kopf« (V.20). Zweierlei ist an diesem weisheitlichen Mahnwort bemerkenswert: Von der Feindesliebe spricht es nicht abstrakt und emphatisch (auch Jesus tat das nicht), sondern konkret und unsentimental: An der Not deines Feindes sollst du dich nicht ergötzen; wenn er Durst und Hunger leidet, sieh in ihm die Kreatur und hilf ihm. Von irgendwelchen berechtigten oder unberechtigten Gefühlen dabei ist nicht die Rede. Es kommt lediglich auf die unspektakuläre Tat oder Geste an. Das ist typisch für jüdisches Denken (vgl. etwa Ex 23,4f: »Wenn du dem verirrten Rind oder dem Esel deines Feindes begegnest, sollst du ihm das Tier zurückbringen. Wenn du siehst, wie der Esel deines Gegners unter der Last zusammenbricht, dann laß ihn nicht im Stich, sondern leiste ihm Hilfe!«).

Aber noch ein Zweites ist bemerkenswert: Die Erwartung, die man mit einer solchen Tat oder Geste der Hilfe verbinden darf, ist die eventuelle Besinnung oder Umkehr des Gegners. Das Wort von den »feurigen Kohlen auf seinem Kopf« meint nämlich nicht das Gericht Gottes, das jener sich bei Unbußfertigkeit trotz erfahrener Versöhnungsgeste unweigerlich zuziehen wird, sondern erklärt sich aus einem ägyptischen Sühneritus, demzufolge ein schuldig Gewordener zum *Zeichen seiner Sinnesänderung* ein Becken mit glühenden Kohlen auf seinen Kopf lud (S.Morenz; vgl. bei G.v.Rad, Weisheit in Israel, Neukirchen-Vluyn 1970, 177, Anm.25). Daß auch Paulus das weisheitliche Mahnwort in diesem positiven Sinn der Rückgewinnung eines Gegners verstand, bestätigt sein abschließendes, V.17 entsprechendes Wort V.21 (»laß dich vom Bösen nicht besiegen, sondern besiege das Böse mit dem Guten«), das wiederum seine engsten Parallelen in der jüdischen Unterweisung besitzt:

»Der gute Mann hat kein finsteres Auge.
Denn er erbarmt sich aller,
auch wenn sie Sünder sind.
Auch wenn sie über ihn zum Bösen planen,
so besiegt er, das Gute tuend, das Böse,
da er von Gott beschirmt wird« (TestBenj 4,2f).

Und ein frommer Jude von Qumran betete:

»Und ich weiß,
daß in seiner Hand das Gericht über alles Lebendige liegt
und Wahrheit alle seine Werke sind.
Und wenn sich Not auftut,
will ich ihn rühmen,
und über seine Hilfe will ich gleichfalls jubeln.
Nicht will ich jemandem seine böse Tat vergelten,
mit Gutem will ich jeden verfolgen« (1QS 10,16-18).

Und in rabbinischen Texten heißt es:

»Nicht nur, wer Gutes mit Bösem vergilt,
sondern auch, *wer Böses mit Bösem vergilt*,
von dessen Haus wird Böses nicht weichen«
(GenR 38,3 [zu Gen 11,1]).

Oder:

»Ähnele mir [d.h. Gott],
so wie ich Böses mit Gutem vergelte,
so vergilt auch du Böses mit Gutem ...«
(ExR 26,2 [zu Ex 17,8]).

»*Ich will ihnen Gutes anstatt Böses vergelten ...*«
(MidrPss 41,11).

Wendet man sich von der jüdischen zur hellenistisch-römischen Welt, dann trifft man auf vergleichbare Zeugnisse. So liest man bei Plutarch, dem popularphilosophischen Schriftsteller und berühmten Biographen aus Chaironeia (ungef. 45-125 n.Chr.):

»Denn der sagt (Epicharm, Frg.275): '*Gegen das Böse ist die Bosheit keine schlechte Waffe*', gewöhnt uns an *etwas Übles: das Übel durch Nachahmung abzuwehren.* Aber daß man die, die uns schamlos und rücksichtslos belästigen, abweisen darf durch Rücksichtslosigkeit ..., wird von allen, die Verstand haben, als gut und richtig geschehen (beurteilt)« (Über die falsche Scham, 13).

Interessant ist auch das folgende Zeugnis eines römischen Rechtsanwalts und Geschichtsschreibers aus der zweiten Hälfte des 2.Jahrhunderts mit Namen Polyainos:

»*Nicht mit Bösem habe ich das Böse abgewehrt,*
sondern mit Gutem das Böse«
(Strategica V 12, in: K.Berger/C.Colpe [Hg.], Religionsgeschichtliches Textbuch zum Neuen Testament [NTD. Textreihe Bd.1], Göttingen-Zürich 1987, 223).

Freilich ist jene Bezwingung des Bösen durch das Gute, die Paulus im Sinn hat, kein triumphaler Sieg, gleichsam die Vorwegnahme dessen, was erst für das Ende der Geschichte im Gericht Gottes zu erwarten ist. Vielmehr denkt Paulus an den »Glauben, *der in der Liebe wirksam ist*« (Gal 5,6), und hie und da als ein Vorschein zukünftigen Heils die Macht des Hasses zu durchbrechen vermag: Wenn Feinde, überrascht durch eine Geste der Versöhnung, sich gegenseitig die Hände reichen.

C 1) a) Angesichts der schlimmen Vorurteile, die immer noch über das Alte Testament, sein Gottesbild und seine angeblich nationalistisch-verengte Ethik im Umlauf sind, legt es sich nahe, *die Einstel-*

lung des Paulus zu ethischen Überlieferungen biblisch-jüdischer Herkunft, wie sie in Röm 12,9-21 exemplarisch sichtbar wird, abschließend noch einmal ins Bewußtsein zu heben und zu würdigen. Es ist bereits beachtlich, daß Paulus in unserem Text nicht ausdrücklich *Worte Jesu* als *formale Autorität* für seine Weisungen heranzieht (ob er um einen Zusammenhang etwa von 12,14 mit der Jesusüberlieferung wußte, entzieht sich unserer Kenntnis), sondern die *Heilige Schrift* der Väter zitiert (V.19b.20: «*denn es ist geschrieben*«). Überdies findet er inhaltlich in ihr die Weisung zur Feindesliebe wieder (V.20 = Spr 25,21f), was es uns verbietet, ihn (so wenig wie Jesus) an diesem Punkt in einen Gegensatz zum Judentum bzw. zum Alten Testament zu manövrieren, wie das immer wieder geschieht. Auch sei daran erinnert, wie selbstverständlich Paulus hier (in V.19) den jüdischen Glauben an ein bevorstehendes Gericht Gottes aufnimmt und weiterdenkt (vgl. auch 1,18ff; 2,5ff; 14,10ff), so daß es auch von da her absurd wäre, den Gott Jesu als den Gott der Liebe dem Gott des Alten Testaments als dem Gott des Gerichts und der Strafe entgegensetzen zu wollen. Was die *ethischen Inhalte* seiner Mahnungen betrifft, so steht Paulus, wie wir oben gesehen haben, ganz im Überlieferungsstrom des hellenistischen Judentums, insbesondere dem der Weisheit, und profitiert von den ethischen Standards und Plausibilitäten, die sich dort in den Erfahrungen von Jahrhunderten gebildet und entwickelt haben. So kann man sagen: »Das Wissen um das 'Was' des sittlichen Guten kommt nicht erst mit Christus in die Welt« (W.Schmithals). Es ist im Fall des Paulus vorgegeben im *Menschenbild des biblisch-jüdischen Kulturzusammenhangs*, das neben den humanistischen Idealen der griechisch-römischen Antike das spätere christliche Abendland mit am entschiedensten geprägt hat. Für Paulus freilich ist jenes biblisch-jüdische Menschenbild nicht lediglich *eine* kulturelle Erscheinung *neben anderen*; es besitzt für ihn seinen einzigartigen Stellenwert darin, daß es in der *Heiligen Schrift* als dem Wort Gottes seine geschichtliche Legitimation gefunden hat.

Andererseits ist nun aber auch nicht zu übersehen - und die Auslegung wollte das verdeutlichen -, daß Zusammenstellung und Akzentuierung der ethischen Weisungen *jesuanischen Geist* verraten, ohne daß dies irgendwo namentlich ausgewiesen wäre. Greifbar wird der Bezug besonders an dem empfohlenen Weg der »Niedrigkeit«, des Verzichts auf »eigene Klugheit« und an der Mahnung, die »Schwachen« zu lieben (vgl. V.16), also an Einstellungen, die Paulus später ausdrücklich mit dem *Weg Christi* in Verbindung bringen wird (15,3.7). So durchformt und prägt jesuanischer Geist das überkommene Ethos und drückt ihm seinen unverwechselbaren Stempel auf.

Zur Präzisierung des damit angesprochenen Bezugs des Paulus zu jesuanischer Überlieferung sei noch im Blick auf unsere Kapitel insgesamt hinzugefügt: Nicht nur in unserem Abschnitt 12,9-21, auch an mehreren anderen Stellen innerhalb von Röm 12,1-15,13 meint man schon seit geraumer Zeit, Spuren jesuanischer Überlieferung identifizieren zu können. M.Thompson (Clothed with Christ. The Example and Teaching of Jesus in Romans 12.1-15.13 [JSNT.SS 59], Sheffield 1991) hat kürzlich das gesamte Material minutiös untersucht. Im Verlauf unserer Kommentierung sollen nur die charakteristischsten Stellen erwähnt und kurz besprochen werden. Das sind:

12,14	(Lk 6,28)
12,17a	(Lk 6,27.29; Mt 5,39-42)
13,7	(Mt 22,21; Mk 12,17; Lk 20,25)
13,9	(Mt 19,18f; Jak 2,8/11)
14,3f (10a.13a; vgl. auch 2,1)	(Mt 7,1; Lk 6,37)
14,13b	(Mk 9,42; Mt 18,6; Lk 17,2)
14,14	(Mk 7,15.19b/Mt 15,11)

Folgendes sei im Vorgriff auf die Beschäftigung mit den einzelnen Texten hier schon festgehalten:

(1) Paulus konnte andernorts durchaus (wenn auch nicht wörtlich) Überlieferungen des historischen Jesus zitieren bzw. ausdrücklich auf sie anspielen (vgl. 1Kor 7,10f; 9,14; 11,23-25). In unserem Textzusammenhang aber tut er das nirgends, sehr wahrscheinlich auch nicht in 14,14 (vgl. unten ausführlich), wo es manche Ausleger am ehesten vermuten (so z.B. Thompson oder P.Stuhlmacher).

(2) An keiner der aufgeführten Stellen läßt sich der Nachweis dafür führen, daß Paulus die Prägung des entsprechenden Materials als spezifische Jesus-Überlieferung bewußt gewesen sei.

(3) Trotzdem scheint im Fall von 12,9-21 die Annahme plausibel, daß das hier ausgebreitete paränetische Material von seiner Herkunft her faktisch »jesuanisch« geprägt war, eben weil Paulus es aus der ihm vorgegebenen christlichen Katechese übernommen hat. Das jüdischweisheitliche Kolorit dieser Paränese ist aber durchgängig und nicht zu

übersehen. Die jesuanische Komponente läßt sich inhaltlich davon nicht abheben oder isolieren, da sie eher die Rolle eines Filters oder Katalysators gespielt hat: Es ist der jesuanische Geist des Verzichts auf alle Selbstüberhebung und der Liebe zu den »Schwachen«, von dem Auswahl und Zusammenstellung dieser Mahnungen imprägniert sind.

(4) Lag es Paulus fern, seine ethischen Weisungen auf die Autorität des *historischen Jesus* zurückführen zu wollen, so zeigen andererseits insbesondere seine Ausführungen von Kap. 14f sehr deutlich, daß es viel eher sein *Bekenntnis zum gekreuzigten und auferweckten Christus* war, das nach seiner Überzeugung den »Sinnhorizont« erstellt, von dem her auch die sittliche Orientierung Grund und Motivationskraft beziehen sollte. Darauf sei hier schon verwiesen (Näheres vgl. unten S. 137f).

2) »Das Wissen um das 'Was' des sittlich Guten kommt nicht erst mit Christus in die Welt« (W.Schmithals). Diese bedeutende These konnte an der Einbettung unseres Textes in den ethischen Überlieferungsstrom biblisch-jüdischer Weisheit sehr schön veranschaulicht werden. Ihre Relevanz für heute besitzt sie angesichts der uns bewegenden Frage, inwieweit christliches Ethos jeweils mitbestimmt sein muß von dem, was kulturell sich bewährt hat und als sittlich-gut anerkannt ist und sich entsprechend vor dem Forum der praktischen Vernunft als solches ausweisen läßt (vgl. oben Abschnitt C.1 zu 12,1f). Auch hier deutet wieder alles darauf hin, daß es nicht möglich ist, auf der inhaltlichen Ebene zwischen weltlich-profanem Ethos einerseits und spezifisch christlichen sittlichen Inhalten andererseits quantitativ zu scheiden. Selbst die Weisungen zur Feindesliebe (12,17-21) ließen sich nicht als spezifisch jesuanisch *isolieren*, sondern waren, wenn auch als Spitzensätze sittlichen Bewußtseins, im Rahmen einer vorgängigen Reflexionsgeschichte zu sehen, die in der biblisch-jüdischen Überlieferung beheimatet ist, aber auch die humanistischen Strömungen der hellenistisch-römischen Welt betrifft. Brauchbarer ist die oben (S. 26) im Anschluß an A.Auer eingeführte Unterscheidung zwischen dem *Evangelium von Gottes Liebe in Jesus Christus* als dem *»neuen Sinnhorizont«* des Glaubens einerseits und der vorgefundenen humanen Sittlichkeit andererseits; dadurch, daß diese in den Sinnhorizont der heilswirksamen Liebe Gottes eingestellt wird, welche in Jesus von Nazaret bis zum Äußersten gegangen ist, empfängt jene humane Sittlichkeit auch Licht, wird sie gebündelt und vielfältig »dynamisiert« auf das von Gottes Verheißung gesetzte Ziel

eines »vollendeten« (12,2) Menschseins hin. Der Kirche heute erlaubt ein solches Modell, sich auf das ethische Gespräch der Gegenwart im Glauben an Gottes wirksamen Geist vorbehaltlos einzulassen entsprechend dem paulinischen Grundsatz: »*Alles* prüft, *das Gute* behaltet!« (1Thess 5,21).

d) Mahnung zu politischem Wohlverhalten (13,1-7)

Röm 13,1-7 ist ein in jeder Hinsicht schwieriger Text. Immer wieder hat er Reaktionen ausgelöst, die offensichtlich nicht in seiner ursprünglichen Intention begründet liegen. Heute ist er den einen ob seiner Einstellung zur Obrigkeit peinlich, auf andere wirkt er komisch, z.B. wenn er Finanzbeamte zu »Bediensteten Gottes« macht (V.6). In unzähligen mißlichen Situationen, in denen die politischen Verhältnisse nicht so waren, wie Paulus sie hier so ideal zu zeichnen scheint, hat der Text als »Wort Gottes« Christen gehemmt, ihre Stimme zu erheben gegen Systeme des Unrechts und des staatlichen Terrors. Umgekehrt verleitete er auch immer wieder Theologen und Kirchenführer dazu, die jeweilige öffentliche Ordnung zu sanktionieren und religiös zu überhöhen. Dabei bestand die größte Versuchung im Umgang mit «Röm 13« offensichtlich darin, in diesen wenigen Versen eine «Staatslehre« des Apostels wiederfinden zu wollen. Man konnte oder wollte es sich einfach nicht vorstellen, daß Paulus - der große Denker - diese Verse diktiert haben könnte, ohne eine übergreifende Idee vom Staat besessen zu haben, und so holte man diese aus dem Text heraus, indem man sie in ihn hineinlas. Die Folge einer solchen mehr an einer zeitlosen, naturrechtlich relevanten »Lehre« als am Text selbst interessierten Deutung war, daß seine einzelnen Elemente über Gebühr strapaziert wurden. Ein politisches Widerstandsrecht bestritt man unter Berufung auf V.1f, die Kriegsgewalt des Staates oder sein Recht zur Verhängung der Todesstrafe begründete man mit V.4. Noch immer wirkt solches lehrhafte Verständnis des Textes nach. So zollt ihm z.B. auch die Einheitsübersetzung ihren Tribut, wenn sie als Zwischenüberschrift über die Verse setzt: »Der Christ und die staatliche Gewalt« (bzw. in neueren Ausgaben: »und die staatliche Ordnung«). Geht es hier Paulus wirklich so grundsätzlich um »*den* Christen«, nicht viel mehr um die römischen Christen in einer ganz bestimmten politischen Situation? Und redet Paulus hier wirklich abstrakt von »staatlicher Gewalt« bzw. »staatlicher Ordnung«? Seine griechische Terminologie, die sich nachweislich erstaunlich nahe an die römisch-hellenistische Verwaltungssprache seiner Zeit anlehnt, ist viel konkreter. Wenn er von den »übergeordneten Gewalten« (in der Mehrzahl V.1), »den Herrschenden« (V.3) und »Bediensteten« spricht (V.6b wörtlich: «denn Gottes Bedienstete sind diejenigen, die sich damit [dem Einziehen von Steuern] auf Dauer befassen«), dann denkt er an die zahllosen obrigkeitlichen Ämter des umfangreichen römischen Staatsapparates, zu denen auch Polizei (V.4) und Steuereintreiber (V.6) gehörten. In ihnen erlebte man den »Staat« hautnah, in Rom wie in den Provinzen. Also sollte man sich auch der Sprache des Textes gemäß viel stärker um sein konkret-historisches Profil bemühen und fragen, was denn Paulus zu seiner überraschenden Erörterung veranlaßt haben könnte. Kommt man dabei über Vermutungen leider nicht hinaus, so verrät uns doch die literarische Gestalt der Verse eindeutig, was der Text sein will: *keine in sich ruhende Staatslehre*, sondern eine *Weisung* oder *Mahnung* zu politischer Loyalität in einer ganz bestimmten Situation.

Röm 13,1-7 - ein sperriger Text

Wie man es auch wendet, der Eindruck, Röm 13,1-7 sei in seiner Umgebung ein Fremdkörper, ist nicht leicht von der Hand zu weisen. Man kann es begreifen, wenn in der Forschung immer wieder die Frage aufgeworfen wurde, ob der Text sich nicht der Arbeit eines späteren Redaktors verdanke, der ihn hier eingefügt hat, weil ihm die Verse 12,17-21 zum Problem »Kirche und Welt« nicht mehr genügten und er seine aufgrund neuer Erfahrungen (Verfolgungen) ihm zugewachsenen Einsichten im Paulustext selbst unterbringen wollte. Freilich wird man solcher bis zuletzt vertretenen Hypothese (W.Schmithals) keinesfalls schon deshalb nachgeben dürfen, weil man meint, sich auf diese Weise bequem des peinlichen Textes entledigen zu können; dieser gehört in jedem Fall zum Bestand des Neuen Testaments und verlangt deshalb vom Hörer eine Stellungnahme. Doch besitzt jene Hypothese eben auch respektable literarisch-sachliche Gründe für sich, weshalb wir sie hier kurz besprechen müssen; die Beachtung der ins Feld geführten Argumente schärft zumindest den Blick des Lesers für unseren Text.

Daß man Paulusbriefe nachträglich durchaus mit Zusätzen versehen konnte, zeigt der den Römerbrief sekundär beschließende Lobpreis Gottes von Röm 16,25-27 (siehe dort!). Im Fall von 13,1-7 ist zu beachten, daß 13,8 nahtlos an 12,21 anschließen würde, ohne daß der Leser etwas vermißte: Nach den katalogartigen »*Ausfaltungen*« der Mahnung zur »ungeheuchelten Liebe« (12,9) in 12,9-21 fügt sich die erneute *Bündelung* des Ethos im biblischen Liebesgebot in 13,8-10 fugenlos und konsequent an. Zudem steht 13,1-7 in sich selbst als abgerundete Einheit. Viele Forscher empfinden deshalb die Verse als »Fremdkörper« und sprechen von einer (paulinischen?) »Einlage«. Nun kann dieser nicht zu bestreitende Eindruck auch mit dem stark traditionellen Charakter von 13,1-7 zusammenhängen, so daß man nur dann die Verse Paulus absprechen sollte, wenn sie auch *inhaltlich* in Spannung zu ihrer Umgebung wie zu sonstigen einschlägigen Äußerungen des Apostels stehen. Unter diesem Gesichtspunkt sind dann aber die folgenden Beobachtungen von Belang:

1) Nach 12,19 ist der Gerichtszorn *alleiniges* Privileg *Gottes* (»mein ist es, Recht zu schaffen; ich werde vergelten, spricht der Herr«), nach 13,1-7 aber gilt die Strafgerichtsbarkeit von *menschlichen* Institutionen als Erscheinungsweise des Strafgerichts *Gottes*: »Wer sich der Gewalt widersetzt, widersetzt sich der Anordnung Gottes; die aber Widerstand leisten, werden sich selbst das Gerichsurteil (Gottes) zuziehen« (V.2). Und nach V.4 (wörtlich: »denn sie [die staatliche Gewalt] ist Gottes Dienerin als Rächerin zum Zorngericht für den, der das Böse tut«) ist der staatliche Strafvollzug an den »Übeltätern« Vorwegnahme des zukünftigen (göttlichen) Zorngerichts (vgl. auch unten zu V.5). Wie geht beides zusammen? Widerspricht sich Paulus in 12,19 und 13,2.4 nicht?

Um das angemessen beurteilen zu können, muß man moderne Maßstäbe beiseite lassen. Biblisches Denken rechnete schon immer damit, daß Gott seine Gerichtsentscheide durch menschliche Herrscher vollstrecken läßt. Insbesondere Israels Propheten wußten darum, daß JHWH sich gerade auch fremder Könige bedienen konnte, um sein eigenes Volk zur Raison zu bringen (vgl. etwa Jer 27,5ff). Waren die Häupter dieser Erde aber Werkzeuge in der Hand Gottes, dann konnte die Ausübung ihrer Herrschaft der Souveränität des einzigen Gottes nichts anhaben. So wird auch Paulus keinen Gegensatz zwischen dem Gerichtsprivileg Gottes und der Indienstnahme menschlicher Gewalten zur Durchsetzung seines Zornes gesehen haben.

Von Bedeutung ist die Frage nach dem kommenden Gericht Gottes aber auch noch unter folgendem Gesichtspunkt. In der Umgebung unserer Verse spricht Paulus ganz aus dem Bewußtsein heraus, daß die Endzeit schon angebrochen und der »Tag des Herrn« nahe gekommen ist (vgl. 13,11-14). Mag der römische Staat nach seiner eigenen Ideologie stabil und fest gegründet sein für ewige Zeiten, in Wahrheit droht auch ihm in Kürze der Untergang, den schon Weltreiche versunkener Zeiten vor ihm erleben mußten (vgl. Dan 2; Offb). Doch dieser apokalyptische Gedanke, der dem Rahmen und seiner Erwartung gemäß wäre, prägt 13,1-7 gerade nicht; einlinig-positiv und ohne jeden kritischen Unterton ist hier von den politischen Gewalten die Rede, die nicht ohne »Gottes Anordnung« (V.1f) ihre Verfügungen zum Guten der Menschen treffen. Man könnte meinen, der Text bewege sich problemlos und idealistisch auf der *Ebene immer gültiger Schöpfungsordnung* - wenn nicht Verse 2.4d und 5 die oben schon erwähnten Hinweise auf die Indienstnahme der staatlichen Gewalten durch das *kommende Zorngericht* Gottes böten. Doch droht danach das Gericht nicht den selbstherrlichen Weltreichen, sondern den einzelnen Bürgern, wenn sie das von den staatlichen Gewalten durch Lob und Tadel geförderte »Gute« nicht tun.

Nun darf man sich aber nicht darüber wundern, daß unser Text von der Verantwortlichkeit der Regenten nichts verlauten läßt und auch nichts davon, daß sie alle dereinst vor dem Gericht Gottes erscheinen müssen. Die Verse sind kein »Fürstenspiegel« und richten sich nicht an politische Verantwortungsträger, sondern erinnern Christen an ihre Pflicht zur politischen Loyalität, die sie als Bürger ihres Staates haben. Dann aber sind die Erwähnungen des Gerichts in V.2.4d und 5 durchaus als Signal dafür zu werten, daß auch unser Text vom Bewußtsein der an ihr Ende kommenden Zeit bestimmt ist, das die Kapitel 12 und 13 insgesamt prägt.

2) Trotzdem bleibt die Frage, warum Paulus seinen Adressaten hier ein so einlinig-positives Bild von den staatlichen Gewalten Roms vermittelt. Die Frage verschärft sich noch, wenn man sieht, daß er andernorts durchaus auf innere Distanz zu den politischen Autoritäten gehen konnte. So zeichnet er in 1Kor 6,1ff das Bild einer heiligen, von der Welt geschiedenen Gemeinde, womit er seine keineswegs friedfertigen Christen zu Korinth davon abbringen wollte, ihre inneren Zwistigkeiten vor den kommunalen Gerichten der Stadt auszutragen. Diese disqualifiziert er als Gerichte von »Ungerechten« und »Ungläubigen«. In 1Kor 2,6.8 spricht er im Hinblick auf die Kreuzigung Jesu durch die politischen Machthaber der Zeit von den »Herrschern dieser Welt«, deren Weisheit vergänglich ist. Doch bevor man solche Texte gegen die Echtheit von Röm 13,1-7 ins Feld führt, sollte man bedenken, daß nicht nur seine Rede auf die jeweilige Situation Rücksicht nahm, sondern auch sein persönliches Geschick in dieser Hinsicht von sehr unterschiedlichen Erfahrungen bestimmt war. So stieß Paulus, der von Geburt an das römische Bürgerrecht besaß (Apg 22,28), mehrfach wegen Anklage auf öffentliche Unruhestiftung mit römischen Instanzen zusammen (vgl. z.B. Apg 16,19ff) und erlitt dreimal die dafür vorgesehene Prügelstrafe (2Kor 11,25). Andererseits konnte er das kaiserliche Gericht in Rom anrufen und von ihm sein Recht erwarten, als man ihm in Palästina wegen angeblicher Tempelschändung

den Prozeß machen wollte (Apg 25,9-12). In konkreter Unrechtserfahrung gründende Distanznahme und bleibende Erwartungshaltung gegenüber den staatlichen Institutionen der Zeit prägten seine Einstellung. Wird man dabei im einzelnen die jeweilige Situation mitzuberücksichtigen haben, so gilt das natürlich auch für Röm 13,1-7. Das hier von ihm gebotene einlinig-positive Bild der römischen Autoritäten wird durch Situation und Neigungen der Adressaten, denen Paulus mit seiner Mahnung entgegensteuern wollte, mitgeprägt sein.

3) Entgegen dem Eindruck, Röm 13,1-7 sei im Kontext isoliert, gibt es doch Hinweise darauf, daß unsere Verse mit Bedacht in den übergreifenden Zusammenhang eingefügt sind. Neben der unter Punkt 1 angesprochenen Gerichtsthematik ist wohl die wichtigste Brücke zum Kontext die unbestimmte Rede vom *Tun des »Guten« und »Bösen«* (13,3f), die wir schon von 12,2.9.17.21 her kennen und die noch einmal in 13,10 begegnet. Insofern das nach 13,3f von den staatlichen Gewalten durch »Anerkennung« und »Strafe« geförderte »Tun des Guten« etwas ist, das *alle* Bürger in die Pflicht nimmt, paßt diese ethisch offene Redeweise genau zum Blickwinkel unserer Verse. Das Sprachspiel der »Liebe« (12,9; 13,8-10) ist dagegen dem Wirken der Gläubigen vorbehalten, das es unter dem spezifischen Gesichtspunkt ihrer neuen Existenz in Christus bezeichnet (vgl. Gal 5,6).

Trotz aller berechtigten Anfragen im Detail wird man also doch davon ausgehen müssen, daß die umstrittenen Verse Röm 13,1-7 zum ursprünglichen Textbestand des Briefes gehören.

A. Wie hat Paulus seine Mahnung aufgebaut, wie sind die Verse gegliedert? Zunächst fällt auf, daß *mahnende* (1a.3b.5-7) und *lehrhafte* Sätze (1b-3a.4) sich einander abwechseln. Dabei zeichnet sich die folgende *Gliederung* ab:

1. *Die Weisung zur »Unterordnung« (13,1-5):*
1.1 Die autoritative Weisung (13,1a)
1.2 Erste Begründung (13,1b.2)

1.3 Zweite Begründung (13,3.4)
1.4 Wiederholung der Weisung von V.1a mit erneuter zweifacher (vgl. 1.2 und 1.3) Begründung (13,5)
2. *Einbindung in die briefliche Situation:*
Steuern und Zölle (13,6f)

Wie schon angedeutet, stehen die Verse mit ihrer Mahnung zur »Unterordnung« unter die staatliche Obrigkeit in jüdischer und frühchristlicher Tradition. Vergleicht man sie insbesondere mit den frühchristlichen Parallelen (1Petr 2,13-17; 1Tim 2,1f; Tit 3,1ff), dann fällt zweierlei auf: 1) Das lehrhafte Element scheint bei Paulus ungleich gewichtiger zu sein als in den übrigen Texten. Trotzdem verselbständigt es sich nicht, wie die nachdrückliche Rahmung des ersten Teils mit der Weisung in 13,1a/5 sowie die mahnenden Elemente in den übrigen Versen zeigen. - 2) Die Ermunterung, Steuern und Zölle zu zahlen, ist nur im paulinischen Text zu finden (vgl. aber Mk 12,13-17 par.). Es hat den Anschein, als sei in dieser abschließenden Mahnung, auf die der stärker »theoretische« Teil zuläuft, die pragmatische Pointe (und damit auch die mögliche *konkrete Veranlassung*) des Textes enthalten. Ähnlich wie bei 1Kor 11,2-16 (Sollen sich Frauen im Gottesdienst verschleiern?) wird man dann fragen müssen, warum Paulus für 13,6f so großen motivatorischen Aufwand treibt. Historisch-kritisch fragen heißt in diesem Fall, aus Gründen des methodischen Verdachts hinter den ausdrücklich genannten Argumenten auch die unausgesprochenen und für Paulus vielleicht maßgeblichen Beweggründe der Mahnung ans Licht zu heben versuchen. Doch sei zunächst der Gedankengang des Textes nachgezeichnet, so wie er da steht.

B. Autoritativ setzt Paulus ein mit seiner Weisung zur »Unterordnung«, die nach seiner Überzeugung »jedermann« gilt: Nichtchristen wie Christen. Dabei verlangt er nicht »Gehorsam« (so die EÜ), der nach seinem Sprachgebrauch eher Personen als Institutionen entgegenzubringen ist, sondern »Unterordnung«. Das entspricht zeitgenössischem Ordnungsdenken, das die Gesellschaft sozial vielfach abgestuft erlebte und vom einzelnen die »Einordnung« in das gesellschaftliche Gefüge erwartete (vgl. dieselbe Sprache der »Unterordnung« in 1Petr 2,13.18; 3,1; Kol 3,18; Eph 5,21). Doch begründet Paulus die Weisung für seine christlichen Adressaten nicht mit gesellschaftlichen Erwartungen, sondern greift in einem *ersten Begründungszusammenhang* um einiges tiefer: Die bestehenden staatlichen Gewalten sind *von Gott* eingesetzt und üben ihre Macht gemäß *göttlicher* »Anordnung« (V.2) aus. Nach V.4 sind sie entsprechend »Diener *Gottes*«, wie das nach V.6 speziell auch von den Steuereintreibern gilt. Grundsätzlich liegt solche Überzeugung, nach der menschliche Macht sich *göttlicher* Verfügung verdankt, im Trend jüdischen Denkens, was man an einer Reihe ganz unterschiedlicher Texte ersehen kann:

> »Durch mich [so spricht die Weisheit] regieren die Könige
> und entscheiden die Machthaber,
> wie es Recht ist;
> durch mich versehen die Herrscher ihr Amt,
> die Vornehmen und alle Verwalter des Rechts« (Spr 8,15f).

> »Für jedes Volk bestellte er einen Herrscher.
> Israel aber ist der Erbbesitz des Herrn« (Sir 17,17).

> »Der Herr hat euch [den Königen] die Gewalt gegeben,
> der Höchste die Herrschaft,
> er, der eure Taten prüft und eure Pläne durchforscht.
> Ihr seid *Diener seines Reiches* (vgl. Röm 13,4),
> aber ihr habt kein gerechtes Urteil gefällt ...« (Weish 6,3f).

> »Er bestimmt den Wechsel der Zeiten und Fristen;
> er setzt Könige ab und setzt Könige ein« (Dan 2,21).

Unterstellen diese und auch andere Texte der jüdischen Tradition die politischen Gewalten immer auch dem Gericht Gottes, das sie bedroht, wenn sie sich verfehlen, so scheint Paulus sie schon allein deswegen für göttlich verordnet zu halten, weil sie bestehen und ausgeübt werden (V.1b wörtlich: »Denn es gibt keine Gewalt außer von Gott; die *bestehenden* aber sind von Gott angeordnet«). Doch eine solche Deutung dieses Verses, nach der Paulus die bestehenden Verhältnisse, wie immer sie auch sein mögen, blindlings und ideologisch sanktionieren würde, ist doch wohl ein höchst gefährliches Mißverständnis unseres Textes. Wahrscheinlich will Paulus nur sagen, daß menschliche Macht, ganz unabhängig davon, wie sie gebraucht wird, *als solche* von Gott eingesetzt ist, es also in einem von ihrer konkreten Ausübung einmal absehenden Sinn »*keine* Gewalt gibt außer von Gott«: Menschliche Macht ist ihrem Wesen nach, will Paulus sagen, immer von Gott verliehene Macht.

Daß Paulus in V.1b zunächst auf einer derart idealen Ebene argumentiert, ohne aus solch traditionellem Gedanken eine eigenständige Lehre zu konstruieren, bestätigt auch der zweite Begründungsgang in 13,3f, nach dem politische Macht der ihr gesetzten Aufgabe gemäß zum »Guten« der Bürger bestellt ist, also »nicht die gute, sondern die böse Tat sich vor ihr zu fürchten hat«. Andererseits führt einen spätestens die »Einbindung der Weisung in den brieflichen Kontext« (13,6f) zu der Annahme, daß Paulus in V.1f nicht einfach an der Erfahrung der Adressaten (wie an der eigenen) vorbei eine Idealvorstellung entworfen, sondern die *tatsächlich* bestehenden politischen Gewalten auch wirklich in einem grundsätzlich positiven Licht gesehen hat. Jedenfalls war er nicht der Meinung, daß die politische Realität des römischen Reiches seine Aussage von V.1b kompromittieren würde; als »Bestie« (Dan 7; Offb 12f), als die das römische Reich erst unter dem späteren Nero (54-68), dann unter Kaiser Domitian (81-96) von Christen erfahren wurde, hatte er es offensichtlich nicht erlebt. Dann aber bewegte ihn auch nicht das Problem ungerechter oder illegitimer Herrschaft, und man muß sich davor hüten, die Frage, ob politischer Widerstand gegen Tyrannei legitim sei oder nicht, in unseren Text einzutragen und von ihm her beantworten zu wollen. Wenn Paulus in V.2 als Schlußfolgerung aus V.1b erklärt: »Wer sich daher staatlicher Gewalt widersetzt, widersetzt sich der Anordnung *Gottes*«, dann wird man den insgesamt positiven Erfahrungshorizont des Paulus wie auch den eher allgemeinen Charakter solcher Schlußfolgerung nicht aus dem Auge verlieren dürfen. Doch stellt sich die Frage, ob nicht auch ein bestimmtes konkretes Interesse zwischen den Zeilen mitklingt, bzw. was denn Paulus mit seinen Argumenten bei seinen Adressaten eigentlich erreichen wollte?

Warum läßt er überhaupt den ersten Begründungsgang V.1b.2 in einer Warnung vor widersetzlichem Handeln gegen die staatlichen Gewalten einmünden? Es fällt auf, daß eine solche Warnung vor Widerstand aus dem Rahmen der frühchristlichen Tradition (1Petr 2,13ff; Tit 3,1; 1Tim 2,1f) herausfällt. Deshalb wird sie irgendwie konkret motiviert gewesen sein. Dann aber läßt sich die Hypothese wagen, daß unter den römischen Christen - aus welchen Gründen auch immer - Neigungen zu Widersetzlichkeit gegen staatliche Organe bestanden haben und Paulus um sie wußte. Welcher Art und worin sie begründet waren, entzieht sich unserer Kenntnis. Von 13,6f her lassen sich lediglich vage Vermutungen anstellen (vgl. unten!) Wenn aber derartige Neigungen bestanden - und das Gefälle von 13,1f (sowie 13,6f) deutet darauf hin -, dann kann man angesichts der Vorfälle unter Kaiser Claudius, die vor nicht allzulanger Zeit zur Ausweisung von Christen aus Rom führten (vgl. Bd.1, S.17f, sowie unten S. 227), durchaus begreifen, warum Paulus hier seinen Adressaten streng von jeder Widersetzlichkeit abrät und dafür auch gewichtige theologische Argumente ins Feld führt. Ihm lag gewiß zunächst daran, daß die Christen in Rom ihr gemeindliches Leben um des Zeugnisses für Christus willen in Ruhe und ungestört durch Aggressionen von außen weiterentwickeln könnten. Sollten diese Überlegungen zutreffen, dann leuchtete hier zum erstenmal etwas vom konkreten Hintergrund auf, der »Röm 13« bestimmt hat.

Hat der erste Begründungsgang für die Weisung zur »Unterordnung« unter die staatlichen Gewalten seine Pointe darin, daß, wer sich ihnen widersetzt, sich der Anordnung *Gottes* widersetzt und dafür sein Gerichtsurteil zu erwarten hat, so ruht der *zweite Begründungsgang V.3f* auf der Überzeugung, daß die staatlichen Gewalten einen klar umrissenen ethischen Erziehungsauftrag besitzen, den sie durch »Anerkennung« des Guten (V.3) und »Bestrafung« des Bösen (V.4) erfüllen. Diese Sicht entspricht bis in die Terminologie hinein hellenistisch-römischer Vorstellung von den Pflichten der Obrigkeit (vgl. auch 1Petr 2,14). Anerkennung zollte man der »guten Tat« im römischen Reich durch Beförderung in der politischen Karriere, auch Ehreninschriften waren allenthalben beliebt. Wenn es heißt, daß die staatliche Gewalt »das Schwert trägt« (13,4), dann ist dabei an die Strafgerichtsbarkeit des Staates zu denken, welche die Todesstrafe miteinschloß (ius gladii), aber vielleicht auch konkret an Polizeimitglieder, die in Ägypten »Schwertträger« hießen und z.B. die Steuereintreiber (vgl. 13,6) begleiteten. Vor solchem übermächtigen Apparat braucht aber der keine Angst zu haben, der sich in seinem Lebenswandel korrekt verhält und stets auf das Gute bedacht bleibt, will Paulus sagen.

Es scheint so, als ob er mit dieser Aussage auch wieder die Situation seiner Adressaten in Rom vor Augen hatte: Sie brauchen keine Angst vor den staatlichen Gewalten haben (3mal begegnet in V.3f das Motiv der »Furcht«/»Angst«) und dürfen unbesorgt leben, soweit sie nur selbst niemandem Anstoß geben und immer »dem Guten anhangen« (12,9). Vgl. auch 1Thess 4,11f.

Beide Begründungsgänge fließen in die *Wiederaufnahme der Weisung* von V.1a in *V.5* ein, wo Paulus einen ersten Schlußstrich unter seine bisherige Erörterung zieht: »Deshalb ist es notwendig sich unterzuordnen, nicht nur wegen des Zorngerichts, sondern auch wegen des Gewissens.« Diese beiden Begründungen könnte man zunächst einmal so verstehen, daß nicht nur Furcht vor Strafe als ein *äußerer* Beweggrund, sondern vor allem die *innere Einsicht* des »Gewissens« in die eigene ethische Verantwortlichkeit zur Loyalität mit denen führen sollte, die durch ihre Autorität die sittliche Ordnung stützen. Weil Paulus aber nicht einfach weltlich von »Furcht vor Strafe« redet (so die EÜ), sondern wieder das »Zorngericht (Gottes)« als Beweggrund ins Spiel bringt, wird man die beiden Begründungen entsprechend den vorangegangenen Begründungsgängen deuten müssen: Die Loyalität mit den politischen Ordnungsgewalten gebietet nicht nur das Wissen darum, daß diese von *Gott* gewollt und unter den Schutz seines *Gerichtszorns* gestellt sind (vgl. 13,1b.2), sondern auch die kritische Instanz des eigenen Gewissens, die, geschärft durch den Glauben an den Gott Jesu Christi, jedem einzelnen sagt, was er an *Gutem* zu tun hat (vgl. 13,3f). Solche Vertiefung der Motivation von *äußeren* Autoritätsargumenten (auch solchen religiöser Natur) hin zur *inneren* Autorität des Gewissens darf als typisch für Paulus gelten. Sie entspricht zudem seinem theologisch begründeten Vertrauen in die ethische Kompetenz und Urteilskraft seiner Adressaten, wie er es programmatisch in 12,2 zum Ausdruck gebracht hat (vgl. auch 15,14).

Mit 13,6f bindet Paulus seine Weisung zur »Unterordnung« ausdrücklich in die briefliche Situation ein. Das ersieht man zunächst daran, daß er jetzt die Adressaten zum erstenmal direkt mit »ihr« anspricht (das »du« von V.3f bezeichnete entsprechend popularphilosophischem Vortragsstil einen imaginären Gesprächspartner [vgl. Bd.1, S.70]). Außerdem bekommt die bislang nur allgemein formulierte Weisung zur »Unterordnung« konkrete Farbe: »Deswegen entrichtet denn auch Steuern; denn Bedienstete Gottes sind diejenigen, die sich damit auf Dauer befassen. Gebt jedem, was ihr schuldig seid: dem (, dem ihr) die Steuer (schuldet), die Steuer; dem (, dem ihr) den Zoll (schuldet), den Zoll; dem (, dem ihr) die Furcht (schuldet), die Furcht; dem (, dem ihr die Ehre (schuldet), die Ehre« (13,6f).

Solche Wendung ins Konkrete überrascht nach allem Grundsätzlichen, was man bislang zu hören bekam. Warum fordert Paulus seine Adressaten gerade jetzt dazu auf, Steuern und Zölle (also direkte und indirekte Abgaben) den Behörden zu zahlen (V.6 als Aufforderung zu übersetzen liegt im Duktus von V.6f näher als die bekräftigende Auslegung der EÜ: »Das ist auch der Grund, weshalb ihr Steuern zahlt ...«). Hat 13,6f einen konkreten zeitgeschichtlichen Hintergrund, auf dem diese Mahnung veständlich wird?

Interessant ist ein Bericht des Tacitus (55 bis mindestens 116 n.Chr.) über Regierungsmaßnahmen des Nero in Steuersachen (Annalen, 13. Buch, 50f, bestätigt durch Sueton, Biographie des Nero, Kap.10), weil er in das Jahr 58 führt, also in eine Zeit kurz nach dem wahrscheinlichen Abfassungsdatum des Römerbriefs (Winter 55/56). Um der historischen Anschaulichkeit willen sei er ausführlich zitiert:

»In demselben Jahr (58) dachte Nero *infolge der häufigen Beschwerden des Volkes über die Übergriffe der Steuerpächter* schon ernstlich daran, ob er nicht alle *indirekten Abgaben* (Zölle und Verbrauchssteuern) abschaffen und damit der Menschheit ein überaus großes Geschenk machen solle. Nachdem man anfänglich seinen hochherzigen Entschluß laut gepriesen hatte, dämpften die Älteren die Begeisterung mit dem Hinweis darauf, daß es zu einer Auflösung des Reiches führen müsse, wenn man die Einkünfte verringere, auf denen die Existenz des Staates beruhe. Eine Abschaffung der indirekten Steuern werde nämlich zur Folge haben, daß ebenso auch die Abschaffung der direkten Steuern gefordert würde. Die meisten Gesellschaften für die Erhebung von Steuern seien schon von den Konsuln und Volkstribunen eingesetzt worden, also zu einer Zeit, als der römische Freiheitssinn noch sehr empfindlich gewesen sei; die übrigen seien später deshalb eingerichtet worden, damit die Höhe der Einnahmen mit der der erforderlichen Ausgaben übereinstimme. *Allerdings müsse man gegen die Habgier der Steuerpächter einschreiten, damit nicht die durch so viele Jahre geduldig getragenen Lasten infolge der neuen Härte (beim Volk) ein Anlaß der Unzufriedenheit würden.*

Daher ordnete der Prinzeps an, alle Steuergesetze, die bisher (von den Steuerpächtern) geheimgehalten worden waren, sollten (zur Erhöhung der Rechtssicherheit) öffentlich bekanntgemacht werden. Nicht eingetriebene Forderungen sollten nach Jahresfrist verjähren. Beschwerden über die Steuerpächter sollten in Rom vor dem Proprätor oder Prokonsul zur Verhandlung kommen, und zwar außer der Reihe (der insgesamt angesetzten Verhandlungstermine). Den Soldaten sollte ihre Steuerfreiheit erhalten bleiben, ausgenommen ihre privaten Handelsgeschäfte.«

Dieser Text (dazu wie zum folgenden vgl. J.Friedrich / W.Pöhlmann / P.Stuhlmacher, Zur historischen Situation und Intention von Röm 13,1-7: ZThK 73 [1976] 131-166, 157-159)vermittelt gut die Stimmung, die in Rom (und anderswo) zur Zeit unseres Schreibens im Volk geherrscht haben wird: Man stöhnte über zu hohe Steuern und führte Beschwerde bei den Behörden, wobei jedem bekannt war, daß auch die Zwischeninstanzen, sogenannte Steuerpächter, sich durch Willkürakte an ihren Opfern erpresserisch zu bereichern wußten. Wie und ob auch die Christen unter diesen Zuständen litten, wissen wir nicht, aber man darf vermuten, daß die Mahnungen des Paulus, der gewiß über die Zustände in Rom nicht schlecht informiert war (vgl. unten S. 134f), auf diesem Hintergrund nicht zufällig ergingen. Einige Forscher mutmaßen, daß besonders jene Judenchristen hart betroffen waren, die als Händler oder Unternehmer wie Aquila und Priska nach Aufhebung des Claudius-Edikts wieder in die Stadt zurückgekehrt waren (vgl. oben S. 89 sowie unten zu 16,3) und sich dabei wegen Zollabgaben um einen Teil ihres Besitzes betrogen sahen (so J.Friedrich / W.Pöhlmann / P.Stuhlmacher). Das mag sein, doch kommt man über Mutmaßungen nicht hinaus. Diese haben aber wenigstens den Vorteil, daß sie uns die Tragweite und Konsequenzen unseres Textes plastisch vor Augen führen, die er für die ersten Hörer wohl besessen hat, die wir aber nicht mehr dingfest machen können.

Was gewiß scheint, ist lediglich dies, daß Paulus seine konkreten Mahnungen 13,6f den Römern in einer für sie schwierigen Zeit übermittelte. Ohne ihnen den geringsten Anstoß dazu zu bieten, über möglicherweise erlittenes Unrecht zu lamentieren, rät er ihnen ohne Wenn und Aber: »Gebt jedem, was ihr schuldig seid, dem Steuerpächter die Steuer, dem Zolleintreiber den Zoll, den furchtgebietenden Organen des Staates wie der Polizei die Furcht, den Inhabern der Macht die Ehre«. Hat diese Mahnung das ganze Gewicht der vorangegangenen Argumente hinter sich, so fragt sich dennoch, ob eine solche Mahnung zu politischem Wohlverhalten sich nicht zuerst anderen, unausgesprochenen Beweggründen verdankt. So wird man zunächst auf den Rahmen unseres Textes blikken und dann ein Wort wie das von 12,18 in Erinnerung rufen: »Wenn möglich - soweit es auf euch ankommt - lebt in Frieden mit allen Menschen«. Den Verpflichtungen des Gemeinwohls durch Zahlung von Steuern und Zöllen nachzukommen ist dann eine Weise, jene Mahnung zu befolgen. Angesichts der prekären Situation der römischen Christen, die einerseits aus dem öffentlichen

Schutzraum der jüdischen Synagoge vertrieben worden waren, andererseits als Vertreter eines fremdartigen, orientalischen Kultes den römischen Behörden höchst verdächtig gewesen sein dürften, war Paulus daran gelegen, die Christen vor unbedachten Schritten zu bewahren. 1Petr 2,15 (»denn es ist der Wille Gottes, daß ihr durch eure guten Taten die Unwissenheit unvernünftiger Menschen zum Schweigen bringt«) war gewiß auch sein Prinzip!

Manche Forscher äußern die Vermutung, V.7 spiele insbesondere mit dem letzten Glied (»Ehre, wem Ehre gebührt«) auf das berühmte Jesus-Wort an: »Gebt dem Kaiser, was dem Kaiser gehört, und Gott, was Gott gehört« (Lk 20,25 par.). Dann hätte Paulus zum Schluß alle weltlichen Beziehungen und Verpflichtungen angesichts der *allein Gott* geschuldeten Ehre kräftig relativiert (vgl. 1Petr 2,17). Doch überfordert eine solche Deutung den Text, der zudem auf die Pointe von 13,8 (»niemandem bleibt irgend etwas schuldig außer dem Einen: *einander zu lieben*«) zuläuft; ein Bezug zur Überlieferung von Lk 20,25 läßt sich nicht nachweisen.

C. Was bleibt von »Röm 13« heute noch gültig? Diese Frage zu stellen gebietet uns nicht nur der Text selbst, sondern sie wird uns auch aufgedrängt angesichts unserer eigenen von der europäischen Aufklärung herkommenden Erfahrung in und mit der modernen Demokratie. Der Text hat uns gelehrt, selbst keine Lehre sein zu wollen, die zeitlos und situationsenthoben die Normen politischer Ethik vorschreibt. Der »Staat« ist nicht sein Thema, Thema ist das gesellschaftliche Verhalten einer bedrängten, macht- und einflußlosen, vom Osten des Reiches her eingesickerten, fremdartigen kleinen religiösen Minorität in der Welthauptstadt Rom zu einer schwierigen Stunde. Deshalb ist wohl auch das Gebot der Klugheit der stärkere Beweggrund des Textes als sein explizit theologischer Argumentationswille. Auch wenn sein Verfasser, selbst römischer Bürger, sich gewandt ausdrückt und die Verwaltungssprache des Reiches zu kennen scheint, so formuliert er doch aus der Perspektive des ›kleinen Mannes‹, »für den der Staat selbst etwas durchaus Fernes ist, so bedrückend ›hautnah‹ er auch seine Forderungen und Wirkungen erfährt. Die Herrschenden sind ›die da oben‹, ›übergeordnete Gewalten‹« (U.Wilckens).

Nun mag einen heute angesichts der immer undurchsichtiger werdenden Bürokratie und der enormen Komplexität der modernen Gesellschaften gelegentlich auch jenes Gefühl der Hilflosigkeit gegenüber der anonymen Macht derer »da oben« befallen, doch wird diese nur allzu verständliche Stimmung nicht darüber hinwegtäuschen dürfen, welche Welten zwischen »Röm 13« und uns liegen. Der moderne Staat begreift sich nach den schlimmen Erfahrungen der europäischen Konfessionskriege der beginnenden Neuzeit zu Recht nicht mehr religiös als »Diener Gottes« (Röm 13,4). Welche schrecklichen Folgen ein solches Selbstverständnis zeitigen kann, erlebt man heute am Beispiel der fundamentalistisch unterwanderten Gesellschaften in orientalischen Kulturkreisen, welche die freiheitliche Idee der Toleranz und die Phantasie der Aufklärung, die dem säkularen Staat teuer sind, nicht kennen sowie ein eigenes Verständnis der Menschenrechte besitzen. Auch jenes weitverbreitete antike Ordnungsdenken, das die Gesellschaft sozial gestuft in »oben« und »unten« erleben ließ und auch unseren kaiserzeitlichen Text mitprägte, ist dem Lebensgefühl der modernen Demokratie, die von der Idee der Gewaltenteilung und deren Kontrolle durch die Gesellschaft geleitet wird, völlig fremd. Diese und noch andere Elemente erlauben es uns nicht mehr, einen Text wie »Röm 13« unmittelbar in unsere Zeit zu übersetzen. Beide Welten sind zu verschieden. Sich z.B. für die Todesstrafe aussprechen zu wollen, weil Paulus selbst sie in 13,4 als Recht des Staates gebilligt habe, wäre fatal sowohl im Blick auf eine sachgemäße Wahrnehmung der Realität moderner Gesellschaft als auch hinsichtlich des dabei vorausgesetzten unkritischen Umgangs mit der Heiligen Schrift. Wenn schon Paulus auf die ethische Kompetenz seiner Adressaten baut, um wieviel weniger schreibt dann uns die Heilige Schrift vor, was wir im einzelnen zu tun und zu lassen haben. Heute aber ist die Todesstrafe in nicht wenigen Staaten der Erde zu Recht als Mittel geächtet, dem »bösen Werk« zu wehren (Röm 13,4), und das aus plausiblen Gründen, die durch einen biblizistischen Rekurs auf die Schrift als formale Autorität in keinem Fall unterlaufen werden dürfen. Dann aber stellt sich aufgrund solcher Einsichten in die Zeitbedingtheit unseres Textes verstärkt die Frage, was denn von »Röm 13« heute noch bleibt. Zwei weiterführende Überlegungen seien zu dieser Frage angestellt:

1) Die frühe christliche Gemeinde hätte sich auch nach Art einer Sekte geistig von ihrer Umwelt abkoppeln, auf Verdächtigungen,

Anfeindungen und missionarische Mißerfolge hin sich in sich selbst zurückziehen und ihr Heil in der Errettung *aus* der Welt suchen können. Das ist in aller Regel aber nicht geschehen (obwohl es gewiß auch Gemeinden mit solchen Tendenzen gegeben hat). Vielmehr hat man die weltlichen Bezüge in Wahrnehmung des eigenen Sendungs- und Identitätsbewußtseins in vielfältiger Weise zu bewahren und zu gestalten gewußt. Auch »Röm 13« ist ein Zeugnis für diese Einstellung gerade *in ethischer Hinsicht*. Denn daß Paulus seine Adressaten zur Loyalität mit den staatlichen Gewalten ermahnen kann, gründet ganz wesentlich in seiner Überzeugung, daß auch diese gemäß ihrem Auftrag (den Paulus seinem Vorverständnis nach religiös formuliert) der Verwirklichung des »Guten« in der Gesellschaft zu dienen haben, wie auch die Christen dem »Guten anhangen sollen« (12,9). Hat es in der Kirche gewiß auch Tendenzen zur Entwicklung einer christlichen Sonderethik gegeben, so folgt doch aus den Voraussetzungen von »Röm 13« die oben schon anhand anderer Texte entwickelte Einsicht, daß das »Gute« an sich etwas ist, was die unterschiedlichsten gesellschaftlichen Kräfte im Bemühen um das Humanum miteinander eint – unbeschadet des im einzelnen gewiß schwierig zu führenden Gesprächs, was denn konkret und bezogen auf die Möglichkeiten und Erfordernisse der jeweiligen Situation als das zu verwirklichende Gute zu gelten hat. Für die christliche Ethik leitet sich daraus her, daß sie sich vom gesamtgesellschaftlichen Gespräch über das »Gute« nicht abkoppeln darf, zum einen, weil sie selbst einen wichtigen Beitrag zur allgemeinen Wertediskussion zu leisten hat, zum anderen, weil sie auch umgekehrt ganz entschieden von diesem Gespräch lernen kann (vgl. noch einmal Phil 4,8; 1Thess 5,21). Dabei geht es dann auf allen Ebenen nicht um partikulare Gruppeninteressen, die man durchgesetzt sehen möchte, sondern um die grundsätzlichen menschlichen Werte, über die in einer Gesellschaft, will sie Bestand haben, Konsens herrschen muß. Die Loyalität, die damals Paulus von seinen Adressaten dem römischen Staat gegenüber einforderte, hat im Blick auf uns heute vielleicht die folgende Gestalt: Im solidarischen Dienst an der Gesellschaft als kritische Partner im Gespräch aller Gruppen mitzuwirken an der Verbesserung des »Gemeinwohls« und an der Stärkung der unveräußerlichen Rechte jedes einzelnen, insbesondere aber der schwächsten Glieder der Gesellschaft: der Kinder, Alten, Behinderten und Fremden, um nur diese zu nennen. Wo Paulus von »Unterordnung« spricht, da reden wir davon, daß die herrschenden demokratischen Spielregeln der Kommunikation, Konsensbildung und Entscheidungsfindung zu achten sind, was recht verstanden Kompromißfähigkeit und Loyalität mit dem Ganzen der Gesellschaft einschließt.

Besondere Beachtung verdient in diesem Zusammenhang noch die Beobachtung, daß Paulus in »Röm 13« überhaupt nicht spezifisch christlich argumentiert. Er operiert mit den allgemeinen Begriffen »gut« und »böse«, die in der philosophischen Schulsprache seiner Zeit eine Rolle spielten und im politischen Kontext bis auf Platon zurückgehen. Selbst der »religiöse« Horizont, in dem er die staatlichen Gewalten sieht, ist samt der Erwartung des kommenden Gerichts ganz allgemein gefaßt und gleichsam »weltanschaulich« vorgeprägt, also prinzipiell auf das Einverständnis weiterer Kreise angelegt, obwohl der Text natürlich faktisch nur an Christen gerichtet ist. Eine derartige Zurücknahme explizit christlicher Argumente in einem gesamtgesellschaftlichen Problemfeld scheint nun doch nicht zufällig zu sein, sie gibt uns vielmehr zu denken. Darin äußert sich, zumindest für uns heute, ein Bewußtsein, das um die eigene Erfahrungs- und Glaubenswelt der christlichen Gemeinde weiß und sich deshalb davor scheut, die auf solchem Grund gewachsene Bekenntnissprache unbesehen in größere Kommunikationszusammenhänge einzubringen. Wir mögen daraus lernen, daß im gesamtgesellschaftlichen Gespräch der Respekt vor anderen Erfahrungs- und Deutungsmustern unserer Wirklichkeit grundlegend ist und die spezifisch christliche Weltsicht niemandem aufgedrängt werden darf - unbeschadet der eigenen festen Überzeugung, daß Gottes Herrschaft in Jesus Christus universal ist.

2) Orientiert man die Lektüre von »Röm 13« an der Leitidee des »Guten« und seiner kritischen Instanz, dem »*Gewissen*« (V.5), dann dürfte auch klar sein, daß der Text keineswegs, wie man immer wieder ängstlich gemeint hat, Hindernisse in den Weg legt, wenn es darum geht, den staatlichen Gewalten politisch zu widerstehen: dann nämlich, wenn der Staat selbst und seine Instanzen drauf und dran sind, vom »Bösen« korrumpiert zu werden, so daß sie die ihnen zunächst zugestandene moralische Autorität einbü-

ßen. »Röm 13« ist nicht der einzige Text des Neuen Testaments zur Sache, daneben haben auch Mk 12,13-17 par; 1Petr 2,13-17 und Offb 13 ihr Gewicht. Eigens genannt sei Apg 5,29, eine Maxime, der man sich schon sehr zeitig in der Kirche bei Konfliktfällen mit dem Staat erinnerte: »Man muß Gott mehr gehorchen als den Menschen.« Was Paulus selbst angeht, so sei die endzeitliche Grundierung seiner Mahnungen von Kap. 12 und 13 in Erinnerung gerufen: Das Bewußtsein vom andringenden Ende der Zeit relativiert alles (vgl. 1Kor 7,29-31), eingeschlossen die politischen Institutionen der Gesellschaft. Auch sie unterliegen dem Maßstab und dem Gericht Gottes. Im Fall eines moralisch gerechtfertigten Widerstands, der Wachsamkeit (»wehret den Anfängen«) und Zivilcourage verlangt, ist freilich, wenn es hart auf hart geht, Röm 12,14.19-21 zu beherzigen: Gewaltfreier Widerstand heißt das Zeugnis der Christen. »Zu rechtfertigen ist bewaffneter Widerstand von Christen nur dann, wenn der Verzicht auf Widerstand ein deutlich schlimmeres und größeres Übel zu weiterer Wirkung kommen ließe als dasjenige, das durch den Widerstandskampf angerichtet wird. Doch es bleibt strittig, ob nicht auch in einem solchen Fall die Nachfolge des leidenden Christus in der Gestalt der Absage an die Legion Engel (Mt 26,53) der christliche Weg sein sollte. In jedem Fall geht es - so oder so - um eine Gewissensentscheidung; und es ist sehr wichtig, ja entscheidend, daß das Gewissen der Christen in all ihrem persönlichen Handeln an dem *einen* Maßstab orientiert ist und sich in der täglichen Praxis schulen läßt: dem Maßstab der Liebe« (U. Wilckens).

e) Bündelung: Die Liebe als Erfüllung des Gesetzes (13,8-10)

Nach den »Ausfaltungen« des christlichen Ethos im Blick auf das Leben der Christen *untereinander* als Gemeinde bzw. Kirche (12,9-16), dann hinsichtlich ihres Verhältnisses zu den *Nichtchristen* (12,17-21) bzw. den staatlichen Gewalten (13,1-7) bündelt Paulus jetzt in 13,8-10 das Gesagte, wenn er *die Liebe* als das Prinzip herausstellt, *auf das es in allem und jedem ankommt*. Dabei geht er so vor, daß er im Anschluß an eine überleitende Mahnung V.8a in einer lehrhaften Passage (V.8b-10) das Verhältnis von Liebe und Gesetz klärt. Das legt sich auch von 12,9-21 her nahe, denn die dort entfalteten ethischen Inhalte stammten zumeist, wie wir gesehen haben, aus dem Gesetz und seiner frühjüdischen Auslegung. Wenn deshalb Paulus der Überzeugung ist, daß es bei allen Mahnungen und Ratschlägen entscheidend darauf ankommt, ob durch sie die Liebe zum Zuge kommt, dann stellt sich die ethische Frage nach dem Verhältnis der Liebe zu jenen einzelnen Weisungen und Normen als *Frage nach dem Verhältnis von Liebe und Gesetz.* So gesehen ist die lehrhafte Erörterung von 13,8-10 notwendiges Glied beim Abschluß der grundsätzlichen Weisungen Röm 12f.

A. Die *Gliederung* der Verse ist wohl durchdacht:

1. Die Mahnung zur Liebe (V.8a)
2. Die Lehre (V.8b-10)

(a) »Wer den anderen *liebt*, *erfüllt* das Gesetz« (V.8b)
(b) Die zweite Dekalogtafel und das Liebesgebot (V.9)
(b') »Die Liebe tut dem Nächsten nichts Böses« (V.10a)
(a') »Die *Erfüllung* des Gesetzes also ist die *Liebe*« (V.10b)

Die These von der Erfüllung des Gesetzes durch die Liebe *rahmt* das Lehrstück (a-a'). Begründet wird die These (V.8b; vgl. V.10b) durch die mittleren Stücke (b-b'), die eng aufeinander abgestimmt sind. Die beiden Größen, die Paulus hier ins gegenseitige Verhältnis setzt, nämlich *Gesetz* und *Liebe*, werden jeweils durch ein Schriftzitat vertreten (V.9):

Gesetz –––––––––––––	*Liebe*
Dtn 5,17-19.21 (LXX)	Lev 19,18
(Zweite Dekalogtafel)	(Gebot der Nächstenliebe)

Die Liebe als Erfüllung des Gesetzes im Licht frühjüdischer Überlieferungen

Dekalog (Dtn 5,6-21; Ex 20,2-17) und Liebesgebot (Lev 19,18) begegnen miteinander kombiniert noch in Mt 19,18f (die zweite Dekalogtafel lediglich in einer anderen Fassung) und je für sich in Mk 10,19 par. (Dekalog) und Mk 12,31/33 (Lev 19,18). In unmittelbarer Nachbarschaft stehen sie auch noch in Jak 2,8/11. Paulus selbst hatte früher schon einmal in einem vergleichbaren Zusammenhang Lev 19,18 zitiert: in Gal 5,14 (Röm 13,8-10 kann als Wiederaufnahme dieser Stelle gelten!).

Zur Aufnahme des Dekalogs durch Paulus vergleiche noch zu Röm 7,7. Es scheint so, daß Paulus sich mit den beiden Zitaten aus der Heiligen Schrift ganz in der Tradition des frühen Christentums bewegt, ohne daß er auch hier einen irgendwie gearteten Bezug zur jesuanischen Verkündigung ausdrücklich namhaft macht. Wir dürfen annehmen, daß die Christen in Rom um die Bedeutung der von Paulus verarbeiteten Lehrtradition wußten.

Daß Paulus den Dekalog (bzw. dessen zweite Hälfte) als repräsentativ für das Gesetz insgesamt ansieht, ist überdies gute frühjüdische Tradition, die bis in die Heilige Schrift selbst zurückreicht: So hat nach Dtn 5,22 JHWH selbst nur die »Zehn Worte« vor dem Volk verlauten lassen, wohingegen alle übrigen Gebote und Rechtsbestimmungen durch Mose vermittelt wurden. Philo von Alexandrien verfaßte eine Abhandlung, die den treffenden Titel trägt: »Über die Zehn Worte, die der Hauptinbegriff der Gesetze sind.« Alle Einzelgesetze könne man auf den Dekalog als ihren Kern zurückführen, meint dort der jüdische Philosoph. Das entspricht der hohen Wertschätzung, der sich der Dekalog überhaupt im frühen Judentum erfreute. Wenn Paulus (wie die Christen vor ihm und noch einige Zeit nach ihm) nur aus der zweiten Dekalogtafel zitiert, die das zwischenmenschliche Miteinander regelt, dann hat das seinen Grund darin, daß er das Gesetz vornehmlich in seinem ethischen Anspruch wahrnimmt. Seine kultisch-rituellen Teile blendet er aus (vgl. 14,14). Nur so kann er auch die These vertreten, daß der Mensch das (ganze) Gesetz erfüllt (vgl. Gal 5,14), wenn er seinen Nächsten liebt.

Daß das Gebot der »Nächstenliebe« aus Lev 19,18 in eine solch zentrale Position einrückt, hat freilich nicht nur die Autorität Jesu hinter sich (Mk 12,31 nennt dieser es das »*zweite Gebot*« neben dem der Gottesliebe), sondern auch weite Teile vor allem des hellenistischen Judentums. Mission und Werbung unter den Heiden geboten es, die Fülle der Gesetzesvorschriften auf einen plausiblen gemeinsamen Nenner zu bringen und in wenigen Linien einprägsam und einleuchtend zusammenzufassen. Was aber waren die Hauptstücke der TORA, mit deren Hilfe man sich im jüdischen Gesetz zurechtfinden konnte? Philo bietet den folgenden Schlüssel:

»Und es gibt sozusagen zwei Grundlehren, denen die zahllosen Einzellehren und -sätze untergeordnet sind: *in Bezug auf Gott* das Gebot der Gottesverehrung und Frömmigkeit, *in Bezug auf die* Menschen das der Nächstenliebe und Gerechtigkeit; jedes dieser beiden zerfällt wieder in vielfache, durchweg rühmenswerte Unterarten« (Spec.leg. II 63).

Ein anderes Beispiel bietet der Aristeasbrief, eine Werbeschrift für die griechische Übersetzung der TORA aus Alexandrien, die sogenannte Septuaginta. Sie benennt deren Anliegen denkbar einfach, wenn sie es in dem *einen* Wort »Gerechtigkeit« bündelt:

»Unser Gesetz befiehlt uns dagegen, *niemandem mit Wort oder Tat Böses anzutun.* Auch hierüber haben wir dich kurz informiert, daß alles zum Zwecke der *Gerechtigkeit* gesetzlich geregelt ist und daß durch die Schrift nichts zufällig oder nur um des Erzählens willen angeordnet ist, sondern damit wir zeitlebens auch in unseren Taten gegen alle Menschen *Gerechtigkeit* üben, eingedenk Gottes des Herrschers. Auch bezüglich der Speisen und der unreinen Schlangen und Tiere zielt jedes Wort auf die *Gerechtigkeit* und das *gerechte* Zusammenleben der Menschen« (Arist 168f).

Auch im rabbibischen Judentum Palästinas bestand die Tendenz, Lev 19,18 als »den großen umfassenden Grundsatz in der TORA« hinzustellen. So jedenfalls ist es von Rabbi Aqiba (um 135 n. Chr.) überliefert (SifraLev 19,18). Berühmt ist auch die Anekdote von Schammai (ca. 50 v.Chr. bis 30 n.Chr.) und Hillel (wirkte von ca. 30 v.Chr. bis 10 n.Chr.), welche die Spannweite in dieser Frage im frühen Judentum dokumentiert: Ein Heide kam zu Schammai und wollte unter der Bedingung Jude werden, daß dieser ihn die ganze TORA lehren könne, solange er auf einem Bein stehe. Jagte Schammai ihn mit einem Stock hinweg, so antwortete Hillel: »Was dir unliebsam ist, das tu auch deinem Nächsten nicht. Das ist die ganze TORA, das andere ist ihre Auslegung; geh hin und lerne das« (babylonischer Talmud: Schab 31a).

Die Verwandtschaft des Paulus mit diesen Traditionen ist offenkundig. Doch leiteten ihn eigene Beweggründe bei seiner These von der *Liebe als der Summe des Gesetzes*: Nicht katechetische Absicht oder missionarisches Werben um Heiden oder der systematische Wille, in dem großen jüdischen Gesetzeswerk Ordnung zu schaffen, bestimmten ihn; maßgebend für ihn war sein Glaube an die *Offenbarung der Liebe Gottes in Jesus von Nazaret*. In ihrem Licht erschien ihm jetzt auch die Mitte des Gesetzes in großer Klarheit und Konzentration (vgl. auch Bd.1, S.228).

B. Geschickt knüpft Paulus in 13,8 an den Abschluß des vorangegangenen Abschnitts an: »Entrichtet allen das Geschuldete«, hatte es dort geheißen; jetzt formuliert Paulus dasselbe negativ und setzt die weiterführende Pointe hinzu: »Niemandem bleibt irgendetwas schuldig außer dem (einen): *einander zu lieben*«. Dabei spielt er geschickt mit dem zweifachen Sinn des griechischen Begriffs »*opheilein*« (= »Pflicht« und »Schuldigkeit«): Rechtliche Verpflichtungen sind einzulösen, die geschuldete Liebe aber bleibt »eine unendliche Aufgabe« (E.Käsemann). Wird man den Gläubiger oder Kläger los, indem man ihm gibt, was rechtens ist, so wird man den Nächsten niemals los: Die Liebe erlaubt keine »Vollzugsmeldung« (W.Schmithals). Doch überfordert sie einen auch nicht als »unendliche Aufgabe« (vgl. 1Kor 13,4-7.8a.13), als »debitum immortale« (J.A.Bengel). Sie ist nicht der Felsbrocken, der auf Sisyphus lastet. Für Paulus strömt sie ganz selbstverständlich aus dem im Glauben erneuerten Herzen des Menschen und ist darin Widerschein der göttlichen Gnade. Obwohl »unendliche Aufgabe«, die den Glaubenden, solange sie leben, nie abgenommen wird, ist sie doch ein *vollkommenes* Werk (vgl. 1Thess 3,12), das zu jeder Zeit, da es getan wird, das Glück eines erfüllten Lebens in sich birgt. Was das zukünftige Reich Gottes an Seligkeit verheißt -, die Liebe nimmt es nach Paulus in der irdischen Existenz, auch wenn diese nur »Stückwerk« bleibt (vgl. Kor 13,10), doch schon vorweg. So verdient sie es allemal, »der Weg« genannt zu werden, »der über alle (anderen) hinausführt« (1Kor 12,31), der Höchstwert im christlichen Leben (1Kor 13,13).

Weil dem so ist, gelangt auch das Gesetz in der Liebe zum Nächsten zu seiner Erfüllung (V.8b). »Lieben - das ist Freiheit« (amare, libertas est), notierte J.A.Bengel in seinem Kommentar zum Neuen Testament (1773) und traf damit den Nagel auf den Kopf. »Denn die (bekannten Gebote): ›Du sollst nicht ehebrechen‹, ›Du sollst nicht morden‹, ›Du sollst nicht stehlen‹, ›Du sollst nicht begehren‹ und welches andere Gebot es sonst noch gibt, sie sind in diesem einen Wort zusammengefaßt: ›Du sollst deinen Nächsten lieben wie dich selbst‹« (V.9). Doch was heißt das: »wer den anderen liebt, hat das Gesetz erfüllt«? Inwiefern gilt das: »Lieben - das ist Freiheit«? Folgendes wird man dabei bedenken dürfen:

Für Paulus ist die Tora nicht mehr die Sammlung von 613 Einzelgeboten (= 248 Geboten und 365 Verboten), die sie nach frühjüdischer Auffassung auch war; ein quantifizierendes Verständis der Tora, nach dem jedes einzelne Gebot, vielleicht bei abgestuftem Verpflichtungsgrad, für jeden Volljährigen im Glauben mehr oder weniger bindend sei, kannte er nicht. Er wollte die Tora im Licht des *von ihr selbst* gebotenen hermeneutischen Schlüssels lesen: »Du sollst deinen Nächsten lieben wie dich selbst« (Lev 19,18). Natürlich folgt daraus nicht, daß die einzelnen Gebote der Tora, wie an erster Stelle die Weisungen des »Dekalogs« (»Du sollst nicht ehebrechen«, »Du sollst nicht morden«, »Du sollst nicht stehlen« etc.), gleichgültig würden. Paulus meint nicht: »Liebe, und dann tu, was du willst!« (Augustinus). Als Jude, der immer schon in der Tora und mit ihr gelebt hat, wußte er darum, welch hohe Bedeutung deren Weisungen für den Menschen besitzen: Sie bieten ihm Maßstäbe und Orientierung in allen möglichen Lebenslagen, sind gesättigt von der Erfahrung vieler Generationen und haben als Weisungen Gottes nur den einen Zweck: das Lebensglück der Menschen jetzt und in Zukunft zu mehren (vgl. Röm 7,10). Was also meint Paulus mit der Rückbindung aller dieser Weisungen an das Liebesgebot? Doch wohl das Folgende: Im Liebesgebot (Lev 19,18) bekommen alle einzelnen Weisungen erst »Sinn und Kopf« (so die treffende Übersetzung von V.9b durch

F.Stier). Das aber heißt: Das Maß der verpflichtenden Kraft der einzelnen Weisungen gibt die Tora mit ihrem Liebesgebot selbst vor. Ihre einzelnen Weisungen sind nur soviel wert, als durch sie die Liebe gefördert wird. Ihren tiefsten Sinn schöpfen sie aus dem »Höchstwert« der Liebe. Wie fortschrittlich dieses Grundaxiom ist, ersieht man daran, »daß nun beispielsweise das Unrecht des ›Begehrens‹ nicht in der Durchbrechung von Sexualtabus besteht, sondern sich am Schaden bemißt, den der Nächste nimmt«, also an der Verweigerung der Liebe (D.Zeller). Aber auch die folgenden Konsequenzen liegen auf der Linie von 13,9:

Wenn das Liebesgebot »Sinn und Kopf« der Tora ist, dann kann es sich in der Praxis, die nur allzu oft von Normenkonflikten bestimmt wird, auch gegen einzelne Gebote richten und ihre Relativierung oder gar Aufhebung nach sich ziehen. Sofern Gebote dem «Sinn und Kopf« der Tora nicht genügen, dürfen und müssen sie auf sich beruhen bleiben; denn entscheidend ist, ob der Liebe zum Durchbruch verholfen wird oder nicht, ob die Intention konkreter Weisungen durch die Liebe gedeckt wird oder nicht. Somit entläßt das Gebot von Lev 19,18 nach Paulus in die *Freiheit der Liebe*, die sensibel und phantasiereich für das macht, was Wille Gottes hier und jetzt ist. Orientiert sie sich und nimmt Maß an den Vorgaben der Tora, insbesondere den Weisungen des »Dekalogs«, so ist doch das Verhältnis des wahrhaft Liebenden zum Gesetz ein ganz eigenes geworden. Der Liebende läßt sich vom Gesetz nicht versklaven, nicht gängeln; er läßt sich vom Gesetz nicht in der Unmündigkeit halten. Er besitzt selbst in der *Kompetenz der Liebe* die geistgewirkte »Fähigkeit«, zu erkennen und zu entscheiden, worauf es jeweils ankommt. Dabei handelt es sich bei dieser »Fähigkeit« nicht um eine fertige Begabung, sondern um eine bleibende Aufgabe, einen geistig-geistlichen Prozeß, mit dem der Glaubende sein Leben lang befaßt ist. Paulus selbst läßt davon etwas erahnen, wenn er andernorts an seine Gemeinde in Philippi schreibt:

»Und ich bete darum
daß *eure Liebe* immer reicher an Erkenntnis und lauter Erfahrung wird,
damit ihr euch für das entscheiden könnt,
worauf es ankommt.
Dann werdet ihr rein und ohne Tadel sein für den Tag Christi,
reich an der Frucht der Gerechtigkeit,

die Jesus Christus gibt,
zur Ehre und zum Lob Gottes« (Phil 1,9-11).

Dieses Gebet zeigt sehr schön, daß jene geistgewirkte Kompetenz der Liebe nach Paulus nur in Beziehung auf das Ganze, die Gemeinde, recht verstanden werden kann. Wollte man sie individualistisch verengen, hätte man ihr Wesen verfehlt (vgl. schon oben S. 21).

Nun führt Paulus in 13,8-10 die kritisch-sondierende Funktion des Liebesgebots im Blick auf das Gesamtkorpus des Gesetzes nicht aus. Doch wird man sie aus den beiden folgenden Gründen voraussetzen dürfen: *Einmal* - das fiel uns schon auf - wird die Tora in 13,9 im Sinne der zweiten Dekalogtafel wie des Gebots der *Nächsten*liebe ganz auf ihre ethische Dimension reduziert. Ihre kultisch-rituellen Elemente, die das Gottesverhältnis sowie die Zugehörigkeit zu Israel regeln (Beschneidung, Sabbat etc.), kommen nicht zur Sprache und brauchen das auch nicht mehr, weil ja in den Koordinaten der paulinischen Theologie der allein rettende Glaube an den Gott Jesu Christi deren soteriologische Funktion übernommen hat. *Zweitens* wird man auf den nächsten Abschnitt unseres Briefes, die konkreten Mahnungen 14,1-15,13, verweisen dürfen, deren Grundlegung die Verse 13,8-10 auch leisten möchten. Denn dort praktiziert Paulus das Axiom von der Nächstenliebe als der Summe des Gesetzes in seinem kritisch-sondierenden Sinn, wenn er alle diejenigen, die nach wie vor von der Verpflichtung auf die jüdische Reinheitstora überzeugt sind, dazu ermuntert, die Andersdenkenden unter den Christen nicht zu verurteilen. Über den Weisungen der Tora, z.B. zwischen »reinen« und »unreinen« Speisen unterscheiden zu müssen, was Paulus selbst nicht mehr gelten ließ (vgl. 14,14), steht die Liebe, das höchste Gebot der Tora, das die Achtung vor dem Nächsten wie den Frieden untereinander befördern will (14,17.19; 15,5f.13).

V.10 (»Die Liebe tut dem Nächsten nichts Böses«) mag zunächst bescheiden klingen. Sinnt die Liebe nicht viel eher engagiert auf das Gute, anstatt lediglich das Böse zu unterlassen? Doch erklärt sich die negative Fassung des Satzes dadurch, daß er noch einmal knapp V.9 mit den gleichfalls negativ formulierten Dekalogweisungen (»Du sollst *nicht* ehebrechen« etc.) resümieren will. Eben deshalb darf die Liebe als Summe dieser Weisungen gelten, weil es ihr Wesen ist, alles Böse vom Nächsten, sei es vom Ehepartner, sei es vom Bruder oder der Schwester in der Gemeinde, sei es vom Mitmenschen überhaupt fernzuhalten.

Damit kommt noch eine letzte Frage zu 13,8-10 in den Blick, nämlich die folgende: »Wer ist denn mein Nächster?« (Lk 10,29) Im Zitat Lev 19,18 war mit dem »Nächsten« ursprünglich der Mitisraelit gemeint, nach 19,34 wurde aber auch der im Land wohnende Fremde in das Liebesgebot ausdrücklich miteinbezogen. Die griechische Übersetzung, die Septuaginta, schränkt wieder ein, indem sie diesen Vers auf den »Proselyten«, den voll zum Judentum konvertierten Heiden bezieht.

Auch Paulus sah im »Nächsten« den der eigenen Gruppe zugehörigen Nachbarn, also den Mitchristen (vgl. Röm 15,2 im Kontext). So mahnt er in V.8a auch die »*gegenseitige* Liebe« an. Bezeichnenderweise reserviert er die Sprache der Liebe dem innergemeindlichen Miteinander (vgl. 1Thess 4,9; Gal 5,13; anders aber 1Thess 3,12). Auch in 12,14.17-21 (vgl. noch 1Thess 5,15; Gal 6,9f) fiel das Wort nicht, obwohl dort der Sache nach auf der Linie des Alten Testaments von der »Feindesliebe« (so die Weisung Jesu: Lk 6,27 par.) die Rede war. *»Liebe« scheint demnach für Paulus (wie für Johannes) vor allem »Bruderliebe« gewesen zu sein* (G.Lohfink, Wie hat Jesus Gemeinde gewollt? Freiburg-Basel-Wien 1982). Und dennoch, so meine ich, sind in 13,8-10 auch Signale zu beobachten, welche die Sprache der Liebe in ihrem »Außenbezug« zeigen. So kann man 13,8a auch dahingehend deuten, daß die Christen das Zeugnis ihrer geschwisterlichen Liebe gerade den »Außenstehenden« zu schulden haben: »*Niemandem* bleibt irgend etwas schuldig außer dem (einen): einander zu lieben«. Und wenn es in V.8b heißt: »Wer den *anderen* liebt« (anstatt: den Nächsten), dann könnte damit signalisiert sein, daß es in unserem Kontext gar nicht mehr darauf ankommt, *wohin* derjenige gehört, auf den sich die Liebe richtet. Entscheidend ist, *daß* er geliebt wird.

C. Die Bedeutung von 13,8-10 für ein angemessenes Verständnis der paulinischen Gesetzestheologie ist nicht zu unterschätzen. Zwei diesbezügliche Gesichtspunkte seien genannt:

1) 13,8-10 ist der Endpunkt in den Bemühungen des Paulus, jeden antinomistischen Verdacht gegen ihn zu zerstreuen (vgl. schon 3,31; 6,1-8,11): Die Befreiung vom Gesetz als der den Sünder zum Tod verurteilenden Instanz Gottes durch Gottes Freispruch selbst im Evangelium (vgl. Bd.1, S.98f) führt nicht zur Gesetzlosigkeit, zu einem illusionären Erlösten-Bewußtsein, das sich jeder Bewährung des Glaubens im Alltag enthoben dünkt. Im Gegenteil: Der Glaube ermöglicht neuen *Dienst*, er stellt den Menschen »aus der splendid isolation in das Leben für andere«, unterwirft ihn »dem uneigennützigen Gehorsam« (E.Käsemann). Wird damit die Bresche in das Bollwerk der »Sündenmacht« geschlagen, wie Röm 6

meinte, so kommt darin zugleich die Intention des Gesetzes als die das Leben suchende Intention Gottes zu ihrer eigentlichen Erfüllung.

2) Daß die Tora mit dem Liebesgebot als ihrem hermeneutischen Schlüssel - wahrgenommen in aller Klarheit im Lichte der befreienden Liebestat Gottes in Jesus Christus - auch ihrerseits die Glaubenden in die Freiheit der Liebe entläßt, hat unübersehbare, bis heute freilich immer wieder verdrängte Konsequenzen für den Umgang mit der »Gesetzeswirklichkeit« in unserer Kirche. Inwiefern?

Zunächst wird man die Aufmerksamkeit noch einmal auf die ausweitende und verallgemeinernde Wendung lenken: »und welch anderes Gebot es noch geben mag«, mit der Paulus die Aufzählung der Dekaloggebote in V.9 abrundet. Man könnte meinen, er erinnere mit dieser Wendung an die übrigen, von ihm nicht genannten Weisungen der zweiten Dekalogtafel wie »Du sollst kein falsches Zeugnis geben«. Weil es ihm aber im Kontext um die Erfüllung des Gesetzes *überhaupt* geht (vgl. Gal 5,14: das »*ganze* Gesetz«), wird er mit jener verallgemeinernden Formel *alle* Einzelgebote der Tora im Auge haben. Doch kommt noch ein weiterer Gesichtspunkt hinzu.

Wie wir gesehen haben, lebten wichtige Weisungen der Tora *inhaltlich* in der apostolischen Mahnrede Röm 12,9-21 in neuem Gewande weiter. Das meiste hatte Paulus dort aus der lebendigen Überlieferung des Judentums geschöpft, das ja auch seinerseits immer darum bemüht war, das Erbe der heiligen Schrift für die jeweilige Zeit neuzufassen. Wenn dem so ist, dann bezieht sich aber die ausweitende und verallgemeinernde Formel »und welch andere Weisung es noch geben mag« (13,9) auch auf die Vergegenwärtigung von ethischen Inhalten der Tora in der apostolischen Mahnrede selbst. Der hermeneutische Umgang des Paulus mit der Tora in 13,8-10 ist demnach nicht etwas, was ein scheinbar antiquiertes, den Christen fern stehendes jüdisches Gesetzbuch betrifft, sondern schlägt voll durch auf die *apostolische Mahnung*. Damit steht aber auch die ethische Unterweisung der Kirche zur Diskussion, aber nicht nur diese: Auch *ihre Gesetze, Weisungen, Ordnungen, und »welch anderen Gebote es noch geben mag«, unterstehen dem kritisch-sondierenden und sinnstiftenden Maßstab des Liebesge-*

bots. Auch heute ruft es die Kirche als ganze (wie die einzelnen Glaubenden) nachdrücklich in die Freiheit des Dienstes. Deshalb dürfen die kirchlichen Gesetze, Ordnungen und Weisungen die »Kompetenz der Liebe« der Getauften nicht ersticken, sondern haben ihr im Gegenteil zu dienen. Flexibel sind sie zu handhaben, Orientierung sollen sie bieten, Freiräume um der Gerechtigkeit und der Liebe willen auftun und schützen, Umkehr und Glauben fördern. Die Liebe bedarf der schützenden Hand des Rechts; rechtsfreie Räume fördern ihr Wachstum nicht, sie leisten im Gegenteil der Ungerechtigkeit nur Vorschub und verführen zu illusionärer Schwärmerei (vgl. 1Kor 14,33: »Denn Gott ist der Gott des Miteinanders, nicht des Durcheinanders«). Aber andererseits muß das Recht in der Kirche seinem Selbstverständnis wie seiner konkreten Handhabung nach ganz auf die seelsorgerlichen Belange der Menschen abgestellt sein, was nichts anderes heißt als: Es muß dem Geist Gottes dienen, welcher der Geist der Liebe ist. Entsprechend biblisch-paulinischer Ekklesiologie (vgl. oben den Exkurs »*Ein* Leib in Christus«) sind dann aber heute für die Konstruktion des kirchlichen Rechts *Dezentralisierung* und *Subsidiarität* als die entscheidenden Strukturmomente gefragt anstelle der zentralistischen Rechts- und Organisationsformen wie bisher; nur so nämlich kann die Sensibilität der Liebe wachsen für das, was hier und dort in den einzelnen Ortskirchen *um des Heils der Menschen willen* jeweils nottut.

f) Was die Stunde geschlagen hat. Abschließende Motivation und Zuspitzung der bisherigen Weisungen (13,11-14)

»Und das (tut) im Wissen um die gegenwärtige Zeit...« (13,11). Wenn Paulus mit diesen Worten den Abschluß seiner grundsätzlichen Weisungen einführt, dann gibt er damit zu verstehen, daß er diese insgesamt noch einmal rückblickend motivieren möchte, und zwar mit der Erinnerung an die Stunde, die mit der Verkündigung des Evangeliums geschlagen hat. So schließt sich der Bogen, den er mit der programmatischen Grundlegung seiner Weisungen in 12,1f eröffnet hat. Denn auch dort motivierte das Wissen um die Zeit die Mahnung, freilich in negativer Weise: »*Paßt euch nicht* dieser Weltzeit an, sondern laßt euch umwandeln durch die Erneuerung des Denkens...« (12,2). Doch die damit geforderte Distanz zur gegenwärtigen Weltzeit setzt das Wissen um den Anbruch einer neuen Zeit voraus: der Zeit der zukünftigen Welt Gottes (des neuen »Äons«, wie die jüdische Apokalyptik sagte), die in der Auferweckung des Gekreuzigten schon ihre Mächtigkeit erwiesen hat und im Glauben an ihn die Menschen in ihren Bann zieht. Daß (nach 13,11-14) ihr endgültiger Anbruch nahe bevorsteht und diese Weltzeit ihrem Ende entgegeneilt, soll den Mahnungen insgesamt abschließend eine erhöhte Dringlichkeit verleihen.

A. *Zwei Teile* umfaßt der Abschnitt: die Zeitansage V.11-12a sowie die aus ihr folgenden Weisungen für die Lebensführung der Christen in V.12b-14.

»Themasatz« des Abschnitts (vgl. A.Vögtle, Röm 13,11-14 und die »Nah«-Erwartung, in: ders., Offenbarungsgeschehen und Wirkungsgeschichte. Neutestamentliche Beiträge, Freiburg-Basel-Wien 1985, 191-204, 192) ist V.11a, der pointiert voransteht:

»und das (tut) im Wissen um den gegenwärtigen Zeitpunkt (den Kairos): *Die Stunde ist schon da, vom Schlaf aufzuwachen*«.

Inwiefern es höchste Zeit ist, vom Schlaf aufzuwachen, das begründen V.11b und 12a: »Denn jetzt ist das Heil uns näher als zu der Zeit, da wir gläubig wurden; die Nacht ist vorgerückt, der Tag ist nahe.« Was daraus für die Christen folgt, bzw. (in der Sprache des »Themasatzes«) was es für sie heißt: »vom Schlaf aufzuwachen«, das entfalten dann die Weisungen im zweiten Teil des Abschnitts V.12b-14. Insgesamt sind es drei, die jeweils paarweise, mit einem positiven und negativen Glied, den »zeit-gemäßen« Lebensstil der Christen charakterisieren: Kontrastiert die *erste* Weisung im Anschluß an V.12a (Nacht-Tag) »die Werke der Finsternis« mit »den Waffen des Lichts« (V.12b), so stellt die *zweite* dem »taggemäßen« Verhalten in einem sogenannten »Lasterkatalog« die Praktiken der Nacht gegenüber, allesamt Dinge, die das Tageslicht scheuen (V.13). Die *dritte* Weisung kehrt nach der drastischen Sprache des »Lasterkatalogs« von V.13 wieder zu einem gehobenen Niveau zurück: Die mit dem Namen Christi gemeinte Heilssphäre steht nun der Macht des »Fleisches« gegenüber (V.14). Auch diese Sprache der Kontraste verbindet 13,11-14 mit der »programmatischen Eröffnung« 12,1f, die von dem übergeordneten Gegensatz bestimmt war: »Paßt euch *nicht* dieser Weltzeit an, *sondern* laßt euch umwandeln durch die Erneuerung des Denkens ...« (V.2).

Seine suggestive Kraft bezieht unser Text nicht zum geringsten aus seiner *bildhaften Sprache*, die ihn einheitlich prägt: Die Nacht mit ihrer Finsternis steht dem nahenden Tag und seinem Licht gegenüber. Vom Schlaf aufzuwachen heißt das Gebot der Stunde. Und wer aufgewacht ist, hat Waffen des Lichts »anzulegen«, soll ein neues Gewand, nämlich Christus, »anziehen«. Insbesondere der Licht-Finsternis-Gegensatz mit seinen reichhaltigen Assoziationen ist traditionell. Spricht diese Symbolik unmittelbar an, dann ist ihre Verbreitung auch nicht verwunderlich. Das Judentum konnte sie ethisch verwenden, wußte aber mit ihr auch den Abstand dieser von dunklen Mächten des Todes beherrschten Welt vom kommenden Licht-Reich Gottes zu veranschaulichen. Bezeichnend ist etwa der folgende rabbinische Spruch aus einer Diskussion über die Auferstehung der Toten, dessen Bildsprache unserem Text sehr nahekommt:

»Der Schlaf in der Nacht ist gleich dieser Welt,
und das Erwachen am Morgen ist gleich der kommenden Welt.«
(PRE 34, im Anschluß an Jes 26,19)

In Qumran - um noch ein anderes Beispiel zu nennen - war man davon überzeugt, daß sich die Welt im Kraftfeld zweier widerstreitender Mächte bewegt, des Lichts und der Finsternis, die aber beide Gott geschaffen hat:

»An der Quelle des *Lichtes* ist der Ursprung der Wahrheit,
aber aus der Quelle der *Finsternis* kommt der Ursprung des Frevels.
In der Hand des *Fürsten des Lichts* [Michael?] liegt die Herrschaft [über alle Söhne der Gerechtigkeit,
auf den Wegen des *Lichts* wandeln sie.
Aber in der Hand des *Engels der Finsternis* liegt alle Herrschaft über [die Söhne des Frevels,
und auf den Wegen der *Finsternis* wandeln sie ...«
(1QS III, 19ff)

Die formale und inhaltliche Verwandtschaft unseres Textes mit 1Thess 5,1-11; Kol 3,9-11 und Eph 5,8-20 (Finsternis-Licht-Gegensatz; Kontrast von alter und neuer Existenz) deutet darauf hin, daß Paulus traditionelle Motive aus der urchristlichen Taufkatechese verwendet hat. Das gilt insbesondere für den Abschluß V.14, mit dem man Gal 3,27 vergleiche: »Denn ihr alle, die ihr auf Christus getauft seid, habt Christus als Gewand angelegt.« Wußten die Adressaten um diesen Zusammenhang - was wir annehmen dürfen -, dann mußten sie die jetzt an sie ergehende Aufforderung: »legt das neue Gewand an, Jesus Christus, den Herrn«, als Aktualisierung der einst an sie ergangenen Taufpredigt verstehen.

B. Wieder einmal knüpft Paulus in 13,11 an einem »Wissen« seiner Adressaten an (vgl. Bd.1, S.138). Es ist ein »Wissen« ganz besonderer Art, das jene aus einem intensiven Erleben der eigenen Zeit schöpften, welche die Christen - die in Rom so gut wie die in Korinth oder Jerusalem - im Licht frühjüdischer Apokalyptik zu deuten gewohnt waren. Aus solchem Erleben aber resultiert ihr »Wissen«, an dem Paulus jetzt anknüpft, nämlich ihr intuitives Wissen darum, *daß die Nacht dieser Welt im Vergehen begriffen sei, die Morgendämmerung eines neuen Tages sich ankündige und Gottes Heil nahe sei.*

Ein deutlicheres Zeugnis für die sogenannte frühchristliche »Naherwartung« als Röm 13,11f gibt es kaum (für Paulus vgl. noch den Text aus seinem ersten uns bekannten Brief 1Thess 4,13-18!). Man hat den »Tag des Herrn«, d.h. den Tag seines Kommens und des Gerichts, der das endgültige Heil herbeibringen sollte, nicht in eine ferne Zukunft abgeschoben, hat ihn nicht zum »Sankt-Nimmerleins-Tag« erklärt, der niemanden beunruhigen würde, sondern sah sich vielmehr durch die Auferstehung Jesu *aus den Toten* und seine Erhöhung in den Himmel unmittelbar mit dem *Ende der Zeit* konfrontiert. Gewiß hatte auch Jesus die *Nähe* der Gottesherrschaft verkündet (vgl. Mk 1,15). Dabei dachte dieser aber zuerst an die *Nähe des barmherzigen Gottes*, die er den Menschen in seinen heilenden Worten und Zeichen der Liebe zusprechen und schenken wollte; doch verband er damit auch die Erwartung, daß Gottes Herrschaft sehr bald schon in aller Herrlichkeit unübersehbar für jedermann auf dieser Erde anbrechen würde. Aber vor allem seit »Ostern« sahen Jesu Jünger die Welt unaufhaltsam in den Strudel des heraufziehenden Endes geraten, deuteten das Seufzen der Schöpfung als Zeichen der nahenden Vollendung und ihre Leiden als die Wehen einer bevorstehenden Geburt (vgl. zu Röm 8). Die österliche Erhöhung Jesu verstanden sie nicht als den Abschied von ihm auf unbestimmte Zeit, sondern im Gegenteil als den Beginn seiner endzeitlichen Wirksamkeit, die in Kürze mit seinem Kommen zum Gericht (der »Parusie«) ihre Vollendung finden sollte.

Freilich pflegte man solches »Wissen« um das heraufziehende Ende der Weltzeit auch in der frühjüdischen Apokalyptik, es war also an sich nichts spezifisch Christliches. So steht Röm 13,12

(»... der Tag ist nahe gekommen«) einer Reihe von Kernsätzen jüdischer Texte aus solchem Umkreis sehr nahe, aber auch die christliche Johannes-Apokalypse kann man heranziehen. Die folgenden Textbeispiele mögen das veranschaulichen:

»Der Tag ist herangerückt,
daß sie [die Gerechten und Heiligen] gerettet werden«.
(äthHen 51,2).

»Indessen sollt ihr *wissen* ...,
daß das Ende, das der Höchste bereitet hat, uns nahe ist
und seine Gnade kommt
und die Vollstreckung seines Urteils nicht fern ist.
Jetzt sehen wir des Wohlstands Fülle bei den Völkern,
die doch gottlos handeln;
und dennoch sind sie wie ein Dampf ...«.
(aus dem Trostbrief Baruchs an die Juden im Exil: syrBar 82,2f).

»Die Zeit ist nahe!«
(Offb 1,3; 22,10).

Verwandt mit Röm 13,1b scheint besonders der folgende Satz zu sein:

»Denn wahrlich, meine kommende Erlösung ist nahe
und ist nicht mehr so weit entfernt wie ehedem«.
(syrBar 23,7).

Nun handelt es sich bei Röm 13,11f aber keineswegs nur um überliefertes »Lehrwissen«, wie man aus solcher Aufzählung von »Kernsätzen« schließen könnte. Im Gegenteil: Unabgegoltene, alte jüdische Erwartungen haben sich wieder einmal entzündet an der Erfahrung der gegenwärtigen Stunde und prägen jetzt deren Wahrnehmung. Ausschlaggebend dafür waren bei den Christen, wie schon angedeutet, die »österlichen« Ereignisse und ihre Deutung im Glauben. Wie tief die »Naherwartung« den Erfahrungshorizont des Paulus prägt, zeigt seine erste Begründung des »Themasatzes« (V.11a) in V.11b, die im Unterschied zu ihrer unmittelbaren Umgebung auf bildhafte Sprache ganz verzichtet:

»denn jetzt ist uns das Heil näher als zu der Zeit,
da wir gläubig wurden«.

Gut zwanzig Jahre liegt die Berufung des Paulus vor Damaskus zum Heidenapostel zurück, und etwas kürzer dürfte die Zeitspanne sein, seitdem seine Adressaten zum Glauben gefunden haben. Verflossene Jahre, würden wir sagen, doch Paulus sieht das anders: Jedes Jahr, das vergangen ist, hat ihn dem zukünftigen Heil nähergebracht. Dieser Komperativ »näher« - die eben aufgelisteten »Kernsätze« sprachen alle nur von einem »nahe« (doch vgl. syrBar 23,7)! - meint nicht nur lediglich ein Vorrücken auf einer imaginären Zeitschiene; er signalisiert zugleich auch eine gestiegene Intensität der Erfahrung, gleichsam die wachsende Anspannung im Morgengrauen vor dem Aufgang der Sonne.

Dabei darf man nun aber auch nicht übertreiben. Paulus ist ja auf dem Sprung nach Jerusalem und Rom und plant, nach einer Zeit der Erholung bei den Christen in der Hauptstadt (15,32), in den Westen des Reiches, nach Spanien, vorzustoßen (15,24). Wäre er der Meinung gewesen, die »Parusie« des Herrn sei schon für den nächsten Tag oder Monat zu erwarten gewesen, hätte er sich wohl nicht mehr auf so weitreichende Pläne eingelassen. Umgekehrt ist nicht auszuschließen, daß er einen Zusammenhang zwischen seinem Missionswerk und der »Parusie« gesehen hat. Vielleicht war er der Überzeugung, daß im damals bekannten Erdkreis Christi Namen erst überall kundgetan werden müsse (vgl. 15,19f), bevor mit dem Ende der Zeit zu rechnen sei; und dem diente eben auch seine Reise in den Westen. Jedenfalls äußert er in 11,25–27 die Erwartung, daß »die *Vollzahl* der Heiden [in Gottes Heilsbereich] eingehen werde«, bevor der Retter, Jesus Christus, aus dem himmlischen Zion käme, um im Zuge der Vollendung der Zeit dann auch Israel zum Glauben an sich als den Messias zu führen. Doch sahen wir bei der Auslegung dieser Verse, daß »jene Vollzahl der Heiden« gerade keine vom Menschen auszurechnende Zahl meint, vielmehr Gottes geheimem Ratschluß unterliegt: Er allein weiß um jene Zahl, die erreicht werden muß, wie er allein auch um das Maß der Zeit weiß, das voll werden muß, bevor er sein Reich endgültig aufrichten wird. So werden wir bei einer Fixierung der von Paulus gemeinten »Naherwartung« doch vorsichtig bleiben müssen: Zeitberechnungen wird er nicht angestellt haben, alles wird er Gottes Ratschluß anvertraut haben. Trotzdem war er von der drängenden »Nähe« der Parusie überzeugt: Das aufscheinende Morgenlicht der »Sonne der Gerechtigkeit« (Mal 3,20) ließ ihn wie auch andere Christen gespannt nach vorne blicken, was aber seine Aktivität und seinen missionarischen Tatendrang nicht beeinträchtigte.

Wie wenig eine solche Einstellung aus nüchternem Katechismus-Wissen von den »letzten Dingen« erwächst, das einem das Blut nicht in die Adern treibt, zeigen dann noch einmal die Schlußfolgerungen, die Paulus aus der »Zeitansage« im Blick auf die ihr entsprechende Lebensführung seiner Adressaten zieht. Dabei ist alles schon im »Themasatz« V.11a enthalten: Höchste Zeit ist es für sie, vom Schlaf aufzuwachen. Vernahmen sie diesen »Weckruf« (vgl. Eph 5,14) schon bei Gelegenheit ihrer Taufe - damals, »als sie zum Glauben gelangten« (11b) -, so bleibt er in ihrem Leben doch allezeit aktuell und erschallt jetzt nachdrücklicher denn je angesichts der heraufziehenden Morgendämmerung. »Schlafen« heißt in Konformität mit dieser Welt leben (vgl. 12,2!), »Konformismus mit dieser Welt« ist »Weltenschlaf oder auch ein Weltentraum« (H.Schlier), aus dem es aufzuwachen gilt. Dazu erteilt Paulus als *ersten* Rat: »Werfen wir die Werke der Finsternis ab; ziehen wir an die Waffen des Lichts« (V.12b). Welches sind die »Waffen des Lichts«, die helfen im Kampf mit den Schatten der Nacht? Nach 1Thess 5,8 sind es der »Panzer des *Glaubens* und der *Liebe*« sowie der »Helm der *Hoffnung* auf das Heil« (vgl. Jes 59,17; Weish 5,18f). Sie machen den »taggemäßen« Lebensstil aus, dem Paulus in seiner *zweiten* Weisung V.13 die »Werke der Finsternis« entgegensetzt: »Wie am Tag laßt uns anständig den Weg gehen, nicht in Freß- und Saufgelagen, Bordellbesuchen und Orgien, Streit und Neid« (so eine anschaulichere Übersetzung des »Lasterkatalogs« als die der EÜ!). Solche Dinge geschehen gewöhnlich im Schutz der Nacht und sind Ausdruck von dekadentem Luxus, wie er sich in den Oberschichten nicht nur der antiken Städte breitzumachen pflegte. Interessant ist ein zeitkritisches Zeugnis des Philo von Alexandrien, der in seiner Schrift »Über das betrachtende Leben« (De vita contemplativa 40-63) seitenweise - nicht ohne sichtliches Vergnügen - die Freß- und Sauforgien, genannt Symposien (so hämisch Philo), wie sie in bestimmten Kreisen seiner Zeit üblich waren, scharf karikiert. Eine kleine Kostprobe wollen wir uns nicht versagen:

»Vielleicht aber läßt mancher die Art, Gelage zu feiern, gelten, die jetzt überall Mode ist, weil man nach dem *italischen Aufwand und Luxus* verlangt [Rom!]. Ihm streben Griechen und Nichtgriechen nach, wobei sie in ihren Zubereitungen mehr auf Gepränge als auf Bewirtung aus sind ... (48).

Die versammelten Gäste nun wenden den Kopf hin und her, betrachten gierig das schöne, reichlich vorhandene Fleisch und riechen mit der gleichen Gier den aufsteigenden Bratenduft. Wenn sie dann von beiden, von Anblick und Geruch, genug haben, die Zubereitung sehr gelobt sowie den Gastgeber mit Komplimenten wegen seines Aufwandes bedacht haben, fordern sie zu essen auf. Sieben Tafeln mindestens und noch mehr werden hineingetragen, voll beladen mit allem, was Erde, Meer, Flüsse und Luft hervorbringen, Landtiere, Fische, Vögel, alles auserlesen und feist: jede Tafel unterscheidet sich von der anderen in Zubereitung und Gewürz. Damit nichts ausgelassen wird von dem, was in der Natur sich vorfindet, werden zuletzt Tafeln hineingetragen, die übervoll beladen sind mit Früchten, ohne die, welche zum Gelage und dem sogenannten Nachtisch gereicht werden. Dann werden einige Tafeln hinausgetragen, völlig geleert aufgrund der Unersättlichkeit der Anwesenden, die sich wie Kormorane vollstopfen und mit solcher Gier essen, daß sie sogar noch an den Knochen herumbeißen, andere Gerichte beschädigen und auseinanderzerren, schließlich jedoch halbverzehrt liegen lassen. Wenn sie aber gänzlich aufgeben, den Bauch bis an die Kehle gefüllt, in ihren *Begierden* aber noch ungesättigt, machen sie sich, der Speisen überdrüssig, ans Trinken ...« (53-55).

Wenn sie »sich mit ungemischtem Wein haben vollaufen lassen, lärmen und toben sie wie wilde Hunde, als hätten sie keinen Wein getrunken, sondern etwas, das sie in Erregung versetzt und wahnsinnig macht, oder ein noch schlimmeres, geheimes Gift, das sie um den Verstand bringt. Sie fallen einander an, beißen und fressen sich Nase, Ohren, Finger und noch andere Teile des Leibes ab ...« (40). Marco Ferreris »Das große Fressen« läßt schön grüßen!

Nach der Drastik des »Lasterkatalogs«, in dem ein Stück Zeitkritik steckt, schlägt Paulus in seiner *dritten* abschließenden Mahnung wieder einen grundsätzlichen Ton an. Dabei setzt er hinsichtlich der Motivation aller vorangehenden Weisungen einen Akzent, der in beiden Kapiteln, Röm 12 und 13, bisher noch nicht zum Ausdruck gekommen war: Nur in der durch die Taufe begründeten *Lebensgemeinschaft mit dem Herrn Jesus Christus* (vgl. Kap.6) vermögen die Christen die alte Existenz des Todes zu überwinden und eine neue, von Glaube, Liebe und Hoffnung bestimmte zu führen. Das meint Paulus, wenn er sagt, »zieht den *Herrn Jesus Christus* an!« In der Taufe haben sie ihn einst »angezogen« (Gal 3,27); doch müssen sie das dort empfangene Sein und Leben immer wieder neu im Alltag bewähren. Das Bild vom »Ankleiden« Christi versteht man nur, wenn man weiß, daß in der Antike der Leib zuweilen mit einem Gewand verglichen wurde, mit dem der Mensch bekleidet ist. Auch Paulus kannte diesen Vergleich (2Kor 5,2f). Er überträgt ihn hier auf den *Leib Christi* - die Heilsgemeinde -, in welchen die einzelnen hineingetauft werden. An Christus Anteil gewinnen heißt deshalb: ihn als ein neues Gewand »anziehen«. Dieses Bild gibt zu denken: Ganz anschaulich bringt es zum Ausdruck, daß die Gläubigen in Christus eine *neue Identität* gefunden haben. In neuen, schönen Gewändern dastehen, das heißt doch: von Gott mit seinem liebenden Blick als *neuer* Mensch angeschaut zu werden, dessen alte, von Sünde und Tod gezeichnete Existenz er auf sich beruhen läßt! Nur drängt Paulus jetzt zum Schluß darauf, daß seine Adressaten diese ihre in Christus gewonnene Identität auch festhalten; deshalb setzt er kritisch und gleichzeitig nachdenklich hinzu: »und verwirklicht nicht des Fleisches Neigung zu allerlei Begierden« (so V.14b in der Übersetzung von E.Käsemann). Dabei hat er wohl schon den Zwist unter den römischen Christen im Blick, der im unmittelbaren Anschluß, in 14,1-15,13, Gegenstand seiner Ermahnungen sein wird und der ja Symptom für eine »fleischliche« Lebensauffassung ist (vgl. 1Kor 3,3; Gal 6,20), die seine Adressaten allem Anschein nach noch immer nicht überwunden haben.

C. »Nimm und lies (tolle, lege)!« Texte können Menschen radikal verändern. Ein berühmtes Beispiel bietet der Kirchenvater Augustinus (354-430 n.Chr.), der in seinen »Bekenntnissen« (Buch 8,12,28f) von seiner Bekehrung (386 n.Chr.) erzählt, daß Röm 13,13f in ihr eine entscheidende Rolle gespielt habe. Aus seinem Text sei ein längerer Abschnitt zitiert:

> »Jetzt aber, da meine grabende Selbstschau aus dem geheimen Grunde mein ganzes Elend hervorgebracht und dem Herzen zum Anblick gehäuft hatte, erhob sich der schwere Sturm, der einen schweren Regen von Tränen brachte. Um ihn ganz und laut zu vergießen, stand ich auf und ging weg von Alypius - denn Alleinsein schien mir besser zum Wer-

ke der Tränen - und ging weit genug, bis mir die Gegenwart auch des Freundes nicht mehr lästig fallen konnte.

So war mir's jetzt, und er fühlte es; ich hatte, glaube ich, ein paar Worte gesagt, schon mit tränenschwerem Klang der Stimme, und also war ich aufgestanden. Er blieb zurück, wo wir gesessen hatten, sehr betroffen. Ich aber warf mich unter einem Feigenbaum zu Boden, ich weiß nicht, wie es kam, und ließ den Tränen ihren Lauf, und Ströme brachen aus meinen Augen, das Opfer, das Du liebst, und vieles sagte ich Dir, nicht in diesen Worten, aber in diesem Sinne: ›Und Du, Herr, wie lange noch? Wie lange noch, Herr? Wirst Du zürnen bis zum Ende? Ach, denke nicht mehr unserer alten Missetaten!‹ Denn nur sie, ich fühlte es, hielten mich noch auf. Ich stieß meinen Jammer laut hinaus: ›Wie lange noch, wie lange dieses Morgen, ja morgen? Warum nicht heute? Warum nicht in dieser Stunde das Ende meiner Schmach?‹

So sprach ich und weinte in der bittersten Zerknirschung meines Herzens. Da auf einmal höre ich aus dem Nachbarhaus die Stimme eines Knaben oder Mädchens im Singsang wiederholen: ›Nimm es, lies es, nimm es, lies es!‹ Augenblicklich machte ich andere Miene, gespannt besann ich mich, ob unter Kindern bei irgendeinem Spiel so ein Leierliedchen üblich wäre, aber ich entsann mich nicht, das irgendwo gehört zu haben. Ich hemmte die Gewalt der Tränen und stand vom Boden auf: ich wußte keine andere Deutung, als daß mir Gott befehle, das Buch zu öffnen und die Stelle zu lesen, auf die zuerst ich träfe. Denn von Antonius hatte ich gehört, wie er bei einer Evangelienverlesung, zu der er sich von ungefähr eingefunden hatte, die Worte ›Geh hin, verkaufe alles, was du hast, gib es den Armen, und du wirst einen Schatz im Himmel haben; und komm und folge mir nach‹, *als wäre es für ihn vermeint, was man da las*, sich zur Mahnung genommen und bei diesem Gottesspruch sogleich zu Dir gekehrt hatte.

So ging ich eilends wieder an den Platz, wo Alypius saß; denn dort hatte ich das Buch des Apostels hingelegt, als ich aufgestanden war. Ich ergriff es, schlug es auf und las still für mich den Abschnitt, auf den zuerst mein Auge fiel: ›*Nicht in Schmausereien und Trinkgelagen, nicht in Schlafkammern und Unzucht, nicht in Zank und Neid, vielmehr ziehet an den Herrn Jesus Christus und pflegt nicht des Fleisches in seinen Lüsten.*‹ Weiter wollte ich nicht lesen, und weiter war es auch nicht nötig. Denn kaum war dieser Satz zu Ende, strömte mir Gewißheit als ein Licht ins kummervolle Herz, daß alle Nacht des Zweifelns hin und her verschwand.

Dann legte ich den Finger, vielleicht war's auch ein Merkzeichen, in das Buch, schloß es und teilte mich, schon Ruhe im Gesicht, dem Alypius mit. Dann aber teilte er mir, was in ihm jetzt vorging und was ich nicht wissen konnte, auf folgende Weise mit. Er wollte sehen, was ich gelesen hätte: ich zeigte es ihm, und er las noch hinaus über die Stelle.

Ich wußte nicht, was da noch folgte. Es folgte aber: ›Des Schwachen im Glauben aber nehmt euch an.‹ Das bezog er auf sich, und er sagte es mir. Ihn aber konnte diese Mahnung nur bestärken, und ohne alle Unruhe des mit sich Kämpfenden trat er dem Entschluß und Vorsatz zum Guten bei, der ganz zu seiner sittlichen Verfassung paßte, durch die er sich schon lange sehr zu seinen Gunsten von mir unterschieden hatte« (Bekenntnisse, übers. v. J.Bernhart, München ³1966, 413-417).

»Naherwartung« heute?

»Jetzt ist das Heil uns näher als zu der Zeit, da wir gläubig wurden« (13,11b). Offensichtlich rechnete Paulus, wie viele andere Christen auch, mit der Wiederkunft Christi in absehbarer Zeit. Dabei scheint es im Laufe der Jahre durchaus zu perspektivischen »Weiterungen« gekommen zu sein: Erlebte man z.Zt. des ältesten unserer Paulusbriefe, des 1. Thessalonicherbriefs, Todesfälle vor der Parusie als *Ausnahmen* (1Thess 4,13-18), so mußte man sich schon bald auf den Tod vor der Wiederkunft Christi als den *Regelfall* einstellen. In 1Kor 15,51 heißt es bereits: »nicht alle sterben wir [vor der Parusie], aber alle werden wir [wenn Christus kommt] verwandelt werden« (vgl. auch 1Kor 11,30, sowie unten S. 143f). Trotz solcher Verschiebungen, die im einzelnen nur schwer greifbar sind, gilt jedenfalls für Paulus, daß das Wissen um die »letzten Dinge« für ihn nie totes Katechismuswissen war, vielmehr allem, was er tat und dachte, ein inneres Ausgespannt-Sein auf das nahe Ende verlieh. Um eine reale Befristung der Zeit zu wissen - und zwar nicht nur hinsichtlich der eigenen Lebenszeit, sondern zunächst im Blick auf die Geschichte insgesamt, deren Ende man heraufziehen sah - mußte das Lebensgefühl derer, die von solchem Wissen bestimmt waren, ganz entscheidend verändern. Und was bedeutet das für uns heute? Hat »Naherwartung« heute noch irgendeine Relevanz? Oder handelt es sich um ein Relikt aus längst versunkenen Zeiten?

1) Fest steht zunächst, daß die Erwartungen des Paulus, wie die vieler anderer Christen auch, sich an diesem schwer-

wiegenden Punkt nicht erfüllt haben: *Der Herr ist nicht schon bald zum Gericht wiedergekommen, er ist bisher überhaupt nicht gekommen*; die Zeit hat sich gedehnt, die Geschichte ist weitergegangen und wird weitergehen, und niemand, der aufgrund irgendwelcher krypto-religiöser Berechnungen der Zeitabläufe behaupten würde, die Wiederkunft Christi stünde in diesem oder jenem Jahr vor der Türe, dürfte erwarten, von seinen Zeitgenossen ernstgenommen zu werden. Dabei geht es heute auch nicht mehr nur um die unzähligen Enttäuschungen solcher chiliastisch-apokalyptischen Aufbrüche und spekulativen Endzeitberechnungen, welche die Menschen haben vorsichtig werden lassen, sondern um die von den modernen Natur- und Geisteswissenschaften geprägte Zeit- und Welterfahrung überhaupt; die Christen teilen sie mit ihren Zeitgenossen und können sie deshalb nicht einfach ablegen, es sei denn, sie wollten aus der Gesellschaft »aussteigen«, was aber ihrer missionarischen Sendung widerstreiten würde. So bleibt nichts anderes übrig, als die Gegebenheiten moderner Erfahrungsmuster zu akzeptieren - und zwar ohne jegliches Bedauern, weil Gott in Jesus Christus ja jeder Zeit gleich nahe ist. Die Frage lautet, wie heute dieser Gott als der in Jesus Christus zum »Heil« der Welt *kommende Gott* sachgemäß *und* verstehbar, d.h. im Rahmen zeitgenössischer Erfahrungsmöglichkeiten zur Sprache gebracht und verkündigt werden kann.

Freilich ist es unmöglich (und deshalb hier auch gar nicht beabsichtigt), in wenigen Andeutungen zu sagen, was denn für unsere Zeitgenossen im Blick auf ihre Einstellungen zur Zukunft als kennzeichnend zu gelten hat, ob denn überhaupt für sie die Vorstellung von einem durch Gott heraufgeführten »Ende der Zeit« noch erschwinglich ist. Fragen wie die folgenden müßten bedacht werden: Hat ein Denken, für welches die Geschichte irgendwie auf ein endgültiges und letztes Ziel zuläuft, im Lebensgefühl der Menschen heute noch eine Chance, wo doch am Ausgang dieses Jahrhunderts die säkularen Hoffnungsentwürfe und utopischen Weltanschauungen durch den Kollaps des real existierenden Sozialismus enormen Schaden erlitten haben mit noch unabsehbaren Folgen für die Wahrnehmung unserer Welt, und auch die Ideologien der westlichen Hemisphäre ohne wirkliche Zukunftsoptionen sind?

Fragen ganz anderer Art würde die moderne Physik stellen, die Blicke in ungeheure Tiefen und »Zeit-Räume« unseres Weltalls eröffnet, was sowohl seine Anfänge (Urknall-Hypothese) als auch sein Ende betrifft. Hier ergeben sich Einsichten, die durch religiöse und philosophische Deutungen der Welt weder außer Kraft gesetzt noch überspielt werden dürfen. All das und noch vieles andere mehr wäre zu bedenken, wenn es darum geht, die christliche Rede vom »Ende der Zeit« auf der Höhe moderner, nicht-beliebiger Zugänge zur Wirklichkeit für heutiges Denken theologisch zu vermitteln.

Daß der Mensch sich durch die Technik heute zum erstenmal selbst in die ihn total überfordernde Lage versetzt hat, die Welt, in der er lebt, unrevidierbar zu verwüsten, sie buchstäblich in die Luft zu sprengen, das steht auf einem ganz anderen Blatt geschrieben.

»Das Ende der Welt
ist ausmalbar geworden,
insofern nicht länger malbar.

Das Ende der Welt
ist nicht mehr zu diskutieren,
sondern zu verhindern.

Notfalls, wie
in unserem Fall, mit Gottes,
sprich: unserer, Hilfe«.

So lautet ein Gedicht mit der Überschrift »Apokalyptisch« (J.Rennert, Dialog mit der Bibel, Stuttgart 1984). Daß der Mensch unserer Tage kein Sensorium habe für ein drohendes »Ende seiner Geschichte«, wird man deshalb gewiß nicht behaupten können. Aber solch ein von ihm heraufbeschworenes und in die Wege geleitetes Ende, bei dem er mit Gottes Wirken nicht mehr rechnet, darf nicht verwechselt werden mit dem von *Gott selbst* gesetzten »Ende der Zeit«, wie es die biblisch-christliche Verkündigung behauptet. Es wäre unredlich, heutige Katastrophen-Szenarios für christliche Endzeit-Verkündigung ausbeuten zu wollen, zumal damit nur Angst geschürt wird. Vielmehr ist sachliche Nüchternheit gefragt. Sehen wir also weiter zu, wie sich die biblisch-christliche Rede vom nahen Ende der Zeit verstehen und ins Heute übersetzen läßt.

2) Fest steht, daß man von »Naherwartung« nicht reden kann, ohne auch gleichzeitig die Frage nach einem möglichen »Ende der Zeit« überhaupt in den Blick zu nehmen. Das Umgekehrte ist durchaus möglich, nämlich von einem irgendwann zu erwartenden »Ende der Zeit« zu sprechen, ohne dies gleich in der hochgespannten Atmosphäre einer »Naherwartung« zu tun. So besitzt die Rede vom zukünftigen »Gericht« Gottes über diese Welt in der Glaubensverkündigung von jeher ihren festen Ort, ohne deshalb immer auch schon den »heißen Atem« frühchristlich-apokalyptischer »Naherwartung« bewahrt zu haben; im Gegenteil: letztere ist in aller Regel aus den Großkirchen ausgewandert, um immer wieder einmal in Sekten und apokalyptischen Zirkeln, die ein weltabgehobenes Dasein führen, abrupt aufzubrechen. Zu beachten ist, daß die Ausscheidung der »Naherwartung« aus der Rede vom Gericht und der Weltvollendung auch durch das Glaubensbekenntnis sanktioniert ist: »Er sitzt zur Rechten des Vaters und wird wiederkommen in Herrlichkeit, zu richten die Lebenden und die Toten; seiner Herrschaft wird kein Ende sein«, heißt es im Großen Glaubensbekenntnis: konzentriert auf das Wesentliche und ohne ein Wort darüber zu verlieren, *wann* dies alles sein wird.

Nun kann »Naherwartung« von den Gläubigen auch gar nicht als »Glaubensgegenstand« eingefordert werden (vgl. Bd.1, S.314); entweder handelt es sich bei ihr um eine lebendige Hoffnung oder aber sie ist eine leere, ausgebrannte und von Enttäuschung gezeichnete Worthülse, die sich durch einen »Glaubensentschluß« jedenfalls nicht mehr zum Leben erwecken läßt. Entsprechend hat die Erforschung frühjüdischer und christlicher Apokalyptik gezeigt, daß in der Regel für das Aufbrechen lebendiger »Naherwartung«, also der Hoffnung, daß Gott in Bälde in seinem Gericht die Welt in Ordnung und seinen Heilsplan zur Vollendung bringen wird, ganz bestimmte soziologische Bedingungen auf seiten derer, die solche Zuversicht hegen, gegeben sein müssen. So waren es vor allem verfolgte, religiöse Minderheiten, die, wenn sie keinen menschenmöglichen Ausweg mehr aus ihrer verzweifelten Lage sahen, ihre Hoffnung ganz auf den in Kürze zum Gericht erwarteten Gott warfen, der seine Frommen nicht über Gebühr versucht. Die Situation der jüdischen Frommen des Danielbuches, die trotz der Übermacht der seleukidischen Fremdherrschaft in Palästina sowie des Assimilationsdruckes, der von seiten der hellenistischen Juden auf ihnen lastete, an der Tora JHWHs festhielten, veranschaulicht exemplarisch, wie es zu apokalyptischer »Naherwartung« kommt (vgl. auch Bd.1, S.61). Die »Offenbarung« des Johannes bietet ein neutestamentliches Beispiel für eine Gruppe von Gläubigen, die wiederum - diesmal unter dem Assimilationsdruck der heidnisch-kleinasiatischen Kultur im Zeichen der römischen Weltherrschaft - in Treue zu ihrem Glauben all ihre Hoffnung auf den Gott warfen, der bald kommen sollte, um einen neuen Himmel und eine neue Erde heraufzuführen: *Der innere und äußere Druck verschafft sich Luft in einer starken, auf zeitliche Nähe des göttlichen Einschreitens setzenden Hoffnung, die in einer extremen Lebenssituation Kräfte zum Überleben freisetzt.*

Was nun inbesondere die Anfänge der christlichen Bewegung betrifft, kommt ein Weiteres hinzu, nämlich die *Erfahrung von Ostern*, wie sie sich im Bekenntnis zur Auferwekkung Jesu artikuliert hat; ihre Kraft, Hoffnung auf endgültige Erlösung zu entzünden, kann für die Frühzeit der Kirche nicht hoch genug veranschlagt werden. So wurde in der Aufbruchsstimmung nach Ostern die Auferweckung Jesu nicht als *irgendein* Geschehen im Fluß der unverändert weiterströmenden Geschichte verstanden, sondern als der *Auftakt zu* den Endereignissen überhaupt: Was in Jesu Auferweckung aus dem Tod und seiner Erhöhung zu Gott geschah, wurde als der Anfang dessen begriffen, was in Kürze auf alle, die an ihn glauben, zukommen sollte. So war die »Naherwartung« ursprünglich ein Moment in der Deutung der österlichen Hoffnung selbst und Ausweis ihrer lebensverändernden Mächtigkeit.

Daraus ergeben sich Anfragen an unser heutiges Glaubensverständnis. Für uns ist die Erwartung eines zukünftigen Gerichts und der Weltvollendung durch Gott in aller Regel Bestandteil eines Katechismuswissens von den »letzten Dingen«, das eher am Rand der Frömmigkeit angesiedelt ist und auch nicht wirklich in das Leben eingreift. Der Zusammenhang zwischen dem österlichen Bekenntnis zu Jesus und der christlichen Einstellung zur Zukunft scheint oftmals verdunkelt. Die kognitiven Elemente der letzteren sind als »Wissen« von den letzten Dingen aus einer lebendigen Zukunftseinstellung ausgewandert und leiden deshalb an »Blutleere«. So viel Richtiges in der eben erwähnten Ausscheidung der »Naherwartung« aus dem Glauben an Gott als den zukünftigen Richter auch steckt (es ist heute im Grunde genommen die Absage an jede schwärmerische Interpretation des Glaubens!), so viel Verlust authentischer Glaubenserfahrung kann damit aber auch einhergehen! *Einerseits* wird man gewiß ehrlicherweise sagen müssen: Mit ihrer »Naherwartung« haben die frühen Christen, einschließlich Paulus, sich *geirrt*, sie sind einer perspektivischen Täuschung aufgesessen. *Andererseits* wird man nicht unterschätzen dürfen, daß eben dieselben Christen aus ihrer »Naherwartung« Kräfte zum Leben gewonnen haben und diese der Ausweis für die Vitalität ihrer österlichen Hoffnung in schwieriger Zeit gewesen ist. Dies theologisch ernst zu nehmen bedeutet zweierlei: einerseits auf jeden schwärmerischen Versuch zu verzichten, »Naherwartung« in Sektenmentalität und in nur scheinbarer Treue zur heiligen Schrift revitalisieren zu wollen, anderseits aber nach den Impulsen zu fragen, die in dieser frühchristlichen Gestalt von Hoffnung stecken, um den Glauben an die »letzten Dinge« aus dem Ghetto des toten »Katechismuswissens« zu befreien, das höchstens in Grenzsituationen unseres Lebens, dann aber oft genug ritualisiert und formelhaft abgerufen wird. Um diesem Anliegen ein wenig Genüge zu tun, sollen im folgenden wenigstens einige Elemente zusammengetragen werden, freilich ganz fragmentarisch und ohne systematische Durchdringung, lediglich mit der Absicht, ein wenig Nachdenklichkeit in puncto christlicher Hoffnung zu erzeugen.

3) a) Eine erste Überlegung betrifft die *Sprachform*, in der bei Paulus (wie bei anderen frühchristlichen Autoren) vom nahe bevorstehenden Ende der Geschichte, vom Gericht Gottes etc. gesprochen wird. Gleich im Anschluß an Kap.13 wird es in 14,10 heißen: »wir alle werden vor Gottes Richterstuhl erscheinen". Was ist das für eine Rede? Oder wenn Paulus andernorts sagt: Christus wird (vom Himmel) »*herabsteigen*« (1Thess 4,16), »die Toten werden [aus den Gräbern] *auferstehen*« (ebd.)? Ohne Zweifel enthalten solche Sätze das Ingredienz der Anschaulichkeit, der Bildhaftigkeit; es wird erzählt, was sein wird, jeweils in einer gewissen inneren Abfolge, wobei Gott und sein Christus die Hauptakteure sind, die eingreifen, um Altes abzuschließen und Neues heraufzuführen. Solche Rede hat *mythischen* Charakter, sie *veranschaulicht* etwas, was zutiefst *unanschaulich* ist: den Glauben daran, daß diese Welt - die Lebenden und Toten - zuletzt in Gottes Hand liegt. Wenn solch mythisch erzählte Geschichte ganz aus Gottes Freiheit kommend begriffen wird, dann verhindert das einen erzählerischen (oder auch dogmatischen) »Zugriff«, der genau zu wissen vermeint, was und wie alles geschehen wird; die »Anschaulichkeit« des Mythischen wird so immer wieder durchkreuzt im Wissen darum, daß es hier auf die Befriedigung eschatologischer Neugierde überhaupt nicht ankommt, die Rede vom zukünftigen Gericht Gottes über diese Welt vielmehr *prophetisch* in die Verantwortung rufen, aufbauen, trösten und Hoffnung wecken will. Nur eingebettet in dieserart gegenwartsbezogene Weisen des Zuspruchs und Anspruchs

an den Menschen, erhalten die kognitiven Elemente jener mythischen Endgeschichte auch die ihr eigene Funktion; losgelöst davon verkommen sie zu dem schon angesprochenen bedeutungslosen »Wissen von den letzten Dingen«.

b) Nun scheint die »Dringlichkeit« des anstehenden Gerichts Gottes zuletzt keine Frage der Kürze oder Länge der Zeit zu sein, die noch aussteht bis zum Tag der Parusie. Im Grunde genommen ist es die Wirklichkeit Gottes selbst, die zu jeder Stunde in diese unsere Zeit hineinragt und sie mit ihrem Ende bzw. mit der ihr verheißenen Vollendung konfrontiert. Das wiederum ist keine allgemeine, stets gültige Einsicht, sondern sie leitet sich her vom Glauben an den auferweckten Messias Jesus, der den Glaubenden *als solcher voraus* ist: Sie schauen nicht eigentlich auf ihn zurück, vielmehr kommt er ihnen als der von den Toten Auferweckte *entgegen* und richtet sie so auf ihn als den Mittler zukünftigen Heils aus. Dadurch aber, daß die Heilswende in Tod und Auferweckung Jesu bereits geschehen und in ihm als dem zu Gott Erhöhten aufbewahrt ist, erhält auch die Zeit eine neue Qualität: Nicht erst an ihrem imaginären Ende, von dem wir durch eine Heilsleere geschieden wären, sondern jetzt schon kommt der erhöhte Messias und Herr uns im Glauben entgegen. »Jede Sekunde« ist »die kleine Pforte, durch die der Messias treten kann« (W.Benjamin).

c) Damit wird aus »Naherwartung« »*Stetserwartung*« (H.Schürmann), die freilich sehr unterschiedliche Gestalt annehmen kann. Wenn uns der auferweckte Messias Jesus zu jeder Stunde entgegenkommt, dann ist er der große Störfaktor der Geschichte nicht erst an ihrem imaginären Ende, das er mit seiner Parusie herauf führen wird, sondern er ist das jetzt schon. Vermittelt wird diese seine andringende Nähe durch *prophetische Rede*, die Einspruch erhebt gegen alle Versuche des Menschen, die Geschichte aus eigener Kraft selbst vollenden zu wollen, was unweigerlich zu Totalitarismus der verschiedensten Art führt. Prophetische Rede mahnt demgegenüber zur »Nüchternheit« und

»Wachsamkeit« (vgl. Mk 13,32-37), welche den Menschen vor falschen Erwartungen der philosophischen und politischen »Fortschritts-« und Hoffnungsideologien bewahren sollen. Das »Ende der Zeit« - die Vollendung der Welt - ist nicht einfach die Frucht einer steten geschichtlichen Höherentwicklung, des sog. »Fortschritts« - das wäre eine furchtbare Illusion, die auf Kosten derer ging, welche für solchen »Fortschritt« bezahlen müssen, *der Opfer und Besiegten der Geschichte* (W. Benjamin). Nicht ohne Grund ist deshalb für die biblische Zukunftserwartung die Polarität von »Weltvollendung« *und* »Weltgericht« maßgebend. Dieses »Gericht« aber ragt schon in diese Welt hinein (vgl. Röm 1!) bzw. wird laut in der *prophetischen* Kritik, welche die Welt um der einzufordernden Gerechtigkeit willen ihrem kommenden Herrn konfrontiert. So ist die »Dringlichkeit« des nahen »Endes« zuletzt keine Frage der noch verbleibenden Frist, sondern eine *Frage der kritischen Relevanz*, welche der Glaube an den kommenden Gekreuzigten hier und jetzt entwickelt. Wenn er das nicht tut, dann liegt das nicht an ihm selbst, sondern an uns, die wir ihn in frommer Watte verpackt, hinter Kirchenmauern verschlossen und zum Akt privater Innerlichkeit haben degenerieren lassen.

d) Erst wenn man den *öffentlichen* Charakter christlicher Rede vom andringenden »Ende der Zeit« bedacht hat (es geht ja stets um das Gericht Gottes über die *Welt insgesamt*, die Erneuerung der *Schöpfung* lautet die große Hoffnung!), kann man in solch übergreifendem Rahmen auch die Frage nach der Relevanz von »Naherwartung« und »Stetserwartung« für den je einzelnen stellen, ohne Gefahr zu laufen, etwas zu privatisieren oder individualistisch eng zu führen, was ja doch die Geschichte der Menschheit insgesamt angeht.

Freilich gibt es, was diese betrifft, unendlich viele Abstufungen, welche unerbittlich die Frage der Theodizee aufwerfen, die Frage, wie Gott all das Böse, die vom Menschen zu verantwortenden, aber auch die über ihn ohne sein Verschulden hereinbrechenden Katastrophen zulassen kann. Darauf gibt es keine Antworten, es sei denn die eine Hoffnung, Gott selbst werde sich am Ende der Zeiten rechtfertigen angesichts dieser unendlich vielen verzweifelten Fragen, er selbst werde Recht schaffen den vielen Opfern und Besiegten der Geschichte, er selbst werde sich als der wahre Gott erweisen, der seiner Schöpfung und all ihren leidenden Kreaturen die Treue bewahrt (vgl. Bd.1, S.86-89). Begründen läßt sich solche Hoffnung, die gewiß ein Wagnis darstellt, nur im Blick auf den gekreuzigten Jesus, von dem der Glaube bekennt: Gott hat ihn von den Toten erweckt.

Nun sind alle die genannten katastrophalen Abbrüche von Lebensgeschichten, von kollektiven wie von individuellen, natürlich nur die unzähligen Namen, die der *Tod* trägt, dieses eine abgründige Rätsel des menschlichen Lebens. Gewiß kommt es heute angesichts der vielen Tabuisierungen, die er in unseren Gesellschaften erfährt, ganz entscheidend darauf an, ihn wieder in unser Leben zurückzuholen, damit dieses menschlich bleiben kann. Die Rede von der »Naherwartung« oder »Stetserwartung«, dem eigenen Herrn Jesus gegenüber zu treten, könnte in diesem Rahmen für jeden einzelnen Glaubenden neue, erhöhte Aktualität erlangen:
Jeder von uns geht dem Ende entgegen, jeder von uns hat dadurch, daß er auf seinen Tod hinlebt, der in sein Leben wie ein Gewalttäter einbricht oder aber - vielleicht seltener - als Frucht eines erfüllten Lebens heranreift, ein unmittelbares Verständnis dafür, was es heißt: *Die Zeit ist befristet.* So kann man das Ende des eigenen Lebens verdrängen, es abschieben in ein weit entferntes »Später«, man kann es aber auch hereinlassen in das »Jetzt«, das dadurch eine neue, unschätzbare Qualität gewinnt: die Qualität einer *geschenkten* und *eingeräumten* Zeit, mit der verantwortlich umzugehen ein jeder aufgerufen ist. Für den Christ bedeutet das: in »Nüchternheit« und »Wachsamkeit« zu leben, darum zu wissen, daß »die Nacht vorgerückt ist«, daß die Morgenröte der Begegnung mit dem Herrn bevorsteht (Röm 13,12); jetzt gilt es, die Träume der Nacht abzustreifen, den Schlaf des Vergessens aus den Augen zu reiben, als »Kinder des Lichts« (Eph 5,8) zu leben.

2. Konkrete Weisungen: Auf dem Weg zur *einen* Gemeinde (14,1-15,13)

Nachdem Paulus in 12,1-13,14 seinen Adressaten mit Hilfe allgemeiner Lebensregeln und ethischer Maximen mehr grundsätzlich die Richtung gewiesen hat, in der sich ihr neues Leben in Christus als vom »Guten« (12,2.9.21; 13,3f.10) geprägt zu entfalten habe, wird er in 14,1-15,13 in dem Sinne konkret, daß er jetzt, wahrscheinlich durch seine in Kap.16 gegrüßten Freunde darüber in Kenntnis gesetzt, auf einen Konflikt der römischen Christen untereinander zu sprechen kommt. Dieser betraf keine Frage am Rand, sondern rührte an den Nerv ihres *Kirche-Seins*. Man pflegte offensichtlich in den »Hausgemeinden« Roms (vgl. zu Kap. 16) unterschiedliche religiöse Lebensstile, die sich gegenseitig auszuschließen schienen und eine Integration der verschiedenen christlichen Zellen in der Stadt zu einer homogenen und in sich geeinten Großgemeinde verhinderten. Wenn Paulus seine Adressaten nachdrücklich dazu ermahnt, »sich einander anzunehmen« (14,1; 15,7), d.h. sich *gegenseitig* im Glauben *anzuerkennen*, und wenn er außerdem als Ziel ihrer erst noch anzustrebenden oder wieder herzustellenden »Einmütigkeit« das einträchtige Gotteslob »aus einem Munde« nennt (15,5f), dann deutet beides daraufhin, daß die Christen Roms jedenfalls derzeit nebeneinander her lebten und nicht einmal zu einem gemeinsamen Gottesdienst zusammenkamen. Übergeordnete Leitungsfunktionen gab es in der Gemeinde offensichtlich noch nicht, denn sonst hätte Paulus zur Konfliktlösung wahrscheinlich auf sie verwiesen (vgl. 1Thess 5,12); nicht einmal in seiner Grußliste von Kap.16 erwähnt er Leute, die für das Ganze Verantwortung trugen. Aus der Sicht des Apostels waren somit die christlichen Kleingruppen in der Stadt erst noch auf dem Weg, *Kirche zu werden*, sie hatten den wichtigsten Schritt noch vor sich.

Worum ging es?

Was waren die Barrieren, die auf dem Weg zur *einen* Gemeinde erst noch zu überwinden waren? Was können wir diesbezüglich den spärlichen Informationen des Textes, der ja an Beteiligte, nicht an Dritte gerichtet ist, entnehmen? Offensichtlich gab es unter den römischen Christen, unbeschadet ihres gemeinsamen, aus der

Sicht des Paulus freilich nicht wirklich zum Tragen kommenden Christusbekenntnisses, *zwei* sich einander fremd gegenüberstehende *Richtungen*, die sich in wichtigen religiösen Überzeugungen, aber auch entsprechenden Lebensgewohnheiten voneinander unterschieden. Greifbar im Text sind zunächst diese konkreten *Lebensgewohnheiten*, an denen sich der Konflikt entzündete. So hören wir, daß einige Christen in ihren täglichen Essensgewohnheiten keine Einschränkungen gelten ließen (»sie glauben, *alles* essen zu dürfen«, sagt Paulus in 14,2), daß andere hingegen erklärte Vegetarier waren (wenn es in 14,2 [wörtlich] heißt, sie äßen nur »Gemüse«, dann klingt das ein wenig despektierlich; gewiß haben sie sich auch mit anderen Grundnahrungsmitteln wie Brot und sonstigen fleischlosen Produkten, z.B. Eiern, Obst und Nüssen ernährt. In 14,21 ist dann freilich auch ausdrücklich vom Verzicht auf Fleisch die Rede, und um diesen Punkt ging es zentral!). Hinzu kommt, daß die Vegetarier wohl auch auf Weinkonsum verzichteten, was Paulus jedoch nur einmal, nämlich in 14,21, kurz streift.

Aber nicht nur im »Essen und Trinken« (14,17), auch in der Beachtung bzw. Nichtbeachtung von Feiertagen schieden sich die Geister: Die einen »bevorzugten bestimmte Tage, die anderen machten keine Unterschiede«, heißt es in 14,5a. Woran haben wir dabei zu denken? Es gibt Ausleger, die meinen, es ginge hier um den zu damaliger Zeit weit verbreiteten Volksglauben, gewisse Tage im Jahr stünden unter einem besonders glücklichen Stern, weshalb man ihnen eigene Aufmerksamkeit zu schenken habe. Aber nach dem Fortgang des Textes in V.6 (»wer einen bestimmten Tag bevorzugt, tut es zur Ehre des Herrn«) liegt es doch näher, an die Unterscheidung von heiligen und profanen Zeiten innerhalb eines religiösen Festkalenders zu denken. Macht man zudem mit der Beobachtung ernst, daß Paulus im abschließenden Gedankengang seiner Weisungen, in 15,7-13, den römischen Konflikt in den übergreifenden Horizont des Heilswerks Christi rückt, durch welches *Juden und Heiden* zum gemeinsamen Lobpreis Gottes zusammengeführt werden sollen, dann geht man auch in unserer Frage nicht fehl, wenn man in der »Unterscheidung der Tage« ein Kennzeichen spezifisch *jüdischer* Frömmigkeit erblickt, die demnach bei einem Teil der römischen Christen noch fest verwurzelt war: Diese beobachteten wohl den *Sabbat* und begingen in ihren Familien möglicherweise auch noch andere jüdische Feste, ohne daß wir sagen könnten, welche Feste das waren. Demgegenüber sahen sich die übrigen römischen Christen an den jüdischen Festkalender nicht gebunden und unterschieden deshalb auch nicht zwischen heiligen und profanen Zeiten: Angesichts der Heiligung des Alltags durch Christus galten ihnen wohl alle Tage gleich heilig oder anders gesagt: Der auferweckte Christus, so ihre mutmaßliche Überzeugung, ist jeder Zeit gleich nahe. Daß sie den »Herrentag« (Offb 1,10; Did 14,1) oder in jüdischer Terminologie »den ersten Tag der Woche« (1Kor 16,2; Apg 20,7) als Gedächtnistag der Auferstehung Christi begangen, also den Sonntag gegen den Sabbat eingetauscht hätten, darüber läßt Paulus nichts verlauten. Sollten sie bereits den »Herrentag« als feste Institution gekannt haben - was nicht auszuschließen, angesichts des Schweigens des Apostels aber auch nicht wahrscheinlich ist -, dann hätten sie ihn jedenfalls nach Ausweis von 14,5a (»der eine beurteilt einen Tag anders als den anderen, der andere beurteilt jeden Tag [gleich]«) nicht in einem sakral-kultischen Sinne von den übrigen profanen Zeiten der Woche abgehoben. Doch leider wissen wir im einzelnen zu wenig von den religiösen Gepflogenheiten der römischen Christen, wobei uns z.B. auch interessieren würde, »ob die Verfechter einer christlichen Sabbatheiligung in Rom am Sabbat speziell der Errettung der Glaubenden durch Christus gedacht haben« (Stuhlmacher, Römerbrief 199), wie also die christliche Sabbatfeier in Rom ausgesehen hat.

Eines freilich läßt sich aufgrund der eben bereits erwähnten Einordnung des römischen Konflikts in die heilsgeschichtliche Perspektive der *Versöhnung von Juden und Heiden* durch Paulus am Ende seiner Weisungen (in 15,7-13) mit ziemlicher Sicherheit sagen: Was Paulus zeit seines missionarischen Wirkens an Auseinandersetzungen über den rechten Weg der Kirche zwischen Israel und den Völkern im großen Rahmen erlebt hat und womit er jetzt wieder anläßlich seines bevorstehenden Jerusalem-Aufenthaltes konfrontiert werden sollte (vgl. die Einleitung zu Bd.1), das trat ihm bei den römischen Christen in kleinem Maßstab und mit besonderem Lokalkolorit versehen entgegen: Einer am *jüdischen Lebensstil* festhaltenden Gruppe von Christen stand sozusagen eine erstarkte zweite christliche »Konfession« gegenüber, die sich nach ihrem eigenen Selbstverständnis als nicht mehr Israel zugehörig betrachtete und deshalb nach Meinung der jüdisch lebenden Mitchristen »*heidnischem*« Lebensstil verfallen war. Für das Verständnis von Vegetarismus und Weinverzicht, zu denen man ja aus ganz unterschiedlichen weltanschaulichen Gründen gelangen konnte, bedeutet das, daß man beide Einstellungen in Rom von einem spezifisch jüdischen Horizont her zu beurteilen hat. Das freilich scheint nicht ganz unproblematisch zu sein, da an sich die Tora eine Verpflichtung weder zu vegetarischer Ernährung (vgl. Gen 1,29f mit 9,3f) noch zur Enthaltung von alkoholischen Getränken kennt, in dieser Hinsicht im Gegenteil voller Lebensfreude proklamieren kann: »Der Wein erfreut das Herz des Menschen!« (Ps 104,15; vgl. Ri 9,13). So unasketisch das antike Judentum aufgrund seiner theologischen wie weltanschaulichen Voraussetzungen, von Ausnahmen einmal abgesehen, insgesamt eingestellt war, es konnten dennoch, bedingt durch konkrete Umstände vor allem in der Diaspora, Situationen eintreten, die von den Gesetzestreuen aus Gründen der »Reinerhaltung« von allem heidnischen Unwesen auch den Verzicht auf Fleischgenuß und Wein einfordern konnten. Das sei im folgenden an drei Beispielen kurz veranschaulicht.

Das klassische Beispiel findet man im *Danielbuch*: Am Hof des babylonischen Königs weigerten sich Daniel und seine Gefährten, von den Speisen und dem Wein der königlichen Tafel zu kosten, um sich nicht zu verunreinigen; sie nahmen mit pflanzlicher Nahrung und Wasser vorlieb (Dan 1,8-17; vgl. auch noch Tob 1,11; 2Makk 5,27).

Ein anderer Text führt uns nach Rom: Nach dem Bericht des *Flavius Josephus* (37/38 geb., nach 100 gest.), niedergeschrieben in seiner Autobiographie (Vita 3,14), vergaßen einige in Rom gefangengehaltene jüdische Priester »die der Gottheit gebührende Frömmigkeit« nicht und ernährten sich deshalb nur mit Feigen und Nüssen. Unter »Frömmigkeit« versteht Josephus hier offensichtlich ihren Gehorsam gegenüber der Tora, die zwischen reinen und unreinen Speisen unterscheidet und vor allem den Blutgenuß untersagt (vgl. Gen 9,4; Lev 17,10-14), was in der jüdischen Überlieferung zu einer besonderen, im Laufe der Zeit ausgebildeten Art des sog. »koscheren« Schlachtens geführt hat. Bevor jene Priester sich durch Speisen verunreinigten, die ohne Beachtung der überlieferten Regeln zubereitet waren, verzichteten sie überhaupt auf sie und ernährten sich vegetarisch.

Ein dritter Text versetzt uns nach Ägypten: *Philo von Alexandrien* schildert uns in seiner Schrift »Über das betrachtende Leben« die spartanisch einfache Lebensweise einer aus Frauen und Männern bestehenden Asketengemeinschaft am Mareotischen See in der Nähe von Alexandrien, die sich ganz dem Studium der Tora, dem Gebet und dem Gottesdienst verschrieben hatte. Vegetarische Ernährung und Verzicht auf Wein waren Kennzeichen ihres Lebensstils. Philo deutet diesen aus seiner Perspektive als kritische Alternative zum dekadenten Luxus der Stadtgesellschaft seiner Zeit (vgl. den oben anläßlich der Auslegung von 13,13 gebotenen Textausschnitt), womit er aber nicht unbedingt das authentische Selbstverständnis jener Frauen und Männer wiedergegeben hat. Manche Forscher vermuten, diese seien vom asketischen Ideal der Pythagoreer beeinflußt gewesen, die ihren Vegetarismus in der Tradition ihres großen Meisters, des griechischen Philosophen Pythagoras von Samos (6. Jh.v.Chr.), weltanschaulich begründet haben: Die Lehre von der »Seelenwanderung« bzw. die Überzeugung, daß auch die Tiere eine »Seele« besäßen und daher teil hätten an der Mensch und Tier verbindenden Solidargemeinschaft des Lebens, hielt sie vom Genuß tierischen Fleisches ab (die zweite Motivation bei Diogenes Laertius, VIII 13, und Jamblichus, Leben des Pythagoras 108). Andere Forscher sind gegenüber Fremdeinfluß bei der jüdischen Gemeinschaft am Mareotischen See zurückhaltender und rechnen eher mit einer genuin jüdischen Motivation für deren vegetarische Lebensweise, die dann aus der Tora und ihrem Reinheitsideal geschöpft gewesen sein müßte: Vielleicht haben diese jüdischen Männer und Frauen einfach aus dem Grund kein Fleisch gegessen, weil es Blut enthielt und dieses als der Sitz des Lebens unantastbar war (Lev 17,10-14); in radikaler Weise der Kontemplation in Studium, Gebet und Gotteslob hingegeben, waren sie in ihrer alltäglichen Versorgung wahrscheinlich in stärkerem Maße von der Außenwelt abhängig, als das bei landläufigen synagogalen Gemeinschaften der Fall war, was ihre Enthaltsamkeit um der von der Tora gebotenen »Reinheit« willen gut erklären würde. Sollte das zutreffend sein, dann hätten wir es auch hier mit einem Beispiel zu tun, bei dem der Druck der heidnischen Umwelt Juden um ihrer Treue zur Tora willen zu einem »Mehr« an Frömmigkeitsleistung gezwungen hätte, zu einem »Mehr«, das unter normalen Umständen in einem relativ einheitlichen jüdischen Milieu niemandem abverlangt wurde.

Auf der Linie dieser Beispiele kann man sich nun auch den asketischen Lebensstil der jüdisch lebenden Christen Roms gut verständlich machen. Auch sie waren davon durchdrungen, daß man auch als Anhänger des Juden Jesus der Tora gemäß (vgl. besonders das Buch Levitikus) zwischen »rein« und »unrein« zu unterscheiden hätte. Daß sie dieser Überzeugung waren, kann man wie in einem Spiegel an der pointierten Gegenthese des Paulus ablesen, mit der dieser seine Sympathien für die Christen Roms zum Ausdruck bringt, die sich nicht mehr von der Reinheits-Tora in Pflicht genommen sahen:

> »Ich weiß und bin im Herrn Jesus davon überzeugt:
> *Nichts ist durch sich selbst unrein;*
> *unrein ist es nur für den,*
> *der es als unrein betrachtet*« (14,14).

Nun verlangte aber die Reinheits-Tora, wie wir eben gesehen haben, von den Gesetzesfrommen keineswegs einen grundsätzlichen Verzicht auf Fleisch, sondern untersagte ihnen nur den Genuß von Blut (Lev 17,10-14) und den Verzehr bestimmter Tiere (Lev 11; vgl. auch Ex 22,30; Dtn 14,3-21a). Was zwang dann aber die römischen Christen zu ihrer vegetarischen Lebenseinstellung? Waren es in Verbindung mit ihrer Treue zu den Reinheitsbestimmungen der Tora die *äußeren* Umstände, die sie dahin führten, oder haben wir zusätzlich mit einer besonderen (vielleicht pythagoreisch beeinflußten) *asketischen Motivation* zu rechnen? Ruft man sich die oben vorgestellten Beispiele für situationsbedingten Vegetarismus im Frühjudentum in Erinnerung, dann möchte man eher im ersten Sinne votieren. Die folgende Erklärung legt sich nahe (vgl. auch in Bd. 1, S.17-21):

Seit dem Edikt des Kaisers Claudius (49 n.Chr.), das auf öffentlichkeitsgefährdende Umtriebe in den jüdischen Synagogen Roms infolge von Auseinandersetzungen über die in sie einsickernde Christus-Kunde von Jesusgläubigen u.a. mit der Ausweisung der mutmaßlichen »Rädelsführer« und Unruhestifter reagierte, konnten Jesusanhänger sich unmöglich mehr im Verband der jüdischen Synagogen organisieren, sondern hatten ihren eigenen, vom Judentum getrennten Weg zu gehen: Das Tischtuch mit der Synagoge war endgültig zerschnitten! Für diejenigen, die sich aber nach wie vor in ihrem religiösen Selbstverständnis dem Judentum verpflichtet sahen, hatte diese Trennung durchaus schmerzliche Konsequenzen, die bis in ihren alltäglichen Lebensstil eingriffen: Bei einem jüdischen Metzger, der »koscher« schlachtete, oder einem jüdischen Händler, der die »Reinheit« seiner Ware garantierte, konnte man sich nun aufgrund der Trennung von der Synagoge nicht mehr blicken lassen; auf den heidnischen Märkten der Stadt aber wurde nur »Unreines« angeboten, etwa Fleisch, das aus rituellen Schlachtungen in den römischen Tempeln stammte, oder Wein, der den Göttern geweiht worden war. So blieb, wollte man den Reinheitsbestimmungen der Tora treu bleiben, nur ein Weg offen: Man verzichtete überhaupt auf den Verzehr von Fleich und lebte vegetarisch, auch den Genuß von Wein gab man dran (wie man die Eucharistie in diesen Kreisen feierte, das entzieht sich unserer Kenntnis).

Nun dürfen wir nicht meinen, die beiden Strömungen oder Gruppierungen, die z.Zt. des Römerbriefs die römische Jesusbewegung prägten, seien durch klare ethnische Grenzziehungen bestimmt gewesen: hier Judenchristen, dort Heidenchristen! So einfach war das nicht. Das ersieht man z.B. daran, daß das judenchristliche Ehepaar Priska und Aquila, das infolge des Claudius-Edikts aus Rom ausgewiesen worden war (vgl. Apg 18,2), aber nach Zwischenstationen in Korinth und Ephesus (vgl. 1Kor 16,19) wohl nach dem Tod des Kaisers Claudius im Jahre 54 n.Chr. wieder nach Rom zurückgekehrt war (vgl. unten zu Röm 16,3-5a), zu den römischen »Parteigängern« des *Paulus* gehörte, die beiden also, obwohl sie von ihrer Herkunft her *Judenchristen* waren, sich in Rom trotzdem nicht (selbstverständlich möchte man sagen) auf der Seite derer wiederfanden, die nach wie vor *jüdischem Lebensstil* huldigten. Umgekehrt gilt für diese jüdisch lebenden Christen keineswegs unbesehen die Annahme, daß es sich bei ihnen in jedem Fall auch um gebürtige Judenchristen gehandelt haben muß. Im Gegenteil! Zum einen ist daran zu erinnern, daß Paulus seinen Brief an die Römer nach Auskunft seiner Adresse in 1,5f (und 1,13) an »*Heidenchristen*« gerichtet hat (vgl. auch 11,13); zum anderen fällt im Unterschied zum Konflikt in Galatien auf, daß nach dem Zeugnis der Kapitel 14f die »Beschneidung« als möglicherweise zu fordernde Einlaßbedingung für die eschatologische Heilsgemeinde Jesu in der Auseinandersetzung der römischen Christen offensichtlich keine Rolle gespielt hat. Die Öffnung der Jesusbewegung für Heiden scheint also schon sehr früh unter den Jesusanhängern Roms unbestritten gewesen zu sein; möglicherweise war es auch erst diese Forderung, man sollte auf die »Beschneidung« als notwendige Bedingung für den Eintritt in die messianische Endzeitgemeinde Jesu verzichten, die seinerzeit unter Claudius (49 n.Chr.) den folgenreichen Eklat in den jüdischen Synagogen Roms ausgelöst hatte (vgl. Bd. 1, S.19f). Eine solche Forderung aber dürfte im Kreis der sog. »Gottesfürchtigen«, also der heidnischen Sympathisanten der Synagogen, ihr nachhaltigstes Echo gefunden haben. Das waren Leute, die beeindruckt vom Ethos und Monotheismus des Judentums zwar jüdisch leben wollten, den letzten Schritt der Konversion, die Beschneidung, aber nicht vollzogen haben; für die christliche Missionare waren sie das interessanteste »Potential« (vgl. z.B. Apg 10; 14,1; 17,4; 18,4.7 usw.). Nicht betroffen vom Ausweisungsedikt des Claudius, das gegen Juden gerichtet war, waren *sie* es dann, die das Überleben der Jesusbewegung in Rom sicher stellten, geschieden von den Synagogen zwar, geprägt aber doch von den untrüglichen Kennzeichen eines *jewish way of life*. Man geht wohl nicht fehl, wenn man in ihrem Milieu, das nach der Annullierung des Edikts, spätestens aber nach dem Tod des Kaisers Claudius (54 n.Chr.), durch die Rückkehr einiger Judenchristen nach Rom gestärkt worden war, die Kreise sucht, die jetzt, zum Zeitpunkt der Abfassung des Römerbriefs (Winter 55/56 n.Chr.), aus Gründen der von der Tora gebotenen »Reinheit« situationsbedingt einen vegetarischen Lebensstil pflegten.

Wenn nach dem Text des Paulus die Frage des Vegetarismus ein viel größeres Gewicht zu besitzen scheint als die Kalenderfrage (zur ersten vgl. 14,2f.6b.14f.17.20f.23, zur zweiten aber nur 14,5.6a), dann dürfte das den kritischen Punkt in der damaligen Auseinandersetzung unter den römischen Christen genau widerspiegeln: Die Bedeutung gemeinsamer Mahlzeiten für die Einheit einer Gemeinde, die in der Frühzeit der Kirche mit der eucharistischen Zeichenhandlung zum Gedenken an den Heilstod Jesu verbunden waren (vgl. 1Kor 11,17-34), kann schlechterdings nicht überschätzt werden. Wie sollte man aber der Einheit in Christus durch ein gemeinsames Mahl Ausdruck verleihen, wenn man über den konkreten Fragen der »Reinheit« von Speisen zerstritten war? In Rom scheint man sich deshalb auf den Binnenraum der je eigenen »Hausgemeinden« zurückgezogen zu haben, um sich dort, im Kreise Gleichgesinnter, dem persönlichen religiösen Ideal zu verschreiben. Was auf der Strecke blieb, war die Einheit der Gemeinde. Hatte man resigniert? Fehlten die Persönlichkeiten, die es vermocht hätten, Brücken zu bauen?

Warum Paulus in dieser Situation vergleichsweise gelassen reagiert …

Nun geht es uns hier noch nicht um die Reaktion des Paulus selbst; die wird uns erst bei der Auslegung seiner eigenen Stellungnahme in 14,1-15,13 beschäftigen. Aber aus seinem vergleichsweise milden Ton in Röm 14f lassen sich unter der Voraussetzung, daß Paulus durch seine römischen Bekannten (vgl. Kap. 16) über die Situation in der Hauptstadt einigermaßen gut informiert gewesen war, doch noch weitere uns hier interessierende Rückschlüsse auf die dortigen Verhältnisse ziehen. Dabei lautet die entscheidende Frage: Wenn es im römischen Konflikt zentral um die Weitergeltung der Tora bzw. wesentlicher Stücke aus ihr, der Reinheitsgesetzgebung, ging, warum befürchtete dann Paulus keine Verwässerung oder Verdrehung des Evangeliums wie in der galatischen Krise, die, scheinbar gleich gelagert, ihn damals jedenfalls zu heftigstem Protest provoziert hatte? Damit, daß er in dem einen Fall von ihm selbst gegründete Gemeinden vor sich hatte, in die konkurrierende Missionare eingebrochen waren (vgl. W.Radl, Gal [SKK.NT 9]), im anderen Fall aber von ihm völlig unabhängige Gruppen von Christen, die er nur mit der Zurückhaltung eines Außenstehenden ansprechen konnte, läßt sich noch nicht alles erklären. Der moderate Ton seiner Stellungnahme dürfte auch in der Situation selbst begründet sein. Dann aber legt sich die folgende Erklärung nahe:

Auszugehen hat man von den jeweiligen Reaktionen der beiden Richtungen aufeinander, die offensichtlich unterschiedlich ausfielen und auch irgendwie typisch sind für Gruppierungen dieser Art. Modern gesprochen: Die »Konservativen« (in unserem Fall also diejenigen, die den jüdischen Lebensstil als ein »Mehr« an Frömmigkeit über ihren Glauben an Jesus hinaus bewahren wollten) »*richteten*« oder »*verurteilten*« (14,3b.10a) die »Progressiven«, weil diese die jüdischen Traditionen als für sich nicht mehr bindend ansahen, und umgekehrt »*verachteten*« (14,3a.10b) die »Progressiven« die »Konservativen«, weil sie diese mit ihrem traditionellen Denken für zurückgeblieben, sich selbst aber für aufgeklärt hielten (dies hat seine exakte Parallele in Röm 11,13ff, wo Paulus heidenchristlichen Dünkel [in Rom!] gegenüber dem Judentum leidenschaftlich bekämpft). Darf man solche Reaktionen der Gruppen aufeinander aus den entsprechenden Mahnungen des Paulus erschließen, was plausibel erscheint, dann wird es aber doch nicht so gewesen sein, daß die »Konservativen« den andersdenkenden Christen ihren jüdischen Lebensstil aufgedrängt, ja daß sie ihn für *heilsnotwendig* erklärt hätten; wahrscheinlich waren sie in der Position der Minderheit, die ein solches Ansinnen, die anderen zu dominieren, zur Erfolglosigkeit verurteilt hätte. Damit tritt aber dann genau der Punkt zu Tage, der den Unterschied zur Krise in den Paulus-Gemeinden Galatiens markiert: Dort wollten seinerzeit judenchristliche Missionare aus Palästina/Jerusalem den von Paulus für das Evangelium gewonnenen Heidenchristen das Gesetz bzw. die Beschneidung als Zeichen ihrer Eingliederung in die messianische Heilsgemeinde samt weiteren Tora-Bestimmungen als *heilsnotwendig* auferlegen; Paulus mußte in diesem Vorhaben eine Diskreditierung des *allein* heilsbegründenden Glaubens an Christus erkennen und hat deshalb dementsprechend scharf reagiert. Wenn er im Blick auf die kritische Situation in Rom ähnlich scharfe Töne wie im Galaterbrief nicht anschlägt, dann wird das letztlich damit zusammenhängen, daß er in Rom eine vergleichbare Gefährdung der einzigartigen Bedeutung des Christusbekenntnisses durch die verschiedenen Positionen nicht glaubte diagnostizieren zu müssen. Wahrscheinlich sah er dort auch Ansätze für eine gegenseitige Anerkennung der *unterschiedlichen* Glaubens- und Lebenswege in der *einen* Kirche gegeben, die er deshalb mit seiner Mahnung in Röm 14f behutsam aufgreifen und durch die integrierende Kraft seiner Autorität stärken und ermutigen wollte. Diesem seinem Versuch, der theologisch von allergrößtem Gewicht ist und auch Maßstäbe für unsere Zeit setzt, die auf der Suche nach der *einen* Kirche ist, wollen wir uns nun im folgenden auf dem Weg der Auslegung seines Textes zuwenden.

A. *Vier* Abschnitte heben sich in der Stellungnahme des Paulus deutlich voneinander ab: 14,1-12; 14,13-23; 15,1-6 und 15,7-13. Plädiert er in 14,1-12, der ersten Serie von Mahnungen, für Toleranz und Respekt voreinander, hat also *beide* Gruppierungen in Rom vor Augen, so wendet er sich in 14,13-23 vornehmlich an diejenigen, die sich an die Reinheits-Bestimmungen der Tora in Christus nicht mehr gebunden sahen. Verdichten sich die konkreten Hinweise auf die römische Situation in diesen ersten beiden Abschnitten, so hebt die dritte Mahnung in 15,1-6 die vorangegangenen Weisungen an die vom Freiheitsbewußtsein in Christus Erfüllten auf eine allgemeine, grundsätzliche Ebene: »Wir aber, die Starken, sind verpflichtet, die Schwächen der Schwachen zu tragen und nicht uns selbst zu gefallen« (15,1). Die abschließende Mahnung von 15,7-13 rundet die ganze Stellungnahme ab, indem sie die eröffnende Aufforderung von 14,1: »*nehmt* den *an*, der im Glauben schwach ist«, in 15,7 nochmals aufgreift (»darum *nehmt einander an...*«) und zu einer feierlichen, mit einer Kette von Schriftzitaten geschmückten Coda ausbaut. Damit ergibt sich folgendes Bild:

Sind die beiden ersten Abschnitte aufgrund ihrer konkreten Farbgebung stärker miteinander verzahnt, so gilt ähnliches auch von den beiden letzten: Jeweils ein Gebetswunsch für die Christen Roms schließt sie ab (in 15,5f und 15,13; außerdem vgl. das Motiv der Verherrlichung Gottes in 15,7 und 9!); auch der Rekurs auf die Heilige Schrift verbindet sie miteinander (in 15,3f und 15,9-12; vgl. aber auch schon 14,11). Vor allem aber arbeitet Paulus in beiden Abschnitten heraus, worin die *grundsätzliche* Lehre des konkreten Einzelfalles besteht: nämlich die Schwächen der Schwachen solidarisch mitzutragen (15,1-4) und Gott zu lobpreisen für seine Treue zu Israel und seine Barmherzigkeit zu den Völkern in Christus (15,8-12)!

Das Relief der vier Abschnitte sieht zusammengefaßt also so aus: 2+1/1. Die beiden ersten Teile (14,1-12/13-23) sprechen in die *konkrete* Situation hinein, der dritte Teil (15,1-6) argumentiert *grundsätzlich* und faßt zusammen. Durch den abschließenden vierten Teil (15,7-13) wird die konkrete Konstellation in die übergeordnete Perspektive der Ökumene von Juden und Heiden eingebunden, wie sie der Römerbrief insgesamt entworfen hat. Dabei wachsen die Verse 15,7-13 aus 15,6 hervor: Sie verdeutlichen, »worauf« das hier angemahnte einmütige Gotteslob »gerichtet sein soll und wie es begründet ist« (P.Stuhlmacher).

Eine Beobachtung zur Motivationsstruktur der Mahnungen verdient noch vorweg genannt zu werden; sie betrifft das besondere Profil unseres Abschnitts 14,1-15,13 im Vergleich zu den mehr traditionsgebundenen ethischen und religiösen Verhaltensregeln im vorangegangenen Abschnitt 12,1-13,14. Diese kamen ganz ohne den ausdrücklichen christlichen Motivationsrahmen aus (vgl. v.a. 12,9ff) und verrieten damit nicht nur ihre Herkunft aus der jüdisch-hellenistischen Tradition, sondern brachten von daher auch eine eigene Plausibilität weisheitlichen Gepräges mit sich; allein das Bewußtsein, in der Endzeit zu leben und bald schon Gottes Heiligkeit zu begegnen (vgl. 13,11-14), verlieh diesen Mahnungen eine neue Intensität, die sie sowohl in ihrem Verpflichtungscharakter als auch in ihrem inhaltlichen Charakter, jeweils aufs Ganze zu gehen, zutiefst durchformte. Vom *Weg Jesu* als dem verpflichtenden Grund des neuen Lebens war dagegen nirgends ausdrücklich die Rede; erst im Übergang zu unserem Abschnitt, im letzten Vers von Kap.13, begegnete die Metapher vom »Anziehen« Jesu Christi als einem neuen Gewand für den Menschen (13,14), womit der christologische Motivationsrahmen der Weisungen 14,1-15,13 angekündigt wurde. Jetzt nämlich erhält jeder der vier Abschnitte seine Begründung im *Christusbekenntnis*, wie die folgende Zusammenstellung veranschaulichen kann:

(a) »denn dazu ist *Christus gestorben und lebendig geworden*,
um *Herr zu sein* über Tote und Lebende« (14,9)

(b) »Richte durch deine Speise nicht den zugrunde,
für den Christus gestorben ist« (14,15b)

(c) »denn auch *Christus hat nicht sich selbst gefallen*,
sondern wie geschrieben steht:
›Die Schmähungen derer, die dich schmähen,
sind auf mich gefallen‹« (15,3)

(d) »denn ich sage:
Christus ist Diener der Beschneidung geworden
um der Wahrhaftigkeit Gottes willen,
um die Verheißungen an die Väter zu bekräftigen« (15,8)

Tod und Auferweckung Christi: sein Sterben für die Menschen, seine Absage an den Eigensinn und sein Ertragen aller gegen Gott gerichteten Schmähungen der Menschen am eigenen Leib, aber auch seine Zuwendung zu Israel und in all dem seine an Ostern bestätigte Würde als Herr der Menschen: Für Paulus offenbart sich darin, was »Liebe« ihrem tiefsten Sinn nach ist. Insofern erfährt jetzt auch das Liebesgebot der Tora von 13,9 (= Lev 19,18: »Du sollst deinen Nächsten lieben wie dich selbst!«), das Paulus in 14,15 wiederaufgreift und auf das er in 15,1f noch einmal anspielt (»...jeder von uns soll *für den Nächsten* leben«), sein eigentliches christologisches Fundament: Jesu Selbsteinsatz für die Menschen ist die Rettung gewährende, zu neuem Leben inspirierende und ermutigende Vor-gabe Gottes, die in allen Konflikten, gerade auch in solchen, die im Schoß der Kirche aufbrechen, die entscheidende Orientierung bietet.

a) Mahnung zu Toleranz und Respekt voreinander (14,1-12)

Ohne jede Vorbereitung und gewiß nicht ohne Überraschung für seine Adressaten setzt Paulus in 14,1 unvermittelt mit seinen Mahnungen ein, wobei er unverblümt sagt, worauf es ihm bei der ganzen Sache ankommt: »Nehmt den an, der im Glauben schwach ist, und streitet nicht um Überzeugungen!« Bevor wir seinen Argumenten im einzelnen folgen, sei noch ein Blick auf Aufbau und literarisches Profil des ersten Abschnitts getan.

A. 1) *Drei* kleinere, in sich gerundete *Gedankengänge* heben sich voneinander ab: V.1-6, V.7-9 und V.10-12. Im Zentrum steht das »Lehrstück« V.7-9, das mit seiner Bekenntnisaussage über die bleibende Zugehörigkeit der Glaubenden zu ihrem Herrn Jesus Christus im Leben wie im Tod den konkreten Problemhorizont des Textes ins Grundsätzliche hin übersteigt. Gerahmt wird dieses »Lehrstück« von den Mahnungen, denen zwar jeweils eine eigene Begründung mitgegeben wird, die aber dennoch ihren ganzen Ernst erst aus jener Glaubensbesinnung in der Mitte des Textes empfangen.

2) Schönheit und innere Klarheit dieses kostbaren »Lehrstücks« treten erst dann vor Augen, wenn man seiner sorgfältigen Stilisierung gewahr wird. Dazu empfiehlt es sich, den Text in Verse und Sinneinheiten zu gliedern:

»Niemand von uns lebt sich selbst,
und niemand stirbt sich selbst.

Denn leben wir,
so leben wir dem Herrn;
sterben wir,
so sterben wir dem Herrn.

Ob wir leben,
ob wir sterben,
wir gehören also dem Herrn.

Denn dazu ist Christus gestorben und lebendig geworden,
daß er über Tote wie Lebende Herr sei.«

Wahrscheinlich hat Paulus dieses »Lehrstück« nicht erst für den vorliegenden Zusammenhang, sondern bereits früher aus anderem Grund verfaßt. Verschiedene Beobachtungen weisen in diese Richtung.

Zunächst einmal springt in die Augen, daß das Stück unter formalen wie inhaltlichen Gesichtspunkten innerhalb seiner Umgebung einen ganz selbständigen Eindruck macht. Sein Thema ist die *Frage nach dem Tod,* und die Antwort, die es vom Glauben her erteilt, lautet: Christus ist Herr über Lebende *und* Tote! Mit der anstehenden Frage, wie man sich im Konflikt um Mahlsitten verhalten soll, hat das wahrlich nichts zu tun (auch wenn Paulus, der es liebt, aktuelle Tagesfragen in das Licht letzter Perspektiven zu tauchen, sekundär einen wie auch immer gearteten Zusammenhang zwischen beidem hergestellt hat). Befleißigt Paulus sich in V.1-6 eines *mahnenden* Stils, den er im Anschluß an unser Stück in V.10 wieder aufnimmt, so *belehrt* er in V.7-9. Demgemäß spricht er hier von »uns«, wohingegen er in den beiden rahmenden Teilen seine Adressaten mit »ihr« oder »du« anspricht.

Untersucht man das Mittelstück V.7-9 gesondert, dann bestätigt es den ersten Eindruck, daß es ganz in sich selbst ruht. Unter gattungskritischem Gesichtspunkt haben wir kein »Christuslied« (H.Schlier) vor uns, sondern, wie schon angedeutet, ein katechetisches »Lehrstück«. Charakteristisch für dieses »Lehrstück« ist seine Intention, einen vorgegebenen Glaubenssatz der Überlieferung (»Christus ist gestorben und lebendig geworden«: damit vgl. etwa 1Thess 4,14a) auf ein anstehendes theologisches Problem hin zu befragen und ihn dementsprechend auszulegen. Die These des »Lehrstücks« lautet: Jenseits der unausweichlich scheinenden Alternative *»leben« oder »sterben‹* gibt es gegen allen Augenschein doch noch ein Drittes, das beides relativiert, nämlich die Herrschaft Christi über Lebende *und* Tote. Diese These wird im »Lehrstück« schrittweise entfaltet und erhält dann im betont an seinem Ende stehenden Glaubenssatz ihr Fundament. Der Gegensatz von Tod und Leben (insgesamt fünfmal im »Lehrstück«) sowie seine Transzendierung durch das Dritte - das Herr-Sein Christi! - prägen bis ins Stilistische hinein die einzelnen Glieder des Textes.

Dieser stellt ein gutes Beispiel dar für das, was Paulus einmal eine »*Lehre*« genannt hat, die man neben Psalmen, Prophezeiungen und Offenbarungen in der Versammlung der Gemeinde zur Erbauung aller zum Vortrag bringen solle (1Kor 14,26; vgl. 14,6). Was die frühchristlichen »*Lehrer*« betrifft, von denen bei Paulus (1Kor 12,28f), aber auch sonst im Neuen Testament verschiedentlich die Rede ist (vgl. etwa Apg 13,1; Eph 4,11; Jak 3,1), so oblag diesen in der Gemeinde nicht nur die Auslegung der Heiligen Schrift, also des Gesetzes, der Propheten und übrigen Schriften (vgl. Lk 24,27.44), sondern auch die Pflege der spezifisch christlichen Überlieferung, zu deren Kernbestand die christologischen Glaubensbekenntnisse gehörten. Natürlich bedeutete Pflege der Überlieferung für die urchristlichen »Lehrer« niemals Archivierung von alten Traditionen, sondern im Gegenteil der Nachweis ihrer bleibenden Aktualität. Stellte das Leben neue Fragen, so war man überzeugt davon, daß sie im Credo gut aufgehoben waren (vgl. auch Bd.1 im Anschluß an 1,1-7). Genauso verhält es sich auch bei unserem Lehrstück Röm 14,7-9, in dem Paulus wieder einmal seine Fähigkeiten als theologischer »Lehrer« nachdrücklich unter Beweis stellt: Die Frage nach dem Schicksal derer, die noch vor der Wiederkunft Christi sterben müssen (vgl. unten!), beantwortet er in unserem Stück durch argumentativen Rückgriff auf den alten Glaubenssatz von Tod und Auferstehung Christi.

B. Wie schon gesagt, setzt Paulus in 14, 1 unvermittelt mit seiner Mahnung ein, in großer Offenheit und ohne seine eigene Position zu verschleiern. Bereits mit seinen ersten Worten gibt er nämlich zu verstehen, welcher Seite seine theologischen Sympathien gehören: Vom »*Schwachen im Glauben*«, den die anderen annehmen sollen, spricht er und bezeichnet mit diesem wenig schmeichelhaften Etikett, das er vielleicht sogar dem Jargon der römischen Majorität entnommen hat, die immer noch gemäß dem jüdischen Reinheitsgesetz lebenden Christen Roms. Damit spricht er diesen natürlich nicht den Glauben selbst ab, attestiert ihnen aber doch eine gewisse Kraftlosigkeit im Glauben, die er möglicherweise in ihrer ängstlichen Bindung an Gesetzesvorschriften und in ihrem Mangel an innerer Freiheit meinte wahrnehmen zu können. Daß Paulus aufgrund seiner theologischen Einstellung nicht auf ihrer Seite stand, wird niemanden unter den römischen Christen, der die »Parteigänger« des Apostels, z.B. Priska und Aquila, aus eigenen Gesprächen kannte, verwundert haben. Was ihn aber - wenn er Vorurteile über die Unnachgiebigkeit und Härte jenes Mannes besessen haben sollte, der überall von sich reden machte - verwundert haben wird, dürften Art und Weise sein, wie dieser in 14,1ff sogleich jeder Rechthaberei und falschen Streitlust den Wind aus den Segeln nimmt: »Den, der schwach ist im Glauben, *akzeptiert*, und *streitet nicht um Überzeugungen*«, hält er der andersdenkenden Mehrheit unter den römischen Christen vor. Gegenseitige Anerkennung - so Paulus - habe nicht zu bedeuten, daß nun die Minderheit von ihren liebgewordenen Überzeugungen lassen müßte; echte Gemeinschaft verträgt eine gesunde Pluralität im Denken wie im Lebensstil und fordert sie geradezu heraus; sie ist ihr Prüfstein (vgl. zu 12,3-8): »Der eine glaubt, alles essen zu dürfen, der Schwache aber ißt nur Gemüse« (14,2). Und wenig später heißt es: »Der eine beurteilt einen Tag anders als den anderen, der andere beurteilt jeden Tag [gleich]« (14,5a). Der eine - der andere (vgl. 1Kor 7,7b)! Es gibt solche Differenzierungen, es gibt das Recht des einzelnen in der christlichen Gemeinde! Diese ist kein Kollektiv, in dem alle im Gleichschritt zu marschieren hätten! Nur - und das ist entscheidend: »Wer (Fleisch) ißt, soll den nicht *verachten*, der es nicht ißt; wer aber (Fleisch) nicht ißt, soll den nicht *richten*, der es ißt. Denn Gott hat ihn angenommen« (14,3). Ist der *Hochmut* die typische Versuchung dessen, der sich fortschrittlich dünkt und sich seiner gewonnenen Einsichten und Freiheiten rühmt, so ist das *Richten* (dazu vgl. Mt 7,1; Lk 6,37) oder *Verurteilen* (voller Argwohn) Ausdruck einer unfreien Engherzigkeit, die selbst vielleicht voller Skrupel ist. Die Motivation, sich gegenseitig »anzunehmen« und den Lebensweg des anderen, so wie er ist, zu akzeptieren, kommt aber bei Paulus nicht aus einer isolierten Hochachtung vor der Würde des Individuums, sondern gründet in seiner theologischen Überzeugung, daß *Gott* es ist, der den anderen »angenommen« hat, weshalb dieser auch von seinen Mitmenschen angenommen werden will (die gleiche Argumentationsstruktur auch in 15,7). Die Einsicht des *Glaubens* setzt hier also den Respekt vor dem einzelnen frei, den Respekt vor seinen »Auffassungen« (14,5) sowie den von ihm persönlich im Angesicht Gottes zu verantwortenden Lebensentscheidungen (14,22f). Das kann man heute nicht ernst genug nehmen, denn darin steckt das wichtige Prinzip, daß der Glaube an den *Gott Jesu* sich gerade an seinen *humanen* Konsequenzen zu bewähren hat! Beachtlich ist, wie Paulus sein Argument des *Glaubens* gegen die Versuchung der »Vegetarier«, die Andersdenkenden zu richten, auch noch durch Rückgriff auf die alltägliche *Erfahrung* zu stärken sucht: »Wer bist du, der du einen fremden Haussklaven richtest? Er steht oder fällt doch seinem eigenen Herrn!« (14,4a). Das versteht jeder, der die soziale Struktur der kleinsten wirtschaftlichen Lebenseinheit der antiken Stadt von innen her kennt: die Hausgemeinschaft mit dem »Vater der Familie« bzw. dem »Herrn« an der Spitze samt allen Familienmitgliedern unter Einschluß der Freigelassenen und Sklaven am unteren Ende der Sozialleiter. Daß hier jederman nur seinem eigenen »Herrn« verantwortlich ist und man den Sklaven des benachbarten Hauses tunlichst nicht beurteilen sollte, leuchtet ein. Genauso sollten es auch die Christen halten: Jeder hat sich bei seinem »eigenen Herrn« zu verantworten, der freilich nur *einer* ist, Jesus Christus, der aber dennoch jeden einzelnen in die ganz persönliche Verantwortung ihm gegenüber gerufen hat. »Ihm steht oder fällt« auch jener andere Haussklave; »aber er wird stehen«, setzt Paulus in Gewißheit hinzu, »denn der Herr hat die Macht, ihn fest hinzustellen« (14,4b) - bei seiner Begegnung mit ihm im Gericht (vgl. 14,10b-12).

»Der eine so, der andere so« (1Kor 7,7b)! Wenn Paulus in V.5ff ein weiteres Mal, jetzt auch im Blick auf die unterschiedlichen Kalendervorstellungen, die Pluralität kirchlicher Lebensstile anspricht, dann tut er das diesmal, um ausdrücklich Mut zu dieser Pluralität zu machen: »Jeder soll von seiner eigenen Auffassung voll überzeugt sein!« schreibt er seinen Adressaten (V.5b). Daß diese von ihrem eigenen Weg auch überzeugt sind und ihren jeweiligen religiösen Lebensstil bewußt als einen Dienst am Herrn begreifen (vgl. V.6a), erkennt Paulus daran, daß *beide* Gruppen nach alter jüdischer Sitte (vgl. Dtn 8,10; Josephus, Bell. Jud. II 131: »vor dem Gebet zu essen ist wider das Gesetz«) über ihr Mahl das Tischgebet sprechen: »Wer (alles) ißt, tut es zur Ehre des Herrn, denn *er dankt Gott dabei*. Und wer nicht (alles) ißt, unterläßt es zur Ehre des Herrn, und auch *er dankt Gott*« (V.6b). Wie aber sollte das Tischgebet über die Speisen, das doch alle pflegen, die Christen nicht in der Besinnung auf das zusammenführen, was wirklich wesentlich ist? Sollte es nicht möglich sein, im Blick auf die jeweils unterschiedlichen religiösen Gepflogenheiten im Wissen darum, daß es sich bei ihnen doch nur um zweitrangige Fragen handelt, Toleranz zu üben? Im 1. Timotheusbrief, dem Schreiben eines Paulusschülers, heißt es über Speisen, von denen sich aus religiösen Gründen zu enthalten Leute gefordert hatten:

> »... Gott hat sie doch dazu geschaffen, daß die, die zum Glauben und zur Erkenntnis der Wahrheit gelangt sind, sie mit Danksagung zu sich nehmen. Denn alles, was Gott geschaffen hat, ist gut, und nichts ist verwerflich, wenn es mit Dank genossen wird; es wird geheiligt durch Gottes Wort und durch das Gebet« (1Tim 4,3-5).

Wenn also meine Mitchristen ihr gemeinsames Mahl unter das Zeichen der Danksagung an Gott stellen, warum sollte dann ich Anstoß an ihren Speisesitten nehmen? Damit verläßt Paulus die konkrete Problematik und wendet sich grundlegenderen Fragen zu.

Das »Lehrstück« V.7-9:

Wie oben bereits ausgeführt, handelt es sich bei den Versen 7-9 sehr wahrscheinlich um ein ursprünglich selbständiges »Lehrstück« des Apostels. Deshalb sollte man es auch zunächst gesondert für sich betrachten und dann erst nach seiner Rolle im Kontext fragen.

Zu sehen ist das »Lehrstück« im Horizont der Frage nach dem Geschick derer, welche die Wiederkunft des Herrn zum Gericht und zur Rettung nicht mehr zu ihren Lebzeiten mitbekommen sollten. Im ältesten uns bekannten Brief des Apostels, dem ersten an die Thessalonicher, hatte Paulus einst angesichts der Glaubenskrise, die der zeitige Tod von Gemeindemitgliedern unter den Christen der Stadt ausgelöst hatte, damit argumentiert, daß diese Verstorbenen bei der Parusie keineswegs vergessen wären; sie würden zuerst aus dem Tod erweckt und dann mit den Lebenden gemeinsam in die Lüfte zur Begegnung mit dem Herrn entrückt werden (1Thess 4,13-18). Auch damals hatte Paulus, ganz ähnlich wie hier in Röm 14,7-9, mit dem Glaubensbekenntnis operiert: »Denn wenn wir glauben: ›Jesus ist gestorben und auferstanden‹, dann wird Gott auch (so glauben wir) durch Jesus die Entschlafenen mit ihm (herauf)führen« (1Thess 4,14). Sah es zur Zeit des 1. Thessalonicherbriefes so aus, als seien Todesfälle vor der Wiederkunft Christi, mit der man für die nahe Zukunft rechnete, noch die Ausnahme, so mußte man sich im Laufe der Jahre schließlich auf den Tod vor der Wiederkunft Christi als den Regelfall einstellen. In 1Kor 15,51 heißt es bereits: »*nicht alle sterben wir* [vor der Parusie], aber alle werden wir [wenn Christus kommt] verwandelt werden«. In unserem »Lehrstück«, das eine Momentaufnahme aus diesem schwierigen wie leidvollen Erkenntnisprozeß der frühen Kirche bietet, in dessen späterem Verlauf die »Wiederkunft« Christi in immer weitere Fernen rückte, stehen »leben« und »sterben« unter dem Gesichtspunkt der Heilserwartung als völlig gleichwertig nebeneinander: »*ob wir leben*, *ob wir sterben*, wir gehören also dem Herrn« (V.8).

Natürlich ist eine solche Behauptung der *Gleichwertigkeit* von beidem für das heutige Lebensgefühl, das die Wirklichkeit des Sterbens, wie es nur kann, verdrängt, eine Provokation, die sowohl die Einstellung zum Tod wie die zum Leben betrifft. Vor allem aber der Tod, dessen dunkles Rätsel der eigentliche Bezugspunkt unseres »Lehrstücks« ist, erfährt im Licht des Bekenntnisses zu Christus, der gestorben, aber zum Leben erweckt wurde, eine radikal neue Bewertung. Der Blick auf *Jesu österliches Herr-Sein*, das bereits Wirklichkeit ist, beherrscht dabei so sehr die Perspektive des Stücks, daß Fragen nach der Wiederkunft Christi und dem konkreten Wie der zukünftigen Verwirklichung seines Herr-Seins über Lebende und Tote völlig in den Hintergrund treten. Es genügt unserem »Lehrstück« dieses eine: der Glaube an Christus, den Herrn über Lebende und Tote, und seine Bedeutung für das Selbstverständnis der Christen hier und jetzt!

»Niemand von uns lebt sich selbst
und niemand stirbt sich selbst.«

Was ist die Intention dieses Auftakts? Verbindet Paulus mit ihm, wenn auch nur indirekt, die Weisung an die Hörer, allen Egoismus fahren zu lassen? Das könnte man zunächst meinen, zumal hier Paulus möglicherweise auf eine Redensart anspielt, die nicht nur uns vertraut klingt, sondern auch schon der Antike bekannt war: Man sollte nicht nur für sich selbst leben!

So heißt es z.B. bei Menander (342/1 bis 293/2 v.Chr.): »*das ist das Leben: nicht für sich selbst nur zu leben*!« (Fragmente 506f). Und in der Biographie des Kleomenes (Agis et Cleomenes 52.10.2) läßt Plutarch den König von Sparta nach dessen verheerender Niederlage gegen den Makedonen Antigonos auf das Anraten eines Freundes hin, Selbstmord zu begehen, erklären: Der selbstgewählte Tod soll keine Flucht vor Taten sein. »*Denn schimpflich ist es, allein für sich selbst zu leben und zu sterben.* Dazu forderst du micht jetzt auf, indem du dich aus der gegenwärtigen Lage zu befreien strebst, ohne dadurch sonst etwas Gutes und Nützliches zu erwirken«. Bei Terentius (geb. 185 v.Chr.) findet man in »Adelphoe« (V, 4,9), einer Komödie, die folgende Personencharakterisierung: »*Jener lebte immer sein Leben*, in der Muße, bei Gastmählern ... *sich selbst lebte er, für sich selbst trieb er Aufwand*« (ille suam semper egit vitam, in otio, in conviviis ... sibi vixit, sibi sumptum fecit). Über den Kaiser Augustus schreibt Seneca: »Er ließ nicht ab, Ruhe sich zu wünschen und Enthaltung von den Staatsgeschäften zu verlangen; jedes Gespräch von ihm kehrte stets zu diesem Thema zurück, daß er auf Muße hoffe: mit diesem wenn auch trügerischen, so doch süßen Trost half er sich über seine Arbeitslast hinweg, *einmal werde er für sich leben* (aliquando se victurum sibi)« (Über die Kürze des Lebens, IV, 2).

Diese Beispiele, die man noch vermehren könnte, lassen die Annahme durchaus plausibel erscheinen, daß Paulus mit seinem »Lehrstück« bei einer derartigen Redensart anknüpft, sie dann aber charakteristisch verfremdet. Denn das Gegenstück zu dieser Redensart lautet bei ihm nicht, man habe sein Leben *für andere* zu leben oder einzusetzen; auch bestätigt die Fortsetzung (»und niemand *stirbt* sich selbst«), daß seine Intention primär nicht in eine ethisch-mahnende Richtung zielt, vielmehr »aufweisender« Natur ist: Paulus möchte die Wirklichkeit aufdecken, aus der wir im Glauben leben *und* sterben können. Als Glaubende - so könnte man seinen ersten Doppelzeiler übersetzen - sind wir nicht mehr verdammt *zu uns selbst*, leben und sterben wir auch nicht mehr mit der Hölle unserer eigenen totalen *Vereinzelung* vor Augen, sondern sind von uns selbst befreit: aufgehoben in einer uns unendlich reich machenden *Beziehung der Liebe*, die dauerhaft ist, d.h. sich im Sterben bewährt und den Tod überwindet:

»Denn leben wir,
so leben wir dem Herrn;
sterben wir,
so sterben wir dem Herrn.

Ob wir leben,
ob wir sterben,
wir gehören also dem Herrn.«

Demnach besteht die befreiende Botschaft dieser »Lehre« darin, daß wir nun nicht mehr verzweifelt selbst anrennen müssen gegen jenen Riß in unserer Existenz, der im Sterben nicht tiefer sein könnte; es gibt da jemanden ganz anderen, der eine Beziehung zu uns gestiftet hat, eine Beziehung, die wirklich Heil und Rettung in sich birgt: Jesus, den Herrn, *dem wir gehören, dessen Macht wir unterstehen.* Nicht wir sind es, welche die Mauern des Todes zu überspringen hätten, er ist es, der dies für uns getan und uns so den Weg ins Leben gebahnt hat:

»Denn dazu ist Christus gestorben und lebendig geworden,
daß er über Tote wie Lebende Herr sei.«

Damit ist die Klimax des »Lehrstücks« erreicht: Jesu Sterben und Auferwecktwerden zu einem Leben bei Gott, wie es das Bekenntnis der Kirche im Glauben festhält, versteht nur, wer erkennt, daß *er selbst* in diesem Bekenntnis *mitgemeint ist*: Jesu Erhöhung zum Herrn über Tote wie Lebende verändert sein eigenes Leben von Grund auf; als Knecht des zu Gott erhöhten Herrn Jesus Christus sehe ich nun selbst mein Leben und Sterben nicht mehr in der Ausweglosigkeit dieses Entweder-Oder: Es gibt ein Drittes, welches die Alternative von »leben« oder »sterben« übersteigt und mir deshalb auch die rechte Gelassenheit im Sterben ermöglicht, eben *meine Zugehörigkeit zum Herrn*, die alles andere relativiert und in seinem Anspruch entdramatisiert. Was sollten mich da noch neugierige Fragen nach dem *Wann* der Wiederkunft

Jesu oder nach dem *Wie* der Errettung durch ihn im Gericht beunruhigen? Es genügt mir der Glauben an die österliche Herrschaft Jesu, die alles andere überstrahlt - so Paulus in seinem »Lehrstück«, das mit seiner einfachen wie tiefen Christusfrömmigkeit von großer Glaubensreife zeugt.

Mit V.10 lenkt Paulus dann wieder zur konkreten Problematik in Rom zurück, wobei er die Mahnungen von V.3f an die beiden Gruppen noch einmal pointiert aufgreift: »Du aber, warum *verurteilst* du deinen Bruder? Oder auch du, warum *verachtest* du deinen Bruder?« Wenn ihr ernst macht mit dem, was im »Lehrstück« V.7-9 über die Zuordnung *aller* Glaubenden zu ihrem *einen* Herrn ausgeführt ist, dann dürfte es eigentlich nichts mehr geben, das euch spalten und Gräben zwischen euch aufreißen könnte. Wenn es dort hieß: Niemand von uns lebt *sich selbst* ...«, »wir gehören (alle) *dem Herrn*«, dann folgt doch daraus, daß keiner von uns seine Christuszugehörigkeit *gegen* die Christuszugehörigkeit seiner Schwester oder seines Bruders ausspielen darf. Wenn er es aber dennoch tut, dann stellt er damit die eigene Christusbeziehung in Frage. Denn wenn der Herr, der mich als Sünder akzeptiert hat, derselbe ist, der auch meiner Schwester und meinem Bruder seine Gnade geschenkt hat, wer bin ich dann, der diese verachten oder richten dürfte? Demnach erhält das »Lehrstück« V.7-9, dessen ursprüngliche Intention nicht primär ethischer Natur war (vgl. oben), im Zusammenhang des Briefes sekundär eine ethische, *Gemeinde begründende* Funktion zugesprochen: Aus der Erkenntnis der »*vertikalen*« Dimension des Glaubens - unserer Zugehörigkeit zum Herrn Jesus Christus - ergibt sich mit Notwendigkeit die Einsicht in die »*horizontale*« Verpflichtung des Glaubens: zu Toleranz und Respekt der Schwester oder dem Bruder gegenüber!

Doch bringt Paulus über sein »Lehrstück« hinaus wie im Anschluß an dessen Christologie in V.10b-12 noch ein weiteres wichtiges Glaubensargument bei, das seiner Mahnung Nachdruck verleihen soll: Auch deshalb soll niemand in der Gemeinde seine Schwester oder seinen Bruder durch Verachtung bzw. Verurteilung abqualifizieren, weil »wir doch alle vor dem Richterstuhl Gottes stehen werden«. Besaß das »Lehrstück« seine Pointe im *österlichen Herr-Sein Christi*, so überbietet Paulus nun diese Perspektive mit seinem Verweis auf das kommende *Gericht Gottes*. Das tut er aber nicht, um seinen Adressaten Angst und Schrecken einzujagen, sondern nur, um ihnen ihre Verantwortung ins Bewußtsein zu rufen. Wenn er vorher in V.5 jedem in der Gemeinde Mut zur eigenen Überzeugung gemacht hat, dann steht für ihn doch außer Zweifel, daß man seine Gewissensentscheide immer auch im Angesicht Gottes zu treffen habe, dem man zuletzt verantwortlich ist. Der Heilssinn des Gerichts kommt im übrigen durch die Wahl des Schriftzitats aus dem Jesajabuch zum Audruck, das den Beleg dafür bietet, daß wir »*alle*« (V.10), »*ein jeder für sich selbst*, Gott einst Rechenschaft zu geben« haben (V.12):

»So wahr ich lebe,
spricht der Herr:
vor mir wird sich *jedes* Knie beugen,
und *jede Zunge* wird Gott lobpreisen.«
(Jes 45,23 in der griechischen Septuaginta-Übersetzung)

Die Einführung des Zitats (»so wahr ich lebe, spricht der Herr«) gehört nicht zum Jesajatext; sie begegnet aber in der Heiligen Schrift öfter (vgl. z.B. Jes 49,18; Jer 22,24; Ez 5,11) und verrät deshalb im hiesigen Kontext, daß Paulus das Prophetenwort aus dem Gedächtnis zitiert (vgl. auch Phil 2,10) und dabei die Einleitungsfloskel selbst unbewußt ergänzt hat. Auch wenn man das Jesajazitat in seiner Inanspruchnahme für den Aussagewillen des Paulus natürlich nicht überstrapazieren darf, so kann man aber doch gewiß dies eine sagen: *Anbetung* und *Lobpreis* werden nach diesem Schriftwort die Kennzeichen der sich im Gericht endgültig durchsetzenden Gottesherrschaft sein. Ein Grund der Angst ist deshalb Gottes Gericht nicht; wohl aber Motivation genug, sich in voller Verantwortung der Größe zukünftiger Herrlichkeit bewußt zu werden.

C. 1) Der erste Impuls, den wir Röm 14,1-12 bzw. dem ganzen Absatz 14,1-15,13 entnehmen dürfen, ist ohne Zweifel *ekklesiologischer* Natur. Dabei kann man den Text sozusagen auf zwei Ebenen lesen: einmal auf einer *inner*kirchlichen Ebene, auf der auch heute »Konservative« und »Fortschrittliche« einander gegenüberstehen und das Bild vermitteln, daß die Kirche auch dann auf der Suche nach ihrer Einheit ist, wenn sie organisatorisch geeint ist;

geistige Strömungen driften in ihr auseinander und unterwerfen sie einer Zerreißprobe. Aber das Verhältnis von »Schwachen« und »Starken« zueinander kann man auch als das von zwei christlichen »Konfessionen« zueinander deuten und dann den Text auf der Linie des zum Gleichnis vom Leib und seinen Gliedern Ausgeführten als *ökumenisches Programm* des Paulus lesen. So oder so: Es geht um die Kirche, die sich zu allen Zeiten auf der Suche nach dem rechten Ausgleich von Vielfalt und Einheit in ihrer Mitte befindet.

Für eine Betrachtung des Textes auf der zuerst genannten Ebene ist gewiß beachtlich, wie treffsicher Paulus die spezifischen Reaktionsweisen der jüdischen »Traditionalisten« und der paulinisch gesinnten »Progressiven« beschrieben hat. Irgendwie hat er damit Typisches getroffen. Stellt die *Verachtung* solcher, die ängstlich am Alten festhalten, *die* Versuchung der Fortschrittlichen und Aufgeklärten dar, so ist das *Richten* oder *Verurteilen* der angeblich freizügig Lebenden die Versuchung derer, die sich an das Hergekommene ängstlich gebunden fühlen und voller Skrupel sind (vgl. 14,3.10). Beide Reaktionsweisen verdunkeln, insofern sie die jeweils eigenen Standorte absolut setzen, das Gemeinsame und Verbindende: das Bekenntnis zu Jesus Christus, dem Herrn.

Paulus empfiehlt in solcher Situation die gegenseitige »*Annahme*« (vgl. 15,7), womit er die heute nicht sehr verbreitete Fähigkeit meint, gegensätzliche und zu einem gegebenen Zeitpunkt nicht miteinander versöhnbare Standpunkte im Respekt voreinander einfach stehen zu lassen (14,1!) in der Hoffnung, daß sich später Verständigungsmöglichkeiten in den strittigen Punkten ergeben. U.Wilckens hat die paulinische Mahnung in der folgenden Weise in das Heute übersetzt:

> »Auseinandersetzungen in einer pluralistischen Kirche sind keineswegs in allen Fällen, wo gegensätzliche Meinungen aufeinanderprallen, und vor allem nicht immer sofort im Sinne von ›Ketzerprozessen‹ zu führen, worin es um die Anerkennung der einen Wahrheit geht und die eine Partei die andere ihrem Verständnis dieser Wahrheit zu unterwerfen trachtet. Der Galaterbrief zeigt zwar, daß es das Recht und die Pflicht zu Auseinandersetzungen dieser Art durchaus gibt. Ungleich häufiger aber handelt es sich um Konflikte, die durch biographische bzw. soziokulturell bedingte Verschiedenheiten des christlichen Lebensstils entstehen.

Solche Gegensätze können dann hart aufeinanderprallen und in der Emotionalität der augenblicklichen Streitsituation unvermittelbar zu sein scheinen. Doch sie *sind* vermittelbar - freilich nur um den Preis eines schwierigen Lernprozesses, in dem es um die Geburt der Erkenntnis geht, daß der Gegner wie ich selbst von Gott ›angenommen‹ *ist*, wodurch der Weg frei wird zu gegenseitiger Annahme. Der Gegensatz als solcher bleibt zwar bestehen; aber die Gegner bemühen sich nunmehr darum, in der Praxis des christlichen Zusammenlebens die Rücksicht aufeinander zu lernen ...« (Der Brief an die Römer, Bd.3, S.99f).

Um die ökumenische Deutung unseres Textes hat sich zuletzt vor allem O.Cullmann gemüht (in: Einheit durch Vielfalt, 2.Aufl., S.49-51.158-163). Da er sich dabei insbesondere auf das Kernstück 14,13-23 bezieht, wollen wir uns mit seiner Auslegung auch erst im Anschluß an diesen Abschnitt beschäftigen.

2) Einen zweiten Impuls zum Nachdenken vermittelt uns die spezifische Rede vom *Gericht Gottes* in diesem Text. Sie hat die Funktion, wie wir sahen, die Christen davor zu warnen, *sich gegenseitig zu richten*, weil doch jeder vor seinem eigenen Herrn Rede und Antwort zu stehen hat. Da sieht man sehr schön, wie im Sinne des Exkurses über die »Naherwartung« das Glaubenswissen vom zukünftigen »Gericht Gottes« kein totes Katechismuswissen ist, sondern unmittelbar in die christliche Lebensgestaltung eingreift: Weil das Richten alleiniges Privileg Gottes ist, darf der Christ es nicht an sich reißen, um seinen Mitmenschen zu verurteilen. Getroffen wird damit nicht die menschliche Pflicht, sich um Gerechtigkeit und Ordnung zu sorgen, sondern gemeint ist die stets lauernde Versuchung, dem Nächsten seinen Lebensraum dadurch zu zerstören, daß man ihn verurteilt und richtend abschreibt.

b) Erkenntnis und Liebe. Kriterien des Handelns (14,13-23)

A. Der Abschitt 14,13-23 bietet ein schönes Beispiel dafür, wie die Einsicht in den *Bauplan* eines Textes die Intention seines Autors aufzuschließen vermag. Offensichtlich hat Paulus sich angesichts der etwas heiklen Problematik wieder einmal genau überlegt, nicht nur *was*, sondern auch *wie* er es seinen Adressaten sagen sollte; eine sorgfältige Beschreibung der *Struktur des Textes* vermag deshalb Wesentliches zu seiner Deutung beizusteuern.

Bauplan von Röm 14,13-23

A

Überleitung (V. 13a):
»Einander nicht *richten*!«

Thema (V. 13b):
»Dem *Bruder* keinen *Anstoß* geben!«

Theologischer Grundsatz (V. 14):
»Nichts ist *unrein* ...!«

B

Mahnung an die »Starken« (V. 15)
»Richte nicht *durch deine Speise* den zugrunde, für den Christus gestorben ist!«

C

Prinzip des Glaubens (V. 16-18):
»Die Königsherrschaft Gottes«

B'

Mahnung an die »Starken« (V. 19-20a)
»Reiße *nicht wegen einer Speise* das Werk Gottes nieder!«

A'

Theologischer Grundsatz (V. 20b.c):
»Alle Dinge sind rein...!«

Konkrete Ratschläge (V. 21-22a):
Auf das verzichten, »woran dein *Bruder Anstoß* nimmt«!
Zwischen Privatsphäre und Öffentlichkeit unterscheiden!

Kriterien des rechten Handelns (V.22b-23):
»Selig, wer sich nicht selbst zu *richten* hat!«

1) Wie der Bauplan veranschaulichen kann (vgl. S. 151), besitzt der Text ein *Zentrum* (= C), das von verschiedenen sich jeweils entsprechenden Gedankengängen gerahmt wird (A-B-C-B'-A'). Dabei markiert der »Definitionssatz« V.17 die äußere und innere Mitte des Abschnitts. Nicht abwegig ist die Vermutung, dieser Satz mit seiner polemisch klingenden Entgegensetzung könnte in einer einfachen Gestalt wie der folgenden älterer frühchristlicher Überlieferung entstammen:

»Nicht besteht das Reich Gottes in Essen und Trinken,
sondern in Gerechtigkeit und Frieden und Freude.«

Bekanntlich spielt die Rede vom »Reich Gottes« - das Herzwort der Verkündigung Jesu! - in der Sprache des Paulus keine nennenswerte Rolle, auch wenn man zugestehen wird, daß ihm dieser Begriff nicht völlig fremd war (vgl. 1Thess 2,12; 1Kor 4,20; 6,9f; 15,(24).50; Gal 5,21). Da er ihn besonders in Zusammenhängen benutzt, die auf den frühchristlichen *Taufunterricht* als ihren »Sitz im Leben« verweisen (vgl. 1Kor 6,9-11; Gal 5,21; aber auch 1Thess 2,12), liegt es nahe, daß er ihn von hierher auch übernommen hat. Unser Spruch, der im übrigen formal genau 1Kor 4,20 entspricht (»nicht im Reden besteht das Reich Gottes, sondern in Kraft«), paßt sich zudem gut in den Horizont einer solchen Erstunterweisung ein: Bot diese neben der Weitergabe des Glaubensbekenntnisses vor allem eine elementare ethische Orientierung, die das neue Selbstverständnis der Konvertiten mit ihrem alten, durch die Taufe überholten Lebenswandel scharf kontrastierte (vgl. 1Kor 6,9-11), dann könnte in diesem Sinnzusammenhang auch der Gottesreich-Spruch Röm 14,17 seine ursprüngliche Bedeutung besessen haben, und zwar als eine »Warnung vor Völlerei und Trunksucht« als Symptome einer verfehlten und überholten Existenzweise (vgl. 13,13) (so U.Wilckens). Denkbar ist aber auch, daß der Spruch gegen Mißdeutungen der Gottesherrschaft deren Wesen dahingehend bestimmen wollte, daß nicht schon die Stillung zwar elementarer, aber dennoch nicht alles deckender Bedürfnisse wie Hunger und Durst (vgl. Dtn 8,3), sondern Gerechtigkeit, Friede und Freude als umfassende Befindlichkeiten der mit Gott wie mit sich selbst versöhnten Menschen Inhalt der Gottesherrschaft seien. Im babylonischen Talmud gibt es einen Spruch, den man Röm 14,17 in dieser Interpretation zur Seite stellen könnte, wenn er nicht im Unterschied zum paulinischen Wort von der *zukünftigen* Herrlichkeit im *kommenden* Reich Gottes sprechen würde. Dennoch sei der Spruch hier wegen seiner tieferen Verwandtschaft mit Röm 14,17 zitiert, die in der gemeinsamen Erkenntnis besteht, daß Gottes Herrschaft unendlich mehr ist als lediglich die Erfüllung menschlicher Sehnsüchte, bzw. gerade ihr *Anders-Sein* die Garantie für ihre Heilsmächtigkeit darstellt:

»*In der zukünftigen Welt* gibt es *weder Essen noch Trinken*,
weder Fruchtbarkeit noch Vermehrung,
nicht Handel noch Wandel,
nicht Eifer, nicht Haß, nicht Streit,
sondern *die Gerechten* sitzen mit Kronen auf ihren Häuptern
und erfreuen sich am Glanze der Schechina
(d.h. der Gegenwart Gottes)«.
(Berachot 17a, in der Übersetzung von A.Wünsche)

Soweit unsere Überlegungen zur möglichen *urspünglichen* Bedeutung und Rolle des »Definitionssatzes« Röm 14,17, die, auch wenn sie manches für sich haben, natürlich Mutmaßungen bleiben müssen! Auf festem Boden stehen wir erst, wenn wir nach dem Sinn des Satzes im *vorliegenden* Zusammenhang fragen, was unten im Rahmen der Auslegung geschehen soll. Halten wir hier nur fest, daß Paulus der Satz besonders am Herzen lag; das erkennt man nicht nur daran, daß er ihn in die Mitte seines Textes plaziert hat, sondern auch daran, daß er zum Abschluß seiner konkreten Weisungen - im Gebetswunsch von 15,13 - noch einmal an ihn erinnert: »Der Gott der Hoffnung aber erfülle euch mit aller *Freude* und *Frieden* im Glauben, auf daß ihr überreich seid in der Hoffnung, kraft *heiligen Geistes*«.

Der Hinweis auf den »heiligen Geist« am Ende dieses Gebetswunsches führt uns zu einer letzten Beobachtung, die noch einmal belegt, mit welchem Gewicht Paulus das Zentrum V.16-18 versehen hat. Er hat nämlich den »Definitionssatz« in einen »*trinitarischen*« Rahmen gestellt, der für seine Deutung wichtig ist: Gerechtigkeit, Friede und Freude sind die Erscheinungsweisen der »Herrschaft *Gottes*« in unserer Zeit - in der Kraft des »*heiligen Geistes*« (V.17) und in der Gestalt des »Dienstes an *Christus*« (V.18)!

2) Bildet V.13a den *Übergang* vom einen zum anderen Abschnitt, so enthält die Mahnung, »dem Bruder keinen Anstoß zu geben«(V.13b), das *Thema* der folgenden Ausführungen. Den *theologischen Grundsatz* V.14a (»nichts ist aus sich selbst heraus unrein«) versieht Paulus mit einer Einschränkung, die eigenes Gewicht besitzt: »es sei denn für den, der etwas für unrein hält, für den ist es unrein.«

Der abschließende Block von Weisungen (V.20b-23), der dem eröffnenden genau spiegelbildlich entspricht (A-A'), setzt umgekehrt beim *theologischen Grundsatz* ein, der jetzt *positiv* formuliert wird: »Alle Dinge sind rein!« Auch hier schließt sich eine subjektive Einschränkung unmittelbar an, die man am besten so wiedergibt:

»(Alle Dinge sind rein,)
doch für den Menschen,

der (gewisse Speisen nur) unter Anstoß ißt,
ist das schlecht« (V.20b.c).
(zur anderslautenden Übersetzung der EÜ vgl. unten!)

Die in der Texteröffnung noch allgemein gehaltene Mahnung, »dem Bruder keinen Anstoß zu geben«, konkretisiert Paulus sodann in den beiden anschließenden *Ratschlägen* V.21 und V.22a, wobei er jene Eingangsmahnung aus V.13b in V.21 (»woran dein *Bruder Anstoß* nimmt«) nahezu wörtlich noch einmal aufgreift. Die Pointe des zweiten Ratschlags V.22a tritt nur dann deutlich hervor, wenn man diesen gegen die EÜ so übersetzt:

»Die Glaubensüberzeugung, die du hast,
sie sollst du *für dich selbst* haben, vor Gott«.

Der Akzent der Aussage ruht auf der Wendung »*für dich selbst*«; sie darf man deshalb auch nicht im Satz nach vorne ziehen, wie das die EÜ tut (»Die Überzeugung, die du *selbst* hast, ...«), will man den Sinn der Mahnung nicht völlig entstellen.

Am Ende nennt Paulus weitere Kriterien des rechten Handelns (V.22b-23), wobei im griechischen Original Wörter vom Stamm »richten« die entscheidende Rolle spielen:

»Selig, wer sich nicht selbst zu *richten* hat in dem,
worin er sich geprüft« (V.22b).

Das griechische Wort in V.23a, das die Übersetzungen verschieden, doch je auf ihre Weise treffend mit »Skrupel empfinden« (E.Käsemann), »zweifeln« (Luther, Zürcher Bibel) oder »mit sich im Streit liegen« (EÜ) wiedergeben, ist gleichfalls vom Stamm »richten/(unter)scheiden« gebildet, verbunden mit dem Verhältniswort »durch«, das hier die Intensität des inneren Zwiespalts anzeigt:

»Wer sich durch (und durch) selbst richtet
(d.h. wer mit sich selbst im Streit liegt), wenn er ißt,
der ist (auch) gerichtet (oder: verurteilt)« (V.23a).

»Der ist ge-richtet«: dies ist die dritte und letzte Verwendung des Stamms, die nach dessen vorausgegangener subjektiver Verwendung im Sinne *selbst*quälerischer Zweifel nun noch den theo-logischen Aspekt beibringt: *Gottes* Urteil über den gespaltenen Menschen! Solch facettenreiches Spiel mit dem Stamm »richten/(unter)scheiden« hat seinen Widerpart in der eröffnenden Mahnung 14,13:

»Laßt uns also nicht mehr *einander richten*,
sondern macht lieber das zum *Richtmaß*:
[zweimal im Griechischen dasselbe Wort »richten/ (unter)scheiden«]
dem Bruder nicht Anstoß noch Ärgernis zu geben« (V.13).
(so die Übersetzung von F.Stier)

Auch der vorangegangene Abschnitt - das sei hier noch nachgetragen - ist von diesem Aufmerksamkeit erheischenden stilistischen Spiel mit dem Wort »richten/(unter)scheiden/beurteilen« geprägt: 14,1 (»nehmt den an, der im Glauben schwach ist, ohne in Streitereien [= *Unterscheidungen*] um Überzeugungen zu verfallen!«); 14,3.4 (»*richten*«); 14,5 (»der eine *beurteilt* einen Tag anders als den anderen, der andere *beurteilt* jeden Tag [gleich]«); 14,10 (»*richten*«).

Was will Paulus mit solch vielfältiger Spiegelung dieses einen Wortes signalisieren? Er möchte damit gleichsam ein Ausrufezeichen hinter das Wort setzen, um auf Gefahren hinzuweisen, die dem rationalen Urteils- bzw. Unterscheidungsvermögen des Menschen von den *Extremen* her auch lauern können: nämlich im *Selbstdünkel* die eigenen Maßstäbe absolut zu setzen bzw. im *Selbstzweifel* an den eigenen Widersprüchen zu scheitern.

3) Wie nach unserem Bauplan die Rahmenstücke des Abschnitts V.13f und V.20b-23 sich entsprechen (A-A'), so gilt Gleiches auch von den beiden mittleren Stücken V.15 und V.19-20a (B-B'), die das Zentrum unmittelbar umgeben. Dabei fällt folgendes auf:

Daß die Mahnungen dieser beiden Stücke aufeinander abgestimmt sind, signalisiert vor allem das sie verbindende Stichwort »Speise« (V.15/20a), wobei die Geringfügigkeit des mit diesem Stichwort bezeichneten Streitgegenstands im Vergleich mit den wirklich entscheidenden Fragen nach dem Heil des Bruders und dem Wohl der Gemeinde jeweils wirkungsvoll durch einen Kontrast herausgestrichen wird:

»Richte nicht durch deine Speise den zugrunde,
für den *Christus* gestorben ist!« (V.15b)

»Reiße nicht wegen einer Speise das *Werk Gottes* nieder!« (V.20a)

Demaskiert Paulus in V.15 zudem ein Durchsetzen der eigenen Speisegewohnheiten auf Kosten der anderen als Verstoß gegen das *Gebot der* »*Liebe*«, so entspricht dem in V.19 auf der positiven Seite die Aufforderung, alles für den »*Frieden*« und den »*Aufbau*« der Gemeinde zu tun. Beides, das Gebot der Liebe wie die Mahnung zum Frieden, gründen in der Einsicht in das Wesen der »Gottesherrschaft«, wie sie in V.17, der inneren und äußeren Mitte des Abschnitts, prägnant formuliert wird.

B. Sprach Paulus im ersten Abschnitt 14,1-12 die beiden miteinander rivalisierenden Gruppen gemeinsam an - die »Schwachen im Glauben« (14,1) und die »Starken« (diese Bezeichnung erst in 15,1!) -, so wendet er sich im Anschluß an die noch auf beide gemünzte Übergangsmahnung von V.13a (»Laßt uns also nicht mehr *einander* richten«) im folgenden ausschließlich an die Starken; ihnen setzt er das Maß, »dem Bruder nicht Anstoß noch Ärgernis zu geben« (V.13b). Das ist ganz jüdisch formuliert. Das gleichsinnige Wortpaar »Anstoß« und »Ärgernis« (griechisch: »skandalon«) kennen wir schon von Röm 9,33 her, wo Paulus es im Zitat von Jes 8,14 benutzt hat. Im Buch Judit 12,1f lesen wir, daß die mutige jüdische Frau die ihr von Holofernes auf einem silbernen Tablett gereichten (unreinen) Speisen und den Wein zurückwies mit den Worten: »Ich möchte davon nichts essen, damit kein Anstoß (skandalon) entstehe. Man soll mir statt dessen von meinem Vorrat zu essen geben, den ich mitgebracht habe.« Das erinnert an die Konstellation im Römerbrief, wo es ja auch darum geht, durch Essen von Speisen, die nach der Tora als »unrein« gelten, den Glaubensgefährten keinen »Anstoß« zu geben. »Anstoß geben« meint hier nicht in einem vulgär-moralischen Sinn »Anstößiges tun«, sondern ist im Bildgehalt der Metapher streng beim Wort zu nehmen: Der »Anstoß« führt zum »Fall«; das »skandalon« auf dem Weg des Mitmenschen läßt ihn stolpern, so daß er hinschlägt: Glaubensverlust und damit auch Heilsverlust sind die Konsequenzen (vgl. auch 9,32f mit 11,11). Die jüdische Synagoge hat davor immer sehr eindringlich gewarnt. So hat sie das Wort der Tora aus Lev 19,14: »Du sollst einem Blinden kein Hindernis (LXX: »skandalon«) in den Weg stellen, vielmehr sollst du deinen Gott fürchten« (vgl. auch Dtn 27,18), schon zeitig übertragen verstanden, und zwar als Warnung davor, jemandem, der in der Tora unkundig ist, Anlaß zu ihrer Übertretung zu geben und damit verantwortlich zu werden für seinen Abfall von der Gemeinde (SifraLev 19,14; BM 5,11).

Interessant ist ein im babylonischen Talmud zweifach überliefertes Wort des Rabbi Nathan (Mitte des 2. Jh.s nach Chr.), das zur Begründung seiner Mahnung, niemandem einen Anstoß zum Glaubensabfall zu geben, ebenfalls auf die alttestamentliche Grundstelle Lev 19,14 rekurriert: »Woher, daß ein Mensch einen Becher Wein nicht einem Nasiräer (geben soll) [d.h. jemandem, der sich Gott geweiht und durch ein Gelübde u.a. zu zeitweiligem Verzicht auf Wein verpflichtet hat: vgl. Num 6,1-21; Apg 18,18; 21,24-26] und ein Glied von einem lebenden Tier [d.h. ein Fleischstück mit Blut darinnen] nicht den Kindern Noahs darreichen darf [vgl. das Wort Gottes an Noah in Gen 9,4: »Nur Fleisch, in dem noch Blut ist, dürft ihr nicht essen«]? Die Schrift sagt lehrend: Vor einen Blinden sollst du keinen *Anstoß* legen, Lev 19,14« (bPes 22b [Baraitha]; bAZ 6a). In beiden Fällen, die hier Rabbi Nathans Wort ins Auge faßt, geht es um Provokation zum Abfall; im ersten Beispiel um Provokation zum Bruch eines JHWH versprochenen Gelübdes (und Gelübde darf man nicht brechen: Num 30,3), im zweiten Beispiel um Provokation zur Übertretung eines ausdrücklichen Gebots JHWHs. Dieser zweite Fall - Anstiftung zur Übertretung von Speisegesetzen - erinnert an Röm 14,13.

Möglicherweise gehört auch die dreifach überlieferte überaus scharfe *Warnung Jesu* vor dem Anstoß-Geben (griechisch: »skandalizein«) in die Wirkungsgeschichte von Lev 19,14 hinein (vgl. Mk 9,42; Mt 18,6; Lk 17,2). Dabei wird man zu berücksichtigen haben, daß die Rede von den »Kleinen« im Munde Jesu gewiß nicht auf Kinder (und vielleicht auch nicht speziell auf seine Jünger) gemünzt war. Nur bei den Evangelisten Markus und Matthäus nämlich erscheint das Wort Jesu in der Nachbarschaft der Szene, in deren Mittelpunkt ein Kind steht (Mk 9,33-37; Mt 18,1-5); bei Lukas dagegen taucht es in einem ganz anderen Zusammenhang auf, nämlich im Kontext von Jüngerbelehrungen (Lk 17,1-10). Ursprünglich wird das Wort vielleicht so gelautet haben: »Es ist für einen Menschen besser, wenn ihm ein Mühlstein um den Hals gehängt und er in das Meer geworfen wird, als daß er einem einzigen (religiös) Unmündigen [= einem Kleinen] Anstoß zur Sünde gibt« (vgl. Lk 17,2). Obwohl dieses Wort im Konflikt der römischen Christen Sinn gemacht hätte, deutet nichts an der Formulierung von Röm 14,13b darauf hin, daß Paulus es gekannt, geschweige denn auf es habe anspielen wollen (vgl. auch oben S. 78f). Viel näher liegt die Annahme, er habe sich hier (wie Jesus auch) an den spezifisch jüdischen Sprachgebrauch gehalten, der sich im Umkreis von Lev 19,14 bewegte.

Diesen Sprachgebrauch zu kennen ist wichtig, um den Sinn der paulinischen Mahnung 14,13b, die ja das Thema des Abschnitts benennt, nicht zu verfehlen. Man kann das auch an der Übersetzungsproblematik der Mahnung verdeutlichen. Die EÜ hat an unserer Stelle wie beim eben erwähnten Jesus-Wort (Mk 9,42; Mt 18,6; Lk 17,2) die Vokabeln »skandalon«/»skandalizein« mit guten Gründen nicht mit »Ärgernis« bzw. »Ärgernis geben« übersetzt, obwohl diese Wiedergabe seit Martin Luther in den meisten deutschen Übersetzungen Heimatrecht besitzt. Dafür hat sie das Wort in Röm 14,13b mit »zu Fall bringen« umschrieben. Dahinter steht wohl die richtige Überlegung, daß es Paulus hier nicht um emotionale Verletzlichkeiten gegangen ist, sondern gemäß dem von ihm benutzten jüdischen Sprachgebrauch um die objektive Gefahr des Glaubens - bzw. Heilsverlustes von Mitchristen. Sein Ziel erschöpfte sich nicht darin, ängstliche römische Christen vor einer Kränkung ihrer religiösen Gefühle zu bewahren, sondern darüber hinaus dafür zu sorgen, daß niemand wegen einer zweit- oder drittrangigen Frage um seinen Glauben gebracht und zu einer »Sünde« verleitet würde (vgl. unten zu 14,22b-23).

Dabei läßt Paulus von vornherein keinen Zweifel darüber aufkommen, daß nach seiner persönlichen Überzeugung die alttestamentliche Unterscheidung von »rein« und »unrein«, so fundamental sie auch ist (Lev 11; Dtn 14,3-21), nicht mehr die *Norm* sein könne, an welcher das Handeln der Christen in der Frage der Mahlgemeinschaft und Speisegewohnheiten zu messen sei:

> »Ich weiß und bin im Herrn Jesus überzeugt davon:
> Nichts ist aus sich selbst heraus unrein,
> es sei denn für den, der etwas für unrein hält,
> für den ist es unrein« (V.14).

»Ich weiß und bin im Herrn Jesus überzeugt«! Diese sehr kräftige Beteuerung verrät uns, daß Paulus von der Richtigkeit des nachfolgenden Satzes wohl in doppelter Hinsicht überzeugt war: Einmal erschien er ihm gewiß als in sich selbst theologisch stimmig; zum anderen gibt er mit seiner Einführung zu verstehen, daß sein Überzeugtsein mit seinem Glauben an den »*Herrn Jesus*« zu tun habe, die Wahrheit des Satzes ihm folglich auch »christologisch« einleuchtete. Beide Momente führt er aber nicht aus, weil er über den eigentlichen Grundsatz hinaus (»nichts ist ... unrein«) sogleich auf die subjektiven Einschränkungen seiner objektiven Gültigkeit zu sprechen kommt, auf die es ihm im weiteren Verlauf seiner Ausführungen dann auch besonders ankommen wird. Dennoch läßt sich mit einiger Wahrscheinlichkeit folgendes von den Gründen sagen, die Paulus mit solcher Gewißheit von der Wahrheit seines theologischen Grundsatzes sprechen lassen:

Stimmig war ihm der Satz wohl zunächst im Kontext seines *Schöpfungsglaubens*: »Dem Herrn gehört die Erde und was sie erfüllt« (Ps 24,1). Dieses Psalmwort, das Paulus in 1Kor 10,26, einem mit Röm 14f vergleichbaren Zusammenhang, heranzieht, um seiner Überzeugung Ausdruck zu verleihen, daß auf dem Markt angebotenes Fleisch aus kultischen Schlachtungen nicht deswegen tabu sein könne, weil es mit den heidnischen Göttern im Tempel in Berührung gekommen ist, mag das eindrucksvoll belegen: Alles, was die Erde erfüllt, so sagt der Psalm, gehört dem Herrn, der sie erschaffen hat. Wie kann da irgend etwas »aus sich selbst heraus unrein«, d.h. todgeweiht sein bzw. der gottgewollten Ordnung des Schöpfers und seiner Heiligkeit widersprechen, wie das in Aufnahme archaischer Regeln und alter Tabuvorstellungen das Buch Levitikus nicht nur im Blick auf Tiere und Speisen behauptet (Lev 11; dazu wie zum ganzen Buch vgl. den hervorragenden Kommentar von W.Kornfeld, Levitikus, Würzburg ^{2}1986, in der Neuen Echter Bibel)! So macht Paulus radikal ernst mit dem Gedanken der *Güte der Schöpfung*, indem er diesen zutiefst biblischen Gedanken (vgl. nur Gen 1,10b.18b.21b.25b.31a: »Gott sah alles an, was er gemacht hatte: *Es war sehr gut*«) gegen andere biblische Überlieferungen kritisch zum Zuge bringt.

Wie aber steht es mit der Berufung auf den »*Herrn Jesus*« als weiterem Argument für die Wahrheit des theologischen Grundsatzes? Hierzu wird man zunächst in Erinnerung rufen, daß die im Buch Levitikus entwickelte Theologie von »rein« und »unrein« ganz wesentlich im Dienst der Heiligung des Volkes Israel steht, das heilig sein soll, weil JHWH heilig ist (vgl. Lev 11,44f als Abschluß des ganzen Kapitels!): Ist JHWH heilig, d.h. erhaben über die Welt der Menschen und die Welt der Götter, dann muß auch sein Volk heilig sein, das er doch »aus Ägypten heraufgeführt hat« (Lev 11,45); das aber heißt, daß es sich von allem fernzuhalten hat, was JHWH mißfällt: von allem Unreinen oder Todgeweihten und allem heidnischen Unwesen. Wenn nun Paulus »*im Herrn Jesus* davon überzeugt ist, daß nichts von sich aus unrein ist ...«, dann steht dahinter doch sehr wahrscheinlich sein Glaube an die österliche Inthronisation Jesu zum *Herrn aller Heidenvölker* (vgl.

zu Röm 1,4f; 10,9-13). Denn so wenig es angesichts dieses *einen* »Herrn, der aus seinem Reichtum alle beschenkt, die ihn anrufen«, noch »einen Unterschied zwischen Juden und Griechen« geben kann (10,12), so wenig kann man »im Herrn Jesus« jetzt noch im Sinne des Buches Levitikus einen Unterschied machen zwischen »reinen« und »unreinen« Dingen: Ist die heidnische so gut wie die jüdische Welt Herrschaftsraum des »Herrn Jesus« im Namen des *einzigen* Schöpfergottes (vgl. Röm 3,29f), dann fallen die Grenzmauern der von der Tora geforderten »Reinheit« dahin. Was jetzt noch »Reinheit« und »Unreinheit« heißen kann, bestimmt sich allein im Licht von Glaube, Liebe und Hoffnung in einem ethisch-moralischen Sinn (vgl. 1,24; 6,19; 1Kor 12,21; Gal 5,19; 1Thess 2,3; 4,7).

Nicht überzeugend ist die Deutung, die in der Beteuerung des Paulus, er sei »*im Herrn Jesus*« von der schöpfungsmäßigen »Reinheit« aller Dinge überzeugt (vgl. auch 14,20b), einen Hinweis darauf sieht, daß Paulus seinen theologischen Grundsatz unmittelbar auf die *Verkündigung des historischen Jesus* habe zurückführen wollen. Verschiedene Gründe sprechen gegen diese Annahme:

1) Nach Überzeugung des Paulus hat der historische Jesus als gesetzestreuer Jude gelebt. Das jedenfalls setzt seine Feststellung von Gal 4,4 voraus, nach welcher *Jesus*, »von einer Frau geboren, *dem Gesetz unterstellt«* war. Diese Feststellung (mit ihr vgl. Gal 4,21) schließt dann aber aus, daß Paulus »von einem ernsthaften Konflikt Jesu mit dem Gesetz wußte« (so richtig E.Haenchen, Die frühe Christologie: ZThK 63 [1966] 151), der bei einer prinzipiellen Infragestellung der Reinheitstora (Lev 11; Dtn 14) durch Jesus im Sinne des paulinischen Grundsatzes unvermeidlich gewesen wäre. Die beiden Stellen Röm 5,19b und Phil 2,8, an denen vom urbildlichen »Gehorsam« Jesu als der prägenden Lebensform des neuen Menschen die Rede ist, ohne daß dieser Gehorsam Jesu als *Gesetzes*gehorsam charakterisiert würde - was Paulus von seinen theologischen Voraussetzungen her auch gar nicht möglich gewesen wäre (vgl. Bd. 1, S. 170 unten sowie S. 178f) -, widersprechen unserem Verständnis von Gal 4,4 nicht. Denn das Faktum, daß Jesus »dem Gesetz unterstellt war«, ist auch nach Gal 4,4 selbst noch einmal von seiner Sendung durch seinen Vater umgriffen (»als aber die Zeit erfüllt war, *sandte Gott seinen Sohn*, geboren von einer Frau und dem Gesetz unterstellt«); dementsprechend ist dann aber Jesu Gehorsam dem *Willen* seines Vaters gegenüber das maßgebliche Vorzeichen seines Lebens und umgreift als solches auch noch sein »Unterstellt-Sein unter das Gesetz«. Was nach Röm 12ff vom nachösterlichen Verständnis des Geset-

zes gilt - seine Konzentration im »Willen« Gottes -, das hat sich nach Paulus bereits in der Sendung des irdischen Jesus gezeigt.

Daß Jesus als gesetzestreuer Jude gelebt hat, dürfte auch im unmittelbaren Kontext unseres Verses, nämlich im Bekenntnis des Paulus von 15,8, ausgesagt sein, dem zufolge Jesus »Diener der Beschneidung« geworden ist. Was diese Formel bedeutet, ist nicht einfach zu sagen (vgl. unten!). Doch wenn Paulus mit ihr zum Ausdruck bringen wollte, daß Jesus in seiner irdischen Existenz den »*Beschnittenen*«, d.h. Israel, einen Heils*dienst* erwiesen hat, indem er die Verheißungen Gottes an die Väter in seiner Person bekräftigt hat, dann ist darin eingeschlossen, daß sein ganzes Leben vom Respekt auch vor dem Gesetz Israels geprägt war. Das aber entspricht genau Gal 4,4! So beruft Paulus sich zur Begründung seiner Botschaft von der Rechtfertigung des Menschen *ohne das Gesetz* auch nirgends auf den Lebensstil des historischen Jesus, sondern auf seinen Tod als das die Sünden der Welt sühnende Heilsgeschehen, das in seiner Auferweckung und Inthronisation zum *Herrn aller Heidenvölker* von Gott selbst rechtskräftig gemacht wurde. Von daher scheint es ausgeschlossen, daß Paulus seinen theologischen Grundsatz »nichts ist von sich aus unrein«, der ja doch das Gesetz an einem jüdischen Lebensnerv in Frage stellt, auf Jesus selbst zurückgeführt haben sollte.

2) Diejenigen Ausleger, die vermuten, Paulus rekurriere in 14,14 auf Jesus-Überlieferung, haben dabei das große Streitgespräch Jesu mit Pharisäern und Schriftgelehrten über »rein« und »unrein« im Auge, wie es uns die ersten beiden Evangelisten in Mk 7,1-23 und Mt 15,1-20 überliefert haben. Insbesondere denken sie dabei an Mk 7,15 (par. Mt 15,11) und Mk 7,19b. An der ersten Stelle heißt es:

»*Nichts*, was von außen in den Menschen kommt,
kann ihn verunreinigen,
sondern was herauskommt aus dem Menschen,
das ist es, was den Menschen verunreinigt.«

Matthäus überliefert denselben Spruch, jedoch ohne so grundsätzlich zu formulieren, wie das Markus getan hat:

»Nicht was zum Mund hineingeht,
macht den Menschen unrein,
sondern was herauskommt aus dem Mund,
das macht den Menschen unrein.

Dazu paßt, daß Matthäus den ebenfalls *prinzipiell* Stellung nehmenden Kommentar des Evangelisten Markus in 7,19b ausgelassen hat. Dieser

Kommentar von Mk 7,19b lautet: »damit erklärte Jesus *alle* Speisen für *rein.*« Sollte dieser Kommentar des Markus wirklich die Intention des historischen Jesus getroffen haben, dann hätte die Grundsatzerklärung des Paulus von Röm 14,20b: »*alle* Dinge sind *rein*!« zumindest ideell eine Stütze in der Überzeugung Jesu selbst, auch wenn Paulus nicht ausdrücklich auf sie rekurrierte. Doch erheben sich dagegen erhebliche Zweifel nicht nur, weil Matthäus die Dinge weniger grundsätzlich sieht als Markus, sondern vor allem deswegen, weil uns in der »Logienquelle« noch ein anderes, höchst wahrscheinlich aber authentisches Wort Jesu zum Thema »rein« und »unrein« überliefert ist, das zeigt, daß er die jüdischen Reinheitsvorstellungen keinesfalls *prinzipiell* abgelehnt hat. In seiner mutmaßlich ältesten Gestalt, die freilich umstritten ist, könnte das Wort so gelautet haben:

»Weh euch, ihr Pharisäer,
weil ihr das Äußere von Becher und Schüssel reinigt,
innen aber sind sie voll von Raub und Zügellosigkeit.
Ihr Toren, reinigt zuerst das Innere, dann ist auch das Äußere rein.«
(vgl. Mt 23,25f mit Lk 11,39-41)

Was hilft es, möchte Jesus den Pharisäern nicht ohne Sarkasmus und Ironie bedeuten, wenn ihr eure Gefäße von allen möglichen Verunreinigungen säubert (vgl. Lev 11,32), aber »der Becherinhalt geraubt ist oder der Ausschweifung dient« (so z.B. D.Zeller, Kommentar zur Logienquelle [SKK.NT 21], Stuttgart 1984, 67)? »Zuerst« kommt die sittliche Reinheit, sie hat den Vorrang vor der kultischen Reinheit! Oder anders gesagt: Die wichtigen Gebote muß man tun, die anderen aber nicht vernachlässigen (vgl. Mt 23,23; Lk 11,42).

Sollten Mt 15,11/Mk 7,15 gleichfalls auf ein Wort des historischen Jesus zurückgehen, dann dürfte es im Licht dieser Überlieferungen in einem Verständnis, dem Matthäus näher stünde als Markus, wahrscheinlich *nicht* als prinzipielle Infragestellung der Speisegebote der Tora zu deuten sein; in rhetorischer Überspitzung wird das Wort dann viel eher den Vorrang des *Inneren* vor dem *Äußeren* (die gleichen Kategorien wie in Mt 23,25f/Lk 11,39-41!) bzw. das *Herz* als den Ort bezeichnet haben, an dem sich entscheidet, ob ein Mensch wirklich rein oder unrein ist: Nicht so sehr das, was durch den Mund von außen her in ihn hineindringt, sondern das, was an bösen und den Mitmenschen verletzenden Worten aus seinem Inneren herauskommt - das wirkt verunreinigend. War es für Jesus typisch, daß er *unter Verzicht auf prinzipielle Äußerungen, die ihm nicht lagen*, von Fall zu Fall unter dem Anruf der Stunde und um der Liebe willen sich über die Sorge um rituelle Reinheit hinwegsetzen konnte (man denke z.B. an die heilende Berührung von »Aussätzigen«: Mk 1,41; 5,25ff, aber auch an die Geschichte vom barmherzigen Samariter, der keine Berührungsängste kannte), dann lassen sich unter solcher Voraussetzung die späteren Konflikte der frühen Kirche um die Tischgemeinschaft von Juden- und Heidenchristen sowie um die Gültigkeit des Ritualgesetzes auch viel besser begreifen, als wenn man annehmen müßte, Jesus hätte die Frage bereits *prinzipiell* und *ein für allemal* geklärt.

Nicht ausgeschlossen ist freilich die von manchen Forschern vertretene Annahme (die auch mir sehr plausibel erscheint), daß Mk 7,15 sich erst nachösterlichen Klärungsprozessen verdankt. Zugunsten dieser Annahme ist ein bislang nicht beachteter Text des jüdischen Religionsphilosophen Philo von Alexandrien aus seinem Buch »Von der Weltschöpfung« von Belang, weil er möglicherweise zeigt, daß das anthropologische Muster des Wortes ein Topos hellenistischer Popularphilosophie gewesen ist. Im Rahmen einer größeren Abhandlung über die Bedeutung der »Siebenzahl« heißt es dort, daß auch der Kopf des Menschen sieben notwendige Dinge besitze, neben den Augen, Ohren und Nasenlöchern

»siebtens einen *Mund*,
durch den, wie Plato (Timaios 75 d-e) sagt,
der Einzug der vergänglichen und der Auszug der unvergänglichen [Dinge erfolgt;
hineingehen in ihn Speisen und Getränke,
die vergänglichen Nahrungsmittel des vergänglichen Körpers,
herauskommen die vernünftigen Reden
als unsterbliche Gesetze der unsterblichen Seele,
durch die das vernünftige Leben geleitet wird«.
(Op Mund 119)

Beachtenswert ist, wie Philo das Platon-Wort um eine wichtige Nuance verschoben hat: Heißt es im Timaios vom Mund, sein wohlbedachter Nutzen bestünde darin, »daß das *Notwendige* einen Eingang, das *Beste* einen Ausgang habe«, so spricht Philo in dualistisch-wertender Entgegensetzung vom »Vergänglichen« und »Unsterblichen«. Solche wertende Entgegensetzung prägt dann auch Mk 7,15/Mt 15,11, wobei der Kommentar Mk 7,18-23/Mt 15,16-20 dem Ganzen noch eine drastische Note verleiht: Was von außen in den Mund hineingeführt wird, gelangt in den Bauch und von dort in den Abort; was aber aus dem Herzen kommt und von dort nach draußen dringt - die bösen Gedanken der Menschen! -, das ist von ganz anderer Mächtigkeit und bestimmt die Wirklichkeit zutiefst! Sollte das synoptische Wort als Aufnahme jenes Topos von der zweifachen Funktion des Mundes zu erklären sein, dann kommt es freilich entscheidend auf dessen Zuspitzung im synoptischen Wort selbst an. Zweierlei fällt dabei auf: Was aus dem Mund bzw. dem

Herzen des Menschen herauskommt, sind nach diesem Wort und seinem Kommentar keine hehren Gedanken oder »unsterblichen Gesetze der unsterblichen Seele« (Philo), sondern lauter Bosheiten; hier äußert sich der typisch biblische Realismus in puncto Menschenbild. Zweitens wird der Topos (wenn man ihn denn postulieren darf) dazu verwendet, um zu zeigen, was wirklich *unrein* heißen darf und was nicht: Auf das *Innere* des Menschen kommt es an, nicht auf *Äußerlichkeiten*!

Ob nun das Wort Mk 7,15 (Mt 15,11) auf den historischen Jesus zurückgeführt werden kann oder nicht - die Forschung hat diesbezüglich, das sei zugestanden, noch kein allseits anerkanntes Resultat erzielen können -, eins steht nach unseren Beobachtungen zu Jesus und Paulus trotzdem fest: Wenn der Apostel seine grundsätzliche Überzeugung von der schöpfungsmäßigen Reinheit bzw. Güte aller Dinge *nicht* in der Verkündigung des historischen Jesus verankert, sondern in seinem Glauben an dessen österliche Inthronisation zum Herrn der Welt, dann steht das nach allem, was wir über Jesus selbst und die Konflikte der frühen Kirche um die jüdischen Reinheitsgesetze wissen, in geschichtlicher Entsprechung dazu. Erst nach Ostern hat man nämlich *über Jesus hinaus* in dieser Frage Entscheidungen gefällt, die nicht durch ihn selbst gedeckt waren, sondern abgeleitet waren aus einer theologischen Deutung seiner Auferweckung. So haben wir ein Beispiel für die Kraft des österlichen Glaubens vor uns, die sich an der kreativen Entfaltung theologischer Erkenntnis über die Botschaft Jesu hinaus erwiesen hat.

3) Wenn eine Zurückführung des paulinischen Grundsatzes auf Jesus ausgeschlossen erscheint, dann heißt das noch nicht, daß Paulus selbst erst die Parole »nichts ist unrein« (V.14) bzw. «alles ist rein« (V.20b) in die Welt gesetzt hätte. Vielleicht führten auch die »Starken« in Rom sie im Munde, und Paulus hat sie nur von ihnen übernommen. Später taucht sie noch in den Pastoralbriefen auf, nämlich in 1Tim 4,4 und Tit 1,15.

»Nichts ist unrein!« Diese Parole, von deren Wahrheit, wie wir gesehen haben, Paulus aus verschiedenen Gründen überzeugt war, greift er auf, um zu erklären, daß die Qualität der »Unreinheit« niemals an den Dingen der Schöpfung selbst haften kann, vielmehr nur in der *Vorstellung* derer existiert, die mit der Schöpfung umgehen. »Unreinheit« ist keine objektive, *»an sich«* bestehende Wesenseigenschaft der Dinge, sondern ist auf ein subjektives, nur *»für« den einzelnen Betrachter gültiges* Meinen zu reduzieren (V.14). Diese von der Sache her geforderte Unterscheidung zwischen einem »an sich« und einem »für mich« Gültigen macht die theologische Substanz des paulinischen Grundsatzes auf der Basis der vielleicht vorgegebenen Parole aus. Mit ihrer Idee, daß kulturelle Prägungen des menschlichen Subjekts zutiefst dessen Wahrnehmung der Wirklichkeit prägen können, atmet die Unterscheidung nahezu neuzeitlichen Geist. In unserem Zusammenhang leistet sie zweierlei: Einerseits enttabuisiert sie die Wirklichkeit selbst, indem sie die Annahme scheinbar verbotener oder zu meidender Wirklichkeitsbezirke als Täuschung entlarvt; andererseits gibt sie die Möglichkeit frei, gegenüber den subjektiven Überzeugungen des Andersdenkenden den nötigen Respekt aufzubringen. Auf diesen zweiten Gesichtspunkt kommt es Paulus hier an: Es gilt zwar, daß »nichts aus sich selbst heraus unrein ist«, aber »für denjenigen, der es für unrein hält, für den *ist* es dann auch unrein!« Subjektive Überzeugungen des anderen besitzen, auch wenn sie mir sachlich nicht einleuchten, dennoch ihr eigenes, von mir zu respektierendes Gewicht (soweit der Punkt A des Bauplans).

Darauf gründet dann Paulus im folgenden seine Mahnung an die »Starken« (= Punkt B des Bauplans). Wenn diese durch ihr Verhalten ihre Mitchristen in *Traurigkeit* versetzen, dann ist das ein Verstoß gegen das Gebot der Liebe (vgl. 13,8-10). »In Traurigkeit versetzt«, »betrübt werden« bezeichnet dabei mehr als nur ein Verletzt-Werden auf einer emotionalen Oberfläche, was man wegen der Flüchtigkeit von Gefühlen vielleicht gar nicht so ernst nehmen müßte. Die hier gemeinte »Betrübnis« des Bruders oder der Schwester steht aber in scharfem Gegensatz zur *»Freude«*, die nach 14,17, dem Zentrum unseres Abschnitts, als eins der wesentlichen Kennzeichen der Gottesherrschaft zu gelten hat. Diese »Freude« strömt aus dem Glauben der Christen an ihre Versöhnung als Sünder mit Gott und den Mitmenschen (vgl. 5,1-11; 8,31-39) und stellt so gleichsam die *äußere, erfahrbare* Seite der Anwesenheit des wirkmächtigen Gottesgeistes in der Gemeinschaft der Glaubenden dar. Dementsprechend reicht dann auch die »Betrübnis« viel tiefer, als man zunächst meinen möchte; als seelische Verletzung allein wird sie jedenfalls nicht zureichend wahrgenommen. Der Glaubensüberzeugung des Mitchristen die Achtung zu versagen oder ihm die eigenen Ansichten aufzwingen zu wollen, ohne Respekt vor seinen Gewissensentscheiden (vgl. zu 22b-23), stürzt diesen nämlich in innere Konflikte, die möglicherweise den

Verlust seines Glaubens zur Folge haben. Die mit solchen Konflikten verbundene »Betrübnis« oder »Traurigkeit« ist dann Symptom einer empfindlichen Störung der Glaubensgemeinschaft selbst, welche diese in ihrer Mitte getroffen hat: der Wirklichkeit der Liebe.

Daß es beim Konflikt in Rom um nichts Geringeres als um solch eine drohende Gefahr des Glaubens- und Heilsverlustes des Bruders oder der Schwester ging, gibt Paulus dadurch zu verstehen, daß er die vordergründige Streitfrage mit dem kontrastiert, was seiner Meinung nach wirklich auf dem Spiele stand: Was ist schon die Demonstration meiner Glaubensfreiheit in Essensfragen, wenn dadurch das *Heil* meines Bruders oder das meiner Schwester gefährdet wird, für die Christus doch sein Leben hingegeben hat? »Richte durch deine *Speise* nicht den zugrunde, für den Christus gestorben ist!« Auf Kosten anderer recht haben zu wollen, zerstört das »wahre Gut« der Gemeinde und gibt es zudem der »Lästerung« der Außenstehenden preis. Worin aber besteht das »wahre Gut« der Gemeinde (V.16)?

Mit der Beantwortung dieser Frage kommt Paulus zur Mitte seines Gedankengangs (= Punkt C des Bauplans). Diese hat er mit einem geschliffenen *Definitionssatz* ausgezeichnet, den er möglicherweise aus der frühchristlichen Taufkatechese übernommen hat (vgl. oben die Einleitung unter A). Er lautet:

> »Gottes Herrschaft besteht nicht in Essen und Trinken,
> sondern sie ist Gerechtigkeit und Frieden und Freude
> im heiligen Geist«.

Was auch immer mit dieser polemischen Entgegensetzung ursprünglich einmal gemeint gewesen war (vgl. noch einmal oben unter A), für Paulus beinhaltet der Satz im vorliegenden Zusammenhang eine ernste Mahnung an die Adresse der »Starken«: Nicht das, was auf den Tisch kommt, garantiert den wirklichen Genuß, sondern die Gemeinschaft derer, die miteinander feiern, schenkt wahre Freude! Das Wesen der Gottesherrschaft besteht ja doch nicht in demonstrativ zur Schau gestellter Freiheit, sondern zeigt sich in *Gerechtigkeit*, *Frieden* und *Freude* im heiligen Geist. Was meint Paulus mit diesen drei Herzwörtern seiner theologischen Sprache? Zusammengenommen bezeichnen sie das, worin allein Gottes Herrschaft in dieser Zeit sich als eine *Wirklichkeit* des Glaubens zu erkennen gibt: nämlich die Erfahrung, daß sich Menschen im Zeichen des Glaubens auch wirklich *verändert* haben! Aus Sündern sind *Gerechte* geworden, die in Ordnung sind - sowohl im Verhältnis zu Gott als auch im Verhältnis zu ihren Mitmenschen; sie leben im *Frieden* miteinander, was nichts weniger heißt, als daß sie sich gegenseitig mit ihren unterschiedlichen Überzeugungen gelten lassen; und schließlich herrscht unter ihnen *Freude*: kein enthusiastischer Überschwang, sondern gelassene Heiterkeit (vgl. 2Kor 6,10), die bei allen Konflikten miteinander und Leiden aneinander Resignation und Traurigkeit zu bannen vermag. Wo solche Veränderungen im Glauben Platz greifen, da ist *Gottes Geist* am Werk, nach Überzeugung des Paulus in der Gemeinde Jesu Christi; und um ganz sicher zu gehen, daß solcher Neuaufbruch im Geist Gottes, dessen »Frucht« nach Gal 5,22 ja »Liebe, Freude und Frieden« heißt, nicht doch noch irgendwie enthusiastisch mißverstanden wird, fügt Paulus im »trinitarischen« Duktus (vgl. oben unter A: Punkt 1) hinzu: »denn wer in diesem (*Geist*) *Christus* als Knecht dient, der ist *Gott* wohlgefällig und von den Menschen geachtet.« Den Charakter *dienender Liebe* besitzt demnach menschliches Handeln, das in der Nachfolge Christi, vom Geist Gottes beseelt, aus dessen verborgener Gegenwart lebt. Keine andere Legitimation gibt es für die christliche Gemeinde in den Augen der Außenstehenden als nur diese eine: Wenn sie ein lebendiges Zeugnis ihrer Liebe und Gerechtigkeit ablegt, dann ist sie bei den Menschen »geachtet« - und darauf legt Paulus auch andernorts großen Wert (vgl. Phil 2,14f; 2Kor 8,21; 1Thess 4,12). Jeder friedlose und verbissene Streit um Glaubensüberzeugungen muß die Gemeinde um ihre Reputation in der Welt bringen. Allein die *Praxis dienender Liebe* in der Nachfolge Christi läßt sie auch nach außen hin überzeugend erscheinen!

Nachdem Paulus im Zentrum des Abschnitts »Gerechtigkeit, Friede und Freude« als das höchste gemeinsame »Gut« der an Christus Glaubenden herausgestellt hat, bekommen jetzt auch seine Mahnungen, die er mit V.19 (in umgekehrter Entsprechung zu den Teilen A und B) wiederaufnimmt, einen expliziten Bezug zur *Gemeinde*: »Laßt *uns* also nach dem streben, was zum Frieden und zum *gegenseitigen Aufbau* beiträgt« (V.19). Das griechische

Wort, das in der EÜ mit »Aufbau« wiedergegeben wird (oikodomé), übersetzt man zuweilen auch mit »Erbauung« (so z.B. die Zürcher Bibel). Das ist nicht verkehrt, doch muß man sich davor hüten, die Metapher im Sinne des »Erbaulichen« zu spiritualisieren. Paulus denkt hier ziemlich handfest und assoziiert mit seinem Bildwort einen wirklichen Hausbau, der dem Wohl der Menschen in jeder Beziehung zu dienen hat (vgl. v.a. 1Kor 3,9.10-15; 14,3-5.12.26). Ihm geht es nicht um schöngeistige oder »erbauliche« Gedanken, sondern darum, daß das Zusammenleben im gemeinsamen Haus funktioniert. Deshalb setzt er auch gleich hinzu: »Reiße nicht wegen einer Speise das Werk Gottes nieder!« (V.20a). Wer die Mahlgemeinschaft aufkündigt, der spaltet das Haus. Dabei muß er wissen, daß er das »Werk *Gottes*« beschädigt. Denn was da, auch in Rom, *im Entstehen begriffen* ist (für Paulus ist die Gemeinde nie ein *fertiges* »Haus voll Glorie, ... aus ewigem Stein erbaut«), das verdankt sich nicht menschlicher Anstrengung, sondern ist Zeichen für *Gottes* erbauende Gegenwart. Stärker kann man die Achtung vor dem Bruder oder der Schwester in der Gemeinde wohl nicht motivieren!

An diese Mahnungen (V.19-20a = B') schließt Paulus in einem letzten Block (V.20b-23 = A'), der die Gedanken der eröffnenden Sätze V.13f (= A) in umgekehrter Reihenfolge noch einmal aufgreift, weitere Überlegungen an, die jetzt auf *konkrete Ratschläge* hinauslaufen. Doch ruft er zunächst seinen theologischen Grundsatz von V.14 ein zweitesmal in Erinnerung:

> »*Es sind zwar alle Dinge rein,*
> *doch für den Menschen,*
> *der (gewisse Speisen nur) unter Anstoß ißt,*
> *ist das schlecht*« (V.20b).

Diese Übersetzung fügt sich besser in den Zusammenhang der abschließenden Verse ein als die von der EÜ gebotene, die sprachlich freilich auch möglich ist: »schlecht ist es jedoch, wenn ein Mensch durch sein Essen dem Bruder Anstoß gibt«. Doch steht jetzt weniger das Anstoß-*Geben* als vielmehr das Anstoß-*Erleiden* im Vordergrund (vgl. auch V.21b), das Paulus ein »Übel« nennt (V.20b) und in V.22b-23 als einen gefährlichen Zustand des inneren Zwiespalts analysieren wird, den man dem Bruder oder der

Schwester unbedingt ersparen sollte. Deshalb »ist es gut« - so lautet der erste Ratschlag, den Paulus den »Starken« erteilt -, »kein Fleisch zu essen und keinen Wein zu trinken, *wenn dein Bruder daran Anstoß nimmt«* (V.21). Lieber selbst in Freiheit verzichten als den Bruder zu Fall bringen - so lautet die Devise. Doch ist das kein Aufruf zur Selbstverleugnung, wie Paulus in seinem Sinn für das Praktische (!) gleich hinzusetzt:

»Die Glaubensüberzeugung, die du hast,
die sollst du *für dich selbst* haben, vor Gott« (V.22a).

Das aber heißt im Klartext: Wenn du unter deinesgleichen in deiner Hausgemeinde bist, dann kannst und darfst du so leben, wie es deiner Glaubensüberzeugung entspricht: »für dich selbst und vor Gott«; aber wenn es um das Zustandekommen eines *gemeinsamen* Mahles mit den andersdenkenden Christen geht, dann solltest du deine persönlichen Gewohnheiten zurückstellen, d.h. auf Fleisch- und Weinkonsum verzichten: um des hohen »Gutes« von »Gerechtigkeit, Friede und Freude« willen! Die damit ins Spiel gebrachte Unterscheidung von Gemeinde*öffentlichkeit* und *privater* Sphäre als Weg zur friedlichen Lösung des Problems hat Paulus übrigens früher schon einmal, und zwar im 1. Korintherbrief zur Überwindung von sozialen Spannungen, die beim eucharistischen Gemeindemahl aufgebrochenen waren, zur Diskussion gestellt (vgl. 1Kor 11,19-22.33f). Hier soll diese Lösung erst die Mahlgemeinschaft unter Andersdenkenden zuwege bringen, wobei Paulus den »Starken« im Glauben die entscheidende Verantwortung für deren Gelingen zuschiebt: Sind sie innerlich frei genug, um auf die Durchsetzung ihrer eigenen Überzeugungen zu verzichten, dann sollten sie doch den »Schwachen« deren »engere« Ansichten nicht nur nachsehen, sondern sie ihnen auch ausdrücklich zubilligen. Großmut in dieser Hinsicht an den Tag zu legen - das wäre wirklich praktische Solidarität in Liebe!

Aber warum ist es so wichtig, den Überzeugungen der anderen Respekt zu zollen, auch wenn man sie selbst nicht für richtig hält? Der Hinweis auf das Gebot der Nächstenliebe sagt hier noch nicht alles, obwohl er natürlich den entscheidenden Impuls benennt. Doch wenn man weiterfragt, warum es ein Gebot der Liebe ist, den Entscheidungen des anderen den Respekt zu zollen, wird man vom *Gewissen* sprechen müssen. Paulus tut das in unserem Text zwar nicht (man vgl. aber die parallele Erörterung in 1Kor 8,12f!), doch ist die Sache, die er mit dem Begriff des Gewissens in 1Kor 8,12 bezeichnet, in den abschließend formulierten »Kriterien des rechten Handelns« V.22b.23 gemeint: Die innere *Übereinstimmung mit sich selbst* ist danach höchster subjektiver Beurteilungsmaßstab des eigenen Handelns - vorausgesetzt, man hat sich in dem, was man persönlich zu vertreten hat, auch gründlich und »gewissenhaft« geprüft (was mir aber niemand weder abnehmen noch im Konfliktfall in Abrede stellen kann). Demgemäß formuliert Paulus im unmittelbaren Anschluß an den zuletzt den »Starken« erteilten Ratschlag («Die Glaubensüberzeugung, die du hast, die sollst du für dich selbst haben, *vor Gott*«) zunächst positiv:

> »Selig,
> wer sich selbst nicht zu richten hat in dem,
> worin er sich geprüft« (V.22b).

Mit anderen Worten: Wer sich in seinem Tun in Übereinstimmung sieht mit dem, was er nach eingehender »Prüfung« als Wille Gottes für sich selbst erkannt hat (vgl. 12,2!), der ist »selig« zu preisen. Dabei meint dieses »selig«, das die EÜ wie bei den »Seligpreisungen« Jesu Mt 5,3-11/Lk 6,20-22 mit »wohl dem!« wiedergibt, mehr als nur das Glück, mit sich selbst in Harmonie zu sein; es schließt die Hoffnung mit ein, darin auch *vor Gott* Anerkennung zu finden, was die sich anschließende *negative* Fassung desselben Gedankens auf ihre Weise bekräftigt:

> »Wer aber mit sich selbst im Streit liegt, wenn er ißt,
> der ist schon gerichtet,
> weil er nicht aus Glauben handelt« (V.23a).

Er ist gerichtet - in den Augen *Gottes*, und zwar deswegen, weil Gott sich in seinem Urteil über den Menschen an das bindet, was dieser in der *Endlichkeit seiner begrenzten Perspektive* von seinem Willen für sich selbst zu erkennen vermag. Denn sein Wille ist kein abstraktes, über dem Menschen schwebendes Gesetz oder Prinzip, sondern wird je und je in dem konkret, was der Glaubende in seiner Situation, die er gegen keine andere eintauschen kann, als für sich selbst gültig wahrzunehmen vermeint. Konkret heißt das für

Paulus: Wenn der Bruder oder die Schwester zur Überzeugung gelangt sind, bestimmte Speisen nicht essen zu dürfen, weil das Gott in seiner Tora angeblich von ihnen verlangt, dann werden sie an dieser ihrer Überzeugung auch *gemessen* werden. Wenn ich aber, der ich diese Überzeugung nicht teile, meinen Bruder oder meine Schwester, mit welchen Mitteln auch immer, dazu nötige, *gegen ihre Überzeugung* zu handeln, dann bringe ich sie in einen inneren Zwiespalt, in dem sie sich selbst als Sünder richten. Denn *gegen die eigene Glaubensüberzeugung* zu handeln, das ist »Sünde«. Ganz grundsätzlich gilt nämlich:

»Alles, was nicht aus Glauben (geschieht), ist Sünde« (V.23b).

Folglich werde ich schuldig an ihnen, weil ich zum »Anstoß« für sie geworden bin, über den sie gestolpert sind.

Zwei Beobachtungen sind noch anzufügen:

Der erste Abschnitt der konkreten Weisungen schloß in 14,12 mit einem Hinweis auf die *individuelle Verantwortlichkeit* eines jeden einzelnen vor Gott, die ihm niemand abnehmen kann: »also wird *ein jeder* von uns *über sich selbst* Gott Rechenschaft abzulegen haben«. Der so gefaßte Gerichtsgedanke diente Paulus im Kontext seiner Mahnung dazu, allem angemaßten Verurteilen und Richten von Mitmenschen den Boden zu entziehen. Das ist nach seiner Überzeugung die *positive* Motivationsleistung der traditionellen Rede vom *ausschließlichen* Gerichtsprivileg Gottes.

Ganz ähnlich argumentiert er am Ende unseres Abschnitts. Auch hier liegt ihm ganz wesentlich an der *Verantwortung eines jeden einzelnen*, die sich nicht an einem als allgemein gültig erkannten Gesetz bemißt, sondern an dem je und je vom einzelnen für sich selbst wahrzunehmenden und zu realisierenden Gotteswillen. Daß Paulus beide Abschnitte mit dem gleichen Akzent beschließt, ist aller Beachtung wert.

2) Wie die Auslegung zeigte, ist bei den von Paulus formulierten »Kriterien des rechten Handelns« V.22b und 23a sowohl in ihrer positiven als auch in ihrer negativen Fassung eine *theologische* Dimension mitenthalten: »*Selig* ist«, so sagt Paulus, »wer sich selbst nicht zu verurteilen braucht ...«, und: »*gerichtet* ist, wer mit sich im Streit liegt«. Aber, so könnte man einwenden: Ist *Gott* nicht größer als unser Selbstbewußtsein, größer auch als alle unsere Skrupel? Und es ließe sich dieser Einwand noch stützen durch Hinweis auf eine Äußerung des Paulus in einem seiner früheren Briefe, die bei vergleichbarer Sachlage viel zurückhaltender formuliert war:

»Mir macht es ... nichts aus,
wenn ihr oder ein menschliches Gericht ein Urteil über mich fällt;
ich urteile auch nicht über mich selbst.
Ich bin mir zwar keiner Schuld bewußt,
doch bin ich dadurch noch nicht gerecht gesprochen;
der Herr ist es,
der das Urteil über mich zu sprechen hat.
Richtet also nicht,
ehe der Herr kommt,
der das im Dunkeln Verborgene ans Licht bringen
und die Absichten der Herzen aufdecken wird.
Dann wird jeder sein Lob von Gott erhalten.«
(1Kor 4,3-5)

Einiges an diesem Text erinnert an Röm 14, vor allem der Hinweis auf Gottes ausschließliches Gerichtsprivileg, um das zu wissen jedem einzelnen die nötige innere Gelassenheit und Freiheit verschafft angesichts so mancher auf ihn eindringender Verurteilungen durch alle möglichen menschlichen Instanzen. Doch sich selbst keiner Schuld bewußt und mit sich selbst in Harmonie zu sein, bedeutet noch nicht, darin auch von Gott gerecht gesprochen zu sein. Ich selbst kann niemals Gottes Urteil über mich vorwegnehmen. Heils*gewißheit* in Hoffnung ist nicht mit Heils*sicherheit* zu verwechseln (vgl. zu 5,1ff und 8,18ff)! Daraus folgt dann aber, daß man auch Röm 14,22b/23a nicht in diesem Sinne mißdeuten darf. Um einen Text zu verstehen, muß man wissen, *an wen* er gerichtet ist und *welches Ziel* sein Autor mit ihm verbunden hat. Röm 14,12-23 wendet sich aber vornehmlich an die »Starken«, nicht um deren Selbstbewußtsein zu schmeicheln, sondern sie zur Solidarität mit den sogenannten »Schwachen« zu ermuntern. Zu diesem Zweck legt der Text dar, welche Konsequenz deren Konflikt mit den von ihnen als gültig erachteten Normen besitzen kann: nämlich subjektiv schuldig zu werden als solche, die nicht gemäß ihrer eigenen Glaubensüberzeugung gehandelt haben! Damit will aber doch Paulus keinesfalls Gottes Gerichtsurteil in konkreten Einzelfällen vorwegnehmen, sondern - bei ganz anderer Stoßrichtung - eindringlich davor warnen, jemanden in eine solche Lage des inneren Selbstwiderspruchs zu manövrieren. Umgekehrt ist auch der Hinweis auf die »Seligkeit« dessen, der mit sich in Übereinstimmung lebt, alles andere als eine Einladung zur Selbstüberhebung, sondern benennt nur die göttliche Verheißung, die ein *mit sich selbst identisches* Handeln in sich trägt (vgl. als Gegenstück Röm 7,15/19).

Was ist »Sünde«? Eine paulinische Definition (14,23b)

Eine Begriffsdefinition, wie sie Paulus in 14,23b bietet, ist in seinen Briefen eine ausgesprochene Seltenheit, die beachtet zu werden verdient:

»Alles, was nicht aus Glauben (geschieht), ist Sünde!«

1) Verschiedene Beobachtungen deuten darauf hin, daß wir es hier mit einem *Lehrsatz* zu tun haben, den Paulus möglicherweise nicht erst für den vorliegenden Zusammenhang geprägt hat.

Zum einen bietet dieser »Lehrsatz« eine *Regel*, die, ohne die konkrete Problematik der »Schwachen« und »Starken« ausdrücklich zu berücksichtigen, ganz *allgemein* gefaßt ist: »*alles*, was nicht aus Glauben, ist Sünde.« Dem Regelcharakter entspricht der äußerst knappe, auf jedes überflüssige Wort verzichtende Stil des Satzes.

Zum zweiten läßt sich eine Verschiebung im *Glaubensbegriff* von V.23b gegenüber V.22 nicht übersehen. Das hat den Auslegern oft zu schaffen gemacht, findet aber bei Annahme eines vorgegebenen «Lehrsatzes« eine gute Erklärung. Vorausgeschickt sei, daß Paulus in beiden Versen dasselbe griechische Wort (pistis) benutzt, das wir im Deutschen gewöhnlich mit «Glauben« wiedergeben. Die EÜ macht bei V.22 diesen Zusammenhang freilich unkenntlich, wenn sie übersetzt: »Die *Überzeugung*, die du hast ...«. Aber es geht hier nach Aussage des Paulus nicht abstrakt um irgendwelche Überzeugungen, sondern sehr konkret um bestimmte *Glaubens*positionen, weshalb man »pistis« auch entsprechend mit »*Glaubens*überzeugung« wiedergeben sollte (vgl. auch 14,1f). Dahinter steht die von Paulus bereits in 12,3 in der Grundlegung seiner Weisungen geäußerte These, daß Gott jedem einzelnen ein bestimmtes »Maß an Glauben« zumißt, Glauben sich also immer individuell, bezogen auf die eigene Biographie, verwirklicht. Uniformität im Glauben wäre danach ein Unding. Der eine Glaube an den Gott Jesu Christi entfaltet sich, wie man ja am Beispiel der römischen Christen ersehen kann, durchaus im Rahmen unterschiedlicher, ja zum Teil sogar sich widersprechender *Glaubensüberzeugungen*, die in der »Hierarchie der Wahrheiten« dann freilich einen niedrigeren Stellenwert besitzen als das alle einende, grundlegende Bekenntnis zu Christus. Wie ernst diese Glaubensüberzeugungen im einzelnen zu nehmen sind, das hat Paulus in

14,13-23 zur Genüge demonstriert: Man kann nicht einfach über sie hinweggehen, ohne die Menschen, die hinter ihnen stehen - den Bruder oder die Schwester - zu verletzen.

Dieserart Glaubensüberzeugungen stehen also zur Debatte, wenn Paulus einerseits in V.22a den »Starken« nahelegt, ihre spezifischen Glaubenspositionen anderen nicht aufzudrängen, andererseits aber in V.23a mit Blick auf die »Schwachen« und ihre Skrupel festhält, daß für das Gelingen auch deren Lebensweges nichts anderes maßgebend sein kann als das Kriterium der inneren Übereinstimmung mit den eigenen Glaubenspositionen (auch wenn diese von anderen Christen nicht geteilt werden!). Doch darüber hinaus gilt nun - und das macht die behauptete *Verschiebung des Glaubensbegriffs in V.23b* aus! -, daß bei allem Eingenommensein für die eigenen Glaubenspositionen *Glaube im tiefsten Sinne des Wortes* bei allem, was man tut, zum Tragen kommen muß, d.h. *ein rückhaltloses Vertrauen auf den Gott Jesu Christi* bestimmend zu sein hat, ein Vertrauen, das diesem Gott alles, aber auch alles im Blick auf die Verwirklichung des eigenen Heils im Namen Jesu zutraut. Das ist das letzte und eigentliche Maß, angesichts dessen es im Unterschied zu jenen relativen Glaubensüberzeugungen (in der Mehrzahl!) nur ein *Entweder-Oder* geben kann: »Alles, was nicht aus (solchem) Glauben (geschieht), ist Sünde.« Mit anderen Worten: *Entweder* Starke wie Schwache handeln aus Glauben, d.h. aus Vertrauen auf den Gott Jesu - dann leben sie seinem Willen gemäß, *oder* sie handeln nicht aus Glauben, vielleicht aus Selbstüberschätzung oder Angst - dann leben sie in »Sünde«, d.h. getrennt von Gott.

Erhärten diese Überlegungen die Eigenständigkeit des katechetischen »Lehrsatzes« V.23b, den Paulus wie schon gesagt, möglicherweise nicht erst für seinen Römerbrief geprägt hat, dann sollte man diesen »Lehrsatz« auch entsprechend seinem Gewicht würdigen, das sich in der Aufarbeitung des konkreten römischen Konflikts jedenfalls nicht erschöpft.

2) »Alles, was nicht aus Glauben (geschieht), ist Sünde!« Um die Bedeutung dieses »Lehrsatzes« zu erkennen, ist es gut, sich der unterschiedlichen Kontexte zu erinnern, in denen Paulus im Römerbrief von »Sünde« spricht. In 1,18-3,20 hat er gezeigt, daß »*alle* Menschen - Juden wie Heiden - unter der Herrschaft der Sünde stehen« (3,9); weil er mit seiner Argu-

mentation dort alle, vor allem aber die Juden erreichen wollte, maß er das, was »Sünde« ist, an den »Forderungen des Gesetzes« (2,26; vgl. auch 1,32). Ganz ähnlich lief seine Argumentation in 5,12-21 und 7,1-25 ab, wo er die »Sünde« als *universale geschichtliche Macht* (Kap.5) bzw. als den entscheidenden Faktor der Entfremdung im Leben jedes *einzelnen* Menschen aufgedeckt hat (Kap.7): Maßstab war beidesmal das »Gesetz« Gottes (vgl. 5,13.20; 7,7ff), das in 7,12.14 sogar ausdrücklich als »heilig, gerecht und gut«, ja als »vom Geist bestimmt« gepriesen wird.

Demgegenüber bietet der »Lehrsatz« 14,23b eine Sicht der »Sünde« gleichsam aus einer *Innenperspektive*. Nicht die Existenz der *Welt* bzw. der Menschen *überhaupt* unter der entfremdenden Macht der Sünde ist das Thema, sondern die *christliche Existenz*, insofern auch sie noch - trotz der ihr eröffneten Heilsperspektive - aus dem befreienden Raum des Gotteswillens herausfallen kann. Dementsprechend hat sich auch der Maßstab verschoben, an dem zu messen ist, was »Sünde« heißt: »Nicht mehr, was nicht aus dem Gesetz kommt, sondern, was nicht aus dem Glauben kommt, ist Sünde« (W.Gutbrod, Art. Gesetz: ThWNT IV, 1070). Mit anderen Worten: Alles Tun, was aus Hochmut, Selbstüberhebung, Stolz, aber auch aus Angst, Verzweiflung und Selbstverschlossenheit kommt, das ist »Sünde« und führt von Gott weg. Was aber aus Glauben, d.h. auf dem Grund eines rückhaltlosen Vertrauens auf den Gott Jesu Christi geschieht, das ist seinem Willen gemäß. Andernorts spricht Paulus vom »Glauben, der in der Liebe wirksam wird« (Gal 5,6). Das ist dann sozusagen das positive Pendant zu Röm 14,23b: Rückhaltlos auf den Gott Jesu Christi sein Vertrauen zu setzen - das befreit und befähigt zur Liebe dem Nächsten gegenüber. So einfach also ist für Paulus der Maßstab, nach dem christliche Existenz ethisch gestaltet werden kann (vgl. auch zu 13,8-10)!

C. Schauen wir auf den innerhalb von Röm 14,1-15,13 gewiß zentralen Abschnitt 14,13-23 nochmals zurück. Sowohl in *ethischer* als auch in *ekklesiologischer* Hinsicht enthält er bedeutsame Anstöße.

1) Zum einen steuert er Aspekte bei, unter denen sich Prozesse ethischer Entscheidungsfindung besser verstehen lassen. Daß Glaubenserkenntnis sich nicht geradlinig in ethisch richtiges Handeln umsetzen läßt, ist vielleicht seine wichtigste Einsicht. So gewiß die Maxime gilt: »Alles ist rein!« -, sie beantwortet nach Paulus noch nicht, welches richtige Handeln dieser Maxime im gegebenen Fall entspricht. Entscheidendes Kriterium bei der Umsetzung von als richtig Erkanntem in konkrete Handlungswirklichkeit ist die Liebe (14,15). »Die Wahrheit in Liebe bezeugen« - so heißt es im Epheserbrief (4,15); genau darauf legt auch Paulus hier den Finger: Kriterium dafür, ob man etwas ethisch verantworten kann oder nicht, ist die Frage, ob es die Gemeinschaft, in der man steht, auch *aufbaut* (14,19). Ist das nicht der Fall, dann hat man davon Abstand zu nehmen. So ist die *Freiheit*, etwas tun zu dürfen und zu können, der *Liebe* untergeordnet, die danach fragt, ob es dem anderen nutzt oder schadet. *Sie* ist es, die sagt, was *unbedingt* zu tun ist, sie läßt den von der Freiheit eröffneten Handlungsspielraum in die notwendige *Entschiedenheit* des hier und jetzt zu Tuenden einmünden.

Wichtiger als die Durchsetzung von Prinzipien ist das Wohl des anderen. »Wem es um Prinzipien geht, der opfert dafür sehr leicht Menschen und riskiert für sein angeblich hehres Über-Ich-Ziel, daß sein Bruder darüber zu Fall kommt und seines Heils verlustig geht. Die Logik des Kreuzes aber macht sensibel für das Menschliche des Menschen: dafür, daß er ein *Gewissen* hat, ein Zentrum seiner Person, in dem er sich zu sich selbst und darin zugleich zu Gott verhält; und dafür, daß jeder Mensch sein *eigenes* Gewissen hat, eben weil Christus *für jeden persönlich* gestorben ist« (U.Wilckens, Der Brief an die Römer, Bd. 3, S.98).

So ist auch der Glaube eine »Sache des Gewissens«, was bedeutet, »daß niemand über sein Gewissen hinweg zum Glauben genötigt werden darf, daß vielmehr Glauben immer in einem freien Gewissen entstehen, immer den Charakter freier, selbstverantworteter Gewissensüberzeugung und -entscheidung haben soll.

Für die Sache des Glaubens die Freiheit des Gewissens zu riskieren, ist ein tiefer Widerspruch. Kein Bruder kann einen anderen nötigen, so und nicht anders zu glauben oder so und nicht anders zu handeln; und wenn dies der Apostel selbst nicht darf, so auch kein Bischof oder Papst, kein Erweckungsprediger oder politischer Prophet unserer Tage« (ebd. S.99). Und E.Käsemann formuliert in gleichem Sinne: »Paulus warnt vor verletztem Gewissen und schützt sogar das irrende, um die Humanität des Menschen zu wahren. Fremdes Gewissen zu vergewaltigen, ist für ihn zweifellos Sünde« (An die Römer, S.363).

Folgende Beobachtungen zur ethischen Argumentationsstruktur des Paulus seien hier nochmals hervorgehoben:

(a) Wir sahen, daß Paulus in 14,1-12 stark *christologisch* argumentiert: Weil *jeder einzelne* dem Christus, seinem Herrn, gehört, jeder (im Gericht) zudem *für sich selbst* Rechenschaft ablegen muß, besitzt auch jeder eine Person-Würde, die sein Mitmensch unbedingt zu respektieren hat. In 14,13-23 tritt diese christologische Begründung zugunsten ihres anthropologischen Kerns zurück: Der Respekt vor dem Mitmenschen gründet in dessen personaler Freiheit, wie sie sich in seinen Gewissensentscheiden äußert, d.h. in seiner Bestimmung, das für ihn in seinem Lebenskontext je und je Verbindliche *selbst* wahrzunehmen und wahrzumachen (vgl. oben S. 169f). Spricht Paulus in der parallelen Erörterung 1Kor 10,23-11,1 ausdrücklich vom »*Gewissen*«, seinem Urteil und seinen Gründen (V.25.27-29), benutzt also einen typisch popularphilosophischen Terminus seiner Zeit (vgl. Bd.1, S.77f), so verzichtet er hier auf diese Sprache, um von »*Glaubens*überzeugungen« zu reden. Damit bewegt er sich stärker im jüdischen Sprachkontext und verschmilzt die anthropologische Einsicht (in die personale Würde des einzelnen) mit ihrem theologischen Horizont (die Selbstverantwortlichkeit nimmt der Glaubende »*vor Gott*« [14,22a] wahr!). Beachtlich ist solche *Doppelschichtigkeit* im paulinischen Argument deshalb, weil sich heute durch sie verdeutlichen läßt: Das Glaubensargument (sei es nun christologisch oder theologisch gefaßt) besitzt einen intelligiblen Kern und läßt sich deshalb für eine weltliche Vermittlung aufschließen. Das Verhältnis von Glaube und Vernunft ist reziprok, das eine ist im anderen strukturell impliziert, was in unserem Fall heißt: Daß jeder einzelne Mensch als unverwechselbares Individuum »für den Herrn Jesus lebt und stirbt«, »*ihm* gehört« (14,8) (*Glaubensargument*), birgt in sich *die anthropologische Erkenntnis* von der personalen Würde eines jeden einzelnen. Läßt sich diese Erkenntnis rational plausibel machen, so besitzt sie dennoch ihre eigentliche Tiefe in der Glaubenseinsicht, daß die Würde des

Menschen zuletzt in der Zugewandtheit seines Schöpfers gründet, der ihn ins Dasein gerufen und in Christus endgültig auf sein Heil hin angesprochen hat. So gesehen können Glaube und Vernunft nicht gegeneinander stehen, ja man kann sagen: Paulus darf bei seiner Glaubensargumentation deshalb mit Akzeptanz von seiten seiner Hörer rechnen, weil durch seinen Glauben an das Herr-Sein Jesu Christi, so wie er es begreift, humane Impulse freigesetzt werden, die der Vernunft einleuchten und die sie deshalb nur aufgreifen kann.

(b) Die ethische Argumentation des Paulus speziell in 14,13-23 kann man auch als Ergebnis eines *Normenkonflikts* deuten, der für Paulus selbst bestanden hat: Einerseits galt für ihn die in 14,14 (vgl. 20) formulierte Norm: »*alles* ist rein« - es gibt keine Tabuisierungen der Wirklichkeit! Andererseits sah er sich an die Würde der Person gebunden, die unbedingt zu respektieren ist. Im Gefälle des leitenden *Prinzips*, dem der »Liebe« als der »Erfüllung des Gesetzes« (13,8-10; vgl. 14,15), stellt er schließlich in christlicher Freiheit die eine Norm hinter die andere zurück.

2) Natürlich ergeben sich daraus auch Folgerungen für den Umgang der Christen untereinander. An *ekklesiologischen* Perspektiven ist unser Text deshalb besonders reich:

a) »Auf Uniformität drängt der Schwache, wenn er sein Gesetz für den Bruder verbindlich macht, der Starke, wenn er dem Schwachen gewaltsam seine Erkenntnis zumutet«. Diese Feststellung von E.Käsemann (ebd. S.363) ist voller Lebenserfahrung: Auf Uniformität in der Kirche zu drängen ist Ausdruck von Schwachheit; Zeichen von geistiger Stärke aber ist es, die Polyphonie verschiedener Erfahrungen und Überzeugungen im Glauben nicht nur zuzulassen, sondern im Gegenteil zu stützen und zu fördern. Hier stellen sich für die Gemeinde- und Kirchenleitung besondere Aufgaben. »Röm 14 ist einer der für unsere moderne Problematik von Kirchenleitung in einer pluralistischen Kirche besonders aktuellen biblischen Texte« (Wilckens, a.a.O. 100). Beachtlich ist, daß Paulus sich den Standpunkt der ihm nahe stehenden römischen Partei der »Starken« keineswegs ungebrochen zu eigen macht, sondern zwischen beiden Gruppierungen zu vermitteln sucht. Auch Gemeindeleitung sollte in jedem Fall Dienst an der Einheit sein und deshalb einseitige Parteinahme vermeiden.

»Kein Ärgernis geben« ist ein oft gebrauchtes und noch viel mehr mißbrauchtes Argument, um sich vor notwendigen mutigen

Entscheidungen zu drücken; auf Röm 14,13b kann es sich nicht ohne weiteres berufen (vgl. oben S. 157f). Nicht übermäßige Rücksicht auf eitle Verletzlichkeiten, sondern die Sorge um den Glaubensverlust der Mitchristen heißt das Gebot der Stunde. Der heutige lautlose Glaubensabfall in den Gemeinden, der erschreckend ist, hat aber nicht nur die Kirchenleitung, sondern alle zu bekümmern.

b) Mit guten Gründen hat O.Cullmann eine Anwendung der paulinischen Stellen über »die Schwachen im Glauben«, insbesondere von Röm 14,13ff, auf die heutige *ökumenische* Problematik angeregt (vgl. schon oben unter C.1 im Anschluß an 14,1-12). So kann man in der Tat im Verhältnis der beiden römischen Gruppierungen auch die Beziehung zweier »Konfessionen« zueinander abgebildet sehen: Zwei religiöse Lebens- und Denkstile stehen sich hier einander gegenüber, ein jüdisch und ein heidnisch geprägter (vgl. noch unten zu 15,25-29). Und Paulus ruft die Vertreter beider dazu auf, sich gegenseitig zu akzeptieren, so wie sie sind, d.h. sich in versöhnter Verschiedenheit einander gelten zu lassen. Das kann er, weil er davon überzeugt ist, daß sich die angeschriebenen Christen in den Kernfragen des Glaubens einig sind, daß alle im christologischen Glaubensbekenntnis, im Credo, miteinander übereinstimmen (vgl. zu 1,3f; 3,25f). Die Differenzen beginnen erst unterhalb dieses Grundkonsenses und betreffen unterschiedliche Konsequenzen, welche die Gruppierungen jeweils aus dem Christusglauben gezogen haben: Die einen sahen Jesus von Nazaret, den Messias und Erlöser, stärker auf der Linie jüdischer Verheißung und Identität und glaubten dementsprechend, ihren Alltag im Lichte jüdischer Torafrömmigkeit heiligen zu müssen; für die anderen war Jesus, Herr und Retter, eher das Zeichen dafür, daß sich die Heiligkeit menschlicher Existenz allein am Glauben an diesen Christus entscheidet und alle Tabuisierungen von angeblich unreinen Wirklichkeitsbereichen, wie sie die Tora vertritt, durch Jesu österliche Inthronisation zum Herrn über die *ganze* Schöpfung durchbrochen sind. So unterschiedlich die Konsequenzen aus diesen Glaubensüberzeugungen im Blick auf die Gestaltung des christlichen Lebens auch ausfielen, beide Gruppierungen hatten dennoch ihr Leben unter das gemeinsame Vorzeichen der *Danksagung an Gott durch Jesus Christus* gestellt (vgl. 14,6ff); das war

Paulus Grund genug für seine feste Überzeugung, daß beide »Konfessionen« bereits *in Christus* zutiefst miteinander verbunden seien.

Ganz zu Recht erinnert O.Cullmann in dem Zusammenhang, in dem er auch Röm 14 berührt (Einheit durch Vielfalt, S.40), an das Dekret des Zweiten Vatikanischen Konzils über den Ökumenismus (Unitatis Redintegratio Nr.11), das im Blick auf den »ökumenischen Dialog«, in dem »die katholischen Theologen ... mit den getrennten Brüdern die göttlichen Geheimnisse zu ergründen suchen«, die Notwendigkeit einer *Rangabstufung* innerhalb der Glaubensaussagen ausdrücklich anerkannt hat:

> »Beim Vergleich der Lehren miteinander soll man nicht vergessen, daß es eine Rangordnung oder ›Hierarchie‹ der Wahrheiten innerhalb der katholischen Lehre gibt, je nach der verschiedenen Art ihres Zusammenhangs mit dem Fundament des christlichen Glaubens. So wird der Weg bereitet werden, auf dem alle in diesem brüderlichen Wettbewerb zur tieferen Erkenntnis und deutlicheren Darstellung der unerforschlichen Reichtümer Christi angeregt werden«.

Auch in Röm 14 kann man die Überzeugung von der »Hierarchie der Wahrheiten« wiederfinden: Grundkonsens im *christologischen Credo* (14,6.7-9), Differenz in *sekundären* Glaubensüberzeugungen, die auf einer niedrigeren Stufe der »Hierarchie der Wahrheiten« stehen! Ökumenisch bedeutsam ist das insofern, als Paulus sich in unserem Text vollkommen davon überzeugt zeigt, daß man mit Differenzen in *abgeleiteten* Glaubensfragen gemeinsam Kirche bilden kann, wenn nur die Fundamente des Glaubens an Christus bei allen Beteiligten dieselben sind und die jeweils unterschiedlichen Standpunkte von ihnen nicht absolut gesetzt werden. Unerläßlich für die Herstellung der Una sancta heute ist also die Bedingung, »daß ein gemeinsamer Komplex von *Grundwahrheiten* - im Bilde der Hierarchie: eine gemeinsame Spitze - von allen in der zu erstrebenden Gemeinschaft zusammengeschlossenen Kirchen angenommen wird. Ohne die Bindung an diese Bedingung würde der Pluralismus der Aussagen zur Zersplitterung führen« (Cullmann, ebd. 42). Dabei wird jener gemeinsame Komplex an Grundwahrheiten mit historischem und theologischem Recht von O.Cullmann in den neutestamentlichen Glaubensformeln (vgl. Bd. 1, S.37) bzw. im »Apostolicum« und dem nicaeno-konstantinopolitanischen Glaubensbekenntnis, also dem Credo der Messe, festgemacht, das heute »von fast allen Kirchen angenommen und meistens auch im Gottesdienst verwendet« wird (S.45). Jenseits dieser Grundwahrheiten entschärft »die Annahme einer Stufenleiter ... Kontroversen über verbleibende Divergenzen, wenn nämlich diese solche Dogmen betreffen, die in der Reihenfolge nicht mehr ganz obenan stehen. Um ein mögliches Beispiel zu nennen: Die Dogmen über Christus haben einen höheren Stellenwert als die Mariendogmen, ohne daß diese innerhalb des Katholizismus ihren Wahrheitsgehalt verlieren« (ebd.41). Und O.Cullmann schließt seine Überlegungen zu den paulinischen Ausführungen mit den Worten: »So *dürfen* wir nicht nur, sondern wir *sollen* in der Bereitschaft des Paulus, zur Wahrung der Einheit Liebe zu üben ..., ein Beispiel für die Möglichkeit sehen, eine Gemeinschaft zu bilden mit Schwesterkirchen, bei denen wir für sie gewichtige Lehren nicht annehmen können. Beherzigen wir also die Aufforderung, mit der Paulus den Abschnitt über Rein-Unrein abschließt: ›werdet meine Nachahmer, wie ich meinerseits Nachahmer Christi bin‹ (1Kor 11,1)« (ebd.163).

c) »Das Gesetz Christi« (Gal 6,2): Die Schwächen des Nächsten mittragen (15,1-6)

A. Im Anschluß an das konkret auf die Streitigkeiten in Rom eingehende 14. Kapitel hebt Paulus seine Weisungen jetzt auf eine eher *grundsätzliche* Ebene: Zunächst ruft er in zugespitzter Formulierung noch einmal das Gebot der Nächstenliebe in Erinnerung (V.1f), begründet es sodann mit Verweis auf Christus (V.3), schließt drittens - veranlaßt duch das Schriftzitat in V.3b - eine grundsätzliche Erklärung zur Bedeutung der heiligen »Schriften« (also unseres »Alten Testamentes«) an (V.4) und setzt den wirkungsvollen Schlußpunkt mit einem liturgisch stilisierten Gebetswunsch für seine Adressaten.

B. »Wir - die Starken!« In wichtigen Glaubensfragen zwar einer Meinung mit ihnen (vgl. schon 14,14), nimmt Paulus »die Starken« aber jetzt trotzdem noch einmal ins Gebet, freilich so, daß er sich selbst dabei miteinschließt und gleichzeitig verdeutlicht, daß es sich um eine Verpflichtung handelt (vgl. 13,8a), die allerorts besteht: »*Verpflichtet* sind wir, die Starken, die Schwächen der

Schwachen zu tragen und nicht uns selbst zu gefallen« (V.1). »Überall gibt es Starke und Schwache, und überall sind, wie das Prädikat scharf herausstellt, die Starken besonders in Pflicht genommen« (E.Käsemann). Dabei rechnet die Maxime, so wie Paulus sie formuliert hat, durchaus mit der Einsicht seiner Leser und Hörer. Denn daß Starke Schwachen beim Tragen helfen sollen, leuchtet jedermann ein: Ihre *Stärke* gebietet das; sie stellt auch sicher, daß nichts Unmögliches von ihnen verlangt wird. Doch spricht Paulus genaugenommen nicht lediglich von einem *Mit*-Tragen der Lasten, sondern benutzt die Metapher des »Tragens« (vgl. auch Gal 6,2) ungeteilt: »Die Schwächen der Schwachen *tragen*« - das läßt keine Halbheiten zu, sondern nimmt ganz in Beschlag. Das auch deshalb, weil es ein Absehen von den eigenen Eitelkeiten einschließt: »nicht *sich selbst* gefallen« sagt Paulus und erinnert damit möglicherweise an sein »Lehrstück« 14,7-9, in dem er ausgeführt hatte, daß eigentlich »niemand von uns mehr *sich selbst* gehört«. War das die Kehrseite der anderen Aussage, daß »wir dem Herrn gehören«, so ist es genau dieses »Sich-selbst-nicht-mehr-Gehören«, das nach Meinung des Paulus die Glaubenden dazu befähigt, selbstvergessen »dem Nächsten zu gefallen« (V.2). Daß Paulus das Stichwort »der Nächste« aufgreift, zeigt, daß ihm hier das Liebesgebot von Lev 19,18 (vgl. Röm 13,9) vor Augen steht. Jetzt, da »der Nächste« nicht der Gleichgesinnte, sondern der Andersdenkende ist - der »Schwache«, dessen »Schwächen« zu »ertragen«, nicht weg zu diskutieren sind -, hat sich die Wahrheit des Liebesgebotes zu bewähren. *Den anderen in seiner Andersartigkeit anzunehmen, das ist die Pointe des Liebesgebots.* Damit nur ja keiner auf den Gedanken verfällt, »dem Nächsten zu gefallen« hieße sich ihm anzupassen (vgl. 1Kor 10,33 mit Gal 1,10; 1Thess 2,4), setzt Paulus hinzu: »Jeder von uns möge dem Nächsten gefallen *zum Guten, zur Erbauung*!« Nicht destruktiv, sondern konstruktiv sollen wir uns gegenüber dem Nächsten verhalten, wobei nicht wir das Maß sind, an dem zu messen wäre, was für den anderen heilsam ist, sondern dieser selbst.

So von der eigenen Person abzusehen hat nach Überzeugung des Paulus sein Vorbild (wie seinen ermöglichenden Grund) im Lebensweg des *Christus* selbst: »Denn der Christus lebte auch nicht sich selbst zu Gefallen, sondern dem Schriftwort gemäß: ›Die

Schmähungen derer, die dich schmähen, sind auf mich gefallen‹ (Ps 69,10).« Wenn Paulus hier Christus nicht einfach als Namen benutzt (so fälschlich die EÜ), sondern von »*dem* Christus« als dem Messias (gleich dem Gesalbten) spricht, dann ist das für das Verständnis seiner Ausführungen von Belang. Denn die Gott geltenden Aggressionen der Menschen hat Jesus als *sein Bote und Repräsentant* auf sich gelenkt. Weil er in *Gottes* Namen auftrat, mußte er auch den Haß der Menschen gegen Gott am eigenen Leib zu spüren bekommen. Dabei denkt Paulus ohne Zweifel an Passion und Tod Jesu, was der Beobachtung entspricht, daß der Psalm, aus dem er hier zitiert, in der frühen Kirche durchweg auf Jesu Leidensweg bezogen wurde (vgl. Mk 15,36; Mt 27,34.48; Lk 23,36; Joh 2,17; 15,25; 19,29). Paulus legt den Psalm Jesus in den Mund, so daß dieser jetzt selbst als der wahre und eigentliche Psalmbeter erscheint, der in der Notlage ungerechter Verfolgung seinen Gott anruft: »Die Schmähungen derer, die *dich* schmähen, sind auf *mich* gefallen (Ps 69,10)«. »Er war der Geschmähte schlechthin und mußte es um Gottes willen sein. Insofern ist er Vorbild und Urbild unseres Verhaltens, in welchem der Starke sich zum Kraftlosen und Hilfsbedürtigen zu gesellen hat, deren Schmach mittragen muß und sich darin den Lästerungen der Welt aussetzt« (E. Käsemann).

Weil der Psalm demnach als Gebet im Munde Jesu nicht nur dessen Weg allein betrifft, sondern *alle* angeht, die in seinem Namen glauben, sieht Paulus sich auch sogleich in V.4 dazu genötigt, etwas zur Bedeutung der heiligen Schrift für *alle* Glaubenden zu sagen. Mit vielen jüdischen Frommen, z.B. denen aus Qumran, ist er der festen Überzeugung, daß die Texte der heiligen Schrift, auch wenn sie vor Jahrhunderten aufgezeichnet wurden, letztlich *uns* gelten, da wir in ihnen Gottes lebendiges Wort an *unsere* Zeit besitzen (vgl. auch Röm 4,23f; 1Kor 10,6.11). Aufgrund der Ankunft des Messias Jesus von Nazaret in der Zeit ist nämlich diese zur letzten Zeit, zur Endzeit geworden (1Kor 10,11), in der Gottes Wort samt seinen Verheißungen sich anschickt, seine Wahrheit endgültig zu erweisen. Insofern gilt Gottes Wort in den heiligen Schriften (im sogenannten »Alten Testament«) vor allem *uns*, die wir in dieser Zeit leben, und wollten wir die Schriften in eine längst versunkene Zeit abschieben, dann hätten wir nichts von ihrem aktuellen Anspruch begriffen: »Denn was immer zuvor geschrieben wurde, ist zu unserer Belehrung geschrieben, damit wir in der Geduld und dem von den Schriften (gewährten) *Trost* die Hoffnung behalten« (V.4).

Was das bedeutet, kann man am Psalm 69 veranschaulichen, aus dem Paulus gerade zitiert hat. Dabei stand ihm vielleicht nicht nur der eine zitierte Vers (10), sondern der ganze Psalm vor Augen. Denn dieser verharrt nicht bei der Klage des ungerecht Verfolgten, sondern endet mit dem Dank an Gott für dessen Erweis seines Heiles: »Schaut, ihr Armen, und freut euch, die ihr JHWH sucht, euer Herz lebe auf! Denn JHWH hört auf die Armen und verschmäht seine Gefangenen nicht« (Ps 69,33f). Ein solches Zeugnis der Hoffnung, das der Beter hier ablegt und das sein Einzelschicksal weit übersteigt, läßt erahnen, welchen »Trost« die Schriften für ihre Leser bereithalten, wenn sie sich ihnen öffnen. Daß Bücher trösten können, haben manche Gefangene (z.B. D.Bonhoeffer) erfahren, aber auch Einsame wissen darum. Für Israel gilt das im höchsten Maße: denn »unser Trost sind die heiligen Bücher, die wir besitzen«, heißt es einmal in 1Makk 12,9.

Daß es derselbe Gott ist, der hinter den heiligen Schriften steht *und* den Glaubenden heute durch sie zu Herzen spricht, verdeutlicht Paulus zuletzt dadurch, daß er im liturgisch stilisierten Gebetswunsch V.5f Gott ausdrücklich als den Geber der Gaben bezeichnet, die er zuvor in V.4 den Glaubenden als Frucht ihres Umgangs mit den heiligen Schriften zugesichert hat: Es ist der »Gott der *Geduld* und des *Trostes*«, der auch den römischen Christen auf ihrer Suche nach der »Einmütigkeit« helfen wird, »die Christus Jesus entspricht«. Sie selbst werden diese »Einmütigkeit«, die sich am Bekenntnis zum gekreuzigten und auferweckten Christus orientiert (vgl. 14,9.15b; 15,3), nur dann erreichen, wenn Gott sie ihnen »schenkt«: Wahre Ökumene ist Gabe Gottes. Deshalb gilt es, um ihre Verwirklichung zu beten. Sie zeigt sich zunächst darin, daß man »den Gott und Vater unseres Herrn Jesus Christus [dieselbe liturgische Gottesbezeichnung auch in 2Kor 1,3; Eph 1,3; Kol 1,3] *einträchtig* und *mit einem Munde* verherrlicht«. Das gemeinsame gottesdienstliche Lob, das bei den römischen Christen zur Zeit unseres Briefes entweder ernsthaft gefährdet war oder von ihnen überhaupt nicht geübt wurde, ist demnach das Ziel, um welches sich alle inständig bemühen sollten. Grund und ökumenische Weite solchen gottesdienstlichen Lobpreises wird dann Paulus in 15,7-13 in Erinnerung rufen, womit sein wegweisendes Wort an die Christen Roms den ihm gemäßen Abschluß finden wird.

C. Das wunderbare Wort vom »*Trost der Schriften*« sei zum Schluß noch einmal eigens hervorgehoben. Es mag uns heute den Anstoß dazu geben, nach einer wirklichen Schriftfrömmigkeit Ausschau zu halten, wie sie bei den Juden aller Jahrhunderte selbstverständlich war. Ohne ihr Buch hätten sie nicht überlebt. »Wir haben das Buch bewahrt, und das Buch hat uns bewahrt« (David Ben-Gurion). Dabei kommt alles darauf an, im Lesen, Hören und Meditieren zu erfahren, daß dieses Buch sich in unsere Verhältnisse einmischt, unaufdringlich und leise, aber dennoch mit klarer Stimme. Schriftlesung ist zuletzt kein distanziertes Geschehen, sie führt zur Begegnung mit Gottes Wort im Heute.

d) Gegenseitige Akzeptanz und ökumenisches Gotteslob. Das Ziel des Heilswerks Christi (15,7-13)

A. Auch wenn die abschließenden Verse 15,7-13 organisch aus den vorangegangenen Mahnungen hervorwachsen, so wird man ihrem ganzen Gewicht doch erst dann gerecht, wenn man erkennt, daß Paulus hier ein Panorama ausbreitet, das mit seiner Vision vom gemeinsamen Gotteslob der Heidenvölker und Israel die übergreifende Heilsperspektive des ersten großen Briefteils Röm 1-11 noch einmal in Erinnerung ruft. Dem entspricht, daß jetzt in Kap. 14f erstmals wieder von »Juden« und »Heiden« die Rede ist. Der christologische Grundsatz V.7f (vgl. auch V.12!) bringt präzis auf den Punkt, was Paulus bereits in der Brieferöffnung 1,3-5 über die Bedeutung Jesu als des *Messias Israels* (vgl. auch 9,5a) und des *Herrn der Heidenvölker* als Maßgabe für sein ganzes Schreiben festgestellt hat. Hinzu kommt, daß der abschließende Gebetswunsch für seine Adressaten mit den Stichwörtern »Freude«, »Friede« und »heiliger Geist« nicht nur an 14,17 erinnert, sondern auch die Grundlinien der Rechtfertigungslehre aufnimmt, wie Paulus sie in den ersten Kapiteln seines Briefes entfaltet hat (D.Zeller): Wie aus dem rechtfertigenden *Glauben Friede* und *Freude* erwachsen (vgl. 5,1f/11), so auch überströmende *Hoffnung* in der Kraft heiligen *Geistes* (vgl. 5,5; 8,13ff). So kann man wirklich sagen, daß 15,7-13 gleichsam eine kleine »Summe« des Briefes darstellen.

Im *Aufbau* orientieren sich die Verse am vorangegangenen Abschnitt

15,1-6: Auf die Mahnung an die Adressaten V.7a (vgl. 15,1f), die in einer großen Klammer 14,1 aufgreift, folgt deren christologische Grundlegung in V.7b/8f (ähnlich 15,3), die dann ihrerseits durch Rückverweis auf die Schrift belegt wird (vgl. 15,3b.4). Dieser besteht aus einer Kette von Zitaten aus den drei großen Blöcken der heiligen Schrift (Tora: Dtn 32,43/Propheten: Jes 11,10; Schriften: Ps 18,50), die im Anschluß an 15,8 durch das Stichwort »die Heiden« miteinander verklammert sind. Den Abschluß bildet in Entsprechung zu 15,6 der liturgisch stilisierte Gebetswunsch V.13.

B. »Darum nehmt einander an, wie auch der Christus euch angenommen hat, zur Verherrlichung Gottes« (V.7). Sich gegenseitig annehmen, sich akzeptieren, so wie man ist - das also ist die Quintessenz der paulinischen Weisung, die es zu beherzigen gilt, um Kirche zu werden. Dabei gibt man nur untereinander weiter, was alle gemeinsam bereits von Christus empfangen haben: »Nehmt einander an, *wie auch der Christus euch angenommen hat* (vgl. 14,3 Ende)!« Nur wer sich selbst *unbedingt* akzeptiert weiß, vermag die innere Freiheit aufzubringen, auch den anderen gleicherweise *unbedingt* zu akzeptieren. Wer aber sich selbst nicht in Liebe angenommen weiß, der kann unmöglich Liebe weiterschenken. Gilt das ganz allgemein im menschlichen Leben, so erst recht im Raum der christlichen Gemeinde. Wo Liebe weitergeschenkt wird, gegenseitige Anerkennung im Namen Jesu erfolgt, da geschieht dann auch leibhaftiger Gottesdienst (vgl. 12,1), wird Gott verherrlicht im menschlichen Tun. Dahingehend darf man Paulus beim Wort nehmen, wenn man die Wendung »zur Ehre Gottes« unmittelbar auf die übergeordnete Weisung »nehmt euch an« bezieht, wie das auch die EÜ mit guten Gründen nahelegt. Dann aber gilt: Der einmütige gottesdienstliche Lobpreis, von dem 15,6 eben sprach, hebt nur ins Wort, was die Christen in der gegenseitigen Annahme bereits in ihrem Leben vollzogen haben: Gottes Verherrlichung in der Weitergabe seiner Liebe.

Gottes Verherrlichung um seines Erbarmens willen: Daß damit auch das eigentliche Ziel des Heilswirkens Christi benannt ist, führt Paulus im anschließenden *christologischen Grundsatz V.7f* aus, der seine Pointe in seiner zweiten Hälfte besitzt, die lautet: »(denn ich sage,) daß die Heiden *Gott verherrlichen* (sollen) um seines *Erbarmens* willen« (V.9a). Pointe deshalb, weil die grundlose Rechtfertigung von Heiden allein durch den Glauben das ganze Übermaß des Erbarmens Gottes anzeigt, der im Evangelium Jesu Christi Sündern *ohne jede Vorleistung* sein Heil schenkt. Doch wenn auch dies für den »Heidenapostel« Paulus (11,13; vgl. 1,5) die eigentliche Klimax im universalen Heilshandeln Gottes durch Jesus Christus darstellt, so bedeutet das andererseits gemäß seiner schon mehrfach im Brief geäußerten Überzeugung doch keineswegs, daß durch Gottes Hinwendung zu den *Völkern* sein Eros für *Israel* Schaden leiden würde (vgl. zu 1,3f; 9-11). Das Besondere geht im Allgemeinen nicht unter, Gottes spezifischer *Eros* lebt in seiner grenzenlosen *Agape* weiter. Das ist der Rahmen, in welchem der inhaltsreiche christologische Grundsatz von V.7f zu lesen ist, den Paulus einleitend als feierliche Erklärung gekennzeichnet hat:

»Denn ich sage:
(A) Christus ist Diener der *Beschneidung* geworden
um der Wahrheit Gottes willen,
[d.h.] um die Verheißungen an die Väter zu befestigen;
(B) *die Heiden* aber (sollen) Gott verherrlichen
um (seines) Erbarmens willen,
wie geschrieben steht: ...«

Trotz einer gewissen Asymmetrie zwischen den beiden Hälften dieser Erklärung (A und B) hat Paulus diese dennoch offensichtlich miteinander parallelisieren wollen: Geht es im ersten Satzteil (= A) um die Beziehung Christi zur »*Beschneidung*«, d.h. zu den Juden, so steht im zweiten Glied (= B) die Antwort der »*Heiden*« auf das Heilshandeln Gottes im Blickfeld, wobei von der Rolle Christi aber nicht ausdrücklich die Rede ist. Erscheint Christi Wirken an den Juden unter dem Gesichtswinkel von »Gottes *Wahrheit*«, so reagieren die Heiden mit ihrem Lobpreis auf »Gottes *Erbarmen*«. Deutet Paulus »Gottes Wahrheit« in der ersten Hälfte seiner Erklärung als dessen Treue zu seinen Verheißungen, die er vorzeiten Israels Vätern geschenkt hat, dann wird man dabei mit im Auge behalten müssen, daß diese Verheißungen von der Schrift bezeugt werden (vgl. 4,13.16f; 9,7.9.12); in einen Hinweis auf die Schrift mündet aber auch die zweite Hälfte der Erklärung ein, wobei es sich freilich um einen ausdrücklichen Schriftbeweis handelt. Die Parallelität der beiden Hälften der Erklärung auch in dieser Hinsicht ist bemerkenswert. Sie verbietet nämlich die Deutung, welche die Verheißungen an die Väter, von deren Befestigung (nicht Erfüllung!) V.8 spricht, mit der Bekehrung von Heiden zum Gott Jesu Christi schlicht als erledigt ansieht mit Hinweis darauf, daß Paulus ja selbst den Lobpreis Gottes aus dem Mund von *Heiden* als Erfüllung entsprechender Voraussagen der Schrift verstanden habe (vgl. die Schriftkette 15,9b-12). Doch besitzt V.8 gemäß der Parallelität der beiden Hälften der Erklärung *ein eigenes Gewicht*, das durch V.9 nicht einfach aufgehoben wird bzw. in diesem Vers aufgeht. Mit anderen Worten: »Die Verheißungen an die Väter«, von denen V.8 in der Mehrzahl (!) spricht, beinhalten einen Überschuß an göttlichen Zusagen für Israel, der durch die Bekehrung von Heiden zum Gott Abrahams (Röm 4) und Jesu Christi (z.B. 15,6) alles andere als ausgeschöpft ist (mehr dazu vgl. unten!).

Sind also die beiden Hälften der christologischen Erklärung *parallel* gestaltet, so gilt doch andererseits, daß die an zweiter Stelle stehende Aussage über die *Heiden*, wie schon angedeutet, den Akzent trägt. Das kann man an zwei Beobachtungen zeigen: Zum einen deutet schon in formaler Hinsicht die lange Schriftkette V.9b-12 in diese Richtung, da diese ja nicht die christologische Grundsatzerklärung insgesamt, sondern nur deren zweite Hälfte belegen soll (ähnlich 9,24ff). Zum anderen knüpft diese, wie ebenfalls schon beobachtet, mit ihrem Motiv der *Verherrlichung Gottes* durch die Heiden *über V.8 hinweg* an die Zielangabe der Weisung von V.7a an: »Nehmt einander an - *zur Verherrlichung Gottes*!« Dementsprechend steht im Profil des Textes die Aussage von V.7 über Christus und die Juden ein wenig im Schatten des übergeordneten Zusammenhangs von V.7 und 9. Dieser Zusammenhang erklärt dann auch, warum in V.9 - abweichend von V.8 - nicht mehr *Christus* Subjekt des thematisierten Heilswirkens ist, vielmehr auf die neben den Juden zweiten Nutznießer dieses Heilswirkens geschaut wird: die *Heiden* und ihr Gotteslob! Die dadurch zustande kommende Asymmetrie der christologischen Grundsatzerklärung hängt wohl damit zusammen, daß Paulus diese wie die ihr vorgeordnete Mahnung V.7 ganz auf seine Adressaten hin zugeschnitten hat, die ja unabhängig von ihrer jeweiligen Gruppenzugehörigkeit zu den »Schwachen« bzw. »Starken« mehrheitlich *Heidenchristen* waren (vgl. auch 1,5f.13; 11,13; außerdem oben S. 133f). Daß der Apostel darüber aber den Bezug des Christusgeschehens zu den *Juden* auch an dieser Stelle seines Briefes nicht in Vergessenheit geraten läßt, erklärt sich vor allem dadurch, daß ja gerade die sogenannten »Schwachen« durch ihren jüdischen Lebensstil die Verzahnung der Kirche mit Israel lebendig erhielten; andererseits entspricht das aber auch der Schlußstellung unserer Verse, die gegen Ende des Briefes gezielt *die ökumenische Weite des Evangeliums Jesu Christi* im Sinne von Röm 9-11 in Erinnerung rufen wollen.

»Denn ich behaupte: Christus ist Diener der Beschneidung geworden um der Wahrheit Gottes willen ...«. Sehr wahrscheinlich hat Paulus hier mit seiner Rede vom »Geworden-Sein« Christi (vgl. Gal 4,4; 3,13; Röm 1,3) dessen *irdische Existenz* im Blick: In ihr war er nämlich »Diener der Beschneidung« gewesen, wobei der damit gemeinte Dienst an Israel keineswegs eine durch seine österliche Inthronisation zum Herrn der Heidenvölker überholte Phase seines irdischen Lebens gewesen ist, sondern *bleibende* Bedeutung besitzt. Was Christus *einmal geworden ist*, das *bleibt* er auch, besiegelt durch seine Auferweckung an Ostern. Und was ist er geworden? Was meint Paulus konkret? Wohl nicht sein Jude-Sein als solches, denn das setzt er gewiß als selbstverständlich voraus. Aber daß Jesus »der Christus« (so V.7b, vgl. schon 15,3) gewesen ist, der Messias Israels, das macht seinen spezifischen Dienst am Volk Gottes aus. In V.12 wird Paulus das mit einem Zitat aus Jes 11,10 auch ausdrücklich sagen: »Kommen wird der Sproß aus der Wurzel Jesse«, wobei dieser Ausdruck der sonst dem Judentum viel geläufigeren Messias-Bezeichnung »Sproß Davids« gleichkommt (vgl. Sir 47,22; Offb 5,5; 22,16). Daß Jesus als Messias Israels aus Davids Geschlecht stammt, das hat ja auch schon die Glaubensformel Röm 1,3 gesagt. An unserer Stelle hebt Paulus aber nicht auf das Faktum der Messianität Jesu als solches ab, sondern benennt konkret das Ziel, das Jesu Dienst an seinem Volk gehabt hat: »Christus ist Diener der Beschneidung geworden *um der Wahrheit Gottes willen*, (d.h.) um die Verheißungen an die Väter zu bekräftigen«. Sein Dienst bestand also darin, ein Zeugnis für die *Treue Gottes* abzulegen, das da lautet: Gott bleibt seinen Verheißungen an die Väter und damit sich selbst treu; darin besteht seine Wahrheit (vgl. Bd. 1 zu 3,1-8 unter Punkt C). Als Messias befestigte Jesus Gottes Verheißungen, setzte sie durch sein Leben und Sterben *endgültig* in Kraft. Oder wie es in 2Kor 1,19f heißt: »Gottes Sohn, Jesus Christus, der euch durch uns verkündigt wurde ...: Er war nicht Ja und Nein zugleich, sondern das Ja ist in ihm verwirklicht. Denn was da ist an Verheißungen Gottes - in ihm ist das Ja!« Ähnlich umfassend wird Paulus auch hier die Rede von den Verheißungen Gottes an die Väter verstanden haben. Denn daß diese sich *insgesamt* gemäß dem Wort Gottes an Abraham: »Ich habe dich zum Vater vieler Völker bestimmt« (Gen 17,5 in Röm 4,17) in der *Heiden*mission bereits auf dem Weg ihrer Verwirklichung befänden, konnte er nicht annehmen, wo er doch im selben Kapitel die umfassende These vertreten hatte: »die Verheißung bleibt gültig für die *ganze* Nachkommenschaft (Abrahams)«, also auch für die

Juden, die nach wie vor an Jesus vorbei aus dem Gesetz leben (Röm 4,16). Denn was wäre die Zusage Gottes an Israel wert, wenn sie sich an die Botmäßigkeit der Menschen als Bedingung ihrer Verwirklichung gebunden hätte? Sie wäre der Haltlosigkeit der menschlichen Geschichte preisgegeben und wäre nicht mehr »Gnade« (4,16). So aber hat Jesus in seinem Sterben *allen* zugute (5,18f; 8,32) auch die Zusage Gottes an Israel als eine Verheißung aus reiner Gnade - trotz allem Sich-Versagen der Menschen - für die Zukunft in Kraft gesetzt, woraus sich die Hoffnung auf die endgültige »Errettung von *ganz* Israel« bei der Parusie Jesu ergibt. Paulus führt das hier natürlich nicht mehr aus, aber mit dem entscheidenden Stichwort von der »*Wahrheit Gottes*«, die sich in seiner Geschichte mit den Menschen unaufhaltsam durchsetzen wird, ruft er gegen Ende des Briefes seinen Adressaten nochmals all das in Erinnerung, was er in seinem Brief bisher über die Treue und Zuverlässigkeit Gottes ausgeführt hat (3,1-8; 3,25f; 9-11).

Neben das Stichwort von der »*Wahrheit*« Gottes tritt im zweiten Halbsatz (= B) - jenes erste noch überbietend - das andere von Gottes »*Erbarmen*« (vgl. auch schon 9,23; 11,30-32). Kreist das Stichwort »Gottes Wahrheit« um die Frage nach Gottes *Identität* oder *Selbigkeit* in allem Wandel, wobei der Maßstab dafür Gottes Treue zu seinen eigenen, vorzeiten geäußerten Verheißungen ist, so zielt die Rede von Gottes »Erbarmen« auf die *Freiheit seiner Liebe*, die sich über alle selbstgesetzten Grenzen des Rechts hinwegzusetzen vermag und aus lauter Gnade unerwartet *Neues* schafft. Gemeint ist Gottes Barmherzigkeit gegenüber den Sündern aus der Heidenwelt, denen er *unabhängig vom Gesetz* aus lauter Gnade ihre Rettung zuspricht, und zwar durch das Evangelium Jesu Christi, den er an Ostern zum universalen Herrn aller Heidenvölker inthronisiert hat. Auch wenn dieser christologische Gedanke in V.9a nicht ausdrücklich zur Sprache kommt, so dürfen wir ihn dennoch zum Verständnis des Satzes hinzuziehen, was Paulus selbst nahelegt, wenn er in V.12 mit den Worten von Jes 11,10 auf Jesu österliche Erhöhung anspielt:

> »Kommen wird der Sproß aus der Wurzel Jesse,
> und *er wird sich erheben,*
> *um über die Heiden zu herrschen*;
> auf ihn werden die Heiden hoffen«.

Demnach schaut die christologische Grundsatzerklärung in V.8 auf das Leben des *irdischen Jesus*, in V.9 dagegen auf die Segnungen des *Erhöhten*. Das entspricht strukturell genau der vorpaulinischen Glaubensformel Röm 1,3b.4. Hinzu kommt, daß diese alte Formel in ihrer Interpretation durch Paulus im ersten Glied die Rolle des aus dem Samen Davids stammenden Jesus als des *Messias Israels* benennt, im zweiten Glied dagegen seine in der Auferweckung gründende universale Heilsrolle als des *Herrn aller Völker* in den Blick nimmt. Auch das korrespondiert 15,8f. Aber nicht nur mit 1,3f ist unsere christologische Grundsatzerklärung zu vergleichen, auch den Kernsätzen der paulinischen Rechtfertigungslehre in 3,25f steht sie nahe: Wie in 15,8f »Gottes Wahrheit« (vgl. 3,4/7) durch sein »Erbarmen« überboten wird, so wird in 3,25f »Gottes Gerechtigkeit« als seine »Bundestreue« gegenüber *Israel* (3,25; vgl. 3,3.5) durch seine »Gerechtigkeit« (3,26) »für *alle*, die glauben« (vgl. 3,21f), universal entschränkt. Mit anderen Worten: Mit Röm 1,3f, 3,25f und 15,8f besitzen wir drei eng miteinander verwandte christologische *Kurzformeln des Glaubens*, die Paulus teils auf der Basis alter christlicher Überlieferung (1,3f; 3,25f), teils selbständig (15,8f) formuliert hat. Es sind gleichsam die drei tragenden Säulen im Gebäude des Römerbriefs.

Warum betont nun Paulus in der Klimax seines christologischen Grundsatzes V.9 im Zusammenhang mit V.7 so sehr den Gedanken, die Adressaten sollten sich gegenseitig annehmen *zur Verherrlichung Gottes*, wie das ja insgesamt von den *Heiden*(christen) zu gelten habe, *daß sie Gott um seines Erbarmens willen zu lobpreisen hätten*? Wohl deshalb, weil nach dem Verständnis des Paulus angesichts des gottesdienstlichen Lobpreises Gottes, der in seinem Erbarmen *alle* aus lauter Gnade rettet, jegliche Differenzen zwischen den Glaubenden ins zweite oder dritte Glied zurückzutreten haben. Oder wie E.Käsemann im Blick auf den Abschnitt insgesamt formuliert hat: »Wo quer durch alles Irdische die Gottlosen zu Gotteskindern werden, kann nichts die Glieder der Gemeinde mehr unüberbrückbar trennen, ist gegenseitige Annahme unabweisbar, sind die Differenzen zwischen Starken und Schwachen nur Kinderspiel, müssen alle Verschiedenheiten zur Erbauung des Ganzen führen«. In der Verherrlichung Gottes, in welcher die Lobpreisenden von sich selbst absehen, um ganz in dem sie einenden Gott Jesu Christi gesammelt zu sein, wird solche »Erbauung des Ganzen« Wirklichkeit.

Daß dieses Ganze aber noch die einzelnen Gemeinden übersteigt und weltweite-ökumenische Dimensionen besitzt, verdeutlicht die sich anschließende *Schriftkette*, die insgesamt belegen soll, daß der Lobpreis Gottes aus dem Mund der Heidenvölker das Ziel seines universalen Heilshandelns in Christus darstellt. Nach welchem Plan Paulus die vier Zitate aus dem Psalter, dem Deuteronomium und dem Jesajabuch angeordnet hat, wissen wir nicht. Deutlich ist nur, daß er das Zitat aus dem Jesajabuch, das er auch als einziges mit dem Namen seines Autors, dem des Propheten, gekennzeichnet hat, mit Bedacht an das Ende der Kette gestellt hat. Denn in diesem Wort wird ja als Pointe des messianischen Wirkens Jesu seine »Erhebung« zum Herrn der Heiden angesagt, was alle Menschen auf diesen Jesus hoffen läßt. Die ersten drei Worte könnten der Dynamik des immer weitere Kreise ziehenden Gotteslobes Ausdruck verleihen wollen (E.Käsemann). Auch wenn man sich immer wieder gegen den Versuch gesperrt hat, die Zitate über den sie miteinander verbindenden Grundtenor (der Verherrlichung Gottes unter den Heiden) hinaus auch im Detail auf bestimmte Sinngehalte festlegen zu wollen, so scheint es doch keineswegs abwegig zu sein, beim ersten Zitat aus Ps 18,50 (= 2Sam 22,50) die Frage zu stellen, wer denn der Beter sein soll, der mit den Worten des Psalmisten spricht: »Darum will ich dich bekennen *unter den Heiden* und deinem Namen lobsingen«. Vielleicht denkt hier Paulus an sich selbst als den, der dazu berufen ist, zur größeren Ehre des Gottes Abrahams und Jesu *die Heiden* zu missionieren (E.Käsemann). Vergessen wir nicht, daß er schon in der Eröffnung seines Briefes das Christusbekenntnis 1,3f unmittelbar in ein Zeugnis über seine eigene apostolische Sendung hat einmünden lassen: »... Jesus Christus, unser Herr, durch den wir Gnade und Apostolat empfangen haben, um auf den Glaubensgehorsam für seinen Namen *unter allen Heiden* hinzuwirken ...« (1,5); und gleich im Anschluß an unseren Text, im Briefschluß, kommt er ein letztes Mal auf seinen Heidenapostolat zu sprechen (15,15b-16), und zwar in einer kultischen Sprache, die man seiner Rede vom Lobpreis Gottes unter den Heiden zur Seite stellen kann. Sollte also Paulus in 15,9b wirklich an die eigene Berufung gedacht haben, dann entspräche auch das »Ich« des Beters dem »Ich« der feierlichen Erklärung von V.8f (»denn ich sage: ...«). Die Anrede »Herr«, die der Psalmist benutzt (vgl. Ps 18,50 = 2Sam 22,50), wird Paulus möglicherweise deshalb nicht mitzitiert haben, weil im Anschluß an 15,9a (»die Heiden sollen *Gott* rühmen«) nicht der »Herr *Jesus*«, sondern *Gott selbst* das angesprochene Du des Beters sein sollte.

Das zweite Zitat stammt aus dem berühmten »Lied des Mose« (Dtn 32), das Paulus wohl besonders am Herzen lag, denn mehrfach im Römerbrief zitiert er es bzw. spielt auf es an (vgl. Röm 9,14 mit Dtn 32,4; Röm 10,19 [vgl. 11,11] = Dtn 32,21; Röm 12,19 [vgl. Hebr 10,30] = Dtn 32,35). Unseren Vers (aus Dtn 32,43) hat er nach der griechischen Bibelübersetzung (der Septuaginta) wiedergegeben: »Ihr Heiden, freut euch mit seinem Volk!« Gemeint ist: Die Heiden(christen) sollen sich im Lobpreis Gottes mit *Israel*, seinem Volk, verbunden wissen. Das ist Ökumene aus dem Geist von Röm 11!

Das dritte Zitat stammt wieder aus dem Psalter, und zwar aus Ps 117, einem der kürzesten Loblieder der ganzen Sammlung:

> »Lobt den Herrn, alle Völker,
> preist ihn alle Nationen!
> Denn mächtig waltet über uns seine Huld [= *Erbarmen*],
> die Treue [= *Wahrheit*] des Herrn währt in Ewigkeit.
> Halleluja!«

Wahrscheinlich hatte Paulus dieses ganze Lied im Kopf, als er den eröffnenden Aufruf zum Lobpreis aus ihm zitierte (V.1). Denn daß Gottes »*Erbarmen*« (so die griechische Übersetzung der Septuaginta) mächtig über uns waltet, und auch seine Treue, d.h. »seine *Wahrheit*« (so wiederum die Septuaginta), bis in Ewigkeit währt, entspricht nicht nur dem Gottesbild des Paulus im Römerbrief insgesamt (vgl. Röm 3,3f; 11,29.32; vgl. Bd.1 im Anschluß an 3,1-8 unter Punkt C), sondern ist darüber hinaus auch sehr präzis die hymnische Antwort auf die christologische Grundsatzerklärung von 15,8f, in der jenes Wortpaar »*Wahrheit*« und »*Erbarmen*« Gottes (vgl. auch Ps 89,3 und Mi 7,20) die entscheidende Rolle spielte. Was also der Psalmist preist - Gottes *Wahrheit* und sein *Erbarmen* -, das hat sich an Israel und den Völkern im Christusgeschehen bewahrheitet, für Paulus Grund genug dafür, daß jetzt *alle Heiden* und *alle Völker* zum Lobpreis Gottes aufgerufen sind. Nicht nur mit Israel also soll sich die Gemeinde Jesu Christi in ihrem Gotteslob verbunden wissen, sie darf auch hoffen, daß ihr

Tun die Antwort der Völker stellvertretend vorausnimmt (vgl. auch Bd.1, S.12). Erwächst daraus ein starker missionarischer Impuls, so kommt Paulus im folgenden auch nicht ohne Grund auf seine Missionspläne zu sprechen, die ihn über Rom hinaus mit Spanien die Enden der damals bekannten Welt ins Auge fassen lassen (15,14-29). Insgeheim will er deshalb mit unseren Versen und ihrer weltweiten Perspektive wohl seine Adressaten schon auf den Briefschluß einstimmen, in dem er ja um ihre aktive Teilnahme an seinen weitgreifenden Missionsplänen werben wird. Diese pragmatische Absicht wird ihm wohl insgesamt bei der Formulierung von 15,7-13 die Feder geführt haben, wenn man bedenkt, daß er sich in diesen Versen vom konkreten *inner*römischen Konflikt löst und in rekapitulierender Aufnahme zentraler Inhalte seines Evangeliums (vgl. 1,3f; 3,25f) den Blick seiner Adressaten auf die *übergreifenden* Perspektiven der Ökumene lenkt: auf ihr Verhältnis zu Israel (15,8/10), aber auch ihren Stand im Angesicht »aller Nationen und Völker« der Erde (15,11).

Doch bevor Paulus zum Briefschluß ansetzt, formuliert er noch einen Gebetswunsch für seine Adressaten, der ihnen ein Stück seiner eigenen Hoffnung zusprechen möchte:

»Der Gott der *Hoffnung* aber erfülle euch mit lauter Freude und Frie-[den,
im Glauben,
auf daß ihr überströmt an *Hoffnung*,
in der Kraft heiligen Geistes«.

Das Motiv der Hoffnung trat bereits in 15,4 in Erscheinung: Wer die heiligen Schriften Israels studiert, der wird in seiner *Hoffnung* gestärkt werden, so hieß es dort. 15,12 kündet dementsprechend in der Sprache biblischer Verheißung: Auf Jesus, den Messias »aus der Wurzel Jesse«, dürfen die Heiden(völker) jetzt *hoffen*! Das deshalb, weil hinter allem »der Gott der *Hoffnung*« (15,13) steht, der diesen Namen in Wahrheit verdient, da er sich für die Zukunft, das Heil der Menschen, in Christus unumstößlich verbürgt hat.

Die Zukunft aber hat schon begonnen - so die Überzeugung des Paulus, die er in seinem Brief, vor allem in den Abschnitten 3,21-31 und 5,1-12, theologisch gründlich entfaltet hat (vgl. auch zu

12,12). Doch was nützt alle theologische Überzeugung, wenn den Christen in ihrer Glaubenserfahrung ein Vorgeschmack der Zukunft nicht vergönnt ist, wenn ihr Weg von geistlicher Dürre und Trockenheit begleitet wird? Paulus weiß darum, weshalb er in seinem Segensspruch für seine Adressaten auch um »Freude« und »Frieden« (vgl. 14,17) bittet als *reale Erfahrungen von Heil*, die sie *jetzt schon*, wenn auch nur fragmentarisch, »im Glauben« machen können. Solche gemeinsamen Erfahrungen von »Freude« und »Frieden« sind denn auch der Ort, an dem ihre »Hoffnung« gedeihen kann - »überreich in der Kraft heiligen Geistes«.

Ist dieser Gebetswunsch nicht typisch für Paulus? Hoffnung ist zwar nach seiner Überzeugung in vielen menschlichen Situationen und vor allem dann, wenn es ans Sterben geht, auch grundsätzlich nur als »Hoffnung gegen Hoffnung« (4,18) möglich; doch auf dem Boden des Glaubens ist Hoffnung kein letzter Verzweiflungsakt, sondern die Geste einer Gelassenheit, die nicht anders denn geistgewirkt sein kann (vgl. auch 5,1-11; 12,12). Ein solches »Überreich-Sein an Hoffnung«, das Gott allein schenken kann, erbittet hier also Paulus für seine Adressaten.

C. Zwei Impulse zum theologischen Nachdenken bietet uns der Abschnitt 15,7-13:

1) Zunächst lenkt er unseren Blick mit seiner höchst prägnant gefaßten Mahnung 15,7 noch einmal auf die *Problematik der innerchristlichen Ökumene*: »Nehmt einander an, wie auch der Christus uns angenommen hat, zur Ehre Gottes.« Besser konnte Paulus den Zusammenhang zwischen menschlicher Bemühung um Einheit und gnadenhafter Vorgabe in Christus nicht formulieren: Die gegenseitige Annahme nimmt Maß am vorgängigen Angenommen-Sein durch Christus; man gibt nur weiter, was man selbst empfangen hat.

Gegenseitige Annahme! In den Dimensionen der erstrebten ökumenischen *Kirchengemeinschaft* kann man auch sagen: Gegenseitige Anerkennung der Orts- bzw. »Gliedkirchen«! Nichts anderes war auf dem sog. »Apostelkonzil« geschehen, als Jakobus, Kefas und Johannes dem Paulus und Barnabas »die Hand zum Zeichen der Gemeinschaft« gereicht hatten (Gal 2,9); deren Gemeindegründungen, die ohne Übernahme der »Beschneidung« erfolgt waren, hatten sie damit anerkannt. Nichts anderes erhofft sich Paulus von seinem jetzt bevorstehenden Jerusalembesuch, bei dem er die von seinen Gemeinden in Achaia und Makedonien gesammelte »Kollekte« der Jerusalemer Muttergemeinde zu überbringen gedenkt (vgl. unten zu 15,25ff). So kann man sagen: Durch gegenseitige Anerkennung wird die Gesamtkirche erbaut. »Der Handschlag der Gemeinschaft« (Gal 2,9) besitzt höchste ekklesiologische Würde. Dasselbe gilt von allen Akten gegenseitiger Akzeptanz, seien es Gesten gegenseitiger Verständigung oder seien es regelrechte Abmachungen, die in Konsensdokumenten oder Verträgen zwischen «Gliedkirchen« oder Konfessionen ihren Niederschlag finden können, wie wir das heute erleben.

Auf der anderen Seite ist die Gesamtkirche natürlich nicht lediglich das Ergebnis des Zusammenschlusses und der gegenseitigen Anerkennung von »Gliedkirchen«; rein menschlich betrachtet und abgehoben auf das, was in der Hand der Menschen liegt, ist sie das freilich auch: Erst durch ihre gegenseitige Akzeptanz bringen die einzelnen Kirchen die Una sancta als Gemeinschaft von autonomen Kirchen zuwege. Doch gilt eben auf der anderen Seite, daß das Geheimnis der Kirche allen menschlichen Anstrengungen voraus *in Christus* als dem Ermöglichungsgrund von Versöhnung gnadenhaft vorgegeben ist. *Leib*, und das heißt organische Ganzheit, in der sich die einzelnen Orts- und »Teilkirchen« als aufeinander bezogene Glieder zu begreifen lernen, ist auch die Gesamtkirche *allein in Christus*. Ihre Einheit, die in gegenseitiger Akzeptanz zu verwirklichen die Kirchen sich heute mehr denn je bemühen müssen (trotz mancher Rückschläge im einzelnen), ist nicht zuerst die Angelegenheit einer sichtbaren, institutionellen Wirklichkeit, sondern gründet *in Christus selbst*, der alle mit Gott und untereinander durch sein Kreuz bereits versöhnt und damit allererst den Weg zur menschlichen Realisierung von Einheit geebnet hat: »Nehmt einander an, *wie auch der Christus uns angenommen hat*, *zur Ehre Gottes*!«

2) Anregungen bietet unser Text auch zum Verständnis des liturgischen, d.h. offiziellen Gotteslobes der Kirche. In ihm relativieren sich die Differenzen derer, die Gott lobsingen, weil sie darin ganz von sich selbst absehen und gesammelt sind auf das, was Gott für sie in Jesus Christus getan hat. Dabei wissen sie um die kosmisch-

universale Macht dieses Lobes. Was sie im Gottesdienst tun, das vollziehen sie im Vorgriff auf Gottes sich bald universal durchsetzende Herrschaft über seine Schöpfung, das tun sie *stellvertretend* für die vielen Völker, die Gott dem Herrn gehören. So hat ihr Tun auch prophetisch-kritischen Charakter, wenn sie der Welt in ihrem Lobgesang den Schöpfer als ihren Herrn vorhalten.

Dieser Schöpfer - und das ist für Paulus zentral - ist der Gott Israels, der er bleibt, auch wenn sein Volk in seiner überwiegenden Mehrheit seinen Messias Jesus nicht anerkannt hat. Im Gotteslob verbindet sich deshalb die christliche Kirche mit Israel und bildet eine *Ökumene*, die über ihre eigene Grenze hinausreicht: die Ökumene aus Juden und Heiden, die zumindest im Lobpreis Gottes jetzt schon vorausnimmt, was dann Paulus für das Ende der Zeit als durchgreifende Wirklichkeit erhofft: Daß Israel und die Völker unter der Herrschaft Gottes in Christus endgültig miteinander versöhnt sind. Lautet so die christliche Hoffnung, dann muß das auch den christlichen Gottesdienst zutiefst prägen. Die Psalmen des sog. »Alten Testaments« - das Gebetbuch Israels, das in ihm einen besonderen Ehrenplatz besitzt - sollten das immer wieder gebührend in Erinnerung rufen: »Lobt den Herrn, alle Völker, preist ihn alle Nationen! Denn mächtig waltet über uns seine Huld, die Treue des Herrn währt in Ewigkeit. Halleluja!« (Ps 117).

Der Briefschluß (15,14-16,23)

Daß man am Anfang und Ende eines Briefes auf bewährte Formeln und Muster der Konvention zurückgreifen kann, stellt, wie jeder Briefschreiber aus eigener Erfahrung bestätigen wird, eine enorme Entlastung beim Schreiben dar. Was der einzelne aus solchen Vorgaben macht, ob und wie er sie mit Leben füllt, das hängt freilich von ihm und der Beziehung ab, die er zum Empfänger seines Schreibens unterhält. Daß dabei eine große Variationsbreite möglich ist - so vielfältig und schillernd wie das Leben selbst -, steht außer Frage. Auch die Antike kannte, wie bereits anläßlich der Auslegung der Eröffnung unseres Briefes deutlich wurde, solche Konventionen. Für den Briefschluß galt das Gleiche, wobei das Judentum bestimmte Formelemente - zumindest in offiziellen Schreiben - teilweise bewußt in den Horizont des eigenen Glaubens einstellte. So verwandelte man etwa die guten Wünsche, die man üblicherweise am Briefende aussprach, in *Segens*wünsche, wohl wissend, daß alles Glück in Gottes Hand liegt (vgl. entsprechend auch zur Brieferöffnung Bd.1, S.29). Paulus verfuhr ebenso, wenn er den Schlußgruß des antiken Briefes »Lebe wohl!« regelmäßig in den Zuspruch »Die Gnade unseres Herrn Jesus sei mit euch!« (Röm 16,20b; vgl. 1Kor 16,23; 2Kor 13,13; Gal 6,18; Phil 4,23; 1Thess 5,28; Phlm 25) veränderte. Im einzelnen kannte der antike Briefstil für einen Briefschluß das Repertoir der folgenden Elemente (nach F.Schnider/W.Stenger, Studien zum neutestamentlichen Briefformular, Leiden – New York – Kopenhagen – Köln 1987):

Begriff man Privatbriefe gerne als Gespräch zwischen zwei räumlich getrennt lebenden Freunden, dann lag es nahe, daß ein Briefschluß ihr mögliches *Wiedersehen* ins Auge faßte; dem entspricht bei Paulus die Kundgabe seiner Reisepläne, die in den Fällen, in denen er die Adressaten persönlich kennt (und das trifft, abgesehen vom Römerbrief, auf alle seine Briefe zu), von Äußerungen freundschaftlicher Verbundenheit begleitet wird. Freilich geht es dabei immer um mehr als nur um private Freundschaft, nämlich um die Begegnung zwischen dem Apostel und seiner Gemeinde.

Es folgen *Grüße*, die Paulus in der Regel nach Empfängern und Bestellern untergliedert.

Den Abschluß bildet das »Lebe wohl!«, bei Paulus der christologische Gnadenwunsch, zu dem er selbst zur Feder greift, wenn er den

Brief, wie in unserem Fall, einem Schreiber diktiert hat (vgl. 16,22, aber auch 1Kor 16,21; Gal 6,11). Dieser eigenhändige Schlußgruß, der die Unterschrift oder das Siegel unter das Ganze darstellt, kann noch durch weitere Elemente ergänzt sein, entsprechend der jeweiligen Situation (vgl. 1Kor 16,21-24; Gal 6,11-18).

Nachzutragen bleibt, daß sich am Eingang zum Briefende nicht selten *Schlußmahnungen* finden, die wesentliche Punkte des Schreibens noch einmal ins Gedächtnis rufen und bei Paulus in der Regel in einen *fürbittenden Segenswunsch* einmünden. Gemäß jüdischer Gebetssitte richtet sich dieser fürbittende Segenswunsch im Unterschied zum ganz am Ende des Briefes stehenden *christologischen* Gnadenwunsch an *Gott*, der in liturgischer Sprache gerne der »Gott des Friedens« genannt wird (Röm 15,33; vgl. 2Kor 13,11b; 1Thess 5,23; 2Thess 3,16; Hebr 13,20). In diesen Fällen besitzt der Segenswunsch die Gestalt eines Friedensgrußes.

Was hat Paulus aus solchen Vorgaben der Briefkonvention im Römerbrief gemacht? So einzigartig dieser Brief insgesamt ist, so bemerkenswert ist auch sein ausladender Schluß, der beinahe zwei Kapitel umspannt. Wer sich nur für die theologischen Gedankenflüge des Apostels interessiert, der wird von ihm nicht viel erwarten und seine Brieflektüre schon vorher abbrechen. Doch tut er dann nicht nur diesen Zeilen Unrecht, sondern bringt auch sich selbst um erhellende Einsichten in frühkirchliche Verhältnisse. Waren schon die Kapitel 14,1-15,13 höchst aufschlußreich für ein realistisches Bild einer Ortskirche, die um ihre Einheit erst ringen mußte, so bietet darüber hinaus der Briefschluß nicht nur wichtige Einblicke in das Selbstverständnis des Paulus als Apostel, sondern bereichert auch unsere Vorstellung von der frühen Kirche um eine ganze Reihe von hochinteressanten Details.

Daß Paulus zum Ende kommt, kündigte sich bereits in der *rekapitulierenden Schlußmahnung* von 15,7-12 an, die in einen *fürbittenden Segenswunsch*, 15,13, einmündete. Zudem erstellte diese Schlußmahnung in theologischer Hinsicht schon das universale Panorama, das Paulus jetzt in 15,14-33 mit der Kundgabe seiner Reisepläne konkretisieren wird. Daß mit 15,14 der eigentliche Briefschluß anhebt, signalisiert außerdem die herzliche Anrede »meine Brüder« (15,14), die zum letzten Mal in 12,1, zu Beginn des zweiten großen Briefteils, zu lesen war. In 15,14ff spricht Paulus auch wieder in der 1.Person von sich selbst, was ebenfalls in

12,1/3 zuletzt der Fall war. Schließlich blickt Paulus in 15,14-16 ausdrücklich auf sein Schreiben zurück, was für Briefschlüsse als typisch zu gelten hat (vgl. Phlm 21; Hebr 13,22; 1Petr 5,12).

Der Briefschluß insgesamt besteht aus *zwei* großen Teilen: (1) der Kundgabe seiner Reisepläne zur Konkretion seines apostolischen Dienstes (15,14-33), (2) den Grußlisten samt einer vorangehenden Empfehlung für Phoebe (16,1-23). Diese Zweiteilung wird dadurch unterstrichen, daß am Ende des ersten Abschnitts ein weiterer fürbittender Segenswunsch steht (vgl. schon 15,5f/13), verbunden mit einem bekräftigenden »Amen«:

> »Der Gott des *Friedens* sei mit euch allen. Amen« (15,33).

Dem entspricht gegen Ende des zweiten Abschnitts der christologische Gnadenwunsch:

> »Die *Gnade* unseres Herrn Jesus sei mit euch« (16,20b).

»Gnade« und »Friede«! Genau diese beiden entscheidenden Heilsgüter hatte Paulus im *brieferöffnenden* Segenswunsch 1,7b seinen Adressaten bereits zugesprochen, und zwar als Gaben *Gottes* in *Jesus Christus*:

> »*Gnade* sei mit euch und *Friede*
> von *Gott*, unserem Vater,
> und dem *Herrn Jesus Christus*« (1,7b).

Was am Ende des Briefes geteilt in zwei Segenswünschen erscheint, das hat also 1,7b in *einem* Zuspruch gebündelt. Die Verse *rahmen* den Brief!

a) Apostolische Vollmacht konkret: Schreiben und Reisen (15,14-33)

A. Was die große »Klammer« der Segenswünsche von Röm 1,7b und 15,33/16,20b signalisiert, das wird durch 1,1-17 und 15,14-33 insgesamt eingelöst: Bei beiden Stücken tritt die gezielte *Rahmung des Briefes* am deutlichsten hervor. In ihnen artikuliert Paulus mit sehr viel Geschick und diplomatisch gesetzten Worten seine Interessen gegenüber den römischen Christen, wobei er in 15,14-33 um einiges deutlicher spricht als zu Beginn seines Schreibens. Denn nachdem er in seinem umfangreichen *Evangeliumsbrief* seinen Adressaten mit großem Engagement sein Verständnis der Frohbotschaft entwickelt hat, kann er jetzt auch am Ende im Blick auf die mit den Römern angestrebte missionarische Partnerschaft konkret werden. Jedermann mag am Brief selbst ersehen, daß es ihm zunächst um das *Einverständnis in der Sache* geht, bevor er an »logistische« Unterstützung seines Spanienprojekts durch die römischen Christen denkt. Nirgends werden im Brief die Ziele, die Paulus mit seinem Schreiben insgesamt verfolgt, so deutlich wie in 15,14-33.

Zwei Pole besitzt unser Abschnitt, die man in Abwandlung eines Schlagwortes von K. Löning zur Apostelgeschichte »Reden und Reisen!« (vgl. H.-J. Klauck [Hg.], Monotheismus und Christologie, Freiburg 1992, 14.92) so charakterisieren kann: »*Schreiben und Reisen*!« Schreiben - das war in der Tat die Stärke des Paulus (vgl. 2Kor 10,10: »Ja, die Briefe, wird gesagt, die sind gewichtig und voll Kraft ...«), was der Römerbrief, »zum Teil etwas gewagt geschrieben« (15,15), auf seine Weise bestätigt. Paulus selbst thematisiert das in *15,14-16*, dem ersten Absatz unseres Textes, in dem er das Recht zu seinem Brief nach Rom, der möglicherweise einigen als Einmischung eines Außenstehenden in fremde Gemeindeangelegenheiten hätte erscheinen können, auf seine Berufung zum Heidenapostel zurückführt, wie er das ähnlich schon in 1,5f getan hatte.

Im zweiten Absatz, *15,17-29*, geht es im Kern um das *Reisen*. Dabei schaut Paulus zunächst (in 17-22) zurück in die *Vergangenheit* (V.19b: »So habe ich von Jerusalem aus in weitem Umkreis bis nach Illyrien überallhin das Evangelium gebracht«), blendet in V.23a kurz seine *gegenwärtige Lage* ein (»*Jetzt* aber habe ich in diesen Gegenden kein neues Arbeitsfeld mehr«), um sodann - seine eigentliche Absicht - den Blick in die *Zukunft* zu lenken (23b-29), auf seinen langgehegten Plan (22.23b; vgl. 1,10-13), Rom zu besuchen (vgl. 1,15), um von dort aus Spanien zu missionieren (23b.24/28b), sowie auf sein (nicht nur textlich) in dieser »Klammer« stehendes Vorhaben (25-28a), zunächst noch einmal einen Gang nach Jerusalem zu tun. Charakteristisch für seine Rückschau wie seinen Blick nach vorne ist sein Versuch, im Anschluß an 15,16 beides in eine konkrete »Apologie« seines »apostolischen Dienstes« zu betten: Er »wagt nur von dem zu reden, was *Christus* durch ihn bewirkt habe«, so versichert er sogleich seinen Adressaten (V.18), weshalb auch sein Rückblick nichts anderes sein könne als ein »Rühmen in Christus Jesus«, wie es an der Nahtstelle vom ersten zum zweiten Absatz heißt (V.17). Entsprechend tut Paulus am Ende des zweiten Absatzes seine Gewißheit kund, daß er nach Rom »mit der Fülle des Segens Christi« komme (V.29): Auch die *Zukunft* steht unter dem Vorzeichen des Beistandes Christi für das apostolische Wirken!

Doch dazu bedarf es der Unterstützung im Gebet, weshalb Paulus in 15,30-33, dem letzten Absatz unseres Textes, seine Adressaten diesbezüglich um ihre Solidarität bittet. Wie er zu Beginn des Schreibens für *sie* gebetet hat (1,8ff), so ersucht er sie nun ihrerseits, *ihn* bei seinem schweren Gang nach Jerusalem mit ihrem Gebet zu begleiten.

B. Adressaten Komplimente zu machen, ist gewiß guter Briefstil, den Paulus des öfteren praktiziert (vgl. bereits Röm 1,8; außerdem 1Kor 1,5.7; 2Kor 9,1f; Phlm 21). Komplimente, denen man sich in der Regel nicht ungern öffnet, dienen zuweilen dazu, ihre Empfänger geneigt zu machen, sich vielleicht auch unangenehme Wahrheiten anzuhören. Wenn deshalb Paulus in V.14 seinen Adressaten versichert, er sei »überzeugt« von ihnen, daß sie »voll der Güte« seien, »erfüllt mit aller Erkenntnis und imstande, einander (selbst) zurechtzuweisen« (so der Vers in wörtlicher Wiedergabe), dann könnte einem der Verdacht kommen, er wolle mit solchen Komplimenten lediglich den Boden bereiten für die unmittelbar folgende Bekräftigung seiner Autorität als »Heidenapostel«, die er ja auch hier wieder auf die Römer ausdehnt. Doch würde man sich dann die Erkenntnis verbauen, daß die briefstilmäßigen Komplimente von 15,14 mehr sind als nur ein taktisches Manöver, sie vielmehr auch theologische Aussagekraft besitzen, und zwar weil Paulus mit ihnen die Grundlegung seiner Weisungen von 12,1f nochmals in Erinnerung ruft. Dort hatte er ja seinen Adressaten nahegelegt: »Laßt euch umwandeln durch die Erneuerung der Vernunft, *so daß ihr zu prüfen vermögt, was der Wille Gottes ist*: das Gute und Wohlgefällige und Vollkommene« (12,2). Wer sich im Glauben in seinem Denken hat erneuern lassen, der ist auch imstande zu erkennen, was in dieser oder jener Situation von ihm gefordert ist. Hat Paulus seinen Adressaten in 12,1f Mut zu dieser Glaubenswahrheit gemacht, so gibt er ihnen jetzt in 15,14 zu verstehen, daß er auf ihr sittliches Erkenntnisvermögen im Glauben auch baut: »Ihr seid voll der Güte, erfüllt mit lauter Erkenntnis, fähig, selbst einander zurechtzuweisen«, d.h. im Fortschritt des Guten einander zu helfen.

Daß Paulus tatsächlich einen Rückbezug von 15,14-16 auf den Anfang seiner Weisungen in 12,1ff im Sinn hatte, ersieht man auch an den folgenden Verbindungslinien:

(1) Wenn Paulus in 12,2 die selbständige sittliche Kompetenz seiner Adressaten zu stützen versucht, dann schließt das nicht aus, daß er ih-

nen im unmittelbaren Anschluß daran kraft apostolischer Autorität auch wegweisende Worte sagt: »Denn aufgrund der *Gnade, die mir gegeben ist*, sage ich einem jeden von euch ...«, heißt es in 12,3. Die gleiche Polarität von apostolischer Weisung und gemeindlicher Kompetenz begegnet auch in 15,14-16, wobei nahezu wörtliche Übereinstimmungen zu beobachten sind. Auch in 15,15 verweist Paulus, was die eigene Autorität betrifft, auf »*die Gnade, die mir* von Gott *gegeben ist*«.

(2) Ein Kennzeichen von 12,1 war die Verwendung kultischer Termini zur Charakterisierung der von den Christen im Alltag der Welt geforderten »Ganzhingabe« an Gott: »Bringt eure Leiber als lebendige, heilige, Gott wohlgefällige Opfergabe dar; das sei euer vernünftiger Gottesdienst!« (12,1) Dieselbe Sprache spricht Paulus in 15,16, um seine spezifische Berufung zu charakterisieren, nämlich »Kultdiener des Christus Jesus für die Völker zu sein, um das Evangelium Gottes priesterlich zu verwalten, damit die *Darbringung* der Heiden *wohlgefällig* sei, *geheiligt* im heiligen Geist«. Was er in 12,1 jedem einzelnen als Aufgabe zugedacht hat, das sieht er hier als seinen eigenen umfassenden apostolischen Auftrag: die Übereignung der Heiden an Gott!

Nimmt man diese Bezüge zwischen den beiden Absätzen 15,14-16 und 12,1f.3 ernst, welche die grundsätzlichen und konkreten Weisungen der Kapitel 12-15 rahmen, dann ist es wohl keine Überinterpretation, in den Komplimenten von 15,14 mehr als nur eine höfliche Verbeugung des Paulus vor seinen Adressaten zu sehen. Überzeugt von ihrer Geist-Begabung (8,9ff), bringt er hier vielmehr sein Vertrauen in ihr sittliches Urteilsvermögen zum Ausdruck; als Glaubende sind sie »von Gott belehrt«, wie er andernorts einmal von der Thessalonicher-Gemeinde gesagt hat (1Thess 4,9), und wissen deshalb selbst, was sie zu tun haben!

Bei solchem Respekt vor der eigenständigen sittlichen Kompetenz seiner Adressaten ist es dann nur konsequent, wenn Paulus in V.15 den Sinn seines Schreibens dahingehend bestimmt, daß es lediglich *in Erinnerung rufen* wollte, was jene ohnehin schon wissen. »Teilweise gewagt« nennt er sein Schreiben wohl deshalb, weil er sich mit ihm vor allem von Kap.12 an (vgl. aber auch schon 11,13ff) in ihre eigenen Angelegenheiten eingemischt hat. Woher er das Recht dazu nimmt, ihnen Weisungen und Ratschläge zu erteilen, auch wenn er diese nur als »Erinnerung« an ohnehin schon Gewußtes einstuft, beantwortet er (wie in 1,5f) mit einem Verweis auf seine einzigartige Berufung zum Heidenapostel. Dabei fällt das kultische Pathos auf, in das dieser Verweis getaucht ist (vgl. bereits oben unter C. 2 im Anschluß an 12,1f): »Kultdiener *Christi* für die

Heidenvölker« sei er, um das Evangelium *Gottes* priesterlich zu verwalten, damit die Darbringung der Heiden wohlgefällig sei, geheiligt *im heiligen Geist*« (V.16: man beachte die »trinitarische« Struktur Christus-Gott-Geist, welche die Feierlichkeit der Erklärung noch erhöht!). Zu zwei Überlegungen mag diese Bildrede Anstoß geben (vgl. auch Phil 2,17, sowie andeutungsweise Röm 1,9):

(1) Kultische Sprache ist hier ihrem eigentlichen Gegenstandsbereich entzogen, um übertragen gebraucht zu werden (vgl. den Exkurs »Bildrede im Römerbrief« in Bd. 1, S.190-193): »Kultdiener« ist Paulus nicht in dem Sinne, in dem dies die Priester am Jerusalemer Tempel oder anderswo sind, wenn sie blutige oder unblutige Opfer darbringen; seinen priesterlichen Dienst vollzieht der Apostel in der Profanität der Welt! Ist ein solcher übertragener Gebrauch kultischer Vorstellungen im hellenistischen Judentum, das seine Identität in der Diaspora fern vom Tempel ausprägen mußte, vorgebildet (vgl. oben zu 12,2), so schwingt in der paulinischen Diktion, für die neben 15,16 auch 3,25; 11,9 und 12,1f heranzuziehen sind, doch noch ein ganz besonderer Gedanke mit: *Es ist die Überzeugung vom universalen Herrschaftsantritt Gottes in Jesus Christus über diese Welt (5,21; 14,17), welche die Unterscheidung zwischen »sakral« und »profan« mit ihrem trennenden Charakter ein für allemal gegenstandslos gemacht hat*: *Alles* soll Gottes Herrschaft überantwortet werden, *nichts* ist seiner Nähe in Jesus Christus entzogen! Seine Herrschaft dringt in dem Maße in diese Welt vor, in dem »die Darbringung der *Heidenvölker*« als Gott wohlgefälliges Opfer gelingt, wohlgemerkt nicht: in dem Maße, in dem die Kirche sich etabliert! Paulus denkt hier wie anderswo (vgl. 11,15 [»*für die Welt* Versöhnung«]; 11,25 [»bis daß *die Vollzahl der Heiden* hineingelangt sein wird« (in das Reich Gottes oder das himmlische Zion)]) nicht »ekklesiozentrisch«, d.h. bezogen auf die Kirche als vermeintlich letztes Ziel aller Wege Gottes mit der Welt (vgl. Röm 11 insgesamt!); sein Impuls ist vielmehr *missionarischer* Natur, weshalb er wohl der Behauptung zustimmen würde: Die Gemeinden Jesu Christi *sind* nur, insoweit sie *missionarisch* sind (vgl. 1Thess 1,7f; Röm 1,8). Auch von den römischen Christen erhofft er sich das, wie die folgenden Verse zeigen. Der Sinn seiner kultischen Metaphorik geht dann aber dahin, jene missionarisch universale Dynamik des Evangeliums unter dem

Vorzeichen der werdenden Gottesherrschaft in ihrer Unbedingtheit zu veranschaulichen: »Darbringung der Heidenvölker« für Gott als der geistliche Gottesdienst der Endzeit (vgl. 15,9-12) meint so nichts anderes, als daß Gott selbst sich in der Wirklichkeit dieser Welt *radikal* und *umfassend* durchsetzen soll.

Röm 15,16 spielt möglicherweise auf Jes 66,20 an. Dort liest man in einem endgeschichtlichen Zusammenhang, in dem vom Gericht Gottes (66,6.15f) sowie von der Sammlungsbewegung der Völker hin zum Zion die Rede ist:

»Ich ... komme,
zu sammeln alle Völker und Zungen;
und sie kommen und sehen meine Herrlichkeit (V.18).
Und ich richte unter ihnen ein Zeichen auf,
und ich sende Entronnene von ihnen zu den Völkern ...
zu den fernen Inseln,
die keine Kunde von mir gehört haben (vgl. Jes 52,15/Röm 15,21)
und meine Herrlichkeit nicht gesehen haben,
und sie verkünden meine Herrlichkeit unter den Völkern (V.19).
Und sie bringen all eure Brüder von allen Völkern
als eine Opfergabe für JHWH ...
zu meinem heiligen Berg nach Jerusalem,
spricht JHWH,
wie die Kinder Israels die Opfergabe
in reinen Gefäßen zu dem Hause JHWHs bringen (V.20)«.

Freilich sind es in diesem Text die *Juden aus der Diaspora*, die von den Völkern bei ihrer Wallfahrt zum Zion am Ende der Tage »als eine Opfergabe für JHWH« mitgeführt werden; Paulus dagegen begreift *die Völker* selbst als die Gabe der Endzeit, die jetzt im Zuge der Evangeliumsverkündigung Gott dargebracht werden soll. Außerdem verläuft bei ihm die Dynamik zentrifugal »von Jerusalem aus im Umkreis« in die ganze Welt hinaus (15,19!), wohingegen im letzten Kapitel des Jesaja-Buches die Völker umgekehrt zum Zion streben, also das Zentrum Jerusalem bleibt: »Gottes heiliger Berg in Jerusalem und der Opferdienst in dem Hause Jahwes auf diesem Berg ist die Mitte der Welt; schlechterdings alles bewegt sich um diese Mitte« (C.Westermann, Das Buch Jesaja. Kapitel 40-66 [ATD 19], Göttingen ²1970, 339). So liegt in diesem Text, der als ganzer ein nachexilisches Produkt ist, »ein sakral-konservatives, durchaus statisches Denken« (V.20!) mit einem »missionarischen Denken«, das in die Welt ausgreift (V.18f!), in Spannung, ohne daß diese aufgelöst wäre (Westermann, ebd.). Bei Paulus hat sie eine neue Gestalt bekommen: Der missionarische Universalismus steht zwar im Zentrum des Evangeliums, doch die spirituelle und heilsgeschichtliche Bedeutung der Stadt Jerusalem muß Paulus deshalb nicht leugnen (vgl. gleich zu 15,25-27).

(2) Die kultische Bildsprache von 15,16 sagt nun aber nicht nur etwas über die »Darbringung der Völker« aus als das zentrale Ereignis der werdenden Gottesherrschaft, sie verrät auch einiges über das Selbstverständnis dessen, der nach eigenem Bekunden als »Heidenapostel« eine wichtige Rolle in diesem Prozeß zu spielen hat: »Kultdiener Christi« ist er, der das »Evangelium Gottes« unter den Völkern »priesterlich auszurichten hat«! Was meint dieses »Bild vom Priester des Messias« (E.Käsemann)? In ihm artikuliert Paulus sein Bewußtsein, »*ausgesondert*« (Röm 1,1) oder geheiligt worden zu sein für eine öffentliche Aufgabe, nämlich für die Verkündigung des Evangeliums Gottes unter den Heiden. Mit dem Bild vom »kosmischen Eroberer« von 2Kor 10,4-6 ist dieses Bild verwandt: »Beide Male geht es um das singuläre Mandat und die weltweite Funktion des Heidenapostels, welcher die Gottlosen seinem Herrn zu Füßen legt und in dessen Triumphzug einreiht« (E.Käsemann).

Um Mißverständnissen vorzubeugen, sei noch angemerkt: Dem Umstand, daß es sich hier lediglich um *Bilder* handelt, entspricht die andere Beobachtung, daß nirgends im Neuen Testament Gemeindeämter kultisch begründet werden. Schon terminologisch fällt auf, daß nie von »Priestern« die Rede ist, wohl aber von »führenden (Leuten)« oder Gemeindeleitern, »Ältesten«, »Episkopen« (Aufsehern) und »Diakonen« (Dienern). Das ist kein Zufall. Ist Christus *der einzige Mittler* zwischen Gott und den Menschen (Röm 8,34; 1Tim 2,5), dann kann es neben ihm auch keinen anderen Mittler-Dienst mehr geben. Ganz entsprechend ist der neutestamentliche »Dienst am Wort« konzipiert, den die Apostel, aber auch die späteren Generationen von Verantwortlichen den Gemeinden in vielfältiger Weise zu leisten haben: Dieser Dienst *vermittelt* nicht zwischen Gott und den Menschen, sondern bringt vielmehr Gottes *eigenes* versöhnendes Wort, das dieser durch seinen Sohn Jesus Christus, den einzigen Mittler des Heils, gesprochen hat, als ein wirkmächtiges Wort zur Sprache. Nur weil es *Gottes* Wort ist, das in diesem Dienst durch Menschenmund hier und heute laut wird, vermag dieser Dienst auch die Menschen wirklich zu treffen (vgl. 1Thess 2,13): Im Wort der Boten begegnen sie Gottes versöhnendem Wort, das sie zum Heil hin verändert, wenn sie ihm Glauben schenken.

In vollem Bewußtsein dessen, was er gerade über sein einzigartiges Amt als »Heidenapostel« gesagt hat, setzt Paulus in V.17 einschränkend hinzu: »Solchen Ruhm also habe ich in den Dingen, die Gott angehen, *in Christus Jesus*«. Mit anderen Worten: Nicht meinem eigenen Konto schreibe ich gut, was durch mich in diesem Amt bisher geschehen ist, sondern *Christus* verdanke ich es. So will er im folgenden auch nur von dem »reden, was *Christus*, um die Heiden zum Gehorsam zu führen, durch (ihn) in Wort und Tat bewirkt hat, in der Kraft von Zeichen und Wundern, in der Kraft des Geistes Gottes« (V.18.19a). Wer die Spuren auf seinem Weg zu lesen vermag, der soll sie lesen! Dann mag er erahnen (und muß es nicht nur blindlings glauben! - vgl. Bd. 1, S.137-139), daß hier *mehr* geschehen ist als es menschliche Anstrengung allein hätte vollbringen können: Durch seinen Dienst entfaltete nämlich Christus selbst seine Wirksamkeit, kam sein »Evangelium« (V.19) heilvoll zu den Menschen. Und was sind die Spuren, die auf dieses »Mehr« verweisen? Es sind »die Zeichen, an denen man den Apostel erkennt: ... Wunder und machtvolle Taten« (2Kor 12,12; vgl. Apg 5,12)! Dabei denkt Paulus wohl daran, daß er lebendige und blühende Gemeinden gründen (2Kor 3,3) und Glauben wecken durfte (1Kor 2,4f), aber vielleicht auch daran, daß er - wie das die Apostelgeschichte unter legendarischer Ausschmückung bezeugt - Heilungen gewirkt hat (Apg 14,3; 15,12; 16,18; 19,11-16; 20,7-12). Das alles, und das heißt mit anderen Worten: Daß Menschen sich durch sein Auftreten haben verändern lassen (vgl. auch 1Thess 1,2-10; 2,13f), deutet darauf hin, daß Christus selbst es war, der durch ihn »in der Kraft des Geistes Gottes« gewirkt hat. Dabei sticht eins ins Auge - und darauf hebt Paulus hier besonders ab: der für damalige Zeiten enorme geographische Radius »von Jerusalem in weitem Umkreis bis hin nach Illyrien«, den er mit dem Evangelium durchmessen hat!

Daß Paulus in Illyrien gewirkt hat, ist nirgends bezeugt. Diese Provinz an der Adria (auf dem Territorium des heutigen Albanien gelegen) grenzte westlich an das von Paulus auf seinen Reisen nach Philippi und Thessaloniki missionierte Makedonien an; jeder auf dem Landweg (Via Egnatia) von Osten her kommende Reisende mußte die Provinz passieren, wollte er mit dem Schiff nach Italien übersetzen. So könnte Paulus, ein wenig übertreibend, mit Illyrien einfach den (verkehrsmäßig) westlichsten Punkt der östlichen Hemisphäre des Römischen Reiches ins Auge gefaßt haben, die er mit seiner Mission durchquert hat und in der er »jetzt kein neues Arbeitsfeld mehr sah« (V.23).

Nicht ganz wörtlich zu nehmen ist auch die Bezeichnung des *Ausgangspunktes* seines Wirkens, der nach dem Selbstzeugnis Gal 1,22f jedenfalls *nicht* Jerusalem gewesen ist (anders Apg 9,28f). Wahrscheinlich setzt er hier aus dem Grund den Namen der heiligen Stadt ein, weil diese nicht nur faktisch, sondern auch ideell die »Wiege des Christentums« (D.Zeller) war. Dank der dortigen judenchristlichen Gemeinde blieb Jerusalem der geistliche Vorort der Jesus-Bewegung, an dem auch Paulus sich orientierte (vgl. zu 15,27), und das (gegen D.Zeller) durchaus aus *heilsgeschichtlichen* Gründen. Denn obwohl er mit den Jerusalemern schon immer Spannungen und Konflikte auszutragen hatte (vgl. auch unten zu 15,31), müssen wir sein Zeugnis von *Röm 11* über die Bedeutung der judenchristlichen Gemeinden für die Zukunft des Gottesreiches doch ganz ernst nehmen. Zwar bezieht sich seine Rede vom »Rest« Israels, der das ganze Volk vertritt, in 11,1-10 auf die Judenchristen überhaupt, aber man geht nicht fehl in der Annahme, daß es für ihn vor allem die *Jerusalemer Gemeinde* war, welche jenen heilsgeschichtlich so bedeutenden »Rest« Israels in hervorragender Weise repräsentierte. Das geht schon aus Gal 1,18; 2,1-10 hervor, aber auch Röm 15,27 im unmittelbaren Kontext bestätigt das. Was Paulus in Röm 9-11 auf hoher theologischer Abstraktionsebene abgehandelt hat, das bekommt jetzt in der Darstellung seiner missionarischen Reisetätigkeit sein konkretes Gegenstück: Als »Heidenapostel« sieht er seine Wirkungsstätte im Blick auf die von Gott vorherbestimmte »Vollzahl der Heiden« (11,25) zwar unter den Völkern, doch daß er Jerusalem wieder einmal einen Besuch abstatten will, bevor er seine Reise nach Rom und Spanien in Angriff nimmt, zeigt, daß ihm die heilige Stadt als Heimat des judenchristlichen Rest-Israels der geistliche Vorort der Jesus-Bewegung geblieben ist. Das ist dann auch der Grund, warum er Jerusalem hier zum Ausgangspunkt seines Wirkens erklärt, obwohl das, wie angedeutet, mit seinem Selbstzeugnis an anderer Stelle nicht in Übereinstimmung steht (vgl. Gal 1,17f.22.24). Wenn er zudem etwas vollmundig den großen Radius seines bisherigen Missionswerks im Ausgang von Jerusalem herausstreicht, dann tut er das, um gemäß V. 18 auf die Wirksamkeit *Christi* in all dem hinzuweisen, was menschlicher Einsatz allein nie hätte zuwege gebracht.

Dabei hat er sich immer an den Grundsatz gehalten, »das Evangelium nicht dort zu verkündigen, wo der Name Christi schon bekannt gemacht war, um nicht auf einem fremden Fundament zu bauen« (V.20). Wo andere Missionare das Evangelium bereits verkündigt haben und Gemeinden entstanden sind, da hat er sich nicht eingemischt. Auf fremdem Fundament weiterzubauen, war seine Sache nicht. Seine Berufung zum Apostel ging dahin, »wie ein guter Baumeister den *Grund* zu legen« (1Kor 3,10). Das entspricht auch der heiligen Schrift, wie er mit Hinweis auf das vierte Gottesknechtslied (in der Septuaginta-Übersetzung) ausführt:

> »Sehen werden die,
> welchen nichts über ihn verkündet wurde,
> und die werden verstehen,
> welche nichts gehört haben«
> (Jes 52,15).

Unmittelbar vor diesem zitierten Vers heißt es bei Jesaja: »Viele haben sich über ihn entsetzt, so entstellt sah er aus, nicht mehr wie ein Mensch, seine Gestalt war nicht mehr die eines Menschen. Jetzt aber setzt er *viele Völker* in Staunen, Könige müssen vor ihm verstummen« (Jes 52,14). Paulus bezieht diesen Text, wie an anderer Stelle auch (vgl. Jes 53,1 in Röm 10,16), auf den gekreuzigten Christus, der trotz seines Scheiterns im Tod als der von Gott Auferweckte doch *viele Völker* in Staunen versetzen sollte (vgl. Röm 10,12f; 15,9). Als Völkerapostel sieht Paulus sich, wie er schon in Röm 1,5 feststellte, in seinen besonderen Dienst gerufen. So verwundert es auch nicht, wenn er Jes 52,15, wo nach seiner Überzeugung von der Proklamation des erhöhten Christus in der Völkerwelt die Rede ist, auf seine eigene Sendung bezieht: Wer von Christus noch nichts gehört hat - auch nicht auf dem indirekten Weg der Ankündigung eines für die Zukunft zu erwartenden Messias wie die Juden -, dem sollte er, Paulus, als der *Heiden*apostel die rettende Erstverkündigung vom gekreuzigten und auferweckten Christus bringen. Dabei mag für ihn im Zitat Jes 52,15 auch etwas vom Charakter des Evangeliums als *Gnaden*botschaft mitschwingen, die eben Menschen kundgetan wird, die noch nichts von Christus gehört haben, oder mit den Worten von Jes 65,1 (= Röm 10,20): die nicht nach Gott gesucht, die nicht nach ihm gefragt haben (vgl. auch Röm 9,30). Doch steht für ihn im Vordergrund sein missionarischer Grundsatz, den er also im vierten Gottesknechtslied des Buches Jesaja verankert sieht: nämlich nur dort missionarisch tätig zu werden, wo man den Namen Christi noch nicht proklamiert hat (vgl. 2Kor 10,14-16). Es ist eben *eines*, neue Gemeinden zu gründen, und etwas *anderes*, bestehende weiterzuentwickeln. Das erste ist seine Berufung.

Deshalb wurde er auch viele Male daran gehindert, zu den Römern zu kommen (V.22). Denn schon oft hatte er es sich vorgenommen, aber bis heute wurde nichts daraus (vgl. auch die entsprechende Auskunft im Briefvorspann 1,13). *Jetzt* aber hat er in diesen Gegenden kein Arbeitsfeld mehr und möchte deshalb seinen seit einer Reihe von Jahren gehegten Wunsch wahrmachen: auch den römischen Christen einen Besuch abzustatten (V.23). Dabei wird er nicht gegen seinen eben dargelegten missionarischen Grundsatz verstoßen, denn er will nicht bei ihnen missionieren, sondern möchte sie als Partner gewinnen für ein Vorhaben, das ihn nach Spanien führen soll. Partnerschaft in einem gemeinsamen Missionsunternehmen setzt aber Einverständnis im Grundsätzlichen voraus, weshalb er ihnen auch den langen Evangeliumsbrief geschrieben hat. Auf dessen Basis soll sich die römische Gemeinde dazu bereitfinden, zur »Ausgangsbasis seines Missionswerks im Westen« zu werden, also die Rolle zu spielen, die einst Antiochien für ihn gespielt hat (vgl. Apg 13,1-14,28), und nach seiner Trennung von Antiochien insbesondere Philippi und Korinth, aber auch Ephesus im Blick auf seinen »Wirkungskreis« im Osten (Röm 15,23) (so F.Schnider/W.Stenger, Studien zum neutestamentlichen Briefformular, Leiden-New York-Kopenhagen-Köln 1987, 102). Diese missionsstrategische Überlegung wird sich in dem beinahe beiläufig artikulierten Wunsch verbergen, er hoffe die römischen Christen auf seinem Weg nach Spanien zu sehen, *um dann »von ihnen für die Weiterreise ausgerüstet zu werden«* (V.24). Von ihnen für die Weiterreise ausgerüstet zu werden, mag dann im einzelnen heißen: Beteiligung an seinem Missionswerk in Gestalt von Begleitern aus der römischen Gemeinde, die vielleicht auch aufgrund schon bestehender Verbindungen mit Spanien über Ortskenntnisse verfügten (Missionare reisten im übrigen niemals alleine: vgl. z.B. Lk 10,1; Apg 13,2; 15,36-41; 1Thess 3,1-6); Ausstattung mit finanziellen und sonstigen Mitteln (vgl. z.B. Phil 4,10-20); vor allem aber geistige und geistliche Unterstützung und Begleitung, besonders im Gebet (vgl. Apg 13,3; Phil 1,5; Röm 15,30-32 etc.). Doch wird Paulus hier nicht konkret, sondern deutet nur vornehm an, was ihm an Zukunftsplänen mit den Römern vorschwebt.

Doch bevor er zu ihnen kommen kann, muß er noch nach Jerusalem reisen, um den dortigen »Heiligen« einen Dienst zu erweisen (V.25). Die Selbstverständlichkeit, mit der Paulus diesen Ehrennamen hier wie andernorts (vgl. 15,31; 1Kor 16,1; 2Kor 8,4; 9,1.12) den Jerusalemer Christen zulegt, führt zu der Annahme, es handle sich um deren ursprüngliche *Selbstbezeichnung*. Ist das zutreffend, dann werden sie mit ihr nicht die eigene sittliche Qualität gerühmt, sondern vielmehr ihrem Glauben Ausdruck verliehen haben, von Gott erwählt, d.h. durch ihn geheiligt worden zu sein. Inzwischen nannte man Christen auch an anderen Orten »Heilige« (Röm 1,7; 16,2.15; 1Kor 1,2; 2Kor 1,1; Phil 1,1 etc.) oder »Geheiligte in Christus Jesus« (1Kor 1,2). Der »Dienst«, von dem Paulus hier spricht, bezieht sich auf die Kollekte der Heidenchristen für die Armen der Jerusalemer Gemeinde, zu der Paulus sich seinerzeit auf dem sogenannten »Apostelkonzil« (49 n.Chr.) verpflichtet hatte (Gal 2,10). Die Hungersnöte, die zwischen 46 und 48 n.Chr. Palästina heimsuchten (vgl. Josephus, Ant 20,101), hatten auch die Jerusalemer Gemeinde in Bedrängnis gebracht (vgl. auch Apg 11,27-29), weshalb sie auf absehbare Zeit auf die tätige Hilfe von Christen außerhalb Palästinas angewiesen war. So sind Paulus und Barnabas damals in Jerusalem die Verpflichtung eingegangen, im Zuge der ihnen anvertrauten Heidenmission auch »der Armen zu gedenken« (Gal 2,10), d.h. durch eine Geldsammlung unter den Heidenchristen Solidarität mit der Muttergemeinde zu zeigen. Wie Paulus schon im Galaterbrief (2,10) beteuerte, hat er sich seitdem auch eifrig um die Verwirklichung dieses Projekts gemüht (vgl. v.a. 1Kor 16,1-4; 2Kor 8 und 9). Jetzt ist die Sammlung abgeschlossen, die Gemeinden der Provinzen »Makedonien« (Philippi und Thessalonich) und «Achaia« (Korinth und z.B. Kenchreä: vgl. Röm

16,1) haben ihr Bestes gegeben (15,26). Von den Gemeinden Galatiens läßt Paulus nichts verlauten; nach den Spannungen mit ihm werden sie aus dem Projekt ausgeschieden sein (vgl. Bd.1, S.11f).

Welche Erwartungen die Autoritäten der Jerusalemer Gemeinde über die Linderung der sozialen Not durch eine Spende hinaus mit der Kollektenverpflichtung des Paulus und Barnabas damals zunächst verbunden haben, wissen wir leider nicht. Möglicherweise haben sie in ihr eine Anerkennung der führenden Rolle der Jerusalemer Muttergemeinde durch die Heidenchristen gesehen. Ein Akt der Unterwerfung unter einen Führungsanspruch der Jerusalemer war aber die Kollekte in den Augen des Paulus keinesfalls. Im Gegenteil: An unserer Stelle betont er mit dem zweimaligen »(Makedonien und Achaia haben eine gewisse Gemeinschaftsgabe zu stiften) *beschlossen*« (V.26 *und* 27!) nicht nur die Eigeninitiative seiner Gemeinden, sondern legt auch größten Wert darauf, daß diese ein solidarisches Zeichen in einem *partnerschaftlichen Miteinander* setzen wollten. So bezeichnet er die Geldspende in V.26 mit dem Begriff »Gemeinschaft« (*koinonia*), was besagen soll, daß es sich bei ihr um ein »Zeichen der Gemeinschaft«, den »Erweis geschwisterlichen Zusammenhaltens« oder eine »Gemeinschaftsgabe (= Spende)« handelte. Jedenfalls ist sie ihm mehr als nur der Ausdruck karitativer Barmherzigkeit. Obwohl freiwillig und aus eigenem Antrieb kommend (vgl. auch 2Kor 8,3f), entspricht sie nach ihm einer moralischen »Verpflichtung« (so Röm 15,27), die in einem *gegenseitigen* »Geben und Nehmen« ihren Ausdruck findet: Haben die Heiden an den geistlichen Gütern der Jerusalemer Anteil erhalten (*ekoinonesan*), d.h. am Evangelium Jesu Christi und dem geistlichen Erbe Israels, wie es durch die Judenchristen Jerusalems der Welt vermittelt wird, dann sind sie auch umgekehrt dazu verpflichtet, diesen mit fleischlichen (= irdischen) Gaben zu dienen. Überragen die geistlichen Güter Jerusalems an die Heiden an Qualität und Bedeutung die irdischen Gaben, mit denen diese ihren Dank abzustatten versuchen, zwar bei weitem, so hebt hier Paulus dennoch auf das partnerschaftliche Miteinander von Juden- und Heidenchristen ab.

Hinzu kommt ein weiterer Gesichtspunkt, den Paulus in 2Kor 9,12-14 deutlich ausgesprochen hat, der aber auch in unserem Text zwischen den Zeilen mitklingt. Paulus erhoffte sich dort, daß die Entgegennahme der heidenchristlichen Spende durch die Jerusalemer Christen die Anerkennung der Heidenchristen als vollgültige Partner in der großen kirchlichen Gemeinschaft miteinschlösse: »Vom Zeugnis eures Dienstes bewegt, werden sie Gott dafür preisen, daß ihr euch gehorsam zum Evangelium Christi bekannt und daß ihr ihnen und allen selbstlos geholfen habt. In diesem Gebet für euch werden sie sich *angesichts der übergroßen Gnade, die Gott euch geschenkt hat*, mit euch verbunden fühlen«, so schrieb Paulus also vor nicht allzu langer Zeit an die Korinther. Mit anderen Worten: Wenn deren Spende unter »Danksagung« (eu*charis*tia) von den Jerusalemern entgegengenommen wird (vgl. 2Kor 9,12), dann bedeutet das doch, daß diese die Gnade Gottes (*charis*), welche die Mission des Paulus so überaus wirksam getragen hat, wahrnehmen und seine heidenchristlichen Gemeinden als Frucht dieser Gnade Gottes, auf die die Danksagung die einzig passende Antwort ist, voll und ganz anerkennen. Den Gemeindegründungen des Paulus auf solche Weise die Anerkennung zu zollen (vgl. ähnlich Apg 11,18; 15,4.7-12.13ff) schließt aber den Respekt vor dem nicht-jüdischen Lebensstil der meisten ihrer Mitglieder ein und bedeutet zugleich den ausdrücklichen Verzicht darauf, durch Propagierung bestimmter Forderungen der Tora (Beschneidung, koscheres Essen etc.) die Heidenchristen nachträglich einem sie überfordernden Maßstab zu unterwerfen. Allein Gottes Gnade in Jesus Christus verbindet die beiden frühchristlichen »Konfessionen« von Juden- und Heidenchristen miteinander und schenkt ihnen gleichzeitig den Freiraum zu je verschiedenem Lebensstil. Wir dürfen annehmen, daß Paulus auch in unserem Zusammenhang an die Entgegennahme der heidenchristlichen Kollekte in Jerusalem die Hoffnung auf eine derartige *bedingungslose* Anerkennung seiner eigenen Gemeindegründungen geknüpft hat, was er selbst durchblicken läßt, wenn er abschließend seine römischen Adressaten dazu auffordert, für ihn Gott auch darum zu bitten, daß sein »Dienst für Jerusalem den Heiligen [dort] *willkommen* sei« (V.31). So ganz sicher scheint er sich aber des Erfolgs der von ihm mit der Kollekte verknüpften »kirchenpolitischen« Intention nicht gewesen zu sein. Doch hofft er inständig darauf, daß er, wenn er den Jerusalemern die ordnungsgemäß versiegelte Geldsumme persönlich ausgehändigt haben wird, dann »mit der Fülle des Segens Christi« zu den Römern reisen kann. »Fülle des Segens Christi«: Das ist keine fromme Floskel, sondern meint sehr konkret den Segen, der aus der in Jerusalem neu zu bekräftigenden *ökumenischen Partnerschaft* der juden- und heidenchristlichen Ortskirchen erwachsen sollte zugunsten der Römer, aber auch zugunsten des gemeinsam zu planenden Missionsprojekts in Spanien. Nur auf dem Boden eines partnerschaftlichen Miteinanders wird der Kirche missionarische Fruchtbarkeit geschenkt werden!

Paulus kann nicht den Blick aus der Gegenwart in die nähere oder fernere Zukunft richten, ohne im Gebet alles, was da kommt, Gottes Willen anheimzustellen. Deshalb bittet er seine Adressaten zuletzt auch nachdrücklich darum, »gemeinsam mit ihm in den Gebeten zu kämpfen für ihn vor Gott« (so V.30 wörtlich). Auch im Gebet können Kämpfe ausgefochten werden; daß Paulus daran gerade jetzt erinnert, zeigt, mit welch gemischten Gefühlen er in die Zukunft schaut. Auch die Nachdrücklichkeit fällt auf, mit der er die Adressaten um ihre Solidarität im Gebet nachsucht: »Ich bitte euch aber, Brüder, bei unserem *Herrn Jesus Christus* und bei der Liebe des *Geistes*, mit mir in den Gebeten zu kämpfen für mich bei *Gott*« (V.30). Die »trinitarische« Struktur dieser feierlichen Bitte (Jesus-Geist-Gott) verdient Beachtung (vgl. schon 15,16): Richten sich die Gebete an *Gott*, so ist es die Kraft seines *Geistes*, die in *Jesus Christus* die Glaubenden Mut schöpfen läßt, sich stammelnd an Gott zu wenden (vgl. 8,26f). So erinnert Paulus in seiner Bitte um Solidarität im Gebet nicht grundlos an die Liebe als geistgewirkte Realität (vgl. 5,5), weil sie das eigentliche Motiv dafür ist, Fürbitte für den Bruder bei Gott einzulegen.

Welches sind die Sorgen und Wünsche, die Paulus dem Gebet seiner Adressaten anvertrauen möchte? Einmal, »daß er vor den Ungläubigen in Judäa gerettet werde«, zweitens, »daß sein Dienst für Jerusalem den Heiligen (dort) willkommen sei, damit er, wenn es Gottes Wille ist, voll Freude zu (den Römern) kommen kann, um mit (ihnen) eine Zeit der Ruhe zu verbringen« (V.31). Daß beide Sorgen nicht grundlos waren, bestätigt die Apostelgeschichte, wenn sie im 21.Kapitel von der Verhaftung des Paulus auf dem Tempelvorplatz durch die Römer berichtet, zu der ein von Juden aus Asien ausgelöster Volkstumult gegen ihn den Anlaß gegeben hatte (21,27ff); außerdem hören wir dort, daß die Verantwortlichen der Jerusalemer Gemeinde - Jakobus und die Ältesten (21,18) - Paulus gleich nach seiner Ankunft in Jerusalem bei einer ersten Unterredung eröffnet hätten, wie viele gläubig gewordene Juden - nach wie vor »Eiferer für das Gesetz« - innerlich gegen ihn aufgebracht seien: »... man hat ihnen über dich erzählt, du lehrtest alle unter den Heiden lebenden Juden, von Mose abzufallen, und fordertest sie auf, ihre Kinder nicht zu beschneiden und sich nicht an die Bräuche zu halten« (21,21). Von seiten Jerusalemer Christen also tiefstes Mißtrauen und von seiten der »ungläubigen Juden« der heiligen Stadt gewalttätige Agressionen gegen ihn, die zu seiner Verhaftung und schließlich seiner Überstellung nach Rom vor den kaiserlichen Gerichtshof führten: Was Paulus nach seinem Selbstzeugnis Röm 15,31 von beiden Seiten befürchtete, das hat sich nach dem Zeugnis der Apostelgeschichte in der schlimmsten Weise bewahrheitet, wobei wir letztlich nicht wissen, welche Rolle in dieser unglückseligen Geschichte die Judenchristen Jerusalems gespielt haben: Von irgendeiner Reaktion ihrerseits auf die Verhaftung des Paulus oder irgendeinem Zeichen des Beistands oder des Mitleids mit Paulus läßt Lukas nichts verlauten. Die mahnenden Worte des Jakobus und der Ältesten an ihn von 21,20-25 sind das Letzte, was wir von der Gemeinde vernehmen.

Hat Paulus seine Adressaten zur Solidarität im Gebet aufgerufen, so spricht er ihnen am Ende noch den Frieden zu: »Der Gott des Friedens sei mit euch allen!« «Amen« - so sei es - fügt er voll Zuversicht hinzu.

C. 1) Röm 15,14-33, die Bekanntgabe der Reisepläne, ist nur auf den ersten Blick ein vordergründiger Text; in Wahrheit läßt er tief in das paulinische Selbstverständnis blicken, und das in verschiedener Hinsicht. So erfährt nicht nur unser Bild von Paulus, dem Heidenapostel, eine Bereicherung durch 15,14ff, im Spiegel seiner hier ausgebreiteten Reisepläne wird uns auch noch einmal ein Blick in die überragende Bedeutung seiner tiefschürfenden Reflexionen von Röm 11 geboten. Ja, man kann sagen: Röm 15,14-33 (vgl. schon 15,7-13) lassen sich als *missionsgeschichtlicher Kommentar zu Röm 11* lesen und, insofern dieser Abschnitt in Verbindung mit 1,1-17 den konkreten »Sitz im Leben« des Briefes als ganzen signalisiert, erhellt aus ihm die Bedeutung des 11. Kapitels für den Römerbrief insgesamt. Inwiefern?

Wer meint, das Selbstverständnis des Paulus als *Heiden*apostel setze eine universalistische Konzeption des Evangeliums in dem Sinne voraus, daß dieses von Israel weg in die Völkerwelt strebe und mit wachsender Entfernung von Jerusalem seine jüdischen Geburtsmale abstreife, der hat sich gewaltig getäuscht. Gewiß zeigt unser Text, welche zentrifugalen Kräfte das Evangelium im Verständnis des Paulus freisetzt: »von Jerusalem aus in weitem Umkreis bis nach Illyrien« (15,19) - dann über Rom hinaus in die westliche Hemispäre des römischen Reiches nach Spanien. Das erinnert - zumindest was die erste Wegstrecke von Jerusalem in die Hauptstadt des römischen Reiches betrifft - an die Konzeption der Apostelgeschichte (1,8; 28,14f.16-31). Doch besitzt diese zentrifugale Bewegung in Röm 15,14-33 ein Gegenlager in der *erneuten* Reise des Paulus aus Griechenland *zurück nach Jerusalem*, um »den Heiligen« dort »zu dienen« (15,25). Erinnern wir uns, welch überragende Bedeutung für Paulus nach Röm 11 der judenchristliche Rest für die Verzahnung der heidenchristlichen Gemeinden/Kirchen mit Israel bzw. für ihre Einpfropfung in den Edelölbaum der Väter Israels besitzt (vgl. Bd.1, S.313f): Die Jerusalemer Urgemeinde repräsentiert diesen »Rest«, der gleichzeitig das Unterpfand der einstigen Rettung von »ganz Israel« darstellt (11,1ff) und insofern lebendiges Hoffnungszeichen für das nahe Gottesreich ist. Nur auf dem Hintergrund von Röm 11 begreift man also, warum Paulus so viel an der bleibenden Gemeinschaft (Koinonia) seiner heidenchristlichen Gemeinden mit den Christen Jerusalems als den Repräsentanten des erwählten Israels liegt. Allein diese Gemeinschaft verhindert, daß die heidenchristlichen Gemeinden mit wachsendem Abstand von ihren Ursprüngen ihre geistige »Wurzel« (11,16ff), den Boden Israels, verlieren, der sie mit all seinen Ressourcen ernährt hat und ihnen jetzt noch immer in Gestalt der Heiligen Schrift die Kräfte zukommen läßt, die sie zum christlichen Leben benötigen. Man erahnt, welch tiefer Einschnitt es gegenüber der paulinischen Sicht bedeutet hat, daß schon bald das Judenchristentum aus der Kirche verdrängt wurde und diese sich immer mehr zu einer rein heidenchristlichen Kirche entwickelt hat. Der Intention des Apostels Paulus lief diese Entwicklung stracks zuwider, und so sehr man heute betonen muß, daß die Kirche im zweiten Jahrhundert mit ihrer gegen Markion (geb. ca. 85 n.Chr., aus der Kirche ausgeschlossen ca. 144. n.Chr.) noch einmal ganz bewußt vollzogenen Entscheidung für das »Alte Testament« als wesentlichen *ersten* Teil ihres Schriftenkanons die Voraussetzungen dafür bewahrt hat, daß zu jeder Zeit neu ihr Verhältnis zu Israel als Stachel im Fleisch in ihr Bewußtsein treten kann, so muß man dennoch nüchtern eingestehen: Sie ist nicht mehr die *Kirche aus Juden und Heiden*, wie Paulus sie wollte, und ist ihm insofern an einem ganz entscheidenden ekklesiologischen Lebensnerv untreu geworden (vgl. des näheren Bd.1, S.312-316).

2) Erst wenn man diese spezifischen Hintergründe der ökumenischen Konzeption des Paulus im Rahmen des Verhältnisses von Kirche und Israel wahrgenommen hat, darf man in einem zweiten Schritt in der von Paulus erstrebten »Kirchengemeinschaft« Jerusalems und seiner eigenen Kirchengründungen, die er besonders in Röm 15,26-27 als *ein partnerschaftliches, auf Gegenseitigkeit beruhendes Miteinander* skizziert hat, ein ökumenisch wegweisendes Modell auch für heute ausmachen: Zwei unterschiedliche christliche »Konfessionen« ringen um ihre Einheit, wobei Paulus sehr genau weiß, daß nur aus ihrer gegenseitigen Anerkennung missionarischer Segen und Fruchtbarkeit für die Gesamtkirche erwachsen (15,28ff). Im Gegeneinander oder in einem jeweiligen Sich-Absolutsetzen würden sich die Kirchen nur zerstören. Deshalb macht Paulus sich auf den Weg nach Jerusalem und setzt damit ein unübersehbares Zeichen seiner ökumenischen Gesinnung.

So dürfen wir zuletzt auch diesen Text Röm 15,25ff als Stütze für die Konzeption O.Cullmanns heranziehen, der diesen Abschnitt selbst nicht ausgewertet hat.

b) Empfehlungen und Grüße (16,1-16.20b-23)

Kapitel 16 enthält verschiedene Schwierigkeiten, die kurz genannt werden müssen. Eine erste betrifft die überaus lange Grußliste: In keinem seiner Briefe richtet Paulus an so viele Christen Grüße aus wie gerade im Römerbrief. Wir zählen allein 24 namentlich genannte (Aristobul und Narzissus als Nicht-Christen nicht mitgezählt) sowie zwei durch ihr Verwandtschaftsverhältnis charakterisierte Einzelpersonen (V.13: die Mutter des Rufus; V.15: die Schwester des Nereus), zu denen noch anonyme Mitglieder mehrerer Hausgemeinden hinzukommen; ein Großteil dieser Personen wird Paulus persönlich bekannt gewesen sein. Im Vergleich dazu sind die Grüße und Grußaufträge der übrigen Briefe ausgesprochen blaß (vgl. nur 1Kor 16,20b; 2Kor 13,12a; Phil 4,21a; Kol 4,15; 1Thess 5,26). Wie erklärt sich das, wo doch die römische Adressatengemeinde als ganze Paulus unbekannt war?

Eine weitere Beobachtung zur handschriftlichen Überlieferung des Textes kommt hinzu: Es gab Fassungen des Römerbriefs - und zwar sehr alte -, die mit Kapitel 14 oder Kapitel 15 enden. So wird z.B. eine Kurzfassung des Briefes mit den Kapiteln 1-14 vom Kirchenvater Origenes (ca. 185-254 n.Chr.) auf den Häretiker und Gründer einer Sonderkirche Markion zurückgeführt; aber eine solche Kurzfassung war auch andernorts im Gebrauch. Ein alter Papyruskodex aus der Zeit um 200 n.Chr. (p^{46}) überliefert das große Gotteslob von 16,25-27, mit dem die besten Handschriften den Römerbrief beenden, bereits im Anschluß an Kapitel 15, woraus man schließen darf, daß es auch Fassungen des Briefes gab, die nach diesem Kapitel abbrachen.

Aus diesen Beobachtungen hat man zeitweilig die Folgerung abgeleitet: Kapitel 16 mit seiner überaus auffälligen Grußliste sei kein ursprünglicher Bestandteil des Römerbriefs. Dieser hätte vielmehr nach seiner ältesten Fassung im Friedensgruß samt bekräftigendem »Amen« von 15,33 seinen passenden Schluß gehabt. Kapitel 16 sei dagegen ein ehemals selbständiges Empfehlungsschreiben des Paulus für Phoebe gewesen (16,1f) bzw. das Fragment eines Schreibens nach Ephesus, bei dem mindestens der Briefkopf verlorengegangen sei. Auf die Ephesus-Adresse verfiel man aus dem Grund, weil das in 16,3f gegrüßte Ehepaar Priska und Aquila kürzlich noch in der Hauptstadt der Provinz Asien ansässig gewesen war (1Kor 16,19/8). Doch erheben sich gegen diese Hypothese gewichtige Gründe, weshalb die Forschung jüngst wieder zu der Annahme zurückgekehrt ist, 16,1-23 sei von Anfang an integrativer Bestandteil des Briefschlusses gewesen (zur gesonderten Problematik von 16,17-20a vgl. unten).

Zum einen wäre ohne Röm 16 das Strukturmuster des Briefformulars unvollständig: Es fehlten die Grüße sowie der übliche Gnadenwunsch am Ende (16,20). Daß es gleich so viele Grüße sind, macht durchaus Sinn: Paulus stellt seine persönlichen Beziehungen zu Rom betont heraus, um sich in der Gemeinde, die ihm ja als ganze fremd war, gut einzuführen. Dabei bestellt er seine Grüße nicht direkt an die Betreffenden, sondern läßt sie über die Briefempfänger insgesamt ausrichten. Damit steuert er nicht nur dem Eindruck entgegen, er habe bestimmte Leute schon im Vorfeld für sich vereinnahmen und gegen andere ausspielen wollen, sondern stellt auch indirekt sicher, daß sein Brief allen Adressaten bekannt gemacht wird. Wie es kommt, daß er so viele Christen in Rom persönlich kannte, ohne jemals dort gewesen zu sein, erklärt sich wahrscheinlich auf die gleiche Weise, wie es sich im Fall von Priska und Aquila erklärt (vgl. unten zu 16,3-5a): Diese gehörten zu den unter Kaiser Claudius aus Rom Vertriebenen (vgl. Bd. 1, S.15.17f) und waren, nachdem das Judenedikt aufgehoben und der Konflikt von damals in Vergessenheit geraten war, - wie andere Judenchristen auch (!) - wieder in die Hauptstadt zurückgekehrt; in ihrem griechischen Exil aber hatte Paulus ihre Bekanntschaft gemacht und sie dort zu Freunden gewonnen (vgl. unten zu 16,3-5).

Auch das textkritische Problem der verschiedenen Kurzfassungen des Briefes findet eine Lösung. Wie wir heute versucht sind, die abschließenden Kapitel des Römerbriefs mit ihren situationsgebundenen Äußerungen gegenüber den übrigen, angeblich theologisch viel bedeutsameren und scheinbar situationsenthobenen Kapiteln des Briefes abzuwerten, was auch dadurch gefördert wird, daß jene im Gottesdienst kaum oder gar nicht zur Verlesung kommen, so gab es eben auch in der frühen Kirche schon sehr zeitig Abschriften des Briefes, die um der Grundsätzlichkeit seiner Botschaft willen auf seine allzu konkreten, nur aus der damaligen Situation heraus verständlichen Schlußkapitel glaubten verzichten zu können (H.Gamble, The Textual History of the Letter to the Romans. A Study in Textual and Literary Criticism, Grand Rapids 1977). Eine postulierte handschriftliche Kurzfassung des Briefs, bestehend aus den Kapiteln 1 bis 15, ist deshalb keinesfalls als Beweis für eine mutmaßlich sekundäre Erweiterung des Briefs um das angeblich fremde Fragment Röm 16 zu werten. Die Auslegung des Textes wird im Gegenteil zeigen, daß dieser nicht nur insgesamt wie in vielen seiner Details bestens zur Rom-Adresse des Paulus-Schreibens paßt, sondern auch von dessen Intentionen her gedeutet werden muß.

A. Die Abfolge der einzelnen Elemente in Kapitel 16 ist im großen und ganzen durchsichtig, enthält aber doch einige Probleme.

1) Der christologische Gnadenwunsch V.24 fehlt in zahlreichen alten Handschriften und ist sehr wahrscheinlich aus dem Grund später hinzugefügt worden, weil der authentische Briefschluß mit den nachgetragenen Grußaufträgen V.21-23 nach dem Geschmack mancher Abschreiber etwas formlos und abrupt wirkte. Auch sonst beschloß Paulus ja seine Briefe mit einem christologischen Gnadenwunsch (vgl. 1Kor 16,23; 2Kor 13,13; Gal 6,18; Phil 4,23; 1Thess 5,28; Phlm 25); nur im Römerbrief hat er ihn nicht ans Ende plaziert, sondern ihn schon in V.20b - wahrscheinlich eigenhändig (vgl. oben S. 198f)! - hingeschrieben. Die Verse 21-23, in denen auch sein Schreiber Tertius sich zu Wort gemeldet und verewigt hat, sind dann Nachtrag.

Der Lobpreis Gottes 16,25-27, der im Unterschied zu V.24 von den ältesten und besten Handschriften bezeugt wird (ein Großteil der späteren Handschriften bietet ihn nach 14,23, ein alter Papyrus [p^{46}] liest ihn nach 15,33, und ganz wenige Handschriften haben ihn überhaupt ausgelassen), gehört nicht mehr zum ursprünglichen Text des Römerbriefs und verdankt sich an dieser Stelle wohl demselben Empfinden, das auch zur Hinzufügung des christologischen Gnadenwunsches 16,24 geführt hat: Ein so grandioser Brief wie der an die Römer sollte auch einen würdigen Schlußakzent haben. So können wir V.24 und diesen Lobpreis 16,25-27, den wir erst ganz am Ende besprechen wollen, hier beiseite lassen, um uns zunächst dem authentischen Briefschluß 16,1-23 zuzuwenden.

2) Dieser enthält eine *Empfehlung* für Phoebe, die mutmaßliche Überbringerin des Briefs nach Rom (16,1-2), sodann eine lange *Liste von Grußbestellungen* an ehemalige Mitarbeiter und Weggefährten, Freunde und Bekannte (16,3-15). Diese Liste wird in V.16a mit einer Aufforderung an alle zum gegenseitigen »Heiligen Kuß« abgerundet. Die Grußauftragsliste ist sorgfältig gestaltet (vgl. F.Schnider/W.Stenger, Studien zum neutestamentlichen Briefformular, Leiden-New-York-Kopenhagen-Köln 1987, 124-126). Drei Teile lassen sich erkennen:

Eine *erste Gruppe* von Grußaufträgen in 16,3-7 betrifft besonders ausgezeichnete Personen:

┌ ein Ehepaar (*Priska* und *Aquila*) samt Hausgemeinde
│   (mit pointierten Auszeichnungen V.3–5a)
│   ┌ ein Mann (*Epänetus*) (V.5b)
│   └ eine Frau (*Maria*) (V.6)
└ ein (Ehe-)Paar (*Andronikus* und *Junia* [!])
    (mit pointierten Auszeichnungen V.7).

Die profilierte Auszeichnung der beiden Paare in V.3–5a und V.7 ist sprachlich jeweils gleich gestaltet (freilich nur bei einer wörtlichen Übersetzung des griechischen Urtextes ersichtlich): Auf ihre attributive Kennzeichnung folgen jeweils zwei Relativsätze, die sowohl ihre Beziehung zu Paulus, als auch ihren Stand in der frühen Kirche kurz erläutern:

(a)»Grüßt Priska und Aquila,
(b) meine Mitarbeiter in Christus Jesus,
(c') *welche* für mein Leben ihren Hals hingehalten haben,
(c") *denen* nicht allein ich danke, sondern alle Gemeinden [der Heiden,
(d) und die (sich) in ihrem Haus (versammelnde) Gemeinde!«

(a)»Grüßt Andronikus und Junia,
(b) meine Stammesverwandten und meine Mitgefangenen,
(c') *welche* unter den Aposteln hervorragend sind,
(c") *die* auch vor mir in Christus waren!«

Die bei diesem Schriftbild deutlich hervortretenden Bezüge zwischen V.3-5a und V.7 sind deshalb so wichtig, weil sich aus ihnen ein weiteres Argument für die auch sonst gut begründete These ableiten läßt, daß im griechischen Text von V.7 nicht mit der Einheitsübersetzung der Männername Junias, sondern der weibliche Name Junia zu lesen ist (vgl. unten!). Die Grußbestellungen an die beiden Paare rahmen also die Grüße an Epänetus und Maria ein, die zwar knapper, aber um nichts weniger herzlich sind als die übrigen Grüße.

Eine mittlere Gruppe von Grußaufträgen, die insgesamt schlichter gehalten sind als die der ersten Gruppe, umfaßt die Verse 8-13. Auch bei ihnen läßt sich eine gewisse Ordnung erkennen:

Vier Männer (*Ampliatus*, *Urbanus*, *Stachys*, *Apelles*)
das Haus des *Aristobul*
ein Stammesverwandter (*Herodion*)
das Haus des *Narzissus* (soweit es christlich ist)
vier Frauen (*Tryphäna*, *Tryphosa*, *Persis* und die *Mutter* des Rufus)
(darunter freilich auch ein Mann: *Rufus* selbst)

Daß die Person in der *Mitte* (Herodion) als »Stammesverwandter« präsentiert wird, wie bereits am *Ende* der ersten Gruppe Andronikus und Junia (16,7) und weiter unten zu *Beginn* der Grußausrichtungsliste auch Luzius, Jason und Sosipater (16,21), sollte sicher Signalwirkung haben: Paulus zeichnet die jüdischen Mitchristen (zu denen vor allem auch Priska und Aquila an der Spitze der Liste zu zählen sind) besonders aus entsprechend der Intention seines Schreibens, das auf die Ökumene aus Juden- und Heidenchristen im großen wie im kleinen Maßstab der Kirche bedacht ist.

Die abschließende Gruppe von Grußbestellungen (V.14f) nennt zweimal fünf Einzelpersonen beim Namen, ohne die »Brüder« bzw. «Heiligen«, »die mit ihnen sind«, zu vergessen:

V.14:
(a) fünf Männer (*Asynkritus*, *Phlegon*, *Hermes*, *Patrobas*, *Hermas*)
(b) »und die Brüder mit ihnen«

V.15:
(a) ein (Ehe-)Paar (*Philologus* und *Julia*)
ein Geschwisterpaar (*Nereus* und seine Schwester)
ein einzelner Mann (*Olympas*)
(b) »und alle Heiligen mit ihnen«

Offensichtlich handelt es sich hier um zwei Hausgemeinden, so daß die Grußauftragsliste insgesamt mit der Erwähnung einer Hausgemeinde, nämlich der von Priska und Aquila geführten, anhebt und mit entsprechenden Grüßen an zwei weitere Hausgemeinden abschließt.

In V.16b beginnt Paulus nun selbst damit, Grüße auszurichten. Doch an die höchst merkwürdigen, generellen Grüße, die er in V.16b im Auftrag »*aller* Gemeinden Christi« an die Römer übermittelt, schließen sich keine speziellen Grüße an, wie man erwarten könnte, sondern erfolgt eine scharfe *Warnung vor Irrlehrern* (16,17-20a), die an dieser Stelle ziemlich deplaziert wirkt (vgl. unten!).

In V.20b greift dann Paulus wohl selbst zur Feder und setzt seinen *christologischen Gnadenwunsch* unter sein Schreiben. *Das ist der eigentliche Schlußpunkt unter das Ganze*, so daß die nachfolgende kleine *Grußausrichtungsliste* V.21-23 - wie oben eingangs zu Punkt A schon erwähnt - einen wirklichen *Nachtrag* zum Brief darstellt. Auch wenn V.16b mit diesem Nachtrag V.21-23 rein *formal* unter dem Gesichtspunkt einer Grußausrichtungsliste *zusammengehört*, die mit allgemeinen Grüßen beginnt (V.16b) und speziellen endet (V.21-23), so kann man wegen des *Nachtrags-Charakters* dieser Verse also keinesfalls behaupten, die höchst deplaziert wirkende Warnung vor Irrlehrern V.17-20a würde eine zusammengehörige Grußliste *unterbrechen* und sei schon aus diesem Grunde als sekundäre Zutat von fremder Hand auszuscheiden (so F.Schnider/W.Stenger, Studien zum neutestamentlichen Briefformular, S.82). Gegen dieses Argument spricht der *christologische Gnadenwunsch V.20b*, der unzweifelhaft an diese Stelle gehört und also ebenfalls die postulierte einheitliche Grußliste unterbrechen würde. Vielmehr gilt: V.20b ist der Schlußpunkt unter das Ganze aus der Hand des Paulus, und V.21-23 sind Nachtrag; eine geschlossene Grußliste (V.16b+V.21-23) hat nie existiert!

Gegen den Versuch, die aus dem vorgetragenen Argument sich ergebenden Schwierigkeiten dadurch zu überspielen, daß man mit V.17-20a stillschweigend auch V.20b zur »Unterbrechung« einer hypothetischen Grußliste erklärt und deshalb als sekundär streicht (so Schnider/Stenger, S.82), spricht die ursprüngliche Position des christologischen Gnadenwunsches an unserer Stelle, V.20b. Nicht nur bezeugen das die ältesten und besten Handschriften der Textüberlieferung, auch der Umstand, daß ein entsprechender Gnadenwunsch nach V.23 von den späteren Abschreibern des Briefes vom 5. Jh. an vermißt und nachgetragen wurde (vgl. oben unter 1), kann nicht anders gedeutet werden, als daß jener Gnadenwunsch ursprünglich eben nur in 16,20b gestanden hat.

3) Auch wenn die *Warnung vor Irrlehrern* sich nicht aus dem eben angeführten Grund aus dem ursprünglichen Text als sekundär ausscheiden läßt, so bleibt der Anstoß, den diese Verse in formaler wie inhaltlicher Hinsicht bieten, dennoch bestehen. Nach wie vor unterliegen sie dem Verdacht, nicht aus der Feder des Paulus zustammen. Deshalb übergehen wir sie unten bei der fortlaufenden Auslegung des Textes und behandeln sie am Ende gesondert (vgl. S. 249ff).

4) Der von Paulus stammende Briefabschluß von Röm 16 enthält also die folgenden Elemente:

a) Empfehlung für Phoebe (16,1f)
b) Grußauftragsliste (16,3-15)
   mit allgemeiner Abrundung (16,16a)
c) Grußbestellung von »allen Gemeinden Christi« (16,16b)
d) christologischer Gnadenwunsch (16,20b)
e) Nachträge von unterschiedlichen Händen (16,21-23):
   Grußbestellungen

B. a) »In antiken Verhältnissen benötigten Reisende, die an fremden Orten keine Freunde und Bekannte hatten, Empfehlungsschreiben, wenn sie vor Gefahren bewahrt bleiben sollten, und für Frauen galt das besonders« (E.Käsemann, z.St.). So pflegte man in der Antike die auch für die frühe Kirche belegte literarische Gattung selbständiger »Empfehlungsschreiben« (1Kor 16,3; vgl. auch 2Kor 3,1), kannte aber auch die Sitte, am Ende eines Briefes für den Boten Empfehlungen auszusprechen, um bei den Adressaten auf dessen freundlichen Empfang hinzuwirken (vgl. 2Kor 8,16-24; Phil 2,25-30 einerseits, sowie Phlm 8-20 andererseits, wo die »Empfehlung« des Onesimus zum einzigen Briefinhalt ausgewachsen ist). Wenn Paulus am Ende seines langen Briefs den Adressaten Empfehlungen für eine Christin namens Phoebe (»unsere Schwester Phoebe«) übermittelt, dann dürfen wir davon ausgehen - auch wenn Paulus das nicht ausdrücklich sagt -, daß diese Frau es war, die den Brief von Korinth nach Rom bringen sollte (ähnliches gilt für die eben erwähnten »Empfehlungen« 2Kor 8,16-24; Phil 2,25-30; Phlm 8-20); das ist auch die Ansicht der meisten Handschriften aus nachkonstantinischer Zeit, die gewöhnlich im Anschluß an den eigentlichen Brieftext die Bemerkung enthalten: »Brief (des heiligen Paulus), an die Römer geschrieben vermittels der Diakonin Phoebe (der in der Gemeinde von Kenchreä)«; andere Handschriften differenzieren noch: »... geschrieben durch Tertius, übersandt durch Phoebe ...«.

Nun war die Überbringung des Briefs von Korinth aus in die Hauptstadt des römischen Reiches gewiß nicht der Hauptgrund der Reise dieser Frau. Die Mobilität zur damaligen Zeit, vor allem unter Kaufleuten, war größer, als daß wir uns das heute gewöhnlich vorstellen. Vielleicht war Phoebe eine wohlhabende Geschäftsfrau wie die bekannte Lydia, Purpurhändlerin aus der Stadt Thyatira in der kleinasiatischen Landschaft Lydien (vgl. Offb 2,18-29), die jetzt in Philippi ansässig war. Dort war sie bei einer Gebetsstätte vor den Toren der Stadt Paulus auf dessen zweiter Missionsreise begegnet und daraufhin zur Jesus-Bewegung konvertiert (vgl. Apg 16,14f). Daß diese selbständige Frau, Herrin eines eigenen Hauswesens (Apg 16,15), von Lukas als »Gottesfürchtige«, d.h. heidnische Sympathisantin der jüdischen Synagoge vorgestellt wird, »paßt gut zu den kulturgeschichtlich und religionssoziologisch erkennbaren Verhältnissen; denn unter den Heiden, die dem jüdischen Gottesglauben anhingen und sich am Gebetsgottesdienst beteiligten, aber nicht das ganze Gesetz übernahmen, befanden sich sehr viele Frauen« (A.Weiser, Die Apostelgeschichte. Kap.13-28 [ÖTK 5/2], Gütersloh-Würzburg 1985, 422). Vielleicht stammt auch unsere Phoebe aus diesem Milieu und hat also die Jesus-Bewegung über die Synagoge kennengelernt. Daß sie relativ wohlhabend war, könnte man indirekt auch ihrer Empfehlung durch Paulus entnehmen, nach der sie für viele - auch für Paulus selbst - zur »Patronin« geworden war, d.h. aber zu einer Fürsorgerin und finanziellen Wohltäterin (V.2, vgl. unten). Jetzt plante sie wohl aus geschäftlichen Gründen eine Reise nach Rom, und Paulus bittet die Römer, ihr bei dieser Gelegenheit Gastfreundschaft zu gewähren: »nehmt sie auf im Herrn, wie es sich für Heilige ziemt, steht ihr bei, wann immer sie eurer in einer Angelegenheit bedarf« (V.2). »Wie es sich für Heilige ziemt«: das hatte Paulus den Römern bereits in 12,13 ins Stammbuch geschrieben: »Helft den Heiligen, wenn sie in Not sind; gewährt jederzeit Gastfreundschaft!«

Gilt dieses Gebot der Gastfreundschaft gegenüber allen durchreisenden Christen, so doch erst recht bei solchen, die sich in besonderer Weise um das Wohl der Gemeinden verdient gemacht haben. Entsprechend formuliert Paulus seine Empfehlung: »ich empfehle euch aber Phoebe als unsere Schwester, die auch *Diakon(in) der Gemeinde* zu Kenchreä ist« (V.1: im Urtext steht das damals allein gebräuchliche maskuline Wort *diakonos*). Sie ist nicht nur Glaubensgefährtin, sie hat auch ein kirchliches Amt inne und darin manche Verdienste erworben (V.2): Sie ist Diakon(in) der Filialgemeinde Korinths in Kenchreä, einer der beiden Hafensiedlungen der Provinzstadt, etwa 7 km südöstlich von dieser entfernt am saronidischen Meerbusen gelegen. Die Einheitsübersetzung freilich verschleiert die Bedeutung dieser Frau, wenn sie sie den Lesern als »Dienerin der Gemeinde von Kenchreä« präsentiert. Das wird nämlich jeder unbefangene Leser in einem »harmlosen« sozial-karitativen Sinn verstehen, der nur das Klischee stützt, das man von der Rolle der Frauen in der Kirche bis heute kolportiert. Paulus denkt aber gewiß an mehr als nur an sozial-karitative Dienste. Wenn er titular formuliert: »die auch *diakonos der Gemeinde* ist« (vgl. Phil 1,2, aber auch 1Kor 16,15), dann hat er einen ständigen und anerkannten Dienst dieser Frau in ihrer Gemeinde im Auge. Fragt man, wie dieser aussah, dann darf man die festen Konturen des späteren »Diakonats« in ihn natürlich nicht eintragen. Weiterhelfen kann aber die zweite Charakterisierung der Frau, die Paulus von ihr am Ende von V.2 bietet: Sie sei »*Patronin* für viele geworden«, auch für ihn selbst. Das entsprechende Wort »prostatis«, das die mehr offizielle Bedeutung »Patronin«/»Vorsteherin« haben kann, läßt sich aber auch abgeschwächt mit »Beistand« wiedergeben, wie das viele Übersetzungen tun. Nun wird Paulus, nachdem er Phoebe bereits in V.1 offiziell als »Diakon(in)« präsentiert hat, nicht auch diese ihre zweite Charakterisierung im Sinne einer Titulatur verwendet haben (das Wort im Neuen Testament nur hier!); dagegen spricht schon die »dynamische« Formulierung: »Sie ist Patronin für viele geworden«, was doch nichts anderes heißt als: Sie hat sich als das erwiesen, was eine Patronin auszeichnet; sie hat Verantwortung übernommen und dabei vielen ihre Fürsorge zukommen lassen. Das aber deutet ziemlich sicher darauf hin, daß sie als Gastgeberin die Filialgemeinde in ihrem Haus beherbergt und in dieser Rolle sich vielen gegenüber fürsorglich gezeigt hat, auch gegenüber Paulus, der ihre Gastfreundschaft selbst erfahren haben dürfte (vgl. Apg 18,18). Phoebe also als Verantwortliche einer kleinen »Gemeinde« (ekklesia), die sich in ihrem Haus versammelt hat! Damit erhält der Diakonos-Titel durch den Kontext konkrete Füllung: Gewiß hat Phoebe als begüterte Frau auch sozialkaritativ gewirkt, aber darüber hinaus - oder besser: damit in Verbindung - hat sie wohl auch geistliche Aufbauarbeit und Verkündigungsdienste geleistet; aufgrund glücklicher äußerer Umstände (Haus-Besitz, Selbständigkeit, Führungsqualitäten etc.) wuchs sie in Verantwortlichkeiten hinein, die sie zur Gemeindeleiterin geradezu prädestinierten. So verlief das oft in der frühen Kirche, wobei es ganz danach aussieht, »daß Frauen innerhalb dieses ekklesialen Sozialgefüges grundsätzlich alle Positionen besetzen konnten« (H.-J.Klauck, Gemeinde-Amt-Sakrament. Neutestamentliche Perspektiven, Würzburg 1989, 235).

Phoebe, die bislang so vielen Menschen, darunter auch Paulus als Durchreisendem, Gastfreundschaft in ihrem Haus gewährt hat, sie sollte dasselbe jetzt auch auf ihrer Reise in den Westen erfahren dürfen - so jedenfalls der Wunsch des Paulus, dem sich die Römer bestimmt nicht verschlossen haben.

b) Mit dem Brief samt *Grußausrichtungsliste* in der Hand wußte Phoebe auch gleich um die wichtigsten Ansprechpartner in Rom. Die erste und wichtigste Adresse am Ort war für sie gewiß das Haus von Priska und Aquila, die Paulus nicht ohne Grund als erste grüßen läßt. Wenn er dabei gegen die Konvention zuerst die Frau nennt (vgl. auch Apg 18,18.26; 2Tim 4,19; anders Apg 18,2; 1Kor 16,19), dann könnte das darauf hindeuten, daß Priska (Priszilla ist die von Lukas gebrauchte Verkleinerungsform ihres Namens) in missionarischer Hinsicht die aktivere Person gewesen ist.

Mit beiden Eheleuten verbindet Paulus eine mehrjährige Freundschaft. Bei seinem ersten Korinthaufenthalt hat er sie kennengelernt und sich ihnen, da sie das gleiche Handwerk ausübten wie er, angeschlossen (Apg 18,1-3). Für ihn war das ein großes Glück, in der heidnischen Großstadt ein bereits christliches Ehepaar zu treffen, denn das erleichterte seine Arbeit enorm. Manches wird er damals von ihnen auch über Rom und die dortigen Christen gehört haben. Ausgewiesen aus der Hauptstadt um ihres Glaubens willen (49 n.Chr.; vgl. Bd. 1, S.17f), blieben Priska und Aquila dann nicht sehr lange in Korinth, sondern zogen mit Paulus nach Ephesus weiter, wo sie ihm mannigfache Unterstützung zuteil werden ließen (vgl. Apg 18,18-21.26). Dort sammelten sie nach dem Zeugnis des in Ephesus geschriebenen 1. Korintherbriefs auch eine Hausgemeinde um sich, die vielleicht Keimzelle der ganzen Gemeinde gewesen ist (vgl. 1Kor 16,8 und 19). Rom aber hatten sie darüber nicht vergessen: Nach Erlöschen des kaiserlichen Edikts (spätestens beim Tod des Kaisers Claudius 54 n.Chr.) zog es sie wieder in die Hauptstadt zurück. Ob sie nach Rom umgesiedelt sind, weil auch Paulus dorthin reisen wollte (vgl. Röm 1,13; 15,23)? Ausgeschlossen ist das nicht. Dann hätten sie ihm wie in Ephesus auch hier Quartiermacherdienste geleistet, und zwar im Blick darauf, daß Rom Ausgangsbasis für seine geplante Spanienmission werden sollte. So nennt Paulus die beiden an unserer Stelle gewiß nicht ohne Grund seine »*Mitarbeiter* in Christus Jesus«, zumal sie bisher ja auch schon so viel für das Gelingen seiner Mission getan haben. Sie haben sogar »ihren Hals für sein Leben hingehalten«, womit Paulus wahrscheinlich auf die Zeit anspielt, als er in Ephesus im Gefängnis saß und auf Hilfe von außen angewiesen war (vgl. 1Kor 15,32; 2Kor 1,8ff mit Phil 1,12ff). Daß nicht nur er, sondern »alle Gemeinden der Heiden« dem Ehepaar Dank zollen, ist höchstes Lob für sie: In Rom, Korinth und Ephesus haben sie sich für den jeweiligen Gemeindeaufbau unschätzbare Verdienste erworben.

Daß Priska und Aquila nicht die einzigen Bekannten des Paulus sind, die erst kürzlich nach Rom übergesiedelt sind, bestätigt gleich der nachfolgende Gruß an den »lieben *Epänetus*«. Er ist die »Erstlingsgabe der Provinz Asien für Christus« (V.5), was heißt: Er ist der erste, der in Ephesus, der Hauptstadt der Provinz Asien, zum Glauben gekommen ist (vgl. ähnlich 1Kor 16,15). Auch in

Ephesus dürfte er seinerzeit im Haus von Priska und Aquila ein und aus gegangen sein.

Maria heißt die nächste Frau, die Paulus grüßen läßt. Sekundär wurde in einer ganzen Reihe von Handschriften ihr Name in »Mariam« abgeändert, was dem jüdisch-biblischen Namen »Mirjam« (Ex 15,20f) entspricht (auch die Mutter Jesu hieß z.B. bei Lukas »Mariam«). »Maria« ist aber auch außerhalb des Judentums in lateinischen Inschriften belegt und dann die weibliche Spielart des römischen Namens Marius. Da unsere Maria wohl Heidenchristin war, dürfte ihr Name von hierher abzuleiten sein. Paulus sagt von ihr, sie habe sich um die römischen Christen »sehr bemüht«, was frühchristliche Missionsterminologie ist (vgl. 1Kor 15,10; Gal 4,11; Phil 2,16 etc.), hier aber auf Arbeit *in* der Gemeinde bezogen ist. Ob Paulus ihr auf seinen Missionsreisen früher schon einmal begegnet ist?

Persönlich bekannt ist er nämlich auch mit dem nachfolgend gegrüßten (Ehe-)Paar *Andronikus und Junia*, von denen es heißt, sie seien einmal seine »Mitgefangenen« gewesen (V.7a). Wenn er sie außerdem »Stammesverwandte« nennt, also ausdrücklich als Juden hervorhebt, nachdem er bei den beiden vorher genannten Personen auf eine ethnische Herkunftsbezeichnung verzichtet hat, dann bestärkt das im Rückblick die Annahme, daß diese beiden, Epänetus (= der Lobenswerte) und Maria, Heidenchristen gewesen sind. Daß die in der Liste zuerst genannten Priska und Aquila Juden waren, steht übrigens aufgrund von Apg 18,2f fest. Man muß das wissen, um die Zwischentöne des ihnen von Paulus gespendeten Lobes mitzubekommen: »Alle Gemeinden der *Heiden* sind ihnen dankbar« (V.4) - ihnen, einem *jüdischen* Ehepaar! Sollte das nicht auch eine indirekte Mahnung an die mehrheitlich heidenchristlichen Adressaten sein, in jeder Hinsicht Solidarität mit ihren jüdischen Mitbrüdern und -schwestern zu üben (vgl. auch Röm 11)?! Jedenfalls stehen in unserer Grußliste Juden und Heiden einmütig nebeneinander, wobei im ersten Teil zwei *jüdische* Paare (V.3-5a/7) einen »*Heiden*« und eine »*Heidin*« umschließen. Doch zurück zu Andronikus und Junia!

Wer sind diese beiden? Mit der jüngsten Forschung, an deren Ergebnissen man nicht vorbeikommt, ist zunächst festzuhalten: Es handelt sich bei Andronikus und Junia wirklich um ein Paar, um Mann und Frau (vgl. G. Lohfink, Weibliche Diakone im Neuen Testament, in: Diakonia 11 [1980] 385-400, 391-395). Daß es »Junia« in der späteren Geschichte der Kirche so schlecht ergangen ist und sie sich bis heute von männlichen Auslegern eine Geschlechtsumwandlung gefallen lassen muß - so wieder in der Einheitsübersetzung, die den Männernamen »Junias« liest, aber auch in der bekanntesten kritischen Ausgabe des griechischen Neuen Testaments (E.Nestle-K.Aland, Novum Testamentum Graece, Stuttgart ²⁶1979), die der Einheitsübersetzung zugrunde lag -, hängt damit zusammen, daß man es sich nicht vorstellen konnte und immer noch nicht vorstellen will, daß zum Kreis der Apostel auch *Frauen* gehörten (dazu unten!). Aber den Ausschlag in dieser Frage dürfen natürlich nicht dogmatische Vorbehalte, sondern allein sprachliche Argumente und Textbeobachtungen geben. Wie erklärt sich der Streit im einzelnen?

»Grüßt Andronikus und Junia(s)«, sagt Paulus. Nun kann man den griechischen Akkusativ »Junian« je nach Betonung vom weiblichen Namen: Júnia (Akkusativ: *Június*) oder einem männlichen Namen Juniãs (Akkusativ: *Juniãn*) ableiten. Da die alten Handschriften, die den Text in Großbuchstaben schrieben (Majuskeln), ohne Akzente auskamen, können wir ihnen nicht ansehen, wie sie den Namen verstanden: weiblich oder männlich. Beide Auflösungen sind möglich. Um zu einer Entscheidung zu kommen, sind deshalb noch andere Überlegungen und Beobachtungen vonnöten:

1) Die wichtigste Beobachtung ist wohl die folgende: Ein Männername *Junias* ließ sich bis heute für die gesamte Antike nirgends nachweisen. Damit wird auch die oft geäußerte Annahme problematisch, der postulierte Name sei die Kurzform eines »Junianus«, das sich belegen läßt. Andererseits kam der Frauenname *Junia* offenkundig häufiger vor.

2) Gestützt wird diese Beobachtung durch eine zweite Feststellung: Die Kirchenväter, z.B. Chrysostomus und Hieronymus, haben den Namen in der Antike *durchweg* im weiblichen Sinne gedeutet. Erst vom frühen Mittelalter an ist die männliche Auflösung belegt - in Handschriften, die mit kleinen Buchstaben geschrieben sind und in denen die Wörter mit Akzenten versehen sind (vom 9. Jh. an). Große Verbreitung erlangte die männliche Deutung durch die Übersetzungen der Neuzeit, z.B. die von Martin Luther und die Zürcher Bibel.

3) Für die weibliche Deutung des Namens sprechen auch die oben gesammelten Beobachtungen zum Kontext: Bis ins Sprachliche hinein sind die Grußaufträge an Priska und Aquila einerseits und die an Andronikus und Junia andererseits aufeinander abgestimmt. Dem entspricht die Deutung am besten, die auch in V.7 ein (Ehe-)Paar gegrüßt sieht. Nicht nur Priska und Aquila, auch Petrus (Kephas) und seine Frau, deren Name wir leider nicht kennen (vgl. 1Kor 9,5), sind gute Beispiele dafür, daß in der frühen Kirche Ehepaare für die Mission wie für

den Gemeindeaufbau Entscheidendes geleistet haben. Ein wichtiges Zeugnis dafür bietet 1Kor 9,5, wo Paulus die Frage stellt: »Haben wir [d.h. ich und andere ehelos lebende Missionare] nicht das Recht, eine Glaubensgefährtin als Frau [auf unseren Missionsreisen] dabeizuhaben so wie auch die übrigen Apostel und die Brüder des Herrn und Kephas?« Offensichtlich also nahmen andere Apostel und die Brüder Jesu auf ihren Missionsreisen ihre Frauen mit, die dann sicher auch selbst missionarisch tätig waren (die EÜ von 1Kor 9,5 verschleiert diesen Sachverhalt!). Ein Mann wie Paulus, der unverheiratet war (vgl. 1Kor 7), muß als Ausnahmeerscheinung gelten, gewiß auch im Blick darauf, was er in seiner Missionstätigkeit alles geleistet hat (vgl. Röm 15,19). Lohnenswert ist in unserem Zusammenhang ein Blick auf Mk 10,29f, wo es in einem Jesus-Wort heißt: »Amen, ich sage euch: Jeder, der Haus, Brüder, Schwestern, Mutter, Vater, Kinder oder Äcker verläßt um meinetwillen und um des Evangeliums willen, wird das Hundertfache dafür empfangen ...«. Ob es Zufall ist, daß die eigene Frau in der Liste nicht auftaucht (vgl. auch Mt 19,29; anders Lk 18,29)? Wohl kaum, denn in einem weiteren Jesus-Wort läßt sich das Gleiche beobachten (Mt 10,37; anders wieder Lk 14,26!). Dann aber spiegeln sich in diesen Worten Verhältnisse wider, wie sie auch von 1Kor 9,5 bezeugt werden: Die Nachfolge Jesu in der Mission erforderte zwar den Verzicht auf mancherlei Güter sowie die Aufgabe von verwandtschaftlichen Beziehungen, nicht aber den Verzicht auf den Partner. Auf die Missionsreise ging man zu zweit. Was aus den Kindern wurde (vgl. Mt 10,37)? Wir wissen es nicht. Aber vergessen wir nicht, daß das soziale Netz das von Großfamilien und Sippen war. Welchen Weg werden Andronikus und Junia in ihrer Biographie zurückgelegt haben, bevor wir sie nach dem Zeugnis von Röm 16 in Rom antreffen? Nur wenige Umrisse vermögen wir zu erkennen.

Wenn Paulus sagt, die beiden seien von jüdischer Abkunft, »unter den Aposteln hervorragend«, und sie wären noch vor ihm Christen geworden, dann führen uns diese Angaben nach Palästina in die früheste Zeit der Kirche. Daß Paulus in Andronikus und Junia nicht einfach »Apostel« im Sinne von »Sendboten« oder »Gemeindebeauftragten« (vgl. 2Kor 8,23; Phil 2,25) sieht, sie vielmehr zum Kreis der qualifizierten »Apostel« rechnet (nichts anderes besagt seine Formulierung: »hervorragend unter *den Aposteln*«), schließt ein, daß diese auf dem gleichen Weg zu Christusgläubigen und Christusmissionaren geworden sind wie er selbst und manch andere auch: durch eine Erscheinung des Auferstandenen, durch den sie sich berufen und ausgesandt wußten. Beides machte den »Apostel« aus: daß jemand »den Herrn gesehen hat« (1Kor 9,1) und sich von ihm gesandt wußte, ihn als den aus den Toten Erweckten auch zu verkündigen. Daß beides nur einem begrenzten Kreis von Menschen am Ursprung der Kirche zuteil geworden ist, war offensichtlich eine verbreitete Überzeugung, was man vor allem daran ersehen kann, daß Paulus mehrmals von »*den* Aposteln« als einer bestimmten Gruppe spricht (vgl. v.a. 1Kor 15,7.9; Gal 1,17.19; 1Kor 9,5, aber auch 1 Kor 4,9; 12,28; 2Kor 11,5.13; 12,11). Wenn Paulus diesen Kreis in 1Kor 15,5/7 im Anschluß an alte Überlieferung scharf vom *Zwölferkreis* abhebt, dann entspricht das der frühchristlichen Entwicklung: Erst später hat man beide Kreise miteinander identifiziert und sprach dann von den »zwölf Aposteln« (vgl. etwa Mt 10,2). Das aber gibt nicht die Sicht des Anfangs wieder: Der Kreis der »Apostel« war nicht nur größer als der Kreis der Zwölf, er war auch anders konstituiert und besaß einen anderen Ursprung. Hatte Jesus *zwölf* Männer unter seinen Gefährten als engere Begleiter ausgewählt zum prophetischen Zeichen dafür, daß er angesichts der nahen Gottesherrschaft *ganz Israel*, das heißt: das (ideelle) *Zwölf*-Stämme-Volk, für den kommenden Gott sammeln wollte, so besaß der Apostelkreis seinen historischen Ursprung nicht beim *irdischen* Jesus, sondern gründete in den österlichen Erscheinungen des *Auferweckten*. Konnte Jesus die »Zwölf« um der Stimmigkeit des prophetischen Zeichens willen natürlich nur aus seinen *männlichen* Nachfolgern nehmen, so wird der nachösterliche Kreis »aller Apostel« (1Kor 15,7), der die »Zwölf« zwar einschloß, sie zahlenmäßig aber überschritt, nach dem Zeugnis von Röm 16,7 auch Frauen umfaßt haben. Freilich ist uns nur der Name der Junia überliefert. Aber wie wenig wissen wir denn insgesamt von den Anfängen der Kirche! Um so kostbarer ist dann dieser eine Name, der nicht in Vergessenheit geriet im Unterschied zu manch anderen Namen, die zu überliefern man in einer androzentrisch denkenden Umwelt vielleicht nicht für notwendig erachtete. Daß Paulus in Röm 15,7 beim Apostel-Titel eigentlich nur Andronikus im Auge gehabt und Junia als Ehepartnerin aus Höflichkeitsgründen in die Auszeichnung miteinbezogen hätte, kann man dem Text nun wahrlich nicht entnehmen. Beide stehen gleichberechtigt nebeneinander, ohne daß Paulus Andronikus in irgendeiner Weise bevorzugt. Von beiden sagt er, sie (Mehrzahl!) seien »hervorragend unter den Aposteln«. Daß in der griechisch-orthodoxen Kirche bis heute am 17. Mai »das Gedächtnis der heiligen Apostel Andronikus und Junia« begangen wird (vgl. Ekdosis tés apostolikés diakonias tés ekklésias tés Hellados, Athen 1988, 65-67), ehrt diese Kirche in besonderem Maße!

Noch ein letzter Punkt verdient im Blick auf unser (Ehe-) Paar Erwähnung: Andronikus und Junia sind keine jüdischen, sondern griechisch-römische Namen. So verweist »Junia« auf die angesehene römische Adelssippe Junius, zu der z.B. M. Junius Brutus gehörte, der Mörder Cäsars. Ist es ausgeschlossen, daß unsere Junia, die ja Jüdin war und noch vor Paulus in Palästina Christin geworden ist, eine Adelige des junischen Hauses war, dann geht man wohl nicht fehl in der Annahme, daß sie zu den Freigelassenen dieser Sippe gehörte, oder zumindest ihre Vorfahren herkunftsmäßig in diesen Kreisen zu suchen sind. Das ist nichts Auffälliges, denn unter den ersten Christen waren so manche Männer und Frauen mit »unfreier« Herkunft (vgl. unten!). Doch die nicht-jüdischen Namen von Andronikus und Junia könnten in Verbindung mit den anderen Daten, die wir von ihnen haben, noch etwas Besonderes über sie erzählen: Vielleicht gehörten sie zu den sog. Jerusalemer Hellenisten (zu ihnen vgl. K.Kliesch, Apostelgeschichte [SKK. NT 5], Stuttgart 1986, 68f), die verfolgt und aus der heiligen Stadt in die Gegenden von Judäa und Samaria zerstreut worden waren (vgl. Apg 8,1); Stephanus und die anderen sechs in ihrem Leitungsgremium waren jedenfalls alle Träger von griechischen Namen (vgl. Apg 6,5). Irgendwann hat Paulus dann ihre Bekanntschaft gemacht. Irgendwo hat er zudem mit ihnen zusammen in einem Gefängnis gesessen (vgl. 2Kor 11,23: »ich war häufiger im Gefängnis«). Jetzt hofft er, daß sich ihre Wege in Rom noch einmal kreuzen werden.

Über die Personen des *mittleren Teils der Grußliste* hören wir im einzelnen kaum etwas. Immerhin verraten die Ergänzungen zu den ersten vier Namen, daß Paulus zumindest drei der gegrüßten Männer persönlich gekannt hat: »Ampliatus, *meinen Geliebten im Herrn*, Urbanus, *unseren Mitarbeiter in Christus*, und Stachys, *meinen Geliebten*«. Wenn er in V.10b Aristobul selbst nicht grüßen läßt, sondern nur die aus seinem Haushalt (V.10 heißt wörtlich: »grüßt die von denen des Aristobul«; EÜ: »Grüßt das *ganze*

Haus des Aristobul ist verkehrt!), dann deutet das darauf hin, daß der Hausherr selbst nicht Christ war, sondern sich nur einige Mitglieder seines Hauswesens (vielleicht Sklaven oder Freigelassene) zu Jesus bekannten. Aristobul hießen einige vornehme Juden des herodianischen Königspalastes in Palästina; vielleicht war auch der Patron unseres römischen Hauswesens ein vornehmer Jude und sein Hausstand nicht ganz klein. Ein Jude war auch der anschließend gegrüßte Herodion, den Paulus ausdrücklich als solchen bezeichnet (V.11a). Ob auch er etwas mit dem herodianischen Königshaus zu tun hatte? Beim Haus des Narzissus (V.11b) verhält es sich ähnlich wie bei dem des Aristobul: Paulus läßt nur diejenigen aus seinem Haus(gesinde) grüßen, »die im Herrn«, d.h. Christen waren. Narzissus selbst war das wohl nicht.

Charakteristisch für die im Anschluß genannten vier Frauen ist, daß diese sich in besonderem Maße um die Missionsarbeit verdient gemacht haben: Tryphäna und Tryphosa (zwei Schwestern?) »haben sich im Herrn abgemüht« (vgl. schon zu 16,6), die liebe Persis (= die Perserin) »hat große Mühen im Herrn auf sich genommen« und die Mutter des Rufus ist auch Paulus »zur Mutter geworden«, d.h. sie hat ihn irgendwann einmal betreut und bemuttert. Sie und ihr Sohn gehören folglich auch zu den Personen der Grußliste, die vor nicht allzu langer Zeit aus dem Osten des Reichs nach Rom umgesiedelt waren.

Im *letzten Abschnitt der Liste* läßt Paulus wieder Grüße an die Mitglieder zweier Hausgemeinden ausrichten. Umfaßt die erste Gruppe nur Männer, dann könnte es sich bei ihnen um Sklaven und Freigelassene innerhalb eines größeren Hauswesens handeln, die eine kleine Gemeinde von Jesus-Gläubigen um sich geschart haben; ihre Namen deuten auf diese soziale Schicht hin (vgl. unten den Exkurs!). Die zweite Hausgemeinde gibt verwandtschaftliche Konturen zu erkennen: Zuerst läßt Paulus wohl ein Ehepaar grüßen, Philologus und Julia, dann ein Geschwisterpaar, Nereus und seine Schwester, und zuletzt einen einzelnen Mann, Olympas. Auch sie beherbergten wohl eine kleine Hausgemeinde in ihren Reihen, denn sonst hätte Paulus nicht auch noch Grüße aufgegeben »an alle Heiligen, die mit ihnen sind«, d.h. bei ihnen ein und aus gingen. Damit ist Paulus an das Ende einer langen Liste von namentlich zu grüßenden römischen Christinnen und Christen gelangt, von denen er eine ganze Reihe persönlich kannte und von deren Rest er annehmen durfte, daß sie ihm und seiner theologischen Richtung irgendwie nahe standen. Zuletzt fordert er sie alle auf, wie er das auch in anderen Briefen getan hat (vgl. 1Kor 16,20b; 2Kor 13,12a; 1Thess 5,26), »einander mit heiligem Kuß zu grüßen« (V.16a) und sich so der gegenseitigen Zuneigung und der geschwisterlichen Solidarität zu versichern. Dieser Wunsch mag insbesondere für die römische Gemeinde von Bedeutung gewesen sein, die - wie die Kapitel 14f zeigten - ja erst auf dem Weg zu einer homogenen Ortgemeinde war; dazu mußten sich die unterschiedlichen Gruppierungen in ihr wirklich der wechselseitigen Anerkennung erfreuen können. Die Rede vom »heiligen Kuß« nimmt nicht Bezug auf einen gottesdienstlichen Brauch der frühen Kirche, wie immer wieder behauptet wird (vgl. unseren »Friedensgruß«), wofür Belege fehlen, sondern erklärt sich schlicht aus brieflicher Konvention: Am Ende eines Schreibens übermittelte man neben Grüßen auch Küsse; Cicero z.B. bat Atticus, die kleine Pomponia in seinem Namen zu herzen (K. Thraede, Ursprünge und Formen des »Heiligen Kusses« im frühen Christentum: JAC 11/12 [1968/69] 124-180). Paulus greift diese briefliche Sitte auf und intensiviert sie durch das Beiwort »*heiliger* (Kuß)«: Umarmung und Kuß als zutiefst menschliche Gesten zeichnen auch die geschwisterliche Gemeinschaft im Glauben aus und drücken ihr den Stempel innerer Wahrhaftigkeit auf. Solidarität im Glauben muß sich auch menschlich bewähren - ein kräftiges Ausrufezeichen, das Paulus an das Ende seiner langen Grußauftragsliste setzt!

In V.16b kehrt Paulus die Perspektive um und richtet nun seinerseits Grüße aus, wobei die lapidare Feststellung: »es grüßen euch *alle* Gemeinden Christi«, die in seinen Briefen einzig dasteht, Fragen aufwirft: Wer ist Paulus, daß er sich dazu legitimiert sieht, im Namen *aller* christlichen Gemeinden - auch der nicht von ihm gegründeten und betreuten - an die Römer Grüße auszurichten? Nimmt er damit nicht eine Autorität in Anspruch, die ihm gewiß nicht »*alle*« Gemeinden Christi zugebilligt hätten? Was bezweckt er mit dieser feierlichen Erklärung? Zunächst zeigt sie, daß Paulus seine eigenen Gemeindegründungen als ein großes *Ganzes* begreift: Es ist die Einheit der Kirche Christi, die sich für ihn aus der

Vielzahl »aller (einzelnen) *Kirchen* Christi« erbaut. Wenn er den Begriff Gemeinde/Kirche (ekklesia), der im Römerbrief zum erstenmal in 16,5, sodann an unserer Stelle und noch einmal in 16,23 begegnet, hier wie anderswo durchgehend zur Bezeichnung der *Ortskirchen* und noch nicht der *Gesamtkirche* benutzt (vgl. oben unter C. 1 im Anschluß an 12,3-8), dann heißt das für ihn: Die Einheit der (begrifflich von ihm noch nicht als solche erfaßten) Gesamtkirche ist als Gemeinschaft »aller *Kirchen/Gemeinden* Christi« *vor Ort* zu verstehen, insofern diese sich eben in ihrem *einen* Herrn Jesus Christus als ihrer gemeinsamen Mitte geeint sehen. Insoweit »alle Gemeinden/Kirchen Christi« eben »Kirchen *Christi*« sind, leuchtet darin - in ihrer Beziehung zu dem in ihnen gegenwärtigen *Christus* - auch ihre innere Einheit auf.

Nun reflektiert Paulus an unserer Stelle nicht über das Verhältnis der einzelnen Kirchen zur Gesamtkirche, obwohl die in seiner Formulierung enthaltenen Fingerzeige auf sein ökumenisches Bewußtsein für uns heute von allergrößtem Interesse sind; doch dürfen wir darüber nicht vergessen, was Paulus mit seinen *ökumenischen Grüßen* im Blick auf seine Addressaten bezweckte. Plausibel erscheint die folgende Annahme: In die mit seinen Grüßen beschworene Gemeinschaft aller Kirchen Christi wollte er sich im Hinblick auf die Christen von Rom mit seiner eigenen, nicht unumstrittenen Person einbezogen wissen. »Er möchte nicht als Außenseiter dastehen, was er für viele Gemeinden de facto war, sondern sein Einbezogensein in alle christlichen Gemeinden betonen, weil er mit dem Römerbrief seine freundliche Aufnahme seitens der römischen Gemeinde erreichen will. So wie er im Briefpräskript sich durch die Zitation der traditionellen Bekenntnisformel (Röm 1,3-4) auf den Boden des *allen* Gemeinden gemeinsamen christologischen Bekenntnisses stellt, so macht er sich hier zum Ausrichter der Grüße ›*aller* Gemeinden Christi‹ an die Christen von Rom« (Schnider/Stenger, Studien zum neutestamentlichen Briefformular, S.127). Mit anderen Worten: So ganz ernst darf man den Gruß V.16b nicht nehmen. Paulus maßt sich keine päpstliche Oberaufsicht über »alle Gemeinden Christi an«, sondern versucht nur, seine eigene kantige Gestalt als gesamtkirchlich »verträglich« skeptischen Christen in Rom nahe zu bringen, wie er das auch andernorts in seinem Brief getan hat.

Der ökumenische Gruß steht nach unserer Analyse (vgl. oben S. 222f) ganz für sich; der christologische Gnadenwunsch V.20b, den Paulus nach dem Diktat des Briefes gewiß mit eigener Hand niedergeschrieben hat (vgl. 1Kor 16,21-24; Gal 6,11-18), schließt sich unmittelbar an: »Die Gnade unseres Herrn Jesus sei mit euch!« Das aber ist das letzte Wort des Briefes: »die *Gnade* unseres Herrn Jesus« (vgl. 1,5.7; 3,24; 4,4.16; 5,2.15.17.20f; 6,1.14f.17; 7,25; 11,5f; 12,3.6; 15,15)! In ihm sammeln sich alle Intentionen des Paulus, spricht sich die Grundoption seines Glaubensverständnisses aus: Das Wesentliche im Leben wird dem Menschen *geschenkt*, er kann es sich nicht verdienen; und dieses Wesentliche ist Gottes Hinwendung in Jesus Christus zu ihm, was besagt: Sein Leben kann nun nicht mehr in Sinnlosigkeit und Verzweiflung enden, denn nicht das namenlose Vergessen im Tod steht am Horizont seines Lebens, sondern *Gottes Gnade*, die ihn in Jesus von Nazaret aus dem Abgrund des Bösen herausreißt. Daß diese Gnade *mit ihnen* sei, das wünscht Paulus zuletzt seinen Adressaten, wie er das am Ende seiner Briefe immer getan hat.

Was jetzt noch kommt - eine Handvoll Grüße -, ist *Nachtrag*, vielleicht mit zeitlichem Abstand unter den fertigen, von Paulus selbst noch einmal durchgesehenen und korrigierten Brief daruntergesetzt. Zunächst lassen Timotheus, sein Mitarbeiter, sowie Luzius, Jason und Sosipater, drei Juden, grüßen (V.21). Den Timotheus kennt Paulus seit seiner zweiten Missionsreise, als er ihm in Lystra begegnet ist und ihn für den Glauben an Christus gewonnen hat (Apg 16,1-3). Seitdem ist er einer seiner engsten »Mitarbeiter«, »sein geliebtes und treues Kind im Herrn« (1Kor 4,17), »Gleichgesinnter« (Phil 2,20), auf den er sich in jeder Lage verlassen konnte. Einige seiner bedeutenden Briefe hat Timotheus laut Absenderangaben sogar mitverantwortet (vgl. 1 Thess 1,1; 2Kor 1,1; Phil 1,1; Phlm 1). Paulus stellt ihn den Römern vielleicht deshalb ausdrücklich als seinen »Mitarbeiter« vor, weil er ihn nach Rom mitzunehmen gedenkt (vgl. Apg 20,4). Daß er außerdem von drei namentlich aufgeführten *Judenchristen* Korinths Grüße übermittelt, geschieht wohl nicht ohne Hintersinn. »Damit kann Paulus ebenso wie durch die mehrfache Betonung der Volksgenossenschaft in der Grußauftragsliste (Röm 16,7.11) den Judenchristen in der römischen Gemeinde zu verstehen geben, daß er keineswegs ein Apostat von den väterlichen Gebräuchen ist, sondern einer von ihnen, ein Judenchrist wie sie und umgeben von Christen, die ebenfalls dem Judentum entstammen« (F. Schnider / W. Stenger, Studien zum neutestamentlichen Briefformular, S. 128).

In V. 22 greift Tertius, »der Schreiber des Briefes«, selbst noch einmal zur Feder. So ist sein Name der Nachwelt erhalten geblieben zur dankbaren Erinnerung an seine Arbeit, die dieser Sekretär mit der Niederschrift des langen Briefes auf das Diktat des Paulus hin gewiß gehabt hat. Vielleicht war Tertius (= der Dritte) ein Sklave im Haus des Gaius, in dem Paulus während seines letzten Korinthaufenthalts logieren konnte. Das vermerkt Paulus auch ausdrücklich nicht ohne Dankbarkeit, wenn er von diesem Gaius ebenfalls Grüße ausrichten läßt. Wenn er feststellt, daß Gaius zudem »Gastgeber der gesamten Gemeinde« war, dann heißt das sehr wahrscheinlich: die Vollversammlungen der korinthischen Kirche, wie sie in 1Kor 14,23, aber auch in 11,17-22 bezeugt werden, fanden in seinem Haus statt, das folglich nicht eben klein gewesen sein dürfte. Solche Vollversammlungen der Gemeinde mit einer Eucharistiefeier als ihrem Mittelpunkt wurden wohl am Sonntag abgehalten (vgl. 1Kor 16,2); daneben gab es aber auch noch andere, im einzelnen sicher vielfältige Formen des Miteinanders in den einzelnen Hausgemeinden Korinths, so daß wir mit unterschiedlichen Versammlungstypen in der Gemeinde rechnen dürfen. Wie groß die korinthische Gemeinde zur Zeit des Römerbriefs gewesen ist, das wissen wir natürlich nicht. Zu groß dürfen wir sie uns aber nicht vorstellen; jedenfalls fanden am Sonntag alle im geräumigen Atriums-Haus des Gaius Platz. Man sieht, wie wichtig es für die frühen Phasen eines Gemeindeaufbaus war, daß auch einige »Vornehme« und Wohlhabende unter den ersten Christen waren (vgl. 1Kor 1,26), die mit ihren Mitteln der wachsenden Gemeinde behilflich sein konnten. So versteht man auch erst, warum die Tugend der »Gastfreundschaft« in den ersten Zeiten der Kirche so ungeheuer wichtig war (vgl. Röm 12,13; sonst 1Petr 4,9; Hebr 13,2; 1Tim 3,2; 5,10; Tit 1,8). Es gab weder »kirchliche Gebäude« noch Institutionen noch öffentlich besoldete Ämter, auf die man Verpflichtungen, die eigentlich jeden in der Gemeinde betrafen, hätte abwälzen können; jeder beteiligte sich nach Maßgabe seiner eigenen Kräfte. Zu den Wohlhabenden in Korinth gehörte neben Gaius, den Paulus übrigens als einen der ganz wenigen in der Stadt selbst getauft hat (1Kor 1,14), auch Erastus, von dem er in V. 23b Grüße bestellt. Dieser Erastus war »Stadtkämmerer«, hatte also einen verhältnismäßig hohen Rang in der römischen Beamtenlaufbahn erreicht und war folglich in der Stadtverwaltung Korinths tätig. Neben ihm und als letzter der Reihe bestellt noch ein »Bruder Quartus« Grüße, von dem manche Ausleger aufgrund seines lateinischen Zahlennamens (= der Vierte) annehmen, er sei wie Tertius ein Mann unfreier Herkunft gewesen. So stehen ein wohlhabender Stadtbeamter und ein Sklave am Ende der Grußliste einträchtig nebeneinander, was den Geist dieser frühen christlichen Kirche ausgezeichnet veranschaulicht. Vielleicht lassen diese Personen im Nachtrag Grüße nach Rom ausrichten, weil sie irgendwelche Beziehungen zur Hauptstadt hatten. In diese Richtung könnten die lateinischen Namen weisen (Luzius, Tertius, Gaius, Quartus), aber auch das besondere Lokalkolorit der Stadt Korinths, die nach ihrer Zerstörung durch die Römer 146 v. Chr. als römische Bürgerkolonie (Colonia Laus Iulia Corinthus) unter Gaius Iulius Caesar neu gegründet und mit Freigelassenen und Veteranen besiedelt worden war.

Hausgemeinden in Rom - Kirche konkret

Zuweilen bedauert man, daß Paulus im Römerbrief keine ausdrückliche »Lehre von der Kirche«, keine »Ekklesiologie« entwickelt hat. Das stimmt. Doch darf man darüber nicht vergessen, daß Röm 16 mit seinen vielen Namen und Hinweisen auf Biographien, menschliche Bezüge, soziale Gegebenheiten und wachsende Gemeindekonturen wie ein Bilderbuch von gelebter Kirche *erzählt*, was viel nachdrücklicher und auch eindeutiger ist, als es ein theoretischer Entwurf von Kirche je sein könnte. Erst kommt das gelebte Leben, dann die Reflexion darüber; erst wird um der Menschen willen die Kirche vor Ort im Geist Christi *erfunden*, dann denkt man über sie nach und staunt, was aus unscheinbaren Anfängen geworden ist (vgl. nur Apg 14,27; 15,4 u.ö.). Das ist der Reiz des Anfangs: beobachten zu können, wie alles geworden ist, um dann im Heute selbst Mut zu fassen, Kirche nach Maßgabe des Evangeliums wieder neu zu erfinden, da wo sie aufgrund kultureller Umbrüche im Sterben liegt bzw. wo sie im Vollzug von Mission erst im Entstehen begriffen ist (vgl. unter Punkt C).

1) Bei einer eingehenden Lektüre von Röm 16 (wie ähnlicher Texte des Neuen Testaments) drängt sich eine Erkenntnis sogleich auf: Das Evangelium kann nur Wurzeln schlagen, wenn seine Missionare die vor Ort gewachsenen soziologischen Gegebenheiten achten. Gewachsene Strukturen bietet im Rahmen der antiken Stadt insbesondere das *»Haus«*, worunter man nicht nur das Gebäude, sondern vor allem eine bestimmte soziale Einheit verstand, zu der die unmittelbaren Familienmitglieder gehörten wie der Mann und seine Frau (die Monogamie war in der römisch-hellenistischen Kultur des 1.Jahrhunderts das Normale), die Alten und die Kinder, aber auch weitere Verwandte und die Sklaven. Diese Hausgenossenschaft war die kleinste, aber auch die bedeutendste Wirtschaftseinheit in einer Stadt, sei es hinsichtlich des Handwerks oder des Handels, sei es hinsichtlich der landwirtschaftlichen Bestellung von Feldern oder Gütern vor den Toren der Stadt. Aber das »Haus« war nicht nur eine ökonomische Einheit; viele kultisch-religiöse Elemente bestimmten das Leben der Familien. Bei den Juden der Diaspora war das offensichtlich; fern von Palästina und der heiligen Stadt begingen sie die großen Feste in der Synagoge und den eigenen Familien. Gebet und religiöses Brauchtum rahmten den Alltag, verliehen ihm aber auch eine Tiefe, die über den Augenblick hinaus dem Leben bleibenden Sinn verlieh. Ähnlich war das bei den nicht-jüdischen, »heidnischen« Familien. Auch ihr gesellschaftlich verfaßtes Leben kam nicht ohne einen in Mythen und hergebrachten Sitten sich äußernden religiösen Rahmen aus, der Bestand hatte, auch wenn so manche Zeitgenossen »aufgeklärt« über die Götter ihrer Vorfahren dachten. Es legte sich also nahe, daß der christliche Glaube in solcher »Hauskultur« Fuß zu fassen versuchte, auch weil ihm die

Öffentlichkeit der Stadt mit allen ihren Institutionen verschlossen blieb und man ja die Menschen erreichen wollte, um ihnen die rettende Frohbotschaft zu sagen (zum Ganzen vgl. H.-J.Klauck, Hausgemeinde und Hauskirche im frühen Christentum [SBS 103], Stuttgart 1981).

2) Die Existenz von christlichen »Hausgemeinden« ist für die Hauptstadt durch Röm 16 gesichert - sofern dieses Kapitel ursprünglich zum Römerbrief gehört, wogegen sich aber keine wirklich begründeten Zweifel mehr vorbringen lassen. Hier hören wir von drei »Hausgemeinden«, wobei in zwei Fällen die jeweiligen Verantwortlichen mit den beiden Ehepaaren Priska und Aquila sowie Philologus und Julia namentlich bekannt sind (16,3-5a; 16,15); bei der mutmaßlich dritten »Hausgemeinde« V.14 läßt sich nicht sagen, welche(r) der dort genannten Männer (Frauennamen fehlen völlig) an der »Spitze« des betreffenden »Hauses« stand(en). Haben sich also diese drei »Häuser« insgesamt dem Evangelium geöffnet, so sind es im Fall der »Häuser« des Aristobul und des Narzissus (V.10b.11b) nur einige ihrer Mitglieder - vielleicht Sklaven -, die sich zu Jesus bekannten. Hier konnten sich natürlich keine »Hausgemeinden« herausbilden.

Die Existenz von christlichen »Hausgemeinden« in Rom legt sich aber auch noch unter weiteren, nicht-textlichen Gesichtspunkten nahe. Da die Jesus-Bewegung in Rom aus dem einheimischen Judentum hervorgewachsen ist (vgl. Bd.1, S.17ff), hat dessen Organisationsform für die ersten Christen gewiß Vorbildcharakter gehabt. Nach Auskunft der inschriftlichen Zeugnisse, die man in den jüdischen Katakomben gefunden hat, waren aber die Juden Roms in einzelnen (Haus-) Synagogen organisiert, von denen sogar mehrere noch mit Namen bekannt sind. So hören wir z.B. von einer »Synagoge der Augustusleute«, einer »Synagoge der Hebräer« oder einer »Synagoge des Ölbaums« (W.Wiefel, Die jüdische Gemeinschaft im antiken Rom und die Anfänge des römischen Christentums. Bemerkungen zu Anlaß und Zweck des Römerbriefs: Judaica 26(1970), 65-88). Nicht sehr ergiebig, aber dennoch von Interesse sind die sog. »Titularkirchen« Roms aus sehr viel späterer Zeit, deren Bezeichnung von der Namensinschrift des Besitzers über der Eingangstür des jeweiligen Kirchengebäudes abgeleitet ist. Das »weist in jene Zeit zurück, als die Versammlungsstätten der römischen Christen noch mit dem Namen ihres früheren Eigentümers benannt wurden, der für Gemeindezwecke ein größeres Privathaus gestiftet hatte. Sicher können nicht alle Titelkirchen auf ein derart hohes Alter Anspruch erheben«, doch gibt es ein archäologisch aufschlußreiches Beispiel, nämlich die Kirche SS.Giovanni e Paolo (den alten Titulus Byzantis), unter der sich »nicht nur zweifelsfrei ein typisch römisches Wohnhaus nachweisen (läßt), mit Geschäftsräumen im Erdgeschoß und Wohnräumen im oberen Stockwerk«, sondern bei der auch feststeht, »daß schon dieses Wohnhaus als Gemeindezentrum benutzt wurde. Beweis sind die christlichen Wandmalereien und kleinere bauliche Eingriffe, die liturgischen Zwecken dienten« (Klauck, a.a.O. 77f, mit weiterführender Literatur).

3) Die Sentenz des Paulus Gal 3,28 könnte man als Motto über Röm 16 schreiben:

»Da gibt es nicht mehr Jude noch Grieche,
Sklave oder Freier,
Mann und Frau,
ihr alle seid eins in Christus Jesus«.

Mit anderen Worten: Wenn christliche Gemeinde im Rahmen und unter den Bedingungen der familiären Strukturen des antiken «Hauses« entsteht, dann bleiben diese Strukturen vom Evangelium nicht unberührt, sie werden von ihm verwandelt. Revolutioniert wurden sie freilich auch nicht - das mag man schon daran ersehen, daß es Äußerungen gegen das Sklaveninstitut als solches im frühchristlichen Schrifttum nicht gibt (vgl. nur 1Kor 7,20-24; F.Laub, Die Begegnung des frühen Christentums mit der antiken Sklaverei [SBS 107], Stuttgart 1982) und auch schon bald wieder patriarchale Denk- und Verhaltensmuster die Oberhand gewannen, nachdem sie in den Anfängen der Gemeinden teilweise wohl ausgesetzt waren (vgl. nur Kol 3,18; 1Tim 2,8-15; sowie den späteren Einschub von nicht-paulinischer Hand 1Kor 14,33b-36). Wie das im einzelnen kam und womit diese Entwicklungen zu erklären sind, braucht uns hier nicht zu interessieren. Ohne die Anfänge der Kirche romantisch verklären oder idealisieren zu wollen, wird man aber gerade angesichts solcher späteren Abweichungen von den ursprünglichen Optionen christlicher Lebensgestaltung den frühen Zeugnissen wie Röm 16 ganz besondere Wertschätzung entgegenbringen. Dieses Kapitel läßt sich geradezu als «Lesehilfe« zu Gal 3,28 benützen (W. Kirchschläger, Die Anfänge der Kirche. Eine biblische Rückbesinnung, Graz-Wien-Köln 1990,167):

a) *»Weder Jude noch Grieche...«*

(vgl. auch Röm 1,16; 3,29; 10,12f)

Daß sich unterschiedliche christliche Lebensstile in der werdenden römischen Gemeinde nebeneinander halten konnten (vgl. zu 14,1-15,13), lag gewiß auch an der Organisationsform relativ selbständiger »Hausgemeinden«, in denen sich besondere Gewohnheiten pflegen ließen. Wenn Paulus in seiner Grußliste bewußt Judenchristen (16,3.7.11.21b) neben Heidenchristen aufzählt, dann ist das auch als eine Willenserklärung dahingehend zu verstehen, daß alle, Juden wie Heiden, in ihrem einen Herrn Jesus gleichgestellt sein sollten (10,12f) und sich folglich die einzelnen »Hausgemeinden« nicht selbstherrlich gegeneinander abschotten dürften.

b) *»Weder Sklave noch Freier...«*

Gerade die »Hausgemeinden« waren der Ort, an dem die für die Antike so wichtigen gesellschaftlichen Unterschiede zwischen Freien und Unfreien, Hochgestellten und Niedrigen, aber auch zwischen Männern und Frauen wie Gebildeten und Ungebildeten (1,14!) sich in einem vom christlichen Geist der Liebe bestimmten Miteinander relativieren ließen. Bezeichnend ist schon, daß Paulus in seiner Grußliste nirgends gesellschaftliche Positionen oder soziale Standeszugehörigkeiten erwähnt bis auf die eine Ausnahme des Erastus von Korinth, dessen Beruf er nennt (V.23: »der Stadtkämmerer«). Daß in seinen Grußlisten Freie und Unfreie nebeneinanderstehen, das läßt sich nur aufgrund anderweitig gewonnener Ergebnisse der Namensforschung erschließen (vgl. P.Lampe, Die stadtrömischen Christen in den ersten beiden Jahrhunderten. Untersuchungen zur Sozialgeschichte, Tübingen 1987, 135-153, im Anschluß an H.Solin, Die griechischen Personennamen in Rom. Ein Namenbuch, I-III, Berlin 1982). So weiß man, daß es Namen mit Affinitäten zu bestimmten Bevölkerungsschichten gab, deren Profil zur frühen Kaiserzeit (1.Jh.n.Chr.) noch nicht nivelliert war; später wurden typische Sklavennamen nach »oben« gespült, weil die Nachkommen von Freigelassenen zu Geld und Ansehen kamen, und Aristokratennamen wanderten nach »unten«, weil vornehme Geschlechter verarmten und sich im Proletariat wiederfanden. Typische Sklavennamen waren z.B. die Namen von Göttern, die ursprünglich nur sozial niedrig stehende Personen trugen: »Hermes« (Röm 16,14), der Name des Götterboten, war im zeitgenössischen Rom *der* Sklavenname; ein anderes Beispiel bietet »Nereus« (16,15), der Name des Meergottes. Auch ethnische Herkunftsbezeichnungen gab man Sklaven. So war »Persis« (16,12), die Perserin, wahrscheinlich der Rufnahme einer Sklavin. Auch wenn sich im Einzelfall natürlich keine Gewißheit erlangen läßt, so ist dennoch aufgrund solcher und ähnlicher Ergebnisse der Namensforschung die Wahrscheinlichkeit doch sehr groß, daß ein hoher Prozentsatz der namentlich Gegrüßten zu den niedrigsten Bevölkerungsschichten gehörte, was im übrigen 1Kor 1,26-29 entspricht: »Seht doch auf euere Berufung, Brüder! Da sind nicht viele Weise im irdischen Sinn, nicht viele Mächtige, nicht viele Vornehme, sondern das Törichte in der Welt hat Gott erwählt, um die Weisen zuschanden zu machen, und das Schwache in der Welt hat Gott erwählt, um das Starke zuschanden zu machen. Und das Niedrige in der Welt und das Verachtete hat Gott erwählt: das, was nichts ist, um das, was etwas ist, zu vernichten, *damit kein Mensch sich rühmt vor Gott...*«. Daß das auch hinsichtlich des Sozialprestiges gilt, macht die Grußliste Röm 16 hinreichend anschaulich.

c) *»Weder Mann und Frau...«*
Mustert man die Grußliste 16,3-16 auf ihren Frauenanteil hin durch (vgl. P.Lampe, Die stadtrömischen Christen in den ersten beiden Jahrhunderten, S.136-138), dann stellen sich die folgenden Beobachtungen ein: Unter 26 namentlich oder sonstwie bezeichneten Christen sind 9 Frauen (einschließlich Junia). Zieht man nun die Personen in Betracht, die Paulus *ausdrücklich* wegen ihrer missionarischen oder gemeindebezogenen Aktivitäten würdigt, dann stehen 7 Frauen (Priska, Maria, Junia, Tryphäna und Tryphosa, Persis, die Mutter des Rufus) 5 Männern (Aquila, Andronikus, Urban, Apelles und Rufus) gegenüber. Den Missionsterminus »sich abmühen« verwendet Paulus in unserer Liste ausschließlich bei Frauen (16,6.12a.12b). Insgesamt wird man also sagen dürfen: Die Relationen zwischen Männern und Frauen in der Grußliste sind ausgeglichen. Der aktive Anteil von Frauen am Leben der (Haus-) Gemeinden steht außer Zweifel. Daß ihre Rollen nicht einseitig fixiert waren, ersieht man z.B. an Priska (aber auch Phoebe), die offensichtlich das Sagen in ihrem Hauswesen hatten. Die Bedeutung der Frauen für die Gemeindeleitung sei gleich noch eigens gewürdigt (vgl. Punkt 4).

d) *»Weder Fremde noch Einheimische...«*
Diese Alternative, die wie die eben apostrophierten in der Gemeinde Jesu keine mehr sein darf, könnte man im Blick auf unsere Grußliste Röm 16 der Sentenz des Paulus Gal 3,28 noch hinzufügen. Eine ganze Reihe von gegrüßten Personen kennt Paulus von früher her; sie sind demnach aus dem Osten in Rom zugewandert und haben bei den dort ansässigen Christen offensichtlich Aufnahme und Unterstützung gefunden. Gastfreundschaft (vgl. 12,13) hat sich insbesondere den Fremden gegenüber zu zeigen.

4) Übergreifende *Leitungsfunktionen* und *Ämter*, die über die einzelnen Hausgemeinden hinaus auf die römische Ortsgemeinde insgesamt bezogen wären, gab es in Rom offen-

sichtlich noch nicht, sonst hätte Paulus gewiß an die entsprechenden Personen Grüße ausgerichtet oder sie anderweitig erwähnt, wie er das in anderen Briefen getan hat (vgl. 1Thess 5,12f; 1Kor 16,15f). In Verbindung mit weiteren Indizien deutet das darauf hin, daß die römischen Hausgemeinden noch auf dem Weg waren, zu einer homogenen Ortgemeinde zusammenzuwachsen (vgl. oben S. 127). Was die Leitung der Hausgemeinden, aber auch den Vorsitz bei den häuslichen Eucharistiefeiern angeht, so wird man davon auszugehen haben, daß die faktisch gewachsenen und anerkannten Rollenverteilungen auch hier maßgebend waren. Dabei wird man gewiß mit einer Vielfalt an Formen zu rechnen haben, wie das Leben selbst vielfältig ist. So spricht nichts dagegen, Phoebe als »Diakonin« der Gemeinde von Kenchreä sich auch als Leiterin der Eucharistiefeier in ihrem Haus vorzustellen, in dem sie als Gastgeberin fungierte. Das Gleiche gilt für Priska. Aber auch Ehepaare dürften sich in der Organisation und geistlichen Leitung ihrer Hausgemeinde die Aufgaben geteilt haben; denken wir nur an Philologus und Julia. Wie dem im einzelnen auch war, hier galt wirklich, was Paulus in Gal 3,28 statuiert hat: Auf das Geschlecht kommt es nicht an, »ihr alle seid eins in Christus Jesus!« Wichtig war dabei, daß man auf gewachsene Verantwortlichkeiten achtgab: Wer sich aufgrund eigener Fähigkeiten und Möglichkeiten dazu anbot, in der Sorge um das Ganze Verantwortung zu übernehmen, der war willkommen ... Darüber lohnt sich heute besonders nachzudenken (vgl. unter C.2)!

5) »Gottesdienst im Alltag der Welt« (E.Käsemann)! Das konkretisiert sich im sozialen Lebensraum der »Hausgemeinden«, in dem die Botschaft des Evangeliums sich im Profanen verleiblicht. Wachsende Leitungsfunktionen und Ämter der Gemeinde wurden nicht kultisch-sakral begründet (vgl. schon oben S. 206), und auch die Eucharistiefeier war eingebettet in die kommunikativen Strukturen, wie sie gewachsen waren (vgl. 1Kor 11,17-34). Erst viel später, auf der Synode von Laodizea (zwischen 360 und 370 n.Chr.), sollte die häusliche

Eucharistiefeier, aus welchen Gründen auch immer, untersagt und in die sakralen Räume eigens dafür gebauter Kirchen verbannt werden. Aber auch jetzt müssen sich Sinn und Gestalt dieser Feier an ihrem Ursprung messen lassen.

C. Röm 16 kann uns heute in verschiedener Hinsicht nachdenklich stimmen:

1) Das *Gemeindeleben*, das hier aufscheint, »erschöpft sich nicht in anonymer Kirchenmitgliedschaft und gelegentlichem Gottesdienstbesuch, wobei kirchlich und privat streng getrennt sind. Es besteht in einem engen Netz menschlicher Beziehungen, die ›im Herrn‹ bzw. ›in Christus‹ (V.2.7-13.22) geknüpft sind« (D.Zeller, Römerbrief, S.252). Dabei sieht es nicht so aus, als müßten mit den »Hausgemeinden« christliche Binnenräume geschaffen werden, auf daß sich der Glaube überhaupt leben lasse; die Mitglieder aus den Häusern des Aristobul und des Narzissus, die Paulus grüßen läßt (V.10b.11b), bekannten sich zu Jesus in einem nichtchristlichen Haus-Milieu (vgl. auch 1Kor 7,12-16).

Das frühchristliche Modell der »Hausgemeinde« auf unsere Kleinfamilien zu übertragen und diese dann zu »einer gleichsam häuslichen Kirche« (Vaticanum II, Lumen Gentium 11) hochzustilisieren, davor sollte man sich hüten. Man überhöht damit nur kleinbürgerliche Idylle und setzt die Menschen einem religiösen Leistungsdruck aus, der nur das Gegenteil des Intendierten erreicht: Überforderung und Resignation. Was man aus den Prozessen frühchristlicher Gemeindebildung aber lernen könnte, ist folgendes: Diese vollziehen sich entlang gewachsener sozialer Strukturen und nicht gegen sie und suchen sie dann von innen her zu verändern. Ebenso müßten unsere Gemeinden heute, wenn sie mehr als klerikal verwaltete »Versorgungskirchen« sein wollen, von der *Basis* des gegebenen sozialen Beziehungsgeflechtes her aufgebaut werden; dabei haben die Ortsgemeinden angesichts so massiver Probleme wie der Vereinsamung von Randexistenzen und alten Leuten, der Verwahrlosung von Kindern, der Not von Alleinerziehenden, der Überforderung von Kleinstgruppen durch ein immer komplexer werdendes Leben, des wachsenden Gruppenegoismus, der Begegnung mit den Fremden sowie einer grassierenden Sinn-Leere des Lebens ein enormes Betätigungsfeld.

2) Was für die Gemeinden insgesamt gilt - ihr Wachstum von der Basis her -, das gilt analog auch für die konkrete Ausgestaltung der *Ämter in der Kirche* (vgl. schon oben im Anschluß an 12,3-8 unter C.2). Röm 16 gab zu der begründeten Annahme Anlaß, daß sozial gewachsene Rollen wie Leitungsfunktionen in einem Hauswesen für ein Gemeindeamt prädestinierten. Auch heute sollten konkrete Ausgestaltung und Ausdifferenzierung des kirchlichen »Amtes« (unbeschadet der theologischen Deutungsmuster »Berufung« und »Sendung«, die aber nicht hierarchisch vereinnahmt werden dürfen) ganz wesentlich von den Bedürfnissen und Vorgaben der jeweiligen kirchlichen Situation bestimmt sein, die je nach Kontinent und Ländern sehr verschieden ausfallen, wobei von breiteren sozialen Strömungen nicht abzusehen ist. Zu diesen gehört ohne Zweifel die Frauenbewegung unseres Jahrhunderts, die massive Fragen auch an Kirche und Heilige Schrift stellt. Von ihr her ergibt sich die unabweisbare Aufgabe, Rechte und Stellung der Frauen in den Kirchen neu zu definieren. Voraussetzung dafür ist, daß man die traditionellen Argumentationsmuster gegen eine Beteiligung von Frauen am kirchlichen Amt wahrnimmt und in ihrer theologischen Haltlosigkeit durchschaut.

»Die biblische Erzählung von Evas Rolle beim Sündenfall (Gen 3,1-24) und die darauf bezogene tendenziöse Äußerung aus Sir 25,24: ›Von einer Frau nahm die Sünde ihren Anfang, ihretwegen müssen wir alle sterben‹ waren und sind noch immer mitsamt neutestamentlichen Texten wie 1Kor 11,2-16; 14,33b-36; Kol 3,18; 1Petr 3,1-6 und 1Tim 2,11-15 schnell bei der Hand, wenn Frauen gegenüber Männern kirchlich zurückgesetzt und auf ihre herkömmliche Rolle in Ehe und Familie beschränkt werden sollen. Unter Berufung auf 1Kor 11,7-8, die altangestammte ökumenische Sitte und die kirchliche Lehrtradition geht man bis heute in der römisch-katholischen Kirche, in den orthodoxen Kirchen, aber auch noch in Teilen des Protestantismus davon aus, daß nur der Mann von Gott dazu bestimmt ist, Gottes Ebenbild im Vollsinn zu sein, während der Frau die Gottesebenbildlichkeit erst durch ihre Zu- und Unterordung unter den Mann zuwächst. Die Ordination von Frauen für das Priesteramt wird für unmöglich erklärt, weil nach dem Heilsratschluß Gottes Christus als Mann geboren wurde und das von ihm selbst während seines Erdenlebens ausgeübte und nur an die männlichen zwölf Apostel weitergegebene Priesteramt unwiderruflich maskulinen Charakter trage. Die ›Unreinheit‹ von Frauen durch den Monatszyklus hindert zusätzlich daran, sie mit der nur in priesterlicher ›Reinheit‹ vollziehbaren Verwaltung der Sakramente zu betrauen. Wo diese schöpfungstheologischen, reinheitsgesetzlichen und christologischen Denkschemata vorherrschen, werden Frauen den Männern theologisch prinzipiell nicht gleichgestellt, sondern ihnen um ihrer weiblichen Geschöpflichkeit willen nachgeordnet. Entsprechend werden dann auch die kirchlichen Rechte und die Stellung von Frauen und Männern in den Kirchen unterschiedlich definiert«.

So hat P.Stuhlmacher die traditionellen Argumentationsmuster gegen eine Beteiligung der Frauen am Amt der Kirche treffend zusammengefaßt, um sie sodann einer Kritik zu unterziehen. Der mit ihnen verbundene Denkansatz ist seiner Überzeugung nach »biblisch-theologisch anfechtbar«, »weil er vor den Hauptaussagen des Christusevangeliums nicht bestehen kann« (in: Stellungnahme zu Fragen der Feministischen Theologie. Erarbeitet vom Prüfungsausschuß der Evangelisch-theologischen Fakultät der Universität Tübingen. Der Württembergischen Evangelischen Landessynode vorgelegt vom Evangelischen Oberkirchenrat, Stuttgart, Oktober 1990, S.7, wieder abgedruckt in: Theologische Beiträge 22 [1991] 127). Dem kann man nur beipflichten (vgl. auch Heft 3 der ThQ 173 [1993] zum Thema »Frauenordination«, daraus vor allem P. Hünermann, Lehramtliche Dokumente zur Frauenordination).

Aus der Sicht von Röm 16 bzw. des sich hier spiegelnden kirchlichen Zustandes, welcher der überaus wichtigen paulinischen Parole von Gal 3,28 genau entspricht, lassen sich irgendwelche Ungleich-Behandlungen von Männern und Frauen im Blick auf Leitungsfunktionen, seien sie nun schöpfungstheologisch, reinheitsgesetzlich oder christologisch begründet, nicht erkennen. Kultische Denkschemata spielen bei der Begründung von Leitungsämtern im frühen Christentum offensichtlich überhaupt keine Rolle, womit auch Gesichtspunkte der »Reinheit« hinfällig sind (vgl. oben S. 158ff). In Gal 3,28 wird die Gleichstellung von Mann und Frau christologisch begründet. Mit dem »Zwölferinstitut« darf man nicht argumentieren (vgl. oben S. 230ff). Röm 16,7 ist für unsere Kenntnis des frühen, österlich begründeten Apostolats von nicht zu unterschätzender Bedeutung. »Von einer prinzipiellen Beschränkung des Apostelamtes auf Männer kann und sollte man angesichts dieses Beleges nicht länger sprechen« (Stuhlmacher, ebd. S.8). Die hinreichend deutlich erkennbare Rolle der Phoebe unterstützt dieses Ergebnis auf entsprechend niedrigerem Niveau.

3) »Weder Jude noch Grieche, weder Sklave noch Freier«, weder Fremder noch Einheimischer ... Wo sonst sollten sich kulturelle, ethnische, soziale und welche Spannungspole es sonst noch geben mag, miteinander versöhnen lassen, wenn nicht in den Kirchen Jesu Christi?! Sie, welche das Geheimnis Jesu als das der *Versöhnung* der Menschen mit Gott verkünden (Röm 5,10), besitzen im Evangelium ein solches Potential an Versöhnungskräften, daß sie der Welt ein alternatives Bild menschlichen Miteinanders als prophetisches Zeugnis vorhalten könnten. In dem Maße ihnen dies glückt, wird auch der heute auf den Kirchen von seiten der Öffentlichkeit lastende Legitimationsdruck nachlassen, weil dann ihr Dienst an den Menschen in seiner Sinnhaftigkeit offenkundig ist.

Nachträge aus zweiter Hand

a) Warnung vor Irrlehrern (16,17-20a)

A. In verschiedener Hinsicht unterliegen diese Verse, wie schon angedeutet, dem Verdacht, nachträglich von einem Redaktor - vielleicht bei Gelegenheit der Herausgabe des Römerbriefs im Rahmen einer paulinischen Briefsammlung - zum ursprünglichen Text hinzugefügt worden zu sein. Folgende Beobachtungen und Überlegungen sind für diese Annahme ausschlaggebend (zum folgenden vgl. F.Schnider/W.Stenger, Studien zum neutestamentlichen Briefformular, S.82):

1) Offensichtlich handelt es sich bei unserem kleinen Textfragment um eine in sich gerundete *Schlußmahnung*. Stilistisch ist das ersichtlich an dem stereotypen Eröffnungssatz »ich ermahne/bitte euch, Brüder« (vgl. 15,30; 1Kor 16,15; 1Thess 5,14) samt den sich anschließenden Imperativen. Ein Segenswunsch mit der geläufigen Gottesbezeichnung »der Gott des Friedens« (vgl. bereits 15,33) schließt das Textfragment ab (vgl. auch 2Kor 13,11b; 1Thess 5,23f); im Unterschied zu den entsprechenden Segenswünschen von 15,5f; 15,13 und 15,33 ist der Zuspruch hier aber als futurische Heilsaussage formuliert: »Der Gott des Friedens wird den Satan bald zertreten und unter eure Füße legen« (V.20a).

Auffällig ist nun die folgende Beobachtung: Eine Schlußmahnung mit genau denselben Formmerkmalen stand bereits in 15,30-33; so gesehen stellt 16,17-20a eine Doppelung dar. Geht die Schlußmahnung überall sonst in den paulinischen Briefen den Schlußgrüßen wie der Aufforderung zum heiligen Kuß voraus (vgl. 1Kor 16,15-18 vor 19-20; 2Kor 13,11 vor 12; Kol 4,2-6 vor 10-17; 1Thess 5,12-25 vor 26), so entspricht dem die Stellung von Röm 15,30-33, nicht aber die von 16,17-20a: Die Stellung dieser Verse ist atypisch. Schon von daher ist mit einem späteren Nachtrag unseres Stückes zu rechnen.

Daß die Verse eine formale Entsprechung im Ausfall des Paulus gegen seine Gegner Gal 6,11-17 besäßen (so z.B. U.Wilckens, D.Zeller), stimmt so nicht und entkräftet den Verdacht gegen die Authentizität unserer Verse deshalb auch nicht. Laut Auskunft von Gal 6,11 hat Paulus den Absatz Gal 6,11-17 mit eigener Hand unter das von ihm diktierte Schreiben gesetzt; ganz ähnlich soll er auch in Röm 16,17-20a selbst schon zur Feder gegriffen und sich Luft gemacht haben: »Wenn der Apostel selbst zur Feder gegriffen hat, ist der plötzliche Wechsel im Ton ein Stück weit erklärbar« (D.Zeller, Römerbrief, S. 246).

Doch handelt es sich, wie ausgeführt, bei Röm 16,17-20a um eine förmliche *Schlußmahnung*, die zudem mit allgemeinen Stereotypen und Klischees arbeitet, wohingegen Gal 6,11-17 eine streng auf die Situation des Briefs bezogene *kurze Inhaltsangabe* des ganzen Schreibens von eigener Hand des Paulus darstellt. Die eigentliche Schlußmahnung des Galaterbriefs aber war bereits in 6,1-10 zu lesen. Wenn Paulus in Gal 6,11-17 selbst zur Feder greift, um den Inhalt des Briefs knapp zusammenzufassen und dieses Summarium auch noch mit seiner Unterschrift zu versehen, dann ist das alles andere als der psychologisch zu erklärende Niederschlag einer bis zum Schluß aufgestauten Aggression gegen die Gegner, die der Autor in dem Moment herausläßt, da er selbst zur Feder greift, sondern besitzt einen präzise zu bestimmenden juridischen Sinn: Wie antike Urkunden aus der Hand von Schreibern nicht durch die bloße Unterschrift des Beurkundenden in Kraft treten, sondern durch dessen persönlich signierte Erklärung, dem (kurz zusammengefaßten) Inhalt der Urkunde beistimmen zu wollen, so besiegelt auch Paulus in Gal 6,11-17 sein Schreiben persönlich und setzt es dadurch gleichsam als einen offiziellen Vertrag mit seiner Gemeinde in Kraft, die er so auf den Inhalt der Vertragsurkunde zu verpflichen sucht (Schnider/Stenger, S. 144-151). Gal 6,11-17 fällt damit als Analogie für die *Schlußparänese* Röm 16,17-20a aus.

2) In welche Situation gehören unsere Verse, welche Zustände haben sie vor Augen, wie reagieren sie auf sie? Darauf zu antworten ist nicht einfach, weil unser Text mit Klischees und Stereotypen der Ketzerpolemik arbeitet, die den Blick auf eine *bestimmte* gemeindliche Situation nicht freigeben. Wenn das Textfragment bereits nach Gesichtspunkten des Briefstils nur schwer an seinem jetzigen Ort zu verkraften ist, läßt es sich dann wenigstens einigermaßen plausibel in die Briefsituation einfügen oder hat es nicht doch eine spätere, nämlich die sogenannte

»nachapostolische« Zeit mit ihren eigenen Problemen im Blickfeld? In diese zweite Richtung deuten die folgenden Beobachtungen:

Zentral für unseren Text ist der Gedanke der überlieferten, normativen »*Lehre*«, an der alle Verkündigung, will sie rechtgläubig sein, sich messen lassen muß: »Ich ermahne euch aber, Brüder, auf die zu achten, die Entzweiungen und Ärgernisse *gegen die Lehre* verursachen, die ihr gelernt habt« (16,17).

Nun hat auch Paulus in Röm 6,17 von einer grundlegenden »Lehre« gesprochen, der gegenüber die Römer gehorsam geworden sind. Was er unter dieser »Lehre« verstand, war nicht ganz deutlich. Möglicherweise dachte er an die ethische Unterweisung, die den Konvertiten anläßlich ihrer Taufe zuteil wird (so Bd.1, S.187); vielleicht hatte er aber auch das christologische Glaubensbekenntnis aus der Taufkatechese im Blick, das seiner Erörterung in 6,3-5 zugrunde liegt. Daß er das Glaubensbekenntnis in Kap.6 im Licht seiner Rechtfertigungslehre *auslegt*, ist bezeichnend genug für sein Denken: Gewiß ist das Glaubensbekenntnis auch für ihn Grund und Maßstab des Evangeliums, doch weiß er darum, daß es nicht einfach nur nachgesprochen, sondern gedeutet, verstanden und auf die jeweilige Verkündigungssituation bezogen sein will (vgl. Bd.1, S.37). Hier, in Röm 16,17f, sieht das aber alles viel einfacher aus: Wer Abweichler ist, den erkennt man als solchen an seiner Stellung zu der im Unterricht gelernten, eindeutig fixierten Lehre, ohne daß man da noch lang nachforschen müßte. Das entspricht genau der Einstellung der Pastoralbriefe, so daß man sagen kann: »Man dürfte Röm 16,17f den Past(oralbriefen) tatsächlich als Motto voranstellen. Mehr noch: Röm 16,17f nimmt die späteren Verhältnisse der Past(oralbriefe) in so frappierender Weise vorweg, daß man den Text geradezu für deuteropaulinisch halten könnte...« (was der zitierte Autor dann aber doch nicht tut: G.Lohfink, Paulinische Theologie in der Rezeption der Pastoralbriefe, in: ders., Studien zum Neuen Testament, Stuttgart 1989, 327). Hinzu kommt ein weiterer Gesichtspunkt.

Gegenüber den Abweichlern, die Entzweiungen und Ärgernisse verursachen, empfiehlt unser Text - in seinem Verständnishorizont durchaus konsequent - die Abgrenzung: Von solchen Leuten soll man sich »fernhalten«, d.h. erst gar nicht mit ihnen diskutieren. Auch das entspricht der Geistesart der Pastoralbriefe, welche die Häresie und die Beschäftigung mit ihr einfach verbieten (vgl. 1Tim 6,20; 2Tim 2,16.23; 3,5; Tit 1,11; 3,9-11), begegnet aber auch in anderen nachapostolischen Schreiben (vgl. 2Thess 3,6; 2Joh 10f). Unterstützt wird diese Strategie durch Klischees der Ketzerpolemik, welche die Adressaten gegen Anfechtungen von seiten der Häretiker immunisieren sollen: »Diese Leute dienen nicht unserem Herrn Christus, sondern ihrem Bauch, und sie täuschen durch Phrasen und Schönrednerei die Herzen der Arglosen« (V.18). Nun konnte auch Paulus in seinen Briefen ziemlich polemisch und manchmal sogar ausfallend werden (mit Röm 16,18 vgl. Phil 3,18f, aber auch Phil 3,2; 2Kor 11,13-15; Röm 3,8 u.s.w.), aber - und das muß man ihm zugute halten - nie verzichtete er auf eine inhaltsbezogene, argumentative Auseinandersetzung mit den gegnerischen Positionen und war stets auf sachliche Transparenz aus. Anders sieht das Bild in späten Schriften des Neuen Testaments aus, wo die Ketzerpolemik regelrecht wuchern konnte (vgl. 2Petr). Auch in den Pastoralbriefen ist bittere Polemik häufig anzutreffen (vgl. 1Tim 4,2; 6,5; 2Tim 3,8.13; Tit 1,10), und zwar durchweg als Mittel einer Immunisierungsstrategie, die den Kontakt mit den häretisch Andersdenkenden überhaupt zu unterbinden sucht. Dies alles deutet darauf hin, daß Röm 16,17-20a in die nachapostolische Situation hineingehört.

Zur Gegenprobe kann man natürlich auch den Versuch unternehmen, den Text aus der Situation des Römerbriefs heraus zu verstehen. Folgende Erklärung ließe sich denken: »Wer in Rom Ärgernisse schürt, das sind diejenigen, die die Evangeliumspredigt des Apostels als Botschaft von der billigen Gnade ›verlästern‹ (3,8). Wie die von ihm selbst begründeten Gemeinden im Osten sieht Paulus auch die römischen Hausgemeinden von reisenden Judenchristen bedroht, die nach und gegen Paulus Mission betreiben (vgl. 15,20f). Er rät den Römern in aller Form, von diesen falschen Aposteln Abstand zu halten, wann und wo immer sie in Rom auftauchen« (P.Stuhlmacher, Römerbrief, S.223). Doch abgesehen davon, daß Paulus nirgends im Römerbrief ausdrücklich oder unterschwellig die Sorge äußert, jene Judenchristen, die gegen ihn agitieren, könnten auch Rom bereisen, verfolgt sein ganzer Brief doch nicht die Immunisierungsstrategie, der unser Text 16,17-20a erlegen ist: Auch wenn Paulus die gegnerischen Argumente in 3,1-8 polemisch niederschlägt, bietet er dann doch in 6,1-8,17 sowie in 9-11 eine äußerst gründliche Auseinandersetzung mit ihnen, die der Abgrenzungsmentalität von 16,17-20a diametral entgegensteht. Daß Paulus im Anschluß an eine solch herzlich gestaltete Grußliste wie die von 16,3-16, gleichsam aus heiterem Himmel, eine derart scharfe, gleichzeitig aber auch stereotype Warnung vor Kontaktaufnahme mit Irrlehrern in Rom formuliert haben sollte, kann man sich kaum vorstellen. Die Annahme, Paulus habe »bei Abschluß des Briefes irgendeine neue Nachricht bekommen ..., die ihn so alarmiert, daß er aller bislang gewahrten vorsichtigen Zurückhaltung zum Trotz die Gemeinde warnen zu sollen meint« (so U. Wilckens, Römerbrief, Bd. 3, S.140), drückt die ganze Verlegenheit angesichts dieser merkwürdigen Verse aus.

3) In Verbindung mit den beiden ersten Beobachtungsreihen kann man schließlich noch darauf hinweisen, daß charakteristische Wörter und Wendungen unseres kleinen Textes Paulus sonst nirgends in die Feder geflossen sind: »sich fernhalten (von jemandem)«, »Phrasen und Schönrednerei«, »die Arglosen«, »(euer Gehorsam ist allen) bekannt

geworden«, »zertreten«, »bald / in Kürze«. Auch wenn stilistische Besonderheiten bei einem ja doch recht knappen Textstück wie dem unsrigen nicht allzusehr ins Gewicht fallen, so sind sie als *zusätzliches* Argument in sprachlicher Hinsicht doch von Bedeutung.

4) Handelt es sich in 16,17-20a wirklich um einen Einschub von zweiter Hand, wofür vieles spricht, dann kann er nur in der Adressatengemeinde, also in Rom entstanden sein. Hier wurde der Brief zuerst gelesen und wohl auch »herausgegeben«. Bevor dies geschah - die Textüberlieferung unseres Stückes ist einmütig! -, müssen dann die »Herausgeber« des Briefes die Verse eingefügt haben, wohl im Blick auf häretische Strömungen ihrer Zeit, durch die sie die römische Gemeinde gefährdet sahen. Wenn unser Text in 16,19 (»denn euer Gehorsam ist allen bekannt geworden«) auf die Eröffnung des Briefes in 1,8 anspielt (»euer Glaube wird in der ganzen Welt verkündet«), dann bestätigt dies nicht nur den Bezug des Textes auf *Rom*, sondern rückt ihn zudem in die Nachbarschaft des zweiten Nachtrags 16,25-27, in dem dieselbe Technik der gezielten »Anspielung« auf die Brieferöffnung angewendet wird (vgl. unten!). Das könnte auf einen Zusammenhang beider Nachträge hindeuten, so daß möglicherweise von 16,25-27 Licht auch auf 16,17-20a fällt (dazu vgl. unten!).

B. Wenn unser Autor die römischen Christen dazu auffordert, sich von Leuten fernzuhalten, die Spaltung und Verwirrung verursachen, dann steht von vornherein fest, wer die Schuldigen sind: diejenigen, die von der tradierten Lehre abweichen und ihre eigenen Wege gehen. Warum sie das tun, was sie in ihrem Glauben bewegt, welche theologischen Intentionen sie haben, das alles interessiert hier nicht und würde auch nur ablenken von der notwendigen Grenzziehung ihnen gegenüber. An klaren Fronten ist unserem Autor aber gelegen, denn Isolation der Andersdenkenden verspricht, den häretischen Bazillus mit seiner Ansteckungsgefahr unschädlich zu machen. Das heiligt alle Mittel, auch die Diffamierung der Gegner, denen unser Autor ihren Christusglauben kurzerhand abspricht (»sie dienen nicht unserem Herrn Christus«), um sie zudem eines freizügigen Lebensstils zu bezichtigen (»sie dienen ihrem Bauch«). Wer eine solche moralische Waffe einsetzt, rechnet damit, daß etwas hängen bleibt, zumal dann, wenn sein Drängen auf Isolation der Diffamierten bei den Gemeindemitgliedern Erfolg hat: Wem man die Gemeinschaft oder Gastfreundschaft entzieht oder gar nicht erst gewährt, weil man tiefsitzende Vorurteile gegen ihn hegt, der ist außerstande sie abzubauen, mag er sich noch so sehr darum bemühen. Möglicherweise waren die Gegner wortgewandte und argumentationsstarke Leute, weshalb man sie erst recht von der Gemeinde fernhalten mußte. Unser Autor kann das natürlich nicht zugeben, und deshalb spricht er von ihrem Versuch, die Gemeindemitglieder durch »Phrasen und Schönrednerei zu täuschen«. Aber nicht nur die Diffamierung der Andersdenkenden dient der Grenzziehung, auch der Schulterschluß der eigenen Reihen verfolgt diesen Zweck; Schwarz-Weiß-Malerei ist gefragt: Die Adressaten sind die »Arglosen«, ihr Glauben ist allen Menschen bekannt (hier hat dieses Lob eine ganz andere Funktion als in 1,8, wo es die römischen Christen aufgrund ihres Glaubens als mündige, Paulus ebenbürtige Partner charakterisieren wollte; in 16,19 dient es der Sicherung der Orthodoxie). So klischeehaft die Warnung vor den Irrlehren ist, so blaß fällt auch die eigentliche Mahnung unseres Textes aus: »Ich wünsche nur, daß ihr verständig bleibt, offen für das Gute, unzugänglich für das Böse« (V.19b). Hauptsache, alle bleiben »bei der Stange«. Den Beschluß macht eine futurische Heilszusage, doch was für eine Gestalt hat sie! »Der Gott des Friedens wird den Satan bald zertreten (vgl. Gen 3,15) und unter eure Füße legen« (V.20a). Offensichtlich identifiziert hier der Autor die Gegner mit dem Satan. Paulus brachte das auch fertig (vgl. 2Kor 11,13-15), aber bei ihm war dieserart Polemik immer noch in eine sachliche Argumentation eingebettet. »Die Verketzerung gipfelt in der Verteufelung« (W.-H. Ollrog, Die Abfassungsverhältnisse von Röm 16, in: D. Lührmann / G. Strecker [Hg.], Kirche [FS G. Bornkamm], Tübingen 1980, 221-244, 232). Schlimmer konnte man einen Gegner nicht erledigen (vgl. auch Joh 8,44).

C. Nicht jeder Text der heiligen Schrift ist »erbaulich«, es gibt auch Abschnitte, die erschrecken und abstoßen. Zu ihnen gehört Röm 16,17-20a, ein Text, der in moralische Niederungen führt. Ihm muß man mit Texten der heiligen Schrift von ganz anderem Zuschnitt *kritisch* begegnen, z.B. mit der paulinischen Weisung, »allen Menschen gegenüber auf Gutes bedacht zu sein«, auch gegenüber solchen, die den Glauben anders deuten als man selbst (Röm 12,17b).

Doch ist der Text nicht ganz unnütz. Er mag den nachdenklichen Leser zu einer illusionslosen Sicht der Kirchengeschichte anleiten, in der die hier »nur« verbal praktizierten »Methoden« im Umgang mit Andersdenkenden - Verketzerung bis Verteufelung, moralische Verunglimpfung der *Person* statt Auseinandersetzung in der *Sache*, ängstliches Besorgtsein um die Geschlossenheit der eigenen Reihen, autoritärer Geist - noch ganz andere Formen angenommen haben. So gesehen enthält die »Warnung vor Irrlehrern« eine nachdrückliche Warnung an die Adresse der heutigen Kirche, anders mit Andersdenkenden und Querdenkern zu verfahren als man das gemeinhin zu tun versucht ist: statt Ab- und Ausgrenzung Dialog, statt Verketzerung gemeinsame Suche nach der Wahrheit im Vertrauen darauf, daß diese sich durchsetzt, statt verkrampfter Hektik Gelassenheit, welche Spannungen und sachlicher Differenzen auszuhalten vermag und diese sogar als Quelle von Leben zu schätzen lernt. Dann wird sichtbar, was Kirche auch sein will: »Antiexkommunikationsgemeinde« (K. Kliesch, Der Weg einer Gemeinde aus der Kraft der Bibel [zu St. Marien-Liebfrauen in Berlin-Kreuzberg 1984-1988], in: J.J.Degenhardt [Hg.], Die Freude an Gott - unsere Kraft [FS O.Knoch], Stuttgart 1991, 385-392, 388f).

b) Lobpreis Gottes (16,25-27)

Im Unterschied zur soeben vorgelegten Einschätzung von 16,17-20a, die nur von einigen Auslegern geteilt wird, herrscht bei der Beurteilung von 16,25-27 als einer nachträglich an den Brief angehängten Doxologie (Lobpreis Gottes) nahezu Einmütigkeit: Weil man es als unpassend empfand, daß der so grandiose Römerbrief mit seinen vielen Grüßen so unspektakulär - gleichsam im pianissimo - ausklang, hatte man schon sehr zeitig das Bedürfnis, ihm mit der ausladenden Doxologie einen kräftigen Schlußakkord zu geben (vgl. schon oben S. 220). Dabei war freilich nicht das ästhetische Empfinden allein maßgebend, sondern man verband damit das sachliche Anliegen, dem theologischen Werk des Apostels ein Denkmal zu setzen. Dieses deutlich zu greifende Interesse (vgl. unter B) ist es vor allem, das auf eine nachapostolische Verfasserschaft der Doxologie hinweist.

A. 1) Auf einen späteren Redaktor deutet aber auch das hier wiederum angewandte literarische Verfahren hin, gezielt Motive aus dem Briefkopf 1,1-7 aufzugreifen, um so dem Schreiben die vermißte Abrundung zu geben (so U. Wilckens, Römerbrief, 3. Bd., S. 148). Im einzelnen handelt es sich um folgende Bezugnahmen:

Die Rede von den »*prophetischen Schriften*« (16,26) nimmt 1,2 auf, wo es vom Evangelium heißt, Gott habe es »durch seine *Propheten* in *heiligen Schriften* im voraus verheißen«. Hat die Kundgabe des Heilsgeheimnisses nach 16,26 das Ziel, »*alle Völker* [= Heiden] *zum Gehorsam des Glaubens* zu führen«, so sagt Paulus ganz entsprechend von seinem Apostelamt in 1,5, er habe es empfangen, um »alle *Heiden*(völker) *zum Gehorsam des Glaubens* zu führen«. Aber es sind nicht nur einzelne Anspielungen zu registrieren, auch in struktureller Hinsicht liegt ein Rückbezug vor: Bietet Paulus im Briefkopf eine knappe Bestimmung dessen, was er (mit der kirchlichen Überlieferung) unter dem »*Evangelium Gottes*« versteht (1,2-4), so benutzt der Autor von 16,25-27 das ihm vorgegebene liturgische Formular der Doxologie ganz analog dazu, das *paulinische Evangelium* (16,25 »*mein* Evangelium«) durch entsprechende Koordinaten zu erläutern.

Diese Bezugnahmen Paulus selbst zuzuschreiben (so P. Stuhlmacher, Römerbrief, S.225), empfiehlt sich aus zwei Gründen nicht: Zum einen sahen wir bereits, daß Paulus schon in 15,14 ff unaufdringlich und diskret Signale gesetzt hat, die an den Anfang des Schreibens erinnern und sein Ende ankündigen sollten (vgl. oben S. 199f). Daß er in der Schlußdoxologie solche rahmenden Hinweise - jetzt beinahe in literarischer Manier - noch einmal forciert haben sollte, ist nicht überzeugend. Zweitens wird darauf zu achten sein, daß die vom Redaktor aus dem Briefkopf übernommenen Elemente gleichzeitig von ihm in einer Weise abgewandelt wurden, die *gegen* paulinische Urheberschaft spricht. Das betrifft die Rede von »prophetischen Schriften« (dazu vgl. unten), aber auch die Angabe, welches Ziel die Kundgabe des Heilsgeheimnisses besitzt: Was bislang in Gott *verborgen* war, ist jetzt *offenbar* geworden und »*allen Völkern*« kundgetan worden. Gemäß dem hier zugrundeliegenden Gegensatz von »Verborgenheit in Gott« und »universaler Kundgabe« muß man die im Briefkopf wie hier dem Wortlaut nach zwar identische Wendung »alle Heiden« in der Schlußdoxologie doch anders als in 1,5 verstehen, nämlich im Sinne von »alle *Völker*«. Damit ist aber gerade das Moment, das die Aussageintention im Briefkopf ganz wesentlich bestimmte, nämlich die Entschränkung des göttlichen Heilshandelns in Christus über die *Juden* hinaus auch an den *Heiden* zum Ausdruck zu bringen, in der Schlußdoxologie nicht mehr präsent. Hier geht es nicht mehr um die komplexe »horizontale« *Überbietung* »Juden *und* Heiden« (1,16: »dem Juden zuerst und auch dem Griechen«; 1,5: »alle Heiden«), sondern um den offenbarungstheologisch gedachten

»vertikalen« Gegensatz »Verborgenheit in *Gott*« - »Kundgabe an *alle Völker*«. Wäre Paulus der Autor der Schlußdoxologie, dann hätte er bei gezieltem Rückgriff auf den Briefkopf doch gewiß sein ureigenstes Anliegen, die Entgrenzung des Evangeliums für *alle Heiden* bei bleibendem Bezug zu *Israel*, noch einmal zur Sprache gebracht. Weil das aber nicht der Fall ist, legt es sich nahe, von einem nachapostolischen Autor auszugehen.

2) Gestützt wird die vorausgehende Argumentation durch die Beobachtung, daß das gedankliche Grundgerüst der Doxologie - die Rede vom Heilsgeheimnis, das Gott bislang verborgen und jetzt erst kundgemacht hat (das sog. »Revelationsschema«) - von 1Kor 2,7-10 einmal abgesehen, verstärkt in den späten Schriften des Neuen Testaments begegnet, und zwar vor allem in den deuteropaulinischen Gefangenschaftsbriefen (Eph 3,5.9f; Kol 1,26f) und in den Pastoralbriefen (2Tim 1,9f; Tit 1,2f; vgl. aber auch 1Petr 1,10ff). Dieses Schema »dient dazu, die Frage nach der Kontingenz der Offenbarung (Warum erst jetzt? Warum gerade nur wir?) zu beantworten. Danach macht Gott, was er von Ewigkeit her ... vorhatte, aber verbarg ..., einem Kreis von Erwählten ›jetzt‹ offenbar« (D. Zeller, Römerbrief, S. 250f). Die Fragen, warum erst jetzt und warum nur uns, erhalten also ihre Antwort durch den Verweis auf Gottes unergründlichen Heilsratschluß. In Abwandlung des Schemas - und das ist für seine Aufnahme in Röm 16,25f vielleicht nicht unwichtig - ereignet sich hier Gottes Offenbarung aber nicht im esoterischen Kreis bestimmter Erwählter, sondern wird der *ganzen Welt*, d.h. »allen Völkern« kundgetan (vgl. auch 1Tim 3,16).

3) Der Aufbau des Textes ist denkbar einfach: Das Formular der aus dem Judentum stammenden liturgischen »Doxologie« (»Ihm ist die Ehre in Ewigkeiten. Amen«) (vgl. auch Röm 11,36; Gal 1,5; Eph 3,20f; 1Tim 1,17 u.ö.) stellt den Grundriß dar, der dann insbesondere an seiner ersten Position (*Gott* - *ihm* die Ehre) in ausladender Weise ausgeführt wurde. Außerdem ist die christliche Perspektive eingebracht, und zwar dadurch, daß Gott die Ehre *durch Jesus Christus* zuteil wird (vgl. auch 1,8, dazu Bd. 1, S.50f). Die Sprache des Lobpreises macht insgesamt einen liturgisch-feierlichen Eindruck, was darauf hindeutet, daß der Brief auch zu späteren Zeiten vor allem im Rahmen des Gottesdienstes verlesen wurde. Über spezifisch theologische Intentionen, die sich mit der Doxologie verbinden, läßt sich erst nach einem Durchgang durch den Text etwas sagen.

B. Was für ein Gott ist das, dem durch Jesus Christus die Ehre und der Lobpreis zuteil werden? Es ist der Gott, der die Macht hat (vgl. 1,16; 4,21; 11,23), die Glaubenden »zu stärken« (vgl. auch 1Thess 3,13; 2Thess 2,17; 3,3 und 1Petr 5,10 jeweils in Gebeten), dessen ganzes Trachten auf das Heil und Wohl von »gestärkten« Menschen aus ist. Und woran erkennt man das? Darauf gibt unser Autor zwei Antworten, wobei die zweite die erste vertieft. Zunächst also erkennt man Gottes Heilswillen und Heilsmacht am *»Evangelium« des Paulus*, das heißt: an der »Verkündigung von Jesus Christus«. Mit anderen Worten: Wohl gab es und gibt es neben dem Evangelium, wie es Paulus gepredigt hat, auch noch andere legitime und geisterfüllte christliche Predigt, doch hat »die Verkündigung von Jesus Christus« - so die Ansicht unseres Autors, der sich damit als besonderer Paulusverehrer erweist - in der vom Heidenapostel vertretenen Gestalt ihren vorzüglichsten Ausdruck gefunden. Dabei denkt unser Autor wahrscheinlich konkret an die Darstellung und Entfaltung des Evangeliums, wie sie der Römerbrief bietet (H.Schlier, Römerbrief, S.453). Für ihn ist dieser Brief gewiß die bedeutendste Glaubensurkunde der Kirche, ein bleibendes Vermächtnis auf ihrem Weg in die Zukunft.

Die zweite Antwort auf die Frage nach dem Erkenntnisgrund für die Heilsmacht Gottes greift tiefer, verläßt die bisherige Perspektive aber nicht. Die Vertiefung des Gedankens wird an dem folgenden Dreischritt ersichtlich: »*mein* (d.h. des Paulus) Evangelium«, welches »Verkündigung von *Jesus Christus*« ist: in ihm wurde »auf Geheiß des ewigen *Gottes*« (V.26) das »Geheimnis« seines Heilsratschlusses offenbar! Damit ist Paulus indirekt als herausragender Offenbarungsempfänger und Zeuge des Geheimnisses Gottes qualifiziert, wie das ganz ähnlich auch Eph 3,1-13 behauptet. Das hat Folgen für das Verständnis der nach wie vor umstrittenen Rede von den »prophetischen Schriften«, durch die das »jetzt« offenbar gewordene »Geheimnis« des Heilsratschlusses Gottes, den dieser eine Ewigkeit lang in seinem Schweigen bei sich behalten hat, der Welt kundgetan wird. Was versteht unser Autor unter diesen »prophetischen Schriften«? Daß durch sie Offenbarung und Kundgabe des »Geheimnisses« Gottes geschehen, macht offensichtlich ihren prophetischen Charakter aus. Schriften, die göttliche Offenbarung enthalten, sind nach diesem nicht biblischen, sondern griechischen Sprachgebrauch *prophetisch* zu nennen (E.Käsemann, Römerbrief, S.406). Nimmt man diesen Sprachgebrauch beim Wort, dann darf man schließen: Unser Autor hat bereits eine bestimmte Sammlung (einen »Kanon«) heiliger Schriften im Blick, deren normativen Charakter er darin erblickt, daß durch sie die Offenbarung des »Geheimnisses« kundgetan wird (Eigentlich heißt es: »das Geheimnis, das ... durch prophetische Schriften kundgemacht *wurde*«: Das stützt die Annahme einer Sammlung von heiligen Schriften, auf die man bereits verweisen kann; daß nicht von »*den*«, sondern *unbestimmt* von »prophetischen Schriften« die Rede ist, könnte darauf hindeuten, daß jene Sammlung noch nicht definitiv abgeschlossen war).

Welche Schriften gehörten nun in diesen »Kanon«? Ganz gewiß unser sog. »Altes Testament«, das man in der frühen Kirche unter dem Vorzeichen vor allem seiner prophetischen, auf Christus hinweisenden Bücher gelesen hat (vgl. Röm 1,2; Apg 3,22-24; 2Petr 1,19). Doch wird man die Wendung gewiß nicht auf das »Alte Testament« eingrenzen können (vgl. noch einmal die *unbestimmte* Rede von »prophetischen Schriften«; anders 2Petr 1,19: »*das* Prophetenwort«). Zu erinnern ist außerdem an die parallele Gestaltung der beiden »Antworten« V.25b.26, deren zweite die erste vertieft:

(1) »auf Grund *meines Evangeliums* und (= d.h.) der Verkündigung von Jesus Christus,
(2) auf Grund der Offenbarung jenes Geheimnisses ...,
das jetzt ... durch prophetische Schriften kundgemacht wurde,
um alle Völker zum Gehorsam des Glaubens zu führen ...«

Wie oben schon angedeutet (A unter Punkt 3), benennt die Zielbestimmung »um alle Völker zum Gehorsam des Glaubens zu führen« einen wesentlichen Zug im Porträt des »*Völker*apostels«, so wie die frühe Kirche es sah (vgl. nur Apg 9,15; 22,21). Damit steht der Bezug auch von V.25(Ende).26 auf das *paulinische* Evangelium fest. Das aber bedeutet: Zu den »prophetischen Schriften«, von denen hier die Rede ist, zählte unser Autor aller Wahrscheinlichkeit nach auch die Paulusbriefe, insbesondere den Römerbrief, denn diese Briefe waren es ja doch, durch welche der frühen Kirche *die Hinwendung zu den Völkern* als bleibende Aufgabe am deutlichsten vor Augen gestellt wurde. In ihrem Licht begannen dann auch die »prophetischen Schriften« des Alten Testaments zu sprechen (vgl. etwa die Lieder vom »Gottesknecht«, der das »Licht für die Völker« genannt wird: Jes 42,6; 49,6; 52,15), die für unseren Autor ohne Zweifel den Kernbestand des literarischen Korpus ausmachten, welches der Kundgabe der Christusoffenbarung diente. Doch scheint ihm eben sehr viel daran gelegen gewesen zu sein, gerade das literarische Vermächtnis des »Völkerapostels« - und daraus insbesondere den Römerbrief, dem er mit der »Doxologie« »indirekt so etwas wie eine Autorisierung« erteilt (U.Wilckens, Römerbrief, 3.Bd., S.150) - als Sammlung von *Offenbarungsschriften* seiner Kirche nahezubringen. Trifft diese Deutung zu - und manches spricht dafür -, dann könnten wir mit der »Doxologie« einen Blick auf die Anfänge der »Kanonisierung« neutestamentlicher Schriften tun: Die Paulusbriefe rücken zum Rang »heiliger Schriften« auf!

Spricht aus Gottes Heilsplan, der über Zeiten hinweg der Welt verborgen war und jetzt in Christus offenbar geworden ist, Gottes Weisheit, dann ist es nur konsequent, wenn der Lobpreis zuletzt dem »allein weisen Gott durch Jesus Christus« dargebracht wird. Gottes Weisheit hatte auch Paulus in seinem großen Lobpreis 11,33-36, also am Ende seiner »argumentativen Entfaltung des Evangeliums« (Röm 1-11) gerühmt: »O Tiefe des Reichtums und der *Weisheit* und der Erkenntnis Gottes!« hieß es dort (11,33). Das nimmt der Autor hier am Ende des zweiten großen Hauptteils des Briefes (Röm 12-16) auf und erklärt damit indirekt, daß Gottes Geheimnis alles menschliche Begreifen übersteigt, eben weil es göttliche Weisheit ist (H.Schlier, Römerbrief, S.455). Anbetung des göttlichen Geheimnisses ist deshalb die tiefste und gültigste Antwort, die der Glaubende auf Gottes Selbstoffenbarung in Jesus Christus geben kann:

»Ihm, dem allein weisen Gott,
durch Jesus Christus,
ihm sei die Ehre in alle Ewigkeit.«

Und die Gemeinde, in welcher der Römerbrief zur Verlesung kommt, antwortet einstimmend und bekräftigend:

»Amen« - Wahr ist's!

Nach dem Durchgang durch den Text sei noch eine zusätzliche Hypothese zur *Intention* des Autors unserer Doxologie gewagt. Dabei kann es sich allerdings nicht um mehr als eine begründete Vermutung handeln, da zum einen Voraussetzungen zu machen sind und zum anderen ein pragmatisches Interesse des Autors bei einem als Lobpreis Gottes formulierten, freilich brieflich eingebetteten Text (»Dem, der die Macht hat, *euch* Kraft zu geben ...«) sich nur unterschwellig, gleichsam zwischen den Zeilen äußern kann. Die Hypothese lautet: Unser Text bietet nicht nur den ansonsten vermißten doxologischen Abschluß des ganzen Briefes, sein Autor wollte ineins damit auch den Römerbrief sowie andere frühchristliche Schriften (wahrscheinlich eine Sammlung von Paulusbriefen) zusammen mit dem »Alten Testament« ausdrücklich als anerkannte »Offenbarungsschriften« der Kirche gegen »Häretiker« seiner Zeit (vielleicht gnostischer Prägung) zum Zuge bringen. Zur Begründung kann man auf die folgenden Beobachtungen verweisen:

1) Sowohl im mutmaßlichen Einschub 16,17-20a als auch in der Schlußdoxologie 16,25-27 wird dieselbe Technik der Wiederaufnahme von Motiven aus der Brieferöffnung angewandt. Das könnte auf einen inneren Zusammenhang der »Warnung vor Irrlehrern« und der Doxologie hinweisen, die vielleicht aus der Hand desselben Redaktors stammen.

2) Wenn das literarische Vermächtnis des Paulus, sein Evangelium, als maßgebliche Bezugsgröße der Christusverkündigung ausgegeben wird, dann könnte mehr dahinterstecken als nur das ehrende Andenken an den großen Völkerapostel. »Indirekte Polemik gegen Irrlehrer ist denkbar, wenngleich nicht notwendig anzunehmen« (E.Käsemann, Römerbrief, S.404).

3) Die auffällige Umformung des sog. »Revelationsschemas« in V.26 verdient Beachtung: Danach offenbarte Gott sein Heilsgeheimnis nicht nur einem bestimmten Kreis von »*Erwählten*« (so die gewöhnliche Ausprägung des Schemas (vgl. oben unter A: Punkt 2), sondern ließ es auf ausdrückliche »Anordnung« hin (»Wille«, wie die EÜ übersetzt, ist zu wenig!) »durch prophetische Schriften zum Gehorsam des Glaubens *für alle Völker* kundtun«. Danach sind es gerade die *Offenbarungsschriften*, welche die *öffentliche* Bezeugung der Offenbarung sicherstellen und deren universalen Geltungsanspruch (»für alle Völker«) dokumentieren. Bedenkt man, daß schon bald, gewiß in der 1. Hälfte des 2. Jahrhunderts, die Produktion von Geheimschriften und esoterischer religiöser Literatur in gnostischen Kreisen blühte, dann könnte die signifikante Akzentuierung des »Revelationsschemas« in der vielleicht aus dem Ende des 1. Jahrhunderts stammenden »Doxologie« auf ein solches religiöses Milieu Bezug nehmen, um ihm gegenüber die überragende Bedeutung der authentischen »prophetischen Schriften« der Kirche einzuschärfen. Dem entspricht, daß die hier zu beobachtende Tendenz zur »Kanonisierung« von heiligen Schriften in der Regel zu Zeiten wachsender Orientierungslosigkeit aufkommmt, welche im Fall der frühen Kirche eben auch durch eine nicht abnehmende Produktion von Büchern mit religiösem und christlichem Wahrheitsanspruch ausgelöst wurde, gegenüber denen es dann die alten apostolischen Schriften als »prophetische«, d.h. authentische Offenbarungsurkunden zu sichern galt.

C. 1) Geistliche Schriftlesung prägt das Glaubensleben der einzelnen wie das von Gruppen: Familien, Ordensgemeinschaften, Arbeits- und Aktionsgruppen, ökumenische Bibelkreise - sie alle erhalten ihre Impulse zum christlichen Leben aus der Lektüre der Heiligen Schrift. Vor allem aber ist diese das Herzstück der gottesdienstlichen Versammlungen, womit die christlichen Kirchen dokumentieren, daß sie ihr Lebensgesetz aus der Heiligen Schrift empfangen: Kirche entsteht und wächst im Hören auf das Wort Gottes! Was sich u.a. in der »Schlußdoxologie« des Römerbriefs ankündigte - wichtige Schriften aus der Frühzeit der Kirche rücken in den gleichen außerordentlichen Rang auf, den bereits das sogenannte »Alte Testament« vom jüdischen Ursprung der Kirche her besaß: Nach eingehender Erfahrung des Lesens dieser Schriften wie des Lebens aus und mit ihnen glaubte man und war überzeugt davon, in ihnen Gottes lebendigem Wort zu begegnen! -, das hat sich im Verlauf bereits des 2. Jahrhunderts (von wenigen Randunschärfen einmal abgesehen) geklärt und schließlich zum Ergebnis unseres »Kanons« des Neuen Testaments geführt. Dieses Erbe der frühen Kirche ist ein unschätzbares Gut: Es enthält nicht nur den Niederschlag von einst gemachten kritischen Lese- und Lebenserfahrungen der ersten christlichen Generationen, es bietet als Verkörperung von Gottes Wort - bestehend aus Altem und Neuem Testament - auch den bleibenden Maßstab, an dem sich die Kirche auf ihrem Weg in die Zukunft ausrichten kann und ausrichten muß. Den paulinischen Briefen und unter ihnen dem Römerbrief, der nicht ohne Grund am Kopf der paulinischen Briefsammlung steht, fällt dabei eine führende Aufgabe zu.

Für jeden Leser des Römerbriefs, der um die »amtliche« Rolle dieses Schreibens als einem (bleibenden und immer wieder neu zu entdeckenden) *Basisdokument der Erneuerung der Kirche aus dem Geist Christi* weiß (vgl. die C-Teile in diesem Kommentar), empfiehlt sich ein besonderes Aufmerken auf seine faktische Stellung in der *Liturgie der Kirche*. Angesichts der entmutigenden, ziemlich weitverbreiteten Tendenz, in der Predigt um diesen zugegebenermaßen anspruchsvollen und nur schwer aufzuschließenden Brief des Apostels einen Bogen zu machen, sollte man alles unternehmen, um seine Stimme in der Polyphonie der Schriftlesungen zu stärken. Vergessen wir nicht, daß große Theologen der Kirche wie Augustinus, Martin Luther oder Karl Barth im Römerbrief den »Generalbaß« im Orchester der biblischen Stimmen ausmachen wollten! Um wenigstens das bewußte *Hören* auf ihn im Rahmen des Gottesdienstes zu fördern - und dazu könnte im Einzelfall auch eine Vor- oder Nachbereitung gehören -, soll im folgenden eine *Auflistung der Römerbrief-Lesungen* in der kirchlichen Liturgie der Sonn- und Festtage geboten werden:

Röm	*Sonn- und Festtage der Lesejahre A, B und C*
1,1-7	4. Adventssonntag (A)
3,21-25a.28	9. Sonntag im Jahreskreis (= i.J.) (A)
4,13.16-18.22	19. März: Hl.Josef (A, B, C)
4,18-25	10. Sonntag i.J. (A)
5,1-2.5-8	3. Fastensonntag (A)
5,1-5	Dreifaltigkeitssonntag (C)
5,5b-11	Heiligstes Herz Jesu (C)
5,6-11	11. Sonntag i.J. (A)
5,12-15	12. Sonntag i.J. (A)
5,12-19	1. Fastensonntag (A)
6,3-4.8-11	13. Sonntag i.J. (A)
6,3-11	Osternacht (A, B, C)
8,8-11	5. Fastensonntag (A)
8,8-17	Pfingsten (C)
8,9.11-13	14. Sonntag i.J. (A)
8,14-17	Pfingstmontag (C)
	Dreifaltigkeitssonntag (B)
8,14-23	Allerseelen (A, B, C)
8,18-23	15. Sonntag i.J. (A)
8,22-27	Pfingsten - Am Vorabend (A, B, C)
8,26-27	16. Sonntag i.J. (A)
8,28-30	17. Sonntag i.J. (A)
8,31b-34	2. Fastensonntag (B)
8,35.37-39	18. Sonntag i.J. (A)
9,1-5	19. Sonntag i.J. (A)
10,8-13	1. Fastensonntag (C)
11,13-15.29-32	20. Sonntag i.J. (A)
11,33-36	21. Sonntag i.J. (A)
12,1-2	22. Sonntag i.J. (A)

13,8-10	23. Sonntag i.J. (A)
13,11-14a	1. Adventssonntag (A)
14,7-9	24. Sonntag i.J. (A)
15,4-9	2. Adventssonntag (A)
16,25-27	4. Adventssonntag (B)

Außer an Sonn- und Festtagen wird aus dem Römerbrief noch an Wochentagen sowie bei Messen für verschiedene Anlässe gelesen (vgl. im einzelnen das Schott-Messbuch für die Wochentage Bd.1, Freiburg 1984, sowie Bd.3 für verschiedene Anlässe, Freiburg 1986). Was Auswahl, Verteilung und Abgrenzung der Lesungen in den Eucharistiefeiern an den Sonn- und Festtagen betrifft, wäre einiges anzumerken, was aber auch jeder Gottesdienstbesucher selbst entdecken kann: Auf manches Ungereimte und Textwidrige wird er stoßen. Warum z.B. hat man am 9.Sonntag (A) das Herzstück des Römerbriefs 3,25f.27 aus der Lesung herausgebrochen? Warum nur glaubt man, 13,14b den Hörern nicht mehr zumuten zu können? Traurig und nachdenklich stimmt, daß man am 20. Sonntag (A) ausgerechnet die zentrale Perikope von der »Rettung ganz Israels« (11,25-27) aus der jetzt total verstümmelten und falschen Interpretationen Tür und Tor öffnenden Lesung herausgenommen hat (so könnte 11,13-15, als isoliertes Textfragment gelesen, für eine Apologie von »Judenmission« herhalten). Glaubte man, die Verkündigung der »Rettung ganz Israels« dem Sonntagskirchgänger vorenthalten zu müssen, so hat man sie auf einen Wochentag verbannt (11,1-2a.11-12.25-29 gelesen am Samstag der 30. Woche, Jahr I). Eine Revision der Leseordnung tut dringend not!

2) Schließen wollen wir mit einem »Lobpreis des heiligen Paulus«, der aus der Feder des Kirchenvaters Johannes Chrysostomus (gest. 407) stammt (aus dem Eingang seines Römerbriefkommentars) und im Stundenbuch der Kirche am Montag der 1.Woche im Jahreskreis im Anschluß an Röm 1,1-17 gelesen wird:

»Immer wenn ich eine Lesung aus den Briefen des heiligen Paulus höre - wöchentlich zweimal, dreimal, ja viermal, wenn wir nämlich das Gedächtnis der Märtyrer feiern -, freue ich mich an dem Klang dieser geistlichen Posaune. Ich gerate in Begeisterung und empfinde ein heißes Verlangen.

Wenn ich die liebe Stimme vernehme, meine ich fast ihn vor mir zu sehen und seine Erklärungen zu hören. Aber es bedrückt und schmerzt mich, daß nicht alle diesen Mann so kennen, wie er es verdient. Manche wissen so wenig von ihm, daß sie nicht einmal die genaue Anzahl seiner Briefe wissen. Das kommt nicht von geistiger Unfähigkeit, sondern sie versäumen, sich mit seinen Schriften unablässig zu beschäftigen. Auch ich verdanke, was ich weiß - wenn ich etwas weiß -, nicht einer besonderen Begabung und Geistesschärfe, sondern ich liebe diesen Mann und beschäftige mich dauernd mit seinen Schriften. *Wer jemanden liebt, weiß mehr von ihm als alle anderen, eben weil er ihm wichtig ist.* Das meint auch unser Heiliger, wenn er an die Philipper schreibt: ›Es ist nur recht, wenn ich so über euch denke, weil ich euch ins Herz geschlossen habe, in meiner Gefangenschaft und bei der Verteidigung und Bekräftigung des Evangeliums‹ (Phil 1,7). Wenn ihr daher nur der Lesung aufmerksam folgt, braucht ihr sonst nichts. Denn wahrhaftig ist das Wort Christi: ›Sucht, und ihr werdet finden, klopft an, und es wird euch geöffnet!‹ (Mt 7,7).

Freilich haben die meisten, die mit uns zusammenkommen, für die Erziehung der Kinder, für ihre Frauen und für den Unterhalt der Familie zu sorgen und können sich dem Studium des Apostels nicht ganz widmen. Aber macht euch wenigstens eifrig daran, das mitzunehmen, was andere zusammengetragen haben. So viel Eifer sollte jeder wenigstens für das aufwenden, wovon wir gesprochen haben, wie für das Geldverdienen. Es ist zwar eigentlich eine Schande, daß ich nicht mehr Eifer von euch verlange. Aber wenigstens so viel solltet ihr aufbringen« (aus: Die Feier des Stundengebetes. Lektionar [Heft 4], Einsiedeln-Freiburg-Regensburg-Wien 1978, 10f).

Anhang

Literaturhinweise

In der Auslegung wurden um der Leserfreundlichkeit des Textes willen nur ausnahmsweise Studien und Kommentare zum Römerbrief zitiert. Jeder Kenner ersieht aber schnell, was der Autor alles den vorliegenden ausgezeichneten wissenschaftlichen Kommentaren und allgemeinverständlichen Auslegungen des Briefes verdankt, die nachstehend aufgelistet sind:

1) Wissenschaftliche Kommentare (Auswahl)

Cranfield, C.E.B., The Epistle to the Romans (The International Critical Commentary), Vol.1 (Röm 1-8), Edinburgh ^{3}1980; Vol.2 (Röm 9-16), Edinburgh 1979.

Dunn, J.D.G., Romans (Word Biblical Commentary 38A/B), Vol.1 (Röm 1-8), Vol.2 (Röm 9-16), Dallas 1988.

Käsemann, E., An die Römer (Handbuch zum Neuen Testament 8a), Tübingen ^{4}1980.

Kuss, O., Der Römerbrief, 1.Lieferung (Röm 1,1-6,11), Regensburg ^{2}1963; 2. Lieferung (Röm 6,11-8,19), Regensburg ^{2}1963; 3. Lieferung (Röm 8,19-11,36), Regensburg 1978.

Michel, O., Der Brief an die Römer (Kritisch-exegetischer Kommentar 4), Göttingen ^{5}1978.

Schlier, H., Der Römerbrief (Herders Theologischer Kommentar 6), Freiburg-Basel-Wien ^{2}1979.

Schmithals, W., Der Römerbrief. Ein Kommentar, Gütersloh 1988.

Wilckens, U., Der Brief an die Römer (Evangelisch-Katholischer Kommentar zum Neuen Testament 6, 1-3), 1.Band (Röm 1-5), Einsiedeln-Neukirchen ²1987; 2.Band (Röm 6-11), ebd. ²1987; 3. Band (Röm 12-16), ebd. 1982.
Zeller, D., Der Brief an die Römer (Regensburger Neues Testament), Regensburg 1985.

2) Allgemeinverständliche Auslegungen

Barth, K., Kurze Erklärung des Römerbriefes, München ³1956 (= Siebenstern-Taschenbuch 94, Hamburg ²1972).
Berger, K., Gottes einziger Ölbaum. Betrachtungen zum Römerbrief, Stuttgart 1990.
Cranfield, C.E.B., Romans. A Shorter Commentary, 1985.
Kertelge, K., Der Brief an die Römer (Geistliche Schriftlesung 6), Düsseldorf 1971.
Pesch, R., Römerbrief (Die Neue Echter Bibel 6), Würzburg 1983.
Prümm, K., Die Botschaft des Römerbriefes. Ihr Aufbau und Gegenwartswert, Freiburg-Basel-Wien 1960.
Stuhlmacher, P., Der Brief an die Römer (Neues Testament Deutsch 6), Göttingen 1989.

Nachtrag
zu den benutzten Abkürzungen (vgl. Bd.1, S.28):
Rabbinisches Schrifttum (Mischna, babylonischer und palästinensischer Talmud etc.) ist abgekürzt gemäß dem Schlüssel von *H.L.Strack/G.Stemberger*, Einleitung in Talmud und Midrasch, München ⁷1982, 330-332. Zur Einführung in diese Literatur vgl. *G.Stemberger*, Der Talmud. Einführung - Texte - Erläuterungen, München 1982.

Bibelarbeit - Impulse und Fragen

A) Charakteristisch für den Römerbrief ist, daß Paulus in ihm gerne Themen vorankündigt, um sie dann später breiter zu entfalten. Wer den Brief unter bestimmten Gesichtspunkten gleichsam »querlesen« möchte, dem kann das folgende *Register* helfen, in dem zu einigen ausgesuchten Stichwörtern die einschlägigen Stellen aufgelistet sind. Im übrigen sei er auf die Exkurse im Kommentar verwiesen.

Zitatmosaik: 3,10-18
– *Sünde:* 2,12; 3,7.9-20.23.25; 4,7f.25; 5,8.12-21; 6,1f.6f.10-23; 7,5.7-25; 8,2f.10; 11,11f.27; 14,23
– *Taufe:* 6,3-5
– *Tod:* 1,32; 5,12-21; 6,1-11.16.21.23; 7,2f.5f.10.13.24; 8,2. 6.13.38; 14,7-9
– *Universalismus des Heils:* 1,16; 3,21-26.29f; 4,11f.17f; 5,12-21; 8,32; 11,32
– *Verheißung:* 4,13f.16.20f; 9,4.8f; 15,8

B) Fragen

1) Ausgangspunkt der theologischen Erörterungen im Römerbrief ist die Überzeugung des Paulus vom Evangelium als der *universalen* Heilsmacht Gottes (1,16f): Die Kunde von Jesus Christus birgt für *alle* Menschen die Ermöglichung ihres Heils in sich. – Zeigen Sie, worin diese Überzeugung nach Paulus gründet und welche Konsequenzen sie für sein Bild von der Kirche besitzt!
2) So manche Begriffe der religiösen Sprache drohen immer wieder zu leeren Worthülsen zu verkommen. – Was hingegen meint Paulus, wenn er zu seinen Adressaten von »*Heil*« oder »*Errettung*« spricht?
3) Bevor Paulus in 3,21ff das Evangelium seiner inneren Logik nach aufschließt, deckt er in 1,18–3,20 schonungslos die Selbstentfremdung der Menschen in *Sünde* und *Tod* auf (vgl. auch 5,12-21; 7,7-25). – Worin gründet dieses illusionslose Bild der Menschheit? Da es bei Paulus nicht aus Pessimismus oder weltverachtendem Ressentiment kommt, gilt es nach seinen theologischen Gründen zu fragen.
4) Nach Paulus rühren vor allem zwei Fragen an die Wurzel menschlicher Existenz: die Frage nach der *Schuld* (bzw. in theologischer Terminologie die nach der *Sünde*) und die Frage nach dem *Tod*. Beide stellen in der Weltsicht des Paulus den Menschen unausweichlich vor Gott, da der Mensch aus eigener Kraft weder die Verfehlungen seines Lebens ungeschehen machen kann noch den Tod, der vielgestaltig sein Leben beherrscht, zu bezwingen vermag. – Was versteht Paulus unter

»*Sünde*«, wie sieht er den »*Tod*«, und wie beurteilt er schließlich deren inneren Zusammenhang?

5) Als Jude spricht Paulus von »Verfehlungen« oder »Sünden« nur unter der von ihm mit der biblisch-jüdischen Tradition gemachten Voraussetzung, daß der Mensch schon immer unter dem Anspruch Gottes steht, der sein Leben will, nicht seinen Tod; dieser Anspruch des Schöpfers wird für den Juden in der »*Tora*« bzw. im »*Gesetz*« laut (vgl. 2,20), für den Heiden im »Gewissen« (2,14-16). – Beschreiben Sie die unterschiedlichen Funktionen des »*Gesetzes*« in der Theologie des Römerbriefs!

6) Eins freilich vermag das »Gesetz« nicht: den Menschen als »Sünder« aus dem Zustand seiner Entfremdung zu befreien und ihm das Leben zu schenken! – Zeigen Sie, wie Paulus seine Überzeugung begründet, daß »der Mensch (nur) durch *Glauben (an Jesus Christus)* gerechtfertigt wird, unabhängig von Werken des Gesetzes« (3,28)!

7) Den Begriff der »*Erlösung*«, der heute inflationär entwertet und abgenutzt erscheint, verwendet Paulus im Römerbrief sehr sparsam. – Was meint er, wenn er in 3,24 von der »*Erlösung* in Christus Jesus« spricht? Inwiefern vollzieht sich nach seiner Überzeugung in *Tod und Auferweckung Jesu* die »Erlösung« des Menschen?

8) Glaube ohne *Hoffnung* ist für Paulus in dieser Weltzeit nur um den Preis des Realitätsverlustes zu haben. Hoffnung in sich zu tragen und aus Hoffnung zu leben ist demgegenüber Anzeichen dafür, daß der Glaubende seine Augen vor den täglichen Erfahrungen der Endlichkeit und des Leidens nicht verschließt. – Zeigen Sie, inwiefern der Glaube an den Gott Jesu von Nazaret Hoffnung auf endgültiges Heil aus sich heraus entläßt oder umgekehrt begründete Hoffnung den Glauben an den Gott Jesu voraussetzt!

9) Die Rede vom *»Geist« Gottes* bzw. *»Geist« Jesu* führt bei Paulus nicht zu Spekulationen über das Wesen der »Dreieinigkeit, sondern besitzt ihren existentiellen Ort in der Beschreibung menschlichen Lebens »in Christus«. – Erläutern sie, welche Dimensionen christlicher Existenz nach Paulus durch die Rede vom »Geist« Gottes/Jesu bezeichnet und durch sie für die Glaubenserfahrung erschlossen werden!

10) Um von der *Kirche* heute sachgemäß zu reden, muß man ihre Weggenossenschaft mit *Israel* und dem *Judentum* mitbedenken. – Welche theologischen Argumente bietet Paulus im Römerbrief zugunsten dieser Sicht?
11) Für Paulus ist Jesus Christus nicht nur »Herr« der *Völker*, er ist und bleibt auch der »Messias« *Israels*. – Welche Folgen besitzt diese grundlegende christologische Einsicht des Paulus für das Selbstverständnis christlichen Glaubens?
12) Einerseits bietet Paulus seinen Adressaten ethische Orientierung, andererseits traut er es ihnen zu, selbst zu prüfen und zu entscheiden, was Wille Gottes für sie ist. – Worin gründet dieses Vertrauen und was bedeutet es für das Verständnis christlicher »Mündigkeit« in ehtischen Fragen heute?
13) »Röm 13« verführt immer wieder dazu, Paulus eine »Staatslehre« unterzuschieben. – Beschreiben Sie die Aussageintention des Textes in seinem übergreifenden Zusammenhang!
14) »Nehmt einander an, wie auch Christus uns angenommen hat, zur Ehre Gottes« (15,7). – Zeigen Sie, inwiefern nach Paulus die gegenseitige Annahme Grundprinzip kirchlichen und gemeindlichen Zusammenlebens genannt werden darf!
15) Die Grußliste aus Röm 16 vermittelt wertvolle Einblicke in das Leben frühchristlicher Kirchen. – Warum könnte Gal 3,28 als Motto über dem Text stehen?

Zum Verfasser

Michael Theobald, geboren 1948 in Köln, Professor für biblische Theologie an der FU Berlin 1985–1989, seit 1989 Professor für Neues Testament an der Katholisch-Theologischen Fakultät der Universität Tübingen.